Michael Baigent studierte an der Christchurch University, Neuseeland, Richard Leigh an der Tufts University, Boston, und an der University of Chicago. Sie sind Koautoren mehrerer Bücher, darunter »Der Heilige Gral und seine Erben« sowie »Der Tempel und die Loge«.

Dieses Buch wurde auf chlor- und säurefreiem Papier gedruckt.

Vollständige Taschenbuchausgabe November 1993
Droemersche Verlagsanstalt Th. Knaur Nachf., München
© 1991 für die deutschsprachige Ausgabe
Droemersche Verlagsanstalt Th. Knaur Nachf., München
Das Werk einschließlich aller seiner Teile ist urheberrechtlich
geschützt. Jede Verwertung außerhalb der engen Grenzen des
Urheberrechtsgesetzes ist ohne Zustimmung des Verlages
unzulässig und strafbar. Das gilt insbesondere für Vervielfältigungen,
Übersetzungen, Mikroverfilmungen und die Einspeicherung und
Verarbeitung in elektronischen Systemen.
© 1991 Michael Baigent und Richard Leigh
Titel der Originalausgabe »The Dead Sea Scrolls Deception«
Originalverlag Jonathan Cape, London
Umschlaggestaltung: Agentur Zero, München
Satz: Ventura Publisher im Verlag
Reproduktion: Amper-Repro, Germering
Druck und Bindung: Ebner Ulm
Printed in Germany
ISBN 3-426-77097-0

Michael Baigent / Richard Leigh

Verschlußsache Jesus

Die Qumranrollen und die Wahrheit
über das frühe Christentum

Aus dem Englischen von Paul S. Dachs
und Brigitta Neumeister-Taroni

Widmung

L'abbaye de la fontaine vive,
Avec sa chapelle lucide
Ou Nostres Dames nou genent
D'y habiter dans la cave
Voutée.

Les rouleaux de foins
Sous un linceul de sel,
Et la cloche au ficelle
Ou se trouve en seul moin
Maussade.

Mais autour du chastel
L'héraut proclame
La sorcellerie
De la druidesse-dame
Et sa chat séduit le soleil.

Jehan l'Ascuiz

Inhalt

Vorwort 9

I Die Irreführung

Die Entdeckung der Schriftrollen 23
Das internationale Team 49
Der Skandal um die Rollen 66
Wider den Consensus 97
Akademische Winkelzüge und bürokratische Trägheit 116

II Im Auftrag des Vatikans

Die Attacke auf die Wissenschaft 133
Die Inquisition heute 154

III Die Schriftrollen vom Toten Meer

Das Dilemma der christlichen Orthodoxie 167
Die einzelnen Schriftrollen 177
Wissenschaft im Dienst des Glaubens 192
Die Essener 209
Die Apostelgeschichte 222
Jakobus »der Gerechte« 239
Eifer für das Gesetz 252
Zelotischer Selbstmord 266
Paulus – römischer Agent oder Informant? 275

Nachwort	281
Dank	295
Anmerkungen	297
Bibliographie	310
Register	317

Vorwort

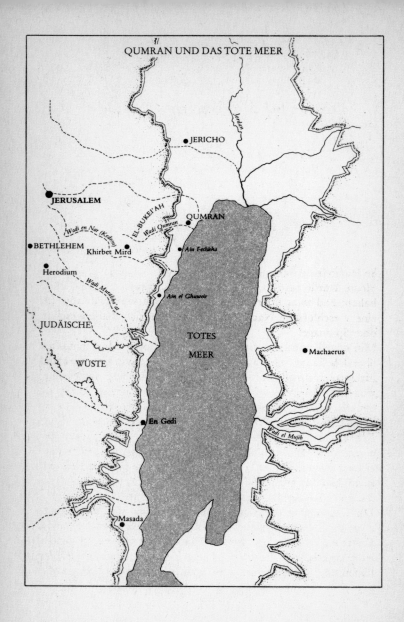

Die vier Schriftrollen vom Toten Meer

*Zu verkaufen: biblische Handschriften, die
bis mindestens 200 v. Chr. zurück datieren.
Hervorragend geeignet als Schenkung
einer Privatperson oder einer Gruppe
an ein wissenschaftliches oder
religiöses Institut. Chiffre F 206.*

So lautete eine Annonce im *Wall Street Journal* vom 1. Juni 1954. Heute würde man eine solche Anzeige wohl für einen Scherz halten, und zwar für einen recht abgeschmackten oder aber für eine verschlüsselte Nachricht über ein illegales Waffengeschäft oder Spionage.
Mittlerweile sind die Schriftrollen vom Toten Meer natürlich überall bekannt, wenn auch nur dem Namen nach. Kaum jemand hat zwar eine mehr als nebulöse Vorstellung von ihrer Bedeutung, aber fast jedermann hat doch davon gehört und ist sich zumindest bewußt, daß es sich bei diesen Rollen um etwas wirklich Kostbares handelt, um einen archäologischen Fund von immensem Rang. Etwas, was man gewiß nicht zu finden erwartet, wenn man den eigenen Garten umgräbt. Etwas, was man auch anders bewertet als etwa verrostete Waffen, Haushaltsgegenstände und andere Utensilien, Überbleibsel von Kleidung und Schmuck, wie man sie zum Beispiel bei Ausgrabungen römischer Ruinen findet.
Die Entdeckung der Schriftrollen vom Toten Meer 1947 hatte zwar in Gelehrtenkreisen und in der Öffentlichkeit stürmische Erwartungen ausgelöst, doch 1954 waren diese bereits gründlich entkräftet worden. Es wurde allgemein angenommen, die Rollen hätten alles preisgegeben, was in ihnen steckte, und dies sei bei

weitem nicht so weltbewegend, wie man erhofft hatte. Als die Annonce, in der die Rollen zum Verkauf angeboten wurden, auf Seite vierzehn des *Wall Street Journal* erschien, stieß sie denn auch auf kein übermäßiges öffentliches Interesse. Direkt darunter standen Anzeigen für Stahlbehälter, elektrische Schweißapparate und ähnliche Geräte, in der Spalte daneben Wohnungsangebote. Genausogut hätte man Stücke aus dem Schatz des Tut-ench-Amun zwischen Installationsangeboten und Computerzubehör anbieten können. Dieses Buch wird darlegen, wie es zu einer derartigen Verkennung kommen konnte.

Als wir dem Weg der Schriftrollen vom Toten Meer seit ihrer Entdeckung in der Wüste Palästinas bis hin zu den diversen Institutionen, in deren Besitz sie sich heute befinden, nachspürten, stießen wir einmal mehr auf den uns bereits vertrauten Widerspruch zwischen dem historischen Jesus und dem Christus des Glaubens. Unsere Nachforschungen begannen in Israel. Dann aber führten sie in die weitläufigen Gänge des Vatikans und sogar, was noch bezeichnender ist, in die Offizien der Inquisition. Wir stießen auch auf einen hartnäckig aufrechterhaltenen »Consensus«, was den Inhalt und die Datierung der Rollen betraf, und begriffen allmählich, wie brisant sich eine unvoreingenommene Prüfung vermutlich auf die christlich-theologische Tradition auswirken würde. Außerdem mußten wir zur Kenntnis nehmen, wie fest die Kreise der orthodoxen Bibelforschung entschlossen waren, den Kampf um ihr Informationsmonopol aufzunehmen.

Christen können Buddha oder Mohammed problemlos als historische Persönlichkeiten anerkennen, ebenso gut wie etwa Caesar oder Alexander den Großen. Sie können sie von Legenden, Überlieferungen und theologischen Lehrmeinungen, die mit ihnen verbunden sind, durchaus unterscheiden. Bei Jesus fällt diese Unterscheidung jedoch außerordentlich schwer. Die unauflösbare Verstrickung von Geschichte und Theologie gehört zum Wesen des christlichen Glaubens. Beide erhellen einander wechselseitig, doch jedes für sich genommen bedroht potentiell das andere. Daher ist es leichter und ungefährlicher, die Grenze zwischen beiden zu verwischen. Auf diese Weise verschmelzen für die Gläu-

bigen die zwei so unterschiedlichen Figuren zu einer einzigen. Auf der einen Seite steht die historische Figur, der Mensch, der nach Auffassung fast aller Gelehrten vor zweitausend Jahren tatsächlich gelebt hat und durch Palästina gezogen ist. Ihm gegenüber steht der Gottmensch der christlichen Lehre, die heilige Persönlichkeit, die Paulus als göttlich gepriesen und verkündet hat. Diese Persönlichkeit als geschichtliche Figur, das heißt genauso wie Mohammed, Buddha, Caesar oder Alexander, einer Prüfung zu unterziehen, grenzt für viele Christen immer noch an Blasphemie.
Mitte der achtziger Jahre machten wir uns eben dieser Blasphemie schuldig. Bei unserem damaligen Forschungsprojekt versuchten wir das Geschichtliche vom Theologischen zu scheiden, den historischen Jesus vom Christus des Glaubens. Dabei gerieten wir in den Wirrwarr von Widersprüchen, in den alle sich verstricken, die sich mit biblischem Material abgeben, und wie alle Forscher vor uns, machte uns dieses Durcheinander ganz konfus.
Zur Erhellung dessen, was wir erforschen wollten, konnten die Berichte der Heiligen Schrift begreiflicherweise kaum etwas beitragen. Wie alle Fachleute zugeben, sind die Evangelien als historische Dokumente und Beweise unzuverlässig. Sie sind in erster Linie Ausdruck einer mythischen Schlichtheit, und was sie schildern, begibt sich in historischem Niemandsland. Jesus und seine Jünger bilden das Zentrum einer außerordentlich stilisierten Szenerie, die ihres realen Kontextes weitgehend entkleidet ist. Im Hintergrund agieren, gewissermaßen als Kulissen, etwas verschwommen zwar, Römer und Juden, doch wird den gesellschaftlichen, kulturellen, religiösen und politischen Umständen, in die Jesu Drama eingebettet ist, keine Beachtung geschenkt. Man hat es also klar mit einem historischen Vakuum zu tun.
Die Apostelgeschichte verleiht diesem Bild wenig mehr Leben. Immerhin vermittelt sie eine dürre Schilderung des Milieus, der erbitterten Auseinandersetzung und der Streitigkeiten um die wahre Lehre unter Jesu nächsten Anhängern, einer Einigungsbewegung, die allmählich die Konturen des »Christentums« annimmt; zudem die Schilderung einer Welt, die über die engen Grenzen von Galiläa und Judäa hinausgeht, und der geographischen Lage Palästinas in bezug auf die anderen Mittelmeerländer. Trotzdem

findet sich auch dort keine genaue Darstellung der sozialen, kulturellen, religiösen und politischen Kräfte, die damals am Werk waren. Alles bezieht und beschränkt sich auf Paulus. Sind schon die Evangelien stilisiert, so ist es die Apostelgeschichte nicht minder, wenn auch auf andere Weise. Weisen die Evangelien eine völlige Vereinfachung nach Art eines Mythos auf, so stellt die Apostelgeschichte eine Art Schelmenroman dar, der auf einen speziellen propagandistischen Zweck abzielt, mit Paulus als Protagonisten. Man erhält daher zwar einen Einblick in Paulus' Mentalität, Haltung und seine Abenteuer, dagegen keine verläßliche Ansicht der Welt, in der er sich bewegte. Vom Standpunkt des Historikers und glaubwürdigen Chronisten aus würde das Bild der Epoche ohne Bezug etwa auf Nero und den Brand Roms unvollständig bleiben. Aber auch in Palästina gab es natürlich für die Menschen, die damals dort lebten, Entwicklungen von aktueller Bedeutung.

Im Jahre 39 n. Chr. wurde zum Beispiel Herodes Antipas, der Vierfürst von Galiläa, in die Pyrenäen verbannt. Zwei Jahre später wurden Galiläa und Judäa, die seit dem Jahre 6 n. Chr. unter der Verwaltung römischer Prokuratoren standen, König Agrippa unterstellt, und Palästina war damit unter einem einzigen nichtrömischen Herrscher (auch wenn er eine Marionette war) zum ersten Mal seit den ein halbes Jahrhundert zurückliegenden Tagen Herodes des Großen wieder geeint.

Keines dieser Ereignisse wird in der Apostelgeschichte auch nur erwähnt. Sie liest sich folglich etwa so wie eine Biographie Billy Grahams, die seine Freundschaft mit Präsidenten und anderen Prominenten nicht erwähnt, geschweige denn die Ermordung Kennedys oder die Bürgerrechtsbewegung, den Krieg in Vietnam, die Änderung von Wertvorstellungen in den sechziger Jahren, den Watergate-Skandal und seine Folgen.

Im Gegensatz zur christlichen Überlieferung gab es Palästina vor zweitausend Jahren aber genauso real wie jeden anderen geschichtlichen Schauplatz, zum Beispiel das Ägypten der Kleopatra oder das kaiserliche Rom, die übrigens beide auf das biblische Land eingewirkt haben. Dessen Wirklichkeit kann also nicht einfach auf einen Mythos reduziert werden. Wo immer Jesus oder Paulus sich

aufgehalten oder was immer sie getan haben, muß vor dem Hintergrund allgemeiner geschichtlicher Ereignisse gesehen werden: dem Karussell von Individuen, Gruppen, Institutionen und Bewegungen, die während des ersten Jahrhunderts in Palästina tätig waren und an dem Gespinst wirkten, das Geschichte heißt. Um wirklich Einsicht in den Geist dieser Epoche zu bekommen, mußten wir uns, wie jeder andere Forscher, nach anderen Quellen umsehen: römischen Berichten, historischen Aufzeichnungen anderer Chronisten nach anderen Gesichtspunkten, Anspielungen in späteren Dokumenten, apokryphen Texten sowie den Lehren und dem Zeugnis anderer Sekten und Gläubigen. Es versteht sich beinahe von selbst, daß Jesus in diesen Quellen eher selten erwähnt wird.
Dennoch ist mit ihrer Hilfe ein umfassendes und detailliertes Bild des Milieus, in dem er wirkte, zu gewinnen. Jesu Welt ist besser dokumentiert und erfaßt als beispielsweise die von König Arthur oder Robin Hood. Wenn Jesus als historische Person dennoch kaum faßbar bleibt, so gilt das für jene in gleicher Weise.
Wir stürzten uns also mit Feuereifer und auf Überraschungen gefaßt auf das Geschehen zur Zeit des »historischen Jesus«. Kaum hatten wir jedoch die ersten Schritte getan, stießen wir auch schon auf ein Problem, dem alle Forscher biblischer Geschichte begegnen. Wir sahen uns einem anscheinend unüberschaubaren Kaleidoskop judäischer Kulte, Sekten und ihren Abspaltungen, politischer und religiöser Organisationen und Institutionen gegenüber, die sich manchmal eklatant zu widersprechen und dann wieder zu überlagern schienen.
Wir fanden bald heraus, daß die Etiketten zur Unterscheidung der einzelnen Gruppen – Pharisäer, Sadduzäer, Essener, Zeloten und Nazarener – weder genau noch nützlich waren. Das Durcheinander blieb bestehen. Jesus konnte praktisch mit all diesen Gruppen in Verbindung gebracht werden. Nach allem, was überhaupt über ihn herausgefunden werden konnte, scheint er einer Pharisäerfamilie mit entsprechendem Hintergrund zu entstammen und von pharisäischem Geist durchdrungen gewesen zu sein. Einige neuere Kommentare weisen auf die auffallenden Parallelen zwischen der Lehre Jesu, besonders in der Bergpredigt, und der Lehre bekannter

Pharisäer wie dem großen Hillel hin. Und in mindestens einem Kommentar wird Jesus selbst als Pharisäer bezeichnet.
Doch wenn Jesu Worte sich auch oft mit der offiziellen Lehre der Pharisäer jener Zeit decken, so scheinen sie gleichzeitig stark von mystischem oder von »Essener«-Geist zu zeugen. Johannes der Täufer gehört nach allgemeiner Auffassung in den Umkreis der Essener. Sein Einfluß auf Jesus bringt ein essenisches Element in dessen Leben. Nach dem Zeugnis der Schrift war die Mutter von Johannes, also Jesu Tante Elisabeth (mütterlicherseits), allerdings mit einem Priester des Tempels vermählt, was den beiden Männern Verbindungen zu den Sadduzäern eröffnete. Zudem hatte Jesus – dies ist für die spätere christliche Tradition von großer Bedeutung – mit ziemlicher Sicherheit Zeloten unter seinen Anhängern, darunter Simon den Zeloten und möglicherweise auch Judas Ischariot, dessen Name vielleicht auf die gewalttätigen Sikarier verweist.
Natürlich ist schon die bloße Vermutung, Jesus könnte mit den Zeloten in Verbindung gebracht werden, äußerst provokativ. Aber war Jesus denn wirklich der lammfromme, sanftmütige Erlöser der späteren christlichen Tradition? War er wirklich völlig gewaltlos? Warum hat er sich dann zu gewalttätigen Provokationen wie dem Umstürzen der Wechslertische im Tempel hinreißen lassen? Warum hatte er eine Todesart zu erleiden, die die Römer ausschließlich für revolutionäre Aktionen verhängten? Warum wies er vor der nächtlichen Wache in Gethsemane seine Anhänger an, sich mit Schwertern zu versehen? Warum zog bald darauf Petrus tatsächlich ein Schwert und hieb einem Knecht im Gefolge des Hohenpriesters ein Ohr ab? Und wenn Jesus wirklich militanter gewesen sein sollte, als es gemeinhin dargestellt wird: War er dann nicht notwendig auch politisch engagiert? Wie müßte man in diesem Fall seine Bereitschaft, dem Kaiser zu geben, was des Kaisers sei, verstehen – vorausgesetzt, daß hier eine genaue Wiedergabe und Übersetzung seiner Worte vorliegt?
Jesus war wohl schon zu Lebzeiten von solchen Widersprüchen umgeben, jedenfalls haben sie ihn offenbar überlebt und sich mindestens noch vierzig Jahre über sein überliefertes Todesdatum hinaus gehalten. 73 n. Chr. wurde die Feste von Masada nach langer Belagerung durch die Römer schließlich eingenommen –

allerdings erst, nachdem die Belagerten kollektiv Selbstmord begangen hatten. Sie, die Verteidiger von Masada, sind nach allgemeiner Auffassung Zeloten gewesen, keine religiöse Sektengemeinschaft im üblichen Sinne, sondern Anhänger einer politischen und militärischen Bewegung. Der Nachwelt ist die Geschichte jedoch so überliefert, als wäre die Geisteshaltung der Verteidiger jene der Essener gewesen, einer anscheinend gewaltlosen, mystisch orientierten Sekte, die angeblich alle Formen politischer, und erst recht militärischer Aktivität abgelehnt hat.

Mit solchen Widersprüchen und anhaltender Verwirrung sahen wir uns also konfrontiert. Aber auch Fachgelehrte, »Experten«, die viel tiefer in die Materie eindringen als wir, stehen diesen Problemen nicht weniger ratlos gegenüber. Sobald jemand einen Weg durch das Labyrinth gefunden zu haben glaubt, gerät er unweigerlich mit Kollegen aneinander. Manche vertreten die Ansicht, das Christentum sei aus einem quietistischen judaistischen Geheimbund hervorgegangen, der unmöglich Verbindung zu militanten, revolutionären Nationalisten wie den Zeloten gehabt haben könne. Für andere war das Christentum in seinen Anfängen eben gerade eine Bewegung, die dem militanten, revolutionären judäischen Nationalismus nahestand, und kann daher nichts mit pazifistischen Mystikern wie den Essenern zu tun gehabt haben. Manche sind der Ansicht, daß das Christentum aus einer der Hauptströmungen judaistischen Denkens jener Zeit entstanden sei. Andere dagegen behaupten, das Christentum habe sich, schon bevor Paulus auftrat und den Bruch endgültig besiegelte, vom Judentum zu lösen begonnen.

Je intensiver wir die Experten zu Rate zogen, um so deutlicher zeigte sich, daß sie eigentlich kaum mehr sicher wußten als alle anderen. Und am verwirrendsten war, daß in keiner Theorie oder Interpretation alle Beweise, bekannten Fakten, Abweichungen, Ungereimtheiten und Widersprüche übersichtlich dargestellt waren.

In dieser Situation stießen wir auf die Arbeit von Robert Eisenman. Eisenman ist Professor für Religionen im Nahen Osten und steht der Abteilung für Religionsstudien an der California State University in Long Beach vor. Er war zur selben Zeit wie Thomas

Pynchon Student in Cornell und hat dort bei Vladimir Nabokov vergleichende Literaturwissenschaft studiert; 1958 erwarb er seinen BA in Physik und Philosophie und 1966 einen MA-Titel in Hebräisch und Orientalistik (Naher Osten) an der Universität New York. 1971 promovierte er an der Columbia University zum Doktor für Orientalistik. Seine Spezialgebiete sind die Geschichte Palästinas und islamisches Recht. Eisenman war außerdem Gastprofessor an der Universität von Kalabrien und hat an der Hebräischen Universität in Jerusalem Vorlesungen über islamisches Recht, islamische Religion und Kultur, die Schriftrollen vom Toten Meer und die Ursprünge des Christentums gehalten. 1985–1986 war er am William F. Albright Institute of Archaeological Research in Jerusalem in der Forschung tätig und 1986–1987 Gastdozent am Linacre College in Oxford und am Oxford Centre for Hebrew Studies.

Wir stießen also auf Eisenman, und zwar zunächst anhand eines dünnen Bändchens mit dem Titel *Maccabees, Zadokites, Christians and Qumran*. Das Buch war 1983 bei E. J. Brill in Leiden (Holland) erschienen, und es entsprach genau den Vorstellungen, die man von einer Veröffentlichung in einem wissenschaftlichen Verlag hat: es enthält mehr Fußnoten als Haupttext, setzt ein enormes Vorwissen voraus und weist ein geradezu verbotenes Gewirr von Quellen und Querverweisen auf. Aber wir fanden auch eine zentrale These von bestechender Verständlichkeit und Luzidität. Und je weiter wir in das Dickicht des Textes eindrangen, desto mehr lösten sich die Fragen, die uns bis dahin so verwirrt hatten, einfach und beinahe von selbst, ohne daß irgendwelche Theorien hinzugedichtet worden oder wesentliche Fragmente unberücksichtigt geblieben wären.

Im ersten Teil von *The Messianic Legacy* (London 1986) haben wir uns im wesentlichen auf Eisenmans Arbeit gestützt. Unsere Schlußfolgerungen haben der Perspektive, die er uns hinsichtlich der Bibelforschung und des historischen Hintergrundes zum Neuen Testament eröffnet hat, viel zu verdanken. Trotzdem blieben eine Reihe von Fragen offen. Wir hatten nämlich, was wir damals nicht wissen konnten, ein wichtiges Bindeglied übersehen – eine Sache, um die in den vergangenen fünf Jahren Kontroversen entbrannt

sind und die in der Presse für Schlagzeilen gesorgt hat: die Informationen, die die Schriftrollen vom Toten Meer enthielten.
Inmitten des Puzzles sollten wir eine bislang verborgen gebliebene Verbindung zwischen den Schriftrollen vom Toten Meer und der schwer faßbaren Gestalt von Jesu Bruder Jakobus entdecken, in dessen Auseinandersetzung mit Paulus die Formulierung der neuen Religion, des späteren Christentums, bereits heraufdämmert. Dieses Bindeglied war von einem kleinen Kreis von Bibelforschern sorgfältig unter Verschluß gehalten worden; deren übereinstimmende und orthodoxe Auslegung der Schriftrollen bezeichnete Eisenman als den Consensus.
Bei ihm liest sich das so:

> Eine kleine Gruppe von Spezialisten, die eng zusammenarbeiteten, entwickelte einen Consensus ... Statt eindeutiger historischer Einsicht ... wurden vorgefaßte Meinungen und Rekonstruktionen unbesehen für Tatsachen genommen und die Ergebnisse, als gegenseitige Beweise verwendet, ihrerseits zu *neuen* Erkenntnissen erhoben, die dazu dienten, eine ganze Generation von Studierenden irrezuführen, die entweder nicht gewillt oder nicht in der Lage waren, die Arbeit ihrer Mentoren in Frage zu stellen.[1]

Auf diese Weise konnte sich die offizielle orthodoxe Interpretation halten – ein Gerüst von Annahmen und Schlüssen, die für Uneingeweihte wie solide, anerkannte und unbezweifelbare Tatsachen aussehen. Auf diese Weise sind viele der sogenannten unumstößlichen Tatsachen entstanden. Die für den christlichen Consensus Verantwortlichen üben damit ein Monopol über wichtige Quellen aus, das heißt, sie lenken den Informationsfluß so, daß die Informationen ihren eigenen Zwecken dienen. Dieses Phänomen hat Umberto Eco in »Der Name der Rose« thematisiert. Darin repräsentiert das Kloster samt seiner Bibliothek das Monopol der mittelalterlichen Kirche auf das Studium und bildet somit eine Art Enklave, einen exklusiven Zirkel der Gelehrsamkeit, von dem alle, bis auf wenige Auserwählte, ausgeschlossen sind. Diese wenigen Erwählten legen die »Parteilinie« fest.

Wer über diese Parteilinie wacht, kann seine Autorität festigen, indem er stets geltend macht, er allein habe ja Zugang zu den relevanten Quellen, der allen Außenstehenden verwehrt ist. Die verstreuten Fragmente, die öffentlich zugänglich sind, Außenstehenden in einer bestimmten Anordnung zu präsentieren, gleicht einer semiotischen Übung, und im Bereich semiotischer Übungen ist es ganz leicht, die »Tempelritter« für alles verantwortlich zu machen und Umberto Eco persönlich die Schuld für den Zusammenbruch der Banco Ambrosiano anzulasten. Mit anderen Worten: Da die meisten Außenstehende sind, kommen sie an die relevanten Quellen nicht heran, und ihnen bleibt daher nichts anderes übrig, als die Parteilinie zu übernehmen. Wer die offizielle Interpretation anzweifelt, sieht sich im besten Falle als Irren, im schlechtesten als Renegat, Apostat oder Häretiker tituliert. Nur wenige Wissenschaftler haben genügend Mut, Stehvermögen und Sachkenntnis für einen solchen Angriff und wahren dennoch ihre Reputation. Auf Robert Eisenman, der aufgrund seines Rufes und seiner Glaubwürdigkeit zu den bekanntesten und einflußreichsten Persönlichkeiten auf diesem Gebiet zählt, trifft dies zu. Sein Fall gab den Anstoß für dieses Buch.

I
Die Irreführung

Die Entdeckung der Schriftrollen

Östlich von Jerusalem windet sich eine endlose Straße zwischen kahlen Hügeln, an die sich vereinzelt Beduinenlager schmiegen, allmählich zu Tal. Sie überwindet einen Höhenunterschied von 1300 Meter, bis sie im Tal 400 Meter unter dem Meeresspiegel liegt. Dort eröffnet sich dem Blick das Panorama des Jordantals. Zur Linken entdeckt man in der Ferne Jericho. Vor einem liegen im Sonnenglast der Jordan und wie eine Fata Morgana die Berge von Moab. Zur Rechten befindet sich das nördliche Ufer des Toten Meeres; der Wasserspiegel und die gelben, über vierhundert Meter hoch aufragenden Klippen, die diese (die israelische) Seite säumen, lösen einen ehrfürchtigen Schauder und ein heftiges Unbehagen aus. Hier, so tief unter dem Meeresspiegel, ist die Luft nicht nur heiß, sie lastet zudem auf einem, geradezu körperlich spürbar wie ein großer Druck.

Die Schönheit, die Majestät und Stille dieser Gegend ziehen den Betrachter in ihren Bann. Die Landschaft atmet die Luft des Altertums, den Geist einer Welt, die weit älter ist als die, welche die meisten westlichen Besucher je zu Gesicht bekommen haben. Der Schock ist daher um so größer, wenn das zwanzigste Jahrhundert mit einem Getöse, das den Himmel zu zerreißen droht, in Gestalt einer gedrängten Formation israelischer F-16- oder Mirage-Flugzeuge darüber hereinbricht, die dicht über dem Wasser dahinjagen, die Piloten in den Cockpits deutlich erkennbar. Mit dröhnenden Nachbrennern schießen die Jets fast senkrecht hoch, bis sie dem Auge entschwunden sind. Man steht da wie betäubt. Sekunden später erbebt das ganze Gebirge vom abebbenden Überschallknall. Erst jetzt macht man sich klar, daß diese Gegend sich praktisch in permanentem Kriegszustand befindet, daß diese Seite des Toten Meeres seit gut vierzig Jahren zu keinem Frieden mit der anderen Seite gefunden hat. Aber ist dieses Land nicht seit den Anfängen der Geschichtsschreibung Zeuge unablässiger Auseinandersetzungen gewesen? Zu viele Götter, so scheint es, haben hier aufeinander eingeschlagen und von ihren Anhängern blutige Opfer gefordert.

Die Ruinen von Qumran (oder genauer Khirbet Qumran) liegen rechterhand, da, wo die Straße die Klippen über dem Toten Meer erreicht. Die Straße folgt danach dem Verlauf der Klippen am Ufer entlang nach Süden bis zur Feste Masada, die gut fünfzig Kilometer entfernt ist. Qumran liegt auf einer weißen Terrasse aus Mergel, etwa dreißig Meter über der Straße, zwei Kilometer vom Toten Meer entfernt. Die Ruinen wirken nicht sonderlich eindrucksvoll. Als erstes fällt der Blick auf einen Turm mit ein Meter dicken Wänden, von dem noch zwei Stockwerke intakt sind und der offensichtlich ursprünglich zur Verteidigung errichtet worden ist. Direkt daran grenzen eine Anzahl von größeren und kleineren Zisternen, die ein kompliziertes Netzwerk von Wasserkanälen miteinander verbindet. Einige mögen für rituelle Waschungen benutzt worden sein, die meisten dagegen, wenn nicht sogar alle, dienten den Bewohnern von Qumran als Wasserspeicher, damit sie hier in der Wüste überleben konnten. Zwischen den Ruinen und dem Toten Meer befindet sich auf den tiefergelegenen Teilen der Terrasse ein ausgedehnter Friedhof mit etwa 1200 Gräbern. Ein jedes ist durch einen langgestreckten Steinhaufen gekennzeichnet, der entgegen jüdischer und moslemischer Gepflogenheit nordsüdlich ausgerichtet ist.

Auch heute noch liegt Qumran abseits, wenn auch in einem Kibbuz in der Nähe ein paar hundert Menschen leben und der Ort über die Straße, die nach Jerusalem führt, schnell und leicht zu erreichen ist. Die knapp vierzig Kilometer lange Strecke ist in vierzig Minuten zu bewältigen. Tag und Nacht donnern riesige Schwerlaster über die Straße, die Eilat im äußersten Süden Israels mit Tiberias im Norden verbindet. Touristenbusse halten regelmäßig an. Schweißüberströmte Westeuropäer und Amerikaner entquellen ihnen; sie werden eilig durch die Ruinen geführt und anschließend in ein klimatisiertes Restaurant mit Buchhandlung, wo sie sich bei

Kaffee und Kuchen erholen. Natürlich verkehren auch zahlreiche Militärfahrzeuge, und man sieht israelische und arabische Privatwagen. Ja, man begegnet gelegentlich sogar einem jugendlichen Raser in einem lauten, häßlichen Ungeheuer, dessen Geschwindigkeit einzig die Straßenbreite Grenzen setzt.
Die israelische Armee ist selbstredend ständig auf dem Plan, denn wir befinden uns im besetzten Westjordanland, und Jordanien liegt nur wenige Kilometer entfernt auf der anderen Seite des Toten Meeres. Tag und Nacht fahren Patrouillen im Schrittempo vorbei und suchen alles minutiös ab. Meist sind es kleine Laster, mit drei schweren Maschinengewehren ausgerüstet, hinter denen Soldaten stehen. Diese Patrouillen überprüfen die Fahrzeuge und erfragen das genaue Woher und Wohin aller, die die Gegend erkunden oder in den Felsen und Höhlen Ausgrabungen vornehmen. Wer sich hier aufhält, merkt schon bald, daß es ratsam ist, sich bemerkbar zu machen, damit ihn die Soldaten sehen und wissen, daß jemand da ist. Ihnen ganz unvermittelt zu begegnen oder sich verdächtig zu verhalten, ist nicht ungefährlich.
Der Kibbuz heißt Kalia und liegt zu Fuß zehn Minuten von Qumran entfernt an einer kleinen Straße, die von den Ruinen dorthin führt. Im Kibbuz gibt es zwei kleine Schulen für die Kinder, einen großen Gemeinschaftsspeisesaal und Wohneinheiten, die aussehen wie Touristenunterkünfte. Doch die Gegend ist immer noch militärisches Gebiet. Der Kibbuz ist von einem Stacheldrahtzaun umgeben und wird nachts zugesperrt. Eine bewaffnete Patrouille hält ständig Wache. Es gibt mehrere unterirdische Luftschutzbunker, die aber gleichzeitig noch anderen Zwecken dienen: einer zum Beispiel als Vortragssaal, ein anderer als Bar, ein dritter als Diskothek. Die Wüste jenseits dieses Vorpostens aber bleibt von solcherart Moderne unberührt. Dort weiden nach wie vor Beduinen ihre Kamele und Ziegen; zeitlose Gestalten zwischen Gegenwart und Vergangenheit.
Als 1947 die Schriftrollen vom Toten Meer gefunden wurden, sah Qumran ganz anders aus. Damals gehörte der Ort zum Gebiet, das dem britischen Mandat Palästina unterstellt war. Im Osten lag das Königreich von Transjordanien. Die Straße, die sich heute am Ufer des Toten Meeres entlang nach Süden zieht, gab es noch

nicht. Sie war nur bis in das Gebiet nordöstlich des Toten Meeres, ein paar Kilometer von Jericho entfernt, ausgebaut. Rundherum gab es nichts als holprige Wege. Einer davon folgte dem Verlauf einer alten römischen Straße, die aber auch schon lange nicht mehr ausgebessert worden war. Qumran war also sehr viel schwerer zu erreichen als heute. Die einzigen Menschen in der Umgebung waren Beduinen, die dort ihre Kamele und Ziegen hüteten, wenn die Wüste – was überraschen mag – im Winter und Frühjahr nicht nur Wasser, sondern auch Gras hervorbringt. Im Winter oder wahrscheinlich eher zu Beginn des Frühjahrs des Jahres 1947 hielt die Wüste aber noch etwas anderes bereit: einen der zwei oder drei bedeutendsten archäologischen Funde der Neuzeit.

Die genauen Umstände, wie die Schriftrollen vom Toten Meer entdeckt wurden, sind längst Legende. Diese Legende stimmt aber vermutlich in einer ganzen Reihe von Punkten nicht mit dem überein, was wirklich geschah. Die Wissenschaftler haben sich bis weit in die 60er Jahre hinein über bestimmte Angaben gestritten. Dennoch bleibt die Legende unsere einzige Quelle. Die Entdeckung der Rollen wird dem Hirtenjungen Muhammad adh-Dhib, das heißt Muhammad der Wolf, vom Beduinenstamm Ta'amireh zugeschrieben. Nach seiner Aussage kletterte er auf der Suche nach einer verirrten Ziege in den Felsen von Qumran herum und entdeckte unerwartet über sich im Felsabsturz eine Öffnung. Er versuchte hineinzuspähen, konnte aber von seinem Standort aus nichts sehen. Daraufhin warf er einen Stein in die Dunkelheit, worauf er das Geräusch zerbrechender Tonscherben vernahm. Das weckte natürlich seinen Entdeckerdrang.

Er arbeitete sich hoch, kroch durch die Öffnung und fand sich in einer kleinen, schmalen Höhle mit einer hohen Decke; sie war nur etwa zwei Meter breit, aber etwas mehr als sieben Meter lang. Darin befanden sich etliche Tongefäße von etwa sechzig Zentimeter Höhe und fünfundzwanzig Zentimeter Durchmesser; sie waren zum Teil zerbrochen. Man geht heute allgemein davon aus, daß acht davon unversehrt waren, doch die genaue Anzahl konnte nie mit Sicherheit festgestellt werden.

Nach seiner eigenen Aussage bekam Muhammad es mit der Angst zu tun. Er kroch wieder aus der Höhle hinaus und lief weg. Am

nächsten Tag kam er mit mindestens einem Freund zurück, um die Höhle samt ihrem Inhalt näher in Augenschein zu nehmen. Einige Tongefäße waren mit großen, »schüsselartigen« Deckeln verschlossen. In einem von ihnen steckten drei in verrottetes Leinen eingewickelte Lederrollen – die ersten Schriftrollen vom Toten Meer, die nach fast 2000 Jahren wieder ans Licht kamen.[1]
In den folgenden Tagen entdeckte der Beduine an dieser Stelle noch mindestens vier weitere Rollen. Zwei Tongefäße sind mit Sicherheit mitgenommen und als Wasserbehälter verwendet worden. Als die eigentliche archäologische Arbeit begann, fand sich im übrigen eine ansehnliche Menge von Tonscherben und Bruchstücken – nach verläßlichen Schätzungen hätten sie mindestens vierzig Gefäße ergeben. Wie viele von diesen Gefäßen bei ihrer Entdeckung Schriftrollen enthielten und wie viele leer waren, läßt sich nicht mehr feststellen. Ebensowenig kann man in Erfahrung bringen, wie viele Rollen aus der Höhle mitgenommen, versteckt, zerstört oder für andere Zwecke benutzt wurden, bevor ihre Bedeutung erkannt wurde. Vermutlich haben einige sogar als Brennmaterial gedient. Wir haben in Erfahrung bringen können, daß auf jeden Fall mehr Rollen aus der Höhle entfernt worden sind, als anfangs angegeben wurde und auch als später noch ans Licht gekommen sind. Insgesamt gelangten schließlich sieben vollständige Rollen und Bruchstücke von einundzwanzig weiteren an die Öffentlichkeit.
Ab hier werden die Berichte äußerst widersprüchlich. Drei Beduinen, die ahnten, daß es sich bei dem Fund um etwas Wertvolles handeln könnte, haben offenbar alles, was sie gefunden haben – nach einigen Quellen drei, nach anderen sieben oder acht vollständig erhaltene Rollen –, zu einem Scheich in der Umgebung gebracht. Dieser soll sie an einen Trödel- und Antiquitätenhändler, einen gewissen Khalil Iskander Schahin, genannt Kando, verwiesen haben. Er war Christ und gehörte der syrischen Jakobitenkirche an. Kando wandte sich an den Jerusalemer George Isaiah, ein anderes Mitglied der Gemeinde. Nach Auskunft glaubwürdiger Wissenschaftler begaben sich Kando und Isaiah sofort selbst nach Qumran und nahmen etliche Rollen und/oder Bruchstücke an sich.[2]

Das war natürlich illegal. Nach dem im britischen Mandat Palästina geltenden Recht – an das sich in der Folge auch die jordanische und israelische Regierung konsequent halten – gehörten alle archäologischen Funde dem Staat. Es war Pflicht, jeden Fund dem Amt für Altertümer, das damals im Archäologischen Museum von Palästina, dem sogenannten Rockefeller-Museum, im östlichen, arabischen Teil Jerusalems untergebracht war, zu überstellen. Doch da in ganz Palästina ein einziger Aufruhr herrschte und Jerusalem zudem in einen jüdischen, arabischen und britischen Sektor aufgeteilt war, hatten die Behörden Wichtigeres zu tun, als sich mit dem Schwarzmarkt archäologisch bedeutsamer Fundstücke zu befassen. Deshalb konnten Kando und George Isaiah ihre illegalen Transaktionen ungestraft durchführen.

George Isaiah teilte den Fund seinem Kirchenoberen mit, dem syrischen Metropoliten (Erzbischof) Athanasius Jeschua Samuel, dem Oberhaupt der syrischen Jakobitenkirche in Jerusalem. Athanasius Jeschua Samuel war, vom wissenschaftlichen Standpunkt aus betrachtet, wenig informiert und bei weitem nicht so gelehrt, daß er den ihm vorgelegten Text hätte identifizieren, geschweige denn übersetzen können. Der inzwischen verstorbene Edmund Wilson, einer der ersten und glaubwürdigsten Kommentatoren der Entdeckung von Qumran, hat später einmal von Samuel gesagt, er habe »nicht genügend Kenntnisse im Hebräischen [gehabt], um die Bedeutung des Manuskriptes würdigen zu können«.[3] Er verbrannte sogar ein Stückchen von der Rolle und roch daran, um herauszufinden, ob es sich um Leder oder um Pergament handelte. Doch trotz aller wissenschaftlichen Unzulänglichkeit war Samuel nicht weltfremd. Da sein Kloster St. Markus eine berühmte Sammlung alter Dokumente verwahrte, hatte er durchaus eine Vorstellung von der Bedeutung dessen, was da in seine Hände geraten war.

Samuel hat später ausgesagt, er habe von den Schriftrollen vom Toten Meer erstmals im April 1947 gehört. Ist die Chronologie der Ereignisse bis dahin schon vage und widersprüchlich, so wird sie es jetzt erst recht. Jeder Kommentator behauptet etwas anderes. Irgendwann zwischen Anfang Juni und Anfang Juli hat Samuel aber wohl Kando und George Isaiah gebeten, ein Treffen mit den drei Beduinen zu arrangieren, die die Rollen entdeckt hatten, um ihren Fund in Augenschein zu nehmen und eventuell zu kaufen. Bei ihrer Ankunft in Jerusalem hatten die Beduinen mindestens vier, möglicherweise sogar acht Rollen bei sich: die drei, die sie selbst gefunden, und zusätzlich eine oder sogar mehrere, die entweder sie oder Kando und George Isaiah später noch hatten mitgehen lassen. Leider hatte der Metropolit versäumt, den Mönchen des Klosters von St. Markus den bevorstehenden Besuch der Beduinen anzukündigen. Als die unrasierten, abgerissenen Beduinen mit den verdreckten, zerbröselnden und zerrissenen Rollen erschienen, schickte der Bruder an der Pforte sie wieder fort. Als Samuel dies zu Ohren kam, war es bereits zu spät. Die zu Recht aufgebrachten Beduinen wollten mit dem Metropoliten Samuel nichts mehr zu tun haben. Einer von ihnen wollte selbst mit Kando keine Geschäfte mehr machen. Er verkaufte seinen Anteil an den Rollen – ein Drittel, insgesamt drei Rollen – an den moslemischen Scheich von Bethlehem. Kando konnte die übrigen Anteile an den Rollen erwerben, die er seinerseits dem Metropoliten angeblich für vierundzwanzig Pfund überließ. Anfangs glaubte man, daß im Kloster fünf Rollen aufbewahrt würden; doch waren es schließlich nur vier, da eine in zwei Hälften auseinandergefallen war. Bei einem von diesen vier Texten handelte es sich um eine gut erhaltene Kopie des Buches Jesaia aus dem Alten Testament. Diese Rolle hat eine Länge von etwa acht Metern. Nach der Nomenklatur, die sich später bei den Wissenschaftlern eingebürgert hat, enthielten die anderen drei Rollen die »apokryphe Genesis«, einen Kommentar des »Buches Habakuk« und die sogenannte »Gemeinderegel«.

Kurz nach dem vereitelten Treffen mit den Beduinen in Jerusalem – nach einigen Quellen Ende Juli, nach anderen im August – schickte der Metropolit Samuel einen Priester mit George Isaiah in die Höhle von Qumran. Da ihr Vorhaben illegal war, machten sie sich bei Nacht an die Arbeit. Sie durchsuchten den Ort gründlich und fanden mindestens ein weiteres Gefäß und einige Bruchstücke. Außerdem nahmen sie offensichtlich recht ausgedehnte Grabungen vor. Ein Jahr später mußte die erste offizielle Forschergruppe feststellen, daß ein Stück des Felsabhangs vollständig abgetragen worden war. Dabei war eine große Öffnung unterhalb des ursprünglich kleinen Eingangs, den der Beduine entdeckt hatte, entstanden. Was diese Expedition zutage gefördert hat, ist wohl nie mehr zu klären. Bei den Recherchen zu diesem Buch haben wir mit Leuten gesprochen, die beteuerten, George Isaiah habe auf seinen nächtlichen Exkursionen weitere Rollen gefunden, doch diese Rollen habe kein Wissenschaftler je zu Gesicht bekommen.

Der Metropolit Samuel versuchte nun das Alter der Rollen, in deren Besitz er gelangt war, näher zu bestimmen. Zuerst wandte er sich an einen syrischen Experten des Amtes für Altertümer. Dieser hielt die Rollen nicht für sehr alt. Anschließend konsultierte der Metropolit einen holländischen Wissenschaftler, der an der Ecole Biblique et Archéologique Française de Jérusalem, einem von Dominikanern geleiteten und von der französischen Regierung bezuschußten Institut, beschäftigt war. Dieser zeigte sich interessiert, blieb jedoch hinsichtlich des Alters der Rollen ebenfalls skeptisch. Später gab er an, er habe an der Ecole Biblique einen »angesehenen Wissenschaftler« zu Rate gezogen und der habe ihm von Fälschungen erzählt, die von gerissenen Antiquitätenhändlern andauernd in Umlauf gebracht würden.[4]

Daraufhin habe er sich nicht weiter mit der Angelegenheit befaßt. Damit aber hatte die Ecole Biblique die Chance verspielt, sich der Schriftrollen schon frühzeitig annehmen zu können. Zu diesem Zeitpunkt hatte anscheinend nur der weitgehend inkompetente Metropolit eine Ahnung von Alter, Wert und Bedeutung der Schriftrollen.

Im September 1947 brachte der Metropolit die Rollen, die sich in seinem Besitz befanden, zu seinem Vorgesetzten, dem Patriarchen der syrischen Jakobitenkirche in Homs, nördlich von Damaskus. Es ist nicht bekannt, was zwischen den beiden stattgefunden hat, doch entsandte der Metropolit nach seiner Rückkehr erneut eine Gruppe von Leuten zu weiteren Ausgrabungen in die Höhle von Qumran. Vermutlich handelte er auf Anweisung des Patriarchen. Wie auch immer, offensichtlich glaubte er, dort sei noch mehr zu holen.

Der Besuch des Metropoliten Samuel in Syrien im September fiel mit der Ankunft von Miles Copeland zusammen, der im Zweiten

Weltkrieg dem militärischen Geheimdienst angehörte und später noch viele Jahre beim CIA im Nahen Osten tätig war. In einem persönlichen Gespräch erzählte Copeland, was im Herbst 1947 geschah, kurz nachdem er seine Stellung als Vertreter des CIA in Damaskus angetreten hatte. Unter den damaligen Umständen brauchte er offenbar nicht auf besonders strenge Geheimhaltung zu achten. Seine Identität scheint jedenfalls ein offenes Geheimnis gewesen zu sein. Nach seinen Aussagen suchte ihn eines Tages ein »durchtriebener ägyptischer Händler« auf, der vorgab, einen bedeutenden Schatz zu besitzen. Der Mann zog aus einem schmutzigen Sack eine Schriftrolle hervor, die an den Rändern schon morsch und eingerissen war, so daß einzelne Schnitzel auf die Straße rieselten. Natürlich konnte er, Copeland auf die Frage, was das sei, keine Antwort geben. Er versprach jedoch, falls der Händler ihm die Rolle überlasse, sie zu fotografieren und jemanden zu beauftragen, sie gründlich zu untersuchen.

Copeland und seine Kollegen brachten die Rolle in der Folge zum Fotografieren auf das Dach der amerikanischen Gesandtschaft in Damaskus und entrollten sie. Copeland sagte, es habe ein so starker Wind geblasen, daß sich Teile der Rolle ablösten und vom Dach auf die Straßen der Stadt hinuntertrudelten. Sie waren auf immer verloren. Er fügte hinzu, daß es sich dabei um einen beträchtlichen Teil des Dokumentes gehandelt habe. Mrs. Copeland, die Archäologin ist, meinte an dieser Stelle, ihr kämen jedesmal wieder fast die Tränen, wenn jemand die Rede auf diese Geschichte bringe.

Mit Hilfe der von der amerikanischen Regierung bereitgestellten Fotoausrüstung machten Copeland und seine Kollegen angeblich etwa dreißig Detailaufnahmen. Damit sei aber noch nicht die ganze Rolle erfaßt gewesen; sie muß also eine beträchtliche Länge gehabt haben. Anschließend wurden die Fotos in die amerikanische Botschaft nach Beirut gebracht und einem hohen Beamten vorgelegt, der in alten Sprachen bewandert war. Dieser sagte, er halte den Text für einen Ausschnitt aus dem Buch Daniel im Alten Testament. Er sei zum Teil in aramäischer, zum Teil in hebräischer Sprache abgefaßt. Leider ging man der Sache nicht energisch genug nach. Copeland kehrte nach Damaskus zurück; der »durchtriebene ägyptische Händler« aber ist nie wieder aufgetaucht. Die

Fotos wanderten in eine Schublade.[5] Bis auf den heutigen Tag weiß niemand, was aus ihnen wie auch aus der Schriftrolle geworden ist. Allerdings wurden später Fragmente einer Rolle mit einem Text aus dem Buch Daniel in Qumran gefunden, und zwar fünf Jahre nach dem Vorfall, von dem Copeland berichtete. Ob die Rolle, die Copeland gesehen und fotografiert hat, tatsächlich ebenfalls ein Text aus dem Buch Daniel gewesen ist, ist bis heute nicht bekannt, denn die Rolle ist niemals mehr aufgetaucht.

Obwohl sich der Metropolit Samuel genau zu dem Zeitpunkt ebenfalls mit den in seinem Besitz befindlichen Rollen in Syrien aufhielt, ist es unwahrscheinlich, daß die Rolle, die Copeland zu sehen bekam, eine davon war, da nur eine von seinen drei Rollen sich überhaupt entrollen ließ. Zudem hätte nur eine, nämlich der acht Meter lange Text aus dem Buch Jesaia, mehr als dreißig Fotografien ergeben. Und wenn es dieser Text gewesen wäre, den Copeland gesehen hat, warum wäre er dann als Text aus dem Buch Daniel und nicht aus dem Buch Jesaia identifiziert worden? Und warum wäre er als teils hebräisch, teils aramäisch abgefaßt bezeichnet worden? Natürlich könnte sich der hohe Beamte des CIA geirrt haben. Als wir Copelands Geschichte aber einem angesehenen israelischen Forscher mitteilten, war dieser ganz fasziniert. »Wahrscheinlich ist das eine höchst interessante Geschichte«, meinte er vertraulich. »Vermutlich war es eine Rolle, die bisher noch niemand zu Gesicht bekommen hat.« Wenn wir weitere Informationen dazu liefern könnten, so fuhr er fort, »werde ich Sie ... als Gegenleistung mit Informationen über verlorengegangene Rollen versorgen«.[6] Woraus hervorgeht, daß es solche Informationen gibt und daß sie niemals an die Öffentlichkeit gelangt sind.

Während Copelands Fotos also in Beirut geprüft wurden, setzte der Metropolit Samuel seine Bemühungen fort, das Alter seiner Rollen bestimmen zu lassen. Ein jüdischer Arzt, der seinem Kloster einen Besuch abstattete, brachte ihn mit Wissenschaftlern der Hebräischen Universität zusammen, die ihn ihrerseits mit Professor Eleazar Sukenik, dem Leiter der archäologischen Abteilung der Hebräischen Universität, bekannt machten. Bevor Sukenik sich die Rollen des Metropoliten ansah, traf er sich am 24. November mit einer Person, die sich im nachhinein als armenischer Anti-

quitätenhändler entpuppt hat. Da keiner von beiden im Besitz der erforderlichen Militärpapiere war, mußten sie sich heimlich an einem verabredeten Ort zwischen der jüdischen und der arabischen Zone Jerusalems treffen und über den Stacheldraht hinweg miteinander verhandeln. Durch den Zaun hindurch ließ der Armenier Sukenik das Fragment einer Schriftrolle sehen, auf der dieser hebräische Schriftzeichen ausmachen konnte. Dann erklärte der Armenier, ein arabischer Antiquitätenhändler aus Bethlehem habe ihn tags zuvor aufgesucht und ihm dieses, so wie andere glaubwürdige Fragmente, die ein Beduine gefunden habe, übergeben. Er fragte Sukenik, ob sie echt seien und die Hebräische Universität sie wohl kaufen möchte. Sukenik bat um ein weiteres Treffen, was drei Tage später auch stattfand. Diesmal besaß er einen Paß und konnte sich mehrere Fragmente näher ansehen. Da er von ihrer Bedeutung überzeugt war, nahm er sich vor, sich in Bethlehem weitere anzusehen, obwohl ein solches Unternehmen damals nicht ungefährlich war.
Am 29. November 1947 verließ Sukenik Jerusalem unauffällig und fuhr heimlich nach Bethlehem. Dort erfuhr er in allen Einzelheiten, wie die Rollen entdeckt worden waren. Er bekam drei Rollen zu Gesicht, die zum Verkauf angeboten wurden – es waren die, die dem Metropoliten entgangen waren –, und zwei von den Gefäßen, in denen sie gesteckt hatten. Sukenik durfte die Rollen mit nach Hause nehmen. Er war gerade dabei, sie einer eingehenden Prüfung zu unterziehen, als um Mitternacht eine aufregende Nachricht über den Rundfunk verbreitet wurde: die Mehrheit der Vereinten Nationen hatte für die Schaffung des Staates Israel gestimmt. Von diesem Augenblick an war Sukenik entschlossen, die Rollen zu erwerben. Sie erschienen ihm als glückverheißendes Omen der historischen Ereignisse, die von nun an ihren Lauf nehmen würden.[7]
Sein Sohn Yigael Yadin, damals Einsatzleiter der paramilitärischen jüdischen Organisation Haganah, teilte darin seine Auffassung. Für ihn wie für seinen Vater hatte die Entdeckung der Schriftrollen eine nahezu mystische Bedeutung:

Ich kann nicht umhin, in der Entdeckung der Rollen und ihrem Erwerb zum Zeitpunkt, da der Staat Israel geschaffen wurde, ein Omen zu sehen. Es ist, als hätten diese Manuskripte, seit Israel seine Unabhängigkeit verloren hat, 2000 Jahre in Höhlen darauf gewartet, daß die Kinder Israels an ihre Heimstätte zurückkehren und ihre Freiheit wiedererlangen.[8]

Ende Januar 1948 durfte Sukenik die Rollen des Metropoliten Samuel einsehen. Auch dies mußte im geheimen vor sich gehen. Man traf sich im Haus des Christlichen Vereins junger Männer (YMCA) im britischen Sektor von Jerusalem, da der dortige Bibliothekar zur Gemeinde des Metropoliten gehörte. Die Sicherheitskontrollen waren sehr streng, denn der YMCA lag dem King David Hotel gegenüber, in dem 1946 bei einem Bombenangriff zahlreiche Menschen das Leben verloren hatten. Sukenik konnte diese Zone nur mit einem Paß des britischen District Officer Professor Biran betreten.

Da Sukenik als an Handschriften interessierter Wissenschaftler passieren wollte, nahm er ein paar Bücher aus der Bibliothek mit. Im YMCA durfte er in einem privaten Raum die Rollen des Metropoliten einsehen und sie zu genauer Prüfung ausleihen. Er brachte sie dem Metropoliten am 6. Februar zurück, da er nicht genug Geld auftreiben konnte, um sie käuflich zu erwerben. Zu dieser Zeit wäre es keiner Bank möglich gewesen, ihm den erforderlichen Kredit zu gewähren, denn die politische und ökonomische Situation war äußerst angespannt. Die örtlichen jüdischen Behörden, die sich mit einem drohenden Krieg konfrontiert sahen, konnten keinen Pfennig entbehren, und ansonsten zeigte sich niemand interessiert.

Sukenik versuchte in der Folge auf alle Arten, den Preis zu drücken. Der syrische Agent, der die Interessen des Metropoliten vertrat, verabredete für die kommende Woche ein Treffen mit ihm. Zu diesem Zeitpunkt hatte Sukenik Mittel und Wege gefunden, das nötige Geld zu beschaffen. Er hörte jedoch nichts, weder von dem Metropoliten noch von dessen Mittelsmann. Einige Wochen später erhielt er statt dessen von dem Syrer einen Brief, worin dieser ihm mitteilte, der Metropolit habe sich nun doch entschlossen, die

Schriftrollen nicht zu verkaufen. Hinter Sukeniks Rücken waren aber derweil schon Verhandlungen mit amerikanischen Wissenschaftlern im Gang, die die Rollen fotografiert hatten und nur allzu deutlich machten, daß in den Vereinigten Staaten dafür ein wesentlich höherer Preis zu erzielen sei. Es versteht sich von selbst, wie sehr diese vertane Gelegenheit Sukenik schmerzte.

Der Metropolit Samuel hatte im Februar Kontakt zum Albright Institute, dem amerikanischen Institut zur Erforschung des Orients, in Jerusalem aufgenommen. Dieses Institut hatte eine vollständige Kopie der Schriftrollen an Professor William F. Albright an der Johns-Hopkins-Universität, einen anerkannten Experten auf diesem Gebiet, geschickt. Am 15. März traf seine Antwort ein. Er teilte Sukeniks Überzeugung, daß die entdeckten Schriftrollen von größter Bedeutung seien, und bestätigte deren Echtheit. Zugleich hat er, wenn auch unbeabsichtigt, denen Schützenhilfe geleistet, die die Rollen zeitlich möglichst früh datieren:

> Meine herzlichsten Glückwünsche zum bedeutendsten Handschriftenfund der Neuzeit! Ich habe keinen Zweifel daran, daß diese Schrift älter ist als die des Nash Papyrus ... Ich vermute eine Abfassungszeit um 100 v. Chr. ... Ein geradezu unglaublicher Fund! Und es kann gottlob nicht den leisesten Zweifel an der Echtheit der Handschrift geben.[9]

Am 18. März wurde eine Pressemitteilung aufgesetzt. Inzwischen waren die Schriftrollen nach Beirut gebracht und im Safe einer Bank deponiert worden. Dort holte sie der Metropolit Samuel im Verlauf des Jahres ab. Im Januar 1949 brachte er sie in die USA, wo sie jahrelang im Keller einer New Yorker Bank verwahrt wurden.

Am 11. April erschien eine erste Presseverlautbarung der Yale University. Professor Millan Burrows, der Direktor des Albright Institute, war dort Leiter der Abteilung für Sprachen des Nahen Ostens. Die Pressemitteilung enthielt aber nicht die ganze Wahrheit. Da man nicht wünschte, daß Schwärme von Amateuren (oder konkurrierenden Wissenschaftlern) über Qumran herfielen, gab man vor, die Schriftrollen seien in der Klosterbibliothek des Metropoliten Samuel aufgefunden worden. Doch erfuhr mit dieser ersten offiziellen Mitteilung – ein volles Jahr nach dem Auftauchen der Rollen – die Öffentlichkeit immerhin von der Existenz der Schriftrollen vom Toten Meer. Auf Seite vier der Ausgabe von *The Times* vom Montag, dem 12. April 1948, war unter der Überschrift ALTE HANDSCHRIFTEN IN PALÄSTINA GEFUNDEN zu lesen:

> New York, 11. April
> Gestern hat die Yale University die Entdeckung der ältesten bekannten Handschrift des Buches Jesaia in Palästina bekanntgegeben. Sie wurde im syrischen Kloster St. Markus in Jerusalem aufgefunden. Es handelt sich um eine Pergamentrolle, die ins erste vorchristliche Jahrhundert datiert wird. Sie ist vor kurzem von Wissenschaftlern der American School of Oriental Research [Albright Institute] in Jerusalem auf ihre Echtheit hin überprüft worden.
> An diesem Institut wurden außerdem drei weitere alte Rollen mit hebräischer Schrift untersucht. Eine stellte sich als Teil eines Kommentars zum Buch Habakuk heraus, die zweite ist anscheinend der Kanon einer relativ unbekannten Sekte oder eines Mönchsordens, möglicherweise der Essener. Die dritte Rolle ist noch nicht identifiziert.

Der Artikel war absichtlich nicht so gehalten, daß die Kreise der wissenschaftlichen Forschung elektrisiert aufhorchen sollten. Und was die übrigen Leser der *Times* betraf, so dürften die meisten von ihnen ohnehin andere Nachrichten auf derselben Seite erheblich interessanter gefunden haben: Vierzehn deutsche SS-Offiziere, die an der Ostfront Vernichtungstrupps befehligt hatten, waren zum Tod durch den Strang verurteilt worden, ein Urteil, das der Hauptankläger als einen Meilenstein im Kampf gegen Rassismus und Gewalt bezeichnete. Außerdem wurde von einem Massaker im Heiligen Land am vorangegangenen Freitag berichtet: Zwei jüdische Terroristenorganisationen, die Irgun und die »Stern-Bande«, hatten das arabische Dorf Deir Jasin dem Erdboden gleich-

gemacht, Frauen vergewaltigt und Männer, Frauen und Kinder bestialisch umgebracht.
Die jüdische Nachrichtenagentur drückte ihr »Entsetzen und ihren Abscheu« darüber aus. Des weiteren wurde berichtet, daß es in Jerusalem zwischenzeitlich zu Kämpfen gekommen sei. Arabische Artillerie habe bei Anbruch der Nacht die westlichen Viertel der Stadt beschossen. Von Syrien seien neue Feldgeschütze eingetroffen, die auf die jüdischen Sektoren zielten. Die Wasserversorgung der Stadt sei wieder einmal unterbrochen wie auch die Versorgung auf dem Schienenweg. Man rechne mit erneuten Kämpfen um die Straße von Tel Aviv nach Jerusalem. Irgendwo im Heiligen Land hätten arabische Terroristen überdies zwei britische Soldaten und jüdische Terroristen einen Briten ermordet. (Zweiundvierzig Jahre später gab es, während diese Berichte in einer Bibliothek in Jerusalem verifiziert und auf Mikrofilm kopiert wurden, Bombenalarm, und die Bibliothek mußte evakuiert werden. Nichts ändert sich...)

Die akuten Feindseligkeiten im Nahen Osten sollten noch ein ganzes Jahr anhalten. Am 14. Mai 1948, am Tag, bevor das britische Mandat enden sollte, traf sich der Rat des jüdischen Volkes im Museum von Tel Aviv und erklärte die Unabhängigkeit des Staates Israel. Die Antwort der angrenzenden arabischen Länder erfolgte postwendend. Noch in derselben Nacht bombardierten ägyptische Flugzeuge Tel Aviv. Während der sechseinhalb Monate andauernden Kämpfe marschierten Truppen aus Ägypten, Saudi-Arabien, Transjordanien, Syrien, Irak und Libanon ein. Der König von Transjordanien rief sich zum Monarchen von ganz Palästina aus.
Schließlich kam es am 7. Januar 1949 zu einem Waffenstillstand. Danach sollte der große zentrale Abschnitt des Landes, das einmal Palästina gewesen war, arabisch bleiben. Dieses Gebiet wurde besetzt und später Transjordanien zugeschlagen, das sich vom 2. Juni 1949 an nur noch als Jordanien bezeichnete. So wurde Qumran wie auch der arabische Osten Jerusalems jordanisches Gebiet. Die Grenze zwischen Israel und Jordanien, die Nablus-Straße, verlief mitten durch das Stadtzentrum.

Neben diesen dramatischen historischen Ereignissen erregten die Schriftrollen kaum öffentliches Interesse. Hinter den Kulissen jedoch regten sich bereits politische, religiöse und akademische Kräfte. Im Januar 1949 hatte sich das Amt für Altertümer von Transjordanien und des arabischen Palästina mit Billigung seines Direktors Gerald Lankester Harding eingeschaltet. Ebenso Pater Roland de Vaux, seit 1945 Direktor eines anderen Instituts, der von den Dominikanern geförderten Ecole Biblique im jordanischen Ostsektor Jerusalems. Die Ecole Biblique war seit sechzig Jahren das Zentrum der französischen katholischen Bibelforschung in der Stadt.

Eineinhalb Jahre waren inzwischen seit dem ersten Fund bereits verstrichen, und bis dahin hatte noch kein Archäologe den Fundort besucht. Das Albright Institute hatte einen Versuch unternommen, dann aber wegen des Krieges ein solches Unternehmen als für zu gefährlich erachtet. Zu diesem Zeitpunkt erschien der Belgier Philippe Lippens auf der Bildfläche. Er war Luftwaffenoffizier und als Mitglied der Truce Supervision Organisation der Vereinten Nationen nach Jerusalem gekommen, hatte aber auch eine Ausbildung bei den Jesuiten genossen und am orientalischen Institut der Universität Löwen ein Diplom erworben. Er hatte von den Rollen gehört und wandte sich nun an de Vaux, der anscheinend bis zu diesem Zeitpunkt Zweifel an ihrer Bedeutung gehegt hatte. Lippens erkundigte sich bei de Vaux, ob er das Unternehmen absegnen und bei späteren Ausgrabungen als technischer Leiter fungieren würde, falls er die Höhle, in der die Rollen gefunden worden waren, ausfindig mache. De Vaux erklärte sich einverstanden.

Am 24. Januar versicherte sich Lippens der Unterstützung eines britischen Offiziers, der eine Brigade der arabischen Legion in Jordanien befehligte, und über ihn auch der Unterstützung von Lankester Harding in Amman. Mit Hardings Segen wurde der Offizier der britischen Armee nach Qumran entsandt mit dem Auftrag, nach der Höhle zu suchen, in der die Entdeckung gemacht worden war. Er reiste in Begleitung zweier Beduinen aus der arabischen Legion, die die Höhle am 28. Januar ausfindig machten. Sie fanden Leinenfetzen, in die die Rollen eingewickelt gewesen waren, und eine Menge von Tonscherben. Rund zwei

Wochen später, im Februar, besichtigten Harding und de Vaux gemeinsam die Höhle. Die Scherben, die sie fanden, hätten zusammen wohl über vierzig Gefäße ergeben. Außerdem trugen sie die Überreste von dreißig identifizierbaren Texten zusammen, dazu viele Fragmente, die nicht zuzuordnen waren. Innerhalb von noch einmal zwei Wochen war die erste offizielle archäologische Expedition bereits im Einsatz.

In den folgenden Jahren wurden die Schriftrollen zu einem riesigen Geschäft, und der Handel damit wurde zu einer regelrechten, lukrativen Kleinindustrie. Fragmente wurden in schmuddeligen Brieftaschen von hüben nach drüben geschmuggelt, in Zigarettenetuis und allen nur denkbaren Behältnissen. Fälschungen tauchten auf; verschlagene heimische Händler fanden immer wieder gutgläubige Kunden. Die Boulevardpresse stellte alles, was nur irgendwie altem Pergament ähnlich sah, als ungeheuer wertvoll dar. Infolgedessen gaben arabische Händler nichts unter hundert Pfund aus der Hand; in mindestens einem Fall verlangten sie sogar tausend – dies zu einer Zeit, als man für 1500 Pfund ein ganzes Haus erwerben konnte.

Im jordanischen Rundfunk wurde verbreitet, der Metropolit Samuel habe für seine Rollen in den Vereinigten Staaten eine Million Dollar verlangt. Man befürchtete gar, daß die Rollen nicht nur für private Sammlungen und als Souvenirs gekauft werden könnten, sondern auch als Geldanlage dienten. Dabei waren diese Manuskripte höchst gefährdet. Man konnte sie nur unter speziellem Licht und bei einer bestimmten Temperatur langfristig vor dem Verfall retten. Manche wiesen bereits irreparable Schäden auf. Im selben Maß, wie der Schwarzmarkt damit blühte, erhöhte sich die Gefahr, daß unschätzbar wertvolles Material der Wissenschaft und der ganzen Menschheit unwiderbringlich verlorengehen könnte.

Die Verantwortung, dagegen etwas zu unternehmen, fiel Gerald Lankester Harding vom Amt für Altertümer zu. Die Einhaltung gesetzlicher Vorschriften erschien Harding nicht so dringlich wie die Rettung möglichst vieler Rollen und Fragmente. Deshalb kaufte er alles auf, dessen er habhaft werden konnte – womit er stillschweigend anerkannte, daß jeder, der etwas besaß, auch einen legitimen Anspruch darauf hatte. Hardings Mittelsmänner waren angewiesen, bei ihren Verhandlungen und Transaktionen alle Fragen der Legalität und (bis zu einer bestimmten Höhe) auch des Preises außer acht zu lassen. Er selbst, der fließend Arabisch sprach und zu Händlern und Beduinen gleichermaßen freundschaftliche Beziehungen pflegte, ließ diese wissen, er werde für alles, was zu kriegen sei, einen angemessenen Preis zahlen. Trotzdem wurde der Metropolit Samuel beschuldigt, seine Rollen außer Landes »geschmuggelt« zu haben, und die jordanische Regierung verlangte, daß sie zurückgegeben werden. Dafür war es zu diesem Zeitpunkt natürlich zu spät. Schließlich erhielt der Beduinenstamm der Ta'amireh Vorrechte, die sich zu einer Art »Monopol auf die Ausbeutung der Höhle« auswuchsen. Die Gegend um Qumran wurde militärische Zone, und die Ta'amireh erhielten Polizeigewalt, um »andere Stämme davon abzuhalten, sich an dem Sturm auf die Rollen zu beteiligen«.[10] Was immer die Ta'amireh finden sollten, hatten sie zu Kando zu bringen, der sie reichlich dafür entlohnte. Kando hatte die Anweisung, das Material dann zu Harding zu bringen, und sollte dort seinerseits entsprechend bezahlt werden.

Im Oktober 1951 erschienen Ta'amireh-Beduinen in Jerusalem mit Fragmenten einer Schriftrolle von einem neuen Fundort. Da weder Pater de Vaux von der Ecole Biblique noch Harding anwesend waren, wandten sich die Beduinen an Joseph Saad, den Direktor des Rockefeller-Museums. Als Saad verlangte, zu dem fraglichen Ort gebracht zu werden, zogen die Beduinen sich zur Beratung zurück und tauchten nicht wieder auf.

Saad verschaffte sich einen Jeep, vom Offizier der arabischen Legion eine Vollmacht sowie ein paar bewaffnete Männer und fuhr zum nächstgelegenen Lager der Ta'amireh in die Nähe von Bethlehem. Als er am darauffolgenden Morgen nach Bethlehem hineinfuhr, erblickte er einen der Männer, die tags zuvor bei ihm erschienen waren. Saad machte keinerlei Federlesen und kidnappte den Beduinen kurz entschlossen:

Als der Jeep zum Stehen kam, rief Saad den Mann zu sich und forderte weitere Informationen über die Höhle. Dem Araber stand die Angst ins Gesicht geschrieben; er machte Anstalten davonzurennen. Die Soldaten sprangen vom Jeep und schnitten ihm den Weg ab. Dann packten sie ihn auf einen Wink von Saad, hoben ihn hoch und stießen ihn hinten auf das Fahrzeug. Der Fahrer ließ die Kupplung los, und schon brausten sie den Weg zurück, den sie gekommen waren.[11]

Angesichts dieser Art der »Überzeugung« erklärte sich der Beduine zur Zusammenarbeit bereit. Nachdem Saad von einem Militärposten in der Nähe Verstärkung erhalten hatte, brach die ganze Gruppe in Richtung Totes Meer zum Wadi Ta'amireh auf. Als das Gelände für den Jeep unpassierbar wurde, ließen sie ihn stehen und gingen zu Fuß weiter. Nach einem siebenstündigen Fußmarsch gelangten sie an ein Wadi, dessen Felswände hoch aufragten. Ganz oben im Felsabsturz waren zwei Höhlen auszumachen, aus denen Staubwolken quollen – die Beduinen waren bereits dort und rafften zusammen, was sie konnten. Bei Saads Ankunft kamen etliche heraus, und als seine Soldaten in die Luft feuerten, stoben sie auseinander. Die eine der beiden Höhlen, auf die die Soldaten stießen, erwies sich als geradezu riesig. Sie war etwa sieben Meter breit, vier bis fünf Meter hoch und erstreckte sich fünfzig Meter in den Fels hinein. Erst am nächsten Morgen war Saad wieder in Jerusalem. Da die Expedition – schließlich hatte sie immerhin vierzehn Stunden Fußmarsch erfordert – ihn erschöpft hatte, legte er sich schlafen. Als er im Verlauf des Tages aufwachte, fand er Jerusalem in Aufruhr: »Die Nachricht von seinem Kidnapping und die Gefangensetzung des Arabers war von den Freunden des Mannes in Bethlehem verbreitet worden.« Ein Kommentator meinte später, Gewalt zu gebrauchen sei »vielleicht« ein Fehler gewesen: dies bewirke nur, daß die Dokumente im Untergrund verschwänden, und tue der Bereitschaft der Beduinen Abbruch, mit ihren Funden herauszurücken.[12]

Saads Expedition führte zur Entdeckung von vier Höhlen im Wadi Murabba'at, rund fünfzehn Kilometer südlich von Qumran und etwa drei Kilometer vom Toten Meer landeinwärts. Das hier gefundene Material ließ sich einfacher datieren und identifizieren als das aus Qumran, war aber fast genauso bedeutend. Es stammte aus dem frühen 2. Jahrhundert n. Chr., oder genauer, aus der Zeit des Aufstandes von Simeon Bar Kochba in Judäa zwischen 132 und 135 n. Chr. Darunter befanden sich zwei Briefe, die Simeon selbst unterzeichnet hatte und die neue Fakten über Logistik, Wirtschaft und Verwaltung der Aufständischen enthielten. Der Aufstand wäre um Haaresbreite erfolgreich gewesen, denn immerhin eroberte Simeon Jerusalem von den Römern und behauptete die Stadt fast zwei Jahre lang. Nach Robert Eisenman knüpfte diese Erhebung direkt an Vorkommnisse aus dem vorhergehenden Jahrhundert an – Ereignisse, an denen dieselben Familien beteiligt waren, bei denen die gleichen Grundsätze eine Rolle spielten: und vielleicht auch Jesus.

Schon bald nach der Entdeckung der Höhlen von Murabba'at kam Bewegung in die Qumranforschung. Pater de Vaux war inzwischen aus Europa zurückgekehrt und begann mit Harding und fünfzehn Arbeitern dort mit Ausgrabungen, die sich bis 1956, also über fünf Jahre, hinzogen. Unter anderem förderten sie einen Gebäudekomplex zutage, der als zu der »Essener-Gemeinde« gehörig identifiziert werden konnte, die bei Plinius dem Älteren erwähnt ist.

Plinius kam 79 n. Chr. beim Ausbruch des Vesuvs, bei dem Pompeji und Herculanum verschüttet wurden, ums Leben. Sein Werk, die *Historia Naturalis*, ist erhalten geblieben, und darin befaßt er sich mit der Topographie von Judäa ebenso wie mit bestimmten Ereignissen dort. Seine Quellen sind nicht bekannt, doch nimmt er in seinem Werk Bezug auf die Einnahme von Jerusalem im Jahre 68 n. Chr. Seine Schrift muß also später verfaßt worden sein. Zeitweilig ging sogar die inzwischen widerlegte Legende um, Plinius habe wie Josephus das römische Heer bei der Invasion Palästinas begleitet. Jedenfalls gehört Plinius zu den wenigen antiken Autoren, die die Essener nicht nur namentlich erwähnen, sondern auch ihren Aufenthaltsort angeben. Plinius lokalisiert sie ziemlich präzise am Ufer des Toten Meers:

> Auf der Westseite leben, soweit das Ufer nicht ungesund ist, die Essener, ein einsiedlerischer und vor allen anderen Menschen sonderbarer Menschenschlag. Sie leben ohne alle Frauen, ha-

ben der Liebe völlig abgesagt, sind ohne Geld und stets in der Nähe von Palmen. Sie ergänzen sich fortwährend gleichmäßig durch zahlreiche Zuzügler, da es eine Menge solcher gibt, die, des Lebens überdrüssig, durch die Wogen des Schicksals der Lebensweise jener Menschen zugeführt werden ... Unterhalb der Essener lag früher die Stadt En Gedi ... dann kommt Masada.[13]

De Vaux mutmaßte, daß sich diese Stelle auf Qumran bezieht. Für ihn bedeutete »unterhalb der Essener« soviel wie »hinunter« oder »nach Süden«. Der Jordan, so argumentierte er, fließe »hinunter«, das heißt südwärts zum Toten Meer, und weiter südlich komme man tatsächlich nach En Gedi.[14] Andere Wissenschaftler stellen diese Behauptung in Frage; sie nehmen dieses »unterhalb« ganz wörtlich – in dem Sinne, daß die Essener-Gemeinde *oberhalb* von En Gedi in den Hügeln gelegen habe.
Ob nun Qumran die bei Plinius erwähnte Gemeinde ist oder nicht, bleibe dahingestellt, de Vaux fühlte sich jedenfalls zu neuen Taten angespornt. Im Frühjahr 1952 versuchte er den Beduinen das Heft aus der Hand zu nehmen, indem er alle Höhlen der Umgebung systematisch einer Prüfung unterzog. Zwischen dem 10. und dem 22. März 1952 machte sich de Vaux mit drei Mitarbeitern der Ecole Biblique sowie William Reed, dem neuen Direktor des Albright Institute, an die Arbeit. Bei ihren Untersuchungen wurden sie von einer Gruppe von vierundzwanzig Beduinen unterstützt, die drei jordanischen und palästinensischen Archäologen unterstanden.[15]
Man kann sich unschwer vorstellen, daß sie die Beduinen die ganze schwere Arbeit tun, das heißt diese die steilen, häufig überhängenden Felswände erklettern und die Höhlen erforschen ließen, während sie, die Gelehrten, lieber unten warteten, die Funde inventarisierten und Karten und Schaubilder anfertigten. Nicht verwunderlich, daß die Ausbeute unter diesen Umständen nicht gerade ergiebig war. Die Beduinen verheimlichten zum Beispiel ganz einfach die Existenz mehrerer Höhlen, auf die sie gestoßen waren, und viele Rollen kamen deshalb erst viel später ans Licht. Zudem wurde eine Schriftrolle mit Sicherheit von den Beduinen nicht herausgegeben.

Bei dem ganzen Unternehmen wurden insgesamt etwa acht Kilometer Felswand abgesucht. Nach de Vaux wurden 230 Fundstellen untersucht, nach William Reed 273. Nach de Vaux fanden sich in siebenunddreißig Höhlen keramische Reste, nach Reed in neununddreißig. Auf der offiziellen Karte, die nach Beendigung der Expedition angefertigt wurde, sind vierzig eingezeichnet.[16] Die Scherben, die man gefunden hat, sollen – sehr grob geschätzt – über hundert Gefäße ergeben. Solcherart Ungenauigkeit ist für die Qumranforschung typisch.

Doch obwohl das Unternehmen 1952 recht amateurhaft durchgeführt wurde, gelang dabei eine wichtige Entdeckung. Am 20. März, zwei Tage vor Abschluß des Unternehmens, fand ein Forscherteam in der sogenannten Höhle 3 zwei Schriftrollen oder, um präziser zu sein, zwei Fragmente einer Rolle aus aufgerolltem Kupferblech. Die Schriftzeichen waren in das Metall eingraviert. Durch Oxydation war das Kupfer so brüchig geworden, daß man es nicht entrollen konnte. Man mußte die Rolle also im Labor erst fachmännisch aufschneiden, bevor man sie lesen konnte. Es dauerte dreieinhalb Jahre, bis die jordanischen Behörden die Erlaubnis dazu erteilten. Diese Arbeit wurde schließlich in Manchester unter der Aufsicht von John Allegro vorgenommen, der zur Gruppe von Vaux gehörte. Das erste Segment war im Sommer 1955 soweit vorbereitet, das zweite im Januar 1956.

Die Rolle enthielt ein Inventar von Schätzen. Verzeichnet waren Gold, Silber, Weihegefäße und weitere Schriftrollen. Es handelte sich offenbar um Schätze, die zu Beginn der römischen Invasion in verschiedenen Verstecken untergebracht worden waren, und auf der sogenannten »Kupferrolle« war außer den Gegenständen auch die Lage der Verstecke verzeichnet. Hier ein Beispiel:

Inventarnummer 7: In der Höhlung des alten Hauses des Tributs auf der Ebene der Kette: fünfundsechzig Goldbarren.[17]

Der gesamte verzeichnete Schatz müßte sich auf nicht weniger als rund fünfundsechzig Tonnen Silber und ungefähr sechsundzwanzig Tonnen Gold belaufen haben. Bis heute streitet man sich darüber, ob es diesen Schatz je gegeben hat. Die meisten Forscher neigen dazu, diese Annahme zu bejahen, wobei sie davon ausgehen, daß die Rolle das Inventar des Tempelschatzes von Jerusalem verzeichne. Bedauerlicherweise sagen uns die auf der Rolle genannten Orte nach den Wechselfällen der Geschichte zweier Jahrtausende nichts mehr. Von dem Schatz hat man nie etwas gefunden, obwohl von so manchen Leuten höchst intensiv danach gesucht worden ist.

Im September 1952, also ein halbes Jahr nach der obengenannten Expedition, tauchten erneut Schriftrollen auf, und zwar in einer Höhle, die kaum zwanzig Meter von den essenischen Ruinen von Qumran entfernt ist, die de Vaux und Harding 1951 ausgegraben hatten. In dieser Höhle 4 wurde der umfangreichste Fund überhaupt gemacht – natürlich wieder von den Beduinen. Diese Fragmente Stück für Stück zusammenzutragen und zu ordnen dauerte Jahre. 1959 war es endlich soweit. Die Arbeit wurde in einem großen Saal des Rockefeller-Museums durchgeführt, den man später als »Rollensaal« bezeichnete.
Das Rockfeller-Museum – oder vielmehr, wie es offiziell heißt, das Archäologische Museum von Palästina –, dessen Bau John D. Rockefeller finanziert hatte, war 1938 während des britischen Mandats eröffnet worden. Darin befanden sich neben Ausstellungsräumen auch Arbeitsräume, Dunkelkammern und die Büros des Amtes für Altertümer. Unmittelbar vor Ablauf des Mandats 1948 war das Museum an eine internationale Treuhandgesellschaft übergegangen. Der Aufsichtsausschuß setzte sich zusammen aus Repräsentanten verschiedener ausländischer archäologischer Institute in Jerusalem, darunter zum Beispiel der französischen Ecole Biblique, dem amerikanischen Albright Institute und der Britischen Gesellschaft zur Erforschung Palästinas. Achtzehn Jahre lang hatte das Rockefeller-Museum als unabhängige Stiftung Bestand. Diesen Status behielt es sogar während der Suezkrise 1956 bei, obwohl damals viele Mitarbeiter in ihre Heimatländer zurückbeordert wurden. Gerald Lankester Harding, der seines Postens als Leiter des Amtes für Altertümer enthoben wurde, und die Schriftrollen waren die einzigen, die der Krise zum Opfer fielen. Die Rollen wurden während der Feind-

seligkeiten, in sechsunddreißig Kisten verpackt, in einer Bank in Amman sichergestellt. Sie kehrten erst im März 1957 nach Jerusalem zurück, »einige leicht vermodert [sic] und verfleckt von der Lagerung in den feuchten Gewölben«.[18]

1966 wurde das Rockefeller-Museum mitsamt den Schriftrollen von der jordanischen Regierung verstaatlicht. Dieser Wechsel zeitigte große Auswirkungen. Auch war die Rechtmäßgkeit dieser Maßnahme umstritten. Die Treuhänder des Museums machten jedoch keine Einwände geltend. Der Präsident der Gesellschaft transferierte sogar den Stiftungsfond des Museums von London nach Amman. Damit gingen die Schriftrollen und das Museum faktisch in jordanischen Staatsbesitz über.

Ein Jahr später erschütterte der Sechs-Tage-Krieg den Nahen Osten. Der jordanische Osten Jerusalems wurde von israelischen Truppen besetzt. Am 6. Juni 1967, morgens um fünf Uhr, erhielt Yigael Yadin die Nachricht, das Museum sei von paramilitärischen israelischen Einheiten eingenommen worden.

Yadin, seit 1949 Stabschef der israelischen Verteidigungskräfte, war 1952 zurückgetreten, um an der Hebräischen Universität Archäologie zu studieren, wo er 1955 mit einer Dissertation über die Schriftrollen vom Toten Meer promovierte. Im gleichen Jahr hatte er an dieser Universität eine Lehrtätigkeit aufgenommen. 1954 hatte er nach einem Vortrag an der Johns-Hopkins-Universität Professor William F. Albright kennengelernt und ihn gefragt, warum die Amerikaner nur drei von den vier Rollen des Metropoliten Samuel veröffentlicht hätten. Albright antwortete, Samuel wolle die Rollen unbedingt verkaufen und deshalb einer Veröffentlichung der vierten Rolle erst dann zustimmen, wenn alle vier Rollen verkauft seien. Ob sich denn in den Staaten kein Käufer finde, wollte Yadin wissen. Ein paar Millionen Dollar müßten doch für einen solchen Zweck leicht aufzutreiben sein. Albrights Antwort war erstaunlich. Obwohl die Rollen schon für eine halbe Million zu haben seien, zeige sich keine amerikanische Institution oder Privatperson interessiert.[19]

Für diese Zurückhaltung gab es offensichtlich zwei Gründe. Zum einen waren die ersten drei Rollen bereits als Faksimile-Drucke erschienen, wodurch für die meisten amerikanischen Forscher die

Originale an Bedeutung verloren. Gewichtiger war jedoch die rechtliche Seite der Eigentumsfrage der Rollen. Die jordanische Regierung hatte den Metropoliten Samuel als »Schmuggler und Verräter« gebrandmarkt, da er die Rollen rechtswidrig aus Jordanien herausgeholt habe. Und da die Amerikaner die geschmuggelten Texte zu veröffentlichen gewagt hatten, wurden sie der Mittäterschaft bezichtigt. Das schreckte natürlich potentielle Käufer ab, die sich scheuten, eine nicht unbeträchtliche Summe Geldes zu investieren, solange die Gefahr bestand, sich in einen internationalen Rechtsstreit zu verwickeln und möglicherweise am Ende mit leeren Händen dazustehen. Yadin brauchte dagegen die Jordanier nicht zu fürchten. Die Beziehungen zwischen seinem Land und ihrem hatten ohnehin den Tiefpunkt erreicht.

Am 1. Juni wurde Yadin von einem israelischen Journalisten aus den Vereinigten Staaten angerufen und auf die bereits erwähnte Anzeige im *Wall Street Journal* aufmerksam gemacht. Yadin hätte die Rollen am liebsten gleich gekauft, wenn er damit nicht alles aufs Spiel gesetzt hätte. Deshalb wickelte er die Sache durch Mittelsmänner ab: Auf die Anzeige antwortete ein New Yorker Bankier. Für den 11. Juni 1954 wurde ein Treffen arrangiert. Für den ausgehandelten Preis von 250 000 Dollar für die vier Rollen fand sich ein reicher Geldgeber. Am 1. Juli kam die Transaktion nach anfänglichen Verzögerungen im Waldorf Astoria schließlich zustande. Der anerkannte Wissenschaftler Harry Orlinsky prüfte die Rollen auf ihre Echtheit. Um jegliche israelische oder jüdische Beteiligung an dem Geschäft zu verschleiern, trat Orlinsky als »Mr. Green« auf.

Am nächsten Tag, dem 2. Juli, wurden die Rollen aus dem Tresor des Waldorf Astoria zum israelischen Konsulat in New York gebracht. Sie wurden einzeln nach Israel zurückgeschickt. Mit Yadin, der mit dem Schiff heimfuhr, wurde ein Code vereinbart, so daß er über die Ankunft der jeweiligen Rolle informiert werden konnte. Die Transaktion blieb noch sieben Monate geheim. Erst am 13. Februar 1955 enthüllte eine Pressemitteilung, daß Israel die vier Rollen des Metropoliten Samuel erworben habe.[20] Sie werden gemeinsam mit den drei von Sukenik erworbenen Schriftrollen im

Schrein des Buches, der eigens zu diesem Zweck errichtet wurde, aufbewahrt.

Ende 1954 gab es zwei getrennte Sammlungen von Schriftrollen und zwei unabhängig voneinander arbeitende Gruppen von Experten. In West-Jerusalem arbeiteten die Israeli an den Rollen, die Sukenik erworben hatte. Im Rockefeller-Museum in Ost-Jerusalem arbeitete eine internationale Gruppe von Wissenschaftlern unter der Ägide von de Vaux. Die beiden Gruppen hatten keinerlei Kontakt miteinander, wußten nicht, was die jeweils andere besaß oder tat, außer durch Veröffentlichungen in wissenschaftlichen Zeitschriften. Mehrere Fragmente ein und desselben Textes befanden sich in beiden Instituten, was das Verständnis des Ganzen sehr erschwerte. Die Situation war so lächerlich, daß man auf ebensolche Pläne kam, der Sache ein Ende zu bereiten. Ariel Scharon berichtete, er habe Ende der fünfziger Jahre mit Mosche Dajan einen Plan für einen Anschlag auf das Rockefeller-Museum durch die Kanalisation von Jerusalem ausgeheckt.[21] Er wurde, Gott sei Dank, nie ausgeführt.

Als Yadin 1967 von der erfolgten Besetzung des Rockefeller-Museums hörte, schickte er sofort drei Mitarbeiter der Hebräischen Universität zum Schutz der Rollen dorthin. Er erkannte die Chance sofort. Da das Rockefeller-Museum inzwischen keine internationale Institution mehr, sondern in jordanischem Besitz war, würde es als Kriegsbeute in die Hände der Israeli fallen.

Das internationale Team

David Pryce-Jones hat Yigael Yadin Anfang des Jahres 1968 über die Ereignisse von 1967 interviewt. Yadin sagte bei dieser Gelegenheit, er habe sehr wohl davon Kenntnis gehabt, daß es noch andere Rollen gebe und daß Kando, der schon beim ersten Fund die Hände im Spiel gehabt habe, wisse, wo sie sich befänden. Deshalb habe er einige Mitarbeiter der Hebräischen Universität in Begleitung von drei Offizieren zu Kando nach Bethlehem geschickt. Kando sei unter Bewachung nach Tel Aviv verbracht und dort fünf Tage lang intensiv verhört worden. Danach habe er die Offiziere zu sich nach Hause geführt und ihnen eine Rolle gezeigt, die er sechs Jahre lang versteckt gehalten hatte. Diese Rolle entpuppte sich als eine sehr bedeutende Entdeckung. Es handelte sich nämlich um die »Tempelrolle«, die 1977 erstmals veröffentlicht wurde.[1]
Pryce-Jones hat auch Pater de Vaux befragt. Dieser war über die Vorfälle äußerst aufgebracht. Laut Pryce-Jones soll de Vaux die Israeli als Nazis beschimpft haben: »Er wurde ganz rot vor Zorn und sagte, die Israeli würden die Eroberung gewiß als Vorwand benutzen, um alle Schriftrollen vom Toten Meer aus dem Rockefeller-Museum zu entfernen und in ihrem Schrein des Buches unterzubringen.«[2] De Vaux hatte Angst, seine Stellung und den Zugang zu den Rollen zu verlieren, denn, so fand Pryce-Jones heraus, »Pater de Vaux hatte seinerseits bisher allen Juden die Arbeit an den Rollen im Rockefeller-Museum verweigert«.[3]
Seine Befürchtungen bewahrheiteten sich jedoch nicht. Nach dem Sechs-Tage-Krieg drückten die Israeli andere Sorgen. Yadin und Biran, der von 1961 bis 1974 Direktor des israelischen Amtes für Altertümer war, ließen deshalb den Status quo bestehen. De Vaux blieb für die Rollen verantwortlich. Er erhielt lediglich die Auflage, die Veröffentlichung zu beschleunigen.

In Höhle 4 hatte man 1952 etwa achthundert Schriftrollen gefunden. Um mit dieser Unmenge von Material zurechtzukommen, war ein internationales Team von Wissenschaftlern gebildet worden. Ein jeder von ihnen wurde mit dem Studium bestimmter Texte betraut, mit Interpretation, Übersetzung und schließlich der Veröffentlichung. Das Team war theoretisch dem jordanischen Amt für Altertümer unterstellt, arbeitete praktisch jedoch unter der Leitung von Pater de Vaux. Er zeichnete denn auch als Herausgeber der maßgeblichen Reihe von Veröffentlichungen über die Schriftrollen vom Toten Meer, die die Oxford University Press in zahlreichen Bänden unter dem Sammeltitel *Discoveries in the Judaean Desert* nach und nach herausgab. Pater de Vaux konnte seine führende Stellung auf diesem Forschungsgebiet bis zu seinem Tod 1971 halten.

Roland de Vaux war 1903 in Paris zur Welt gekommen und hatte von 1925 bis 1928 am Seminar von Saint Sulpice als Priesteramtskandidat unter anderem auch Arabisch und Aramäisch studiert. 1929 war er in den Dominikanerorden eingetreten und in dessen Auftrag an die Ecole Biblique nach Jerusalem entsandt worden. 1934 nahm er eine ordentliche Lehrtätigkeit auf, von 1945 bis 1965 war er Direktor des Instituts. Zwischen 1938 und 1953 gab er die *Revue Biblique*, die Zeitschrift der Ecole, heraus.

Alle, die de Vaux kennengelernt oder je gesehen haben, hielten ihn für eine äußerst eindrucksvolle Persönlichkeit, eine Art »Original«. Er war ein starker Raucher, trug Vollbart, Brille und stets ein dunkles Barett, außerdem immer, selbst bei Ausgrabungen vor Ort, die weiße Kutte. Er war sehr energisch und begeisterungsfähig, und er besaß unzweifelhaft Charisma. Als gewandter Redner und fesselnder Erzähler hatte er zudem ein Gespür für Publikumswirksamkeit. Dadurch eignete er sich hervorragend als Sprecher des ganzen Unternehmens. Einer seiner ehemaligen Kollegen beschrieb ihn uns als guten Wissenschaftler, wenn auch nicht als überragenden Archäologen.

Doch hinter diesem persönlichen Äußeren verbarg sich bei de Vaux ein rüdes, engstirniges, bigottes und rachsüchtiges Wesen. Politisch stand er entschieden rechts. In seiner Jugend hatte er der Action Française angehört, einer militanten katholischen, nationalistischen Bewegung, die zwischen den Weltkriegen in Frankreich entstanden war, den »Blut-und-Boden-Kult« guthieß und offen mit den Diktaturen in Deutschland, Italien und mit Francos Sieg in Spanien sympathisierte. Er war wohl mit Sicherheit nicht der geeignete Mann, die Erforschung der Schriftrollen vom Toten Meer zu leiten. Da er in erster Linie praktizierender Katholik war und dazu noch Mönch, waren von ihm kaum Ausgewogenheit oder Unparteilichkeit im Umgang mit diesem brisanten, ja explosiven religiösen Material zu erwarten.

Darüber hinaus stand er dem Staat Israel feindselig gegenüber. Er sprach von dem Land immer als von »Palästina«, und in seiner persönlichen Überzeugung war er sogar Antisemit. Einer seiner früheren Kollegen berichtete, daß er sich stets ärgerte, wenn Israeli seine Vorlesungen besuchten. David Pryce-Jones äußerte sich nach seinem Interview mit Pater de Vaux folgendermaßen über ihn: »Für mich war er ein jähzorniger Grobian, ja sogar ein bißchen verrückt.«[4] Der Israeli Magen Broschi, der derzeitige Leiter des Schreins des Buches, hielt de Vaux für »einen fanatischen Antiisraeli und Antisemiten – und dennoch den besten Partner, den man sich denken kann«.[5]

Soviel also über den Mann, dem die Verantwortung für die Schriftrollen vom Toten Meer oblag. 1953 hatten die Treuhänder des Rockefeller-Museums, deren Präsident de Vaux war, die damals in Jerusalem tätigen ausländischen archäologischen Institute – das britische, französische, deutsche und amerikanische – gebeten, Repräsentanten in ihre Gesellschaft zu entsenden. Israeli wurden bezeichnenderweise nicht eingeladen, obwohl die Hebräische Universität über hochqualifizierte Kräfte verfügte und ganz in der Nähe lag. Alle Institute wurden um finanzielle Unterstützung zur Deckung der Kosten für das Unternehmen gebeten.

Der erste Wissenschaftler, der unter de Vaux' Leitung antrat, war Professor Frank Cross, damals für das theologische Seminar McGormick in Chicago und das Albright Institute in Jerusalem tätig. Cross war der Kandidat des Albright Institute. Er nahm seine Arbeit in Jerusalem im Sommer 1953 auf. Das ihm überantwortete Material umfaßte ganz besondere biblische Texte, nämlich Kommentare zu Rollen des Alten Testaments aus Höhle 4 in Qumran.

Ähnliches Material erhielt Monsignore Patrick Skehan, gleichfalls aus den USA. Zur Zeit seiner Ernennung war er Leiter des Albright Institute.

Von der Ecole Biblique wurde Pater Jean Starcky aus Frankreich eingesetzt. Er arbeitete damals am Centre National de la Recherche Scientifique. Da Starcky Experte für Aramäisch war, wurden ihm die in dieser Sprache abgefaßten Texte des Corpus zugeteilt. Claus-Hanno Hunzinger vertrat das deutsche Institut. Er erhielt einen ganz ausgefallenen Text, die sogenannte »Kriegsrolle«, und außerdem auf Papyrus (und nicht auf Pergament) abgefaßte Texte. Er schied nach einiger Zeit aus und wurde durch einen weiteren französischen Priester, Pater Maurice Baillet, ersetzt.

Pater Josef Milik, ein in Frankreich ansässiger polnischer Priester, kam ebenfalls von der Ecole Biblique. Als Schüler und enger Vertrauter von de Vaux erhielt er besonders wichtiges Material, darunter eine Reihe apokrypher alttestamentarischer Schriften, des weiteren sogenannte »pseudoepigraphische« Texte, in denen ein späterer Kommentator seinen Worten Nachdruck zu verleihen versuchte, indem er sie älteren Propheten und Patriarchen zuschrieb. Weiterhin umfaßte Miliks Corpus das außerordentlich wichtige sogenannte »Sektenmaterial«, das heißt Texte, die in enger Beziehung zur Gemeinde von Qumran, ihren Lehren, Riten und Vorschriften standen.

Die Briten entsandten John M. Allegro, der damals in Oxford an seiner Dissertation bei Professor Godfrey R. Driver arbeitete, in das Team. Er war das einzige Mitglied der Gruppe ohne religiösen Hintergrund, er bezeichnete sich selbst als Agnostiker. Er war außerdem der einzige Philologe und hatte bereits fünf Veröffentlichungen in wissenschaftlichen Zeitschriften aufzuweisen. Damit war er auch der einzige, der sich schon einen Namen gemacht hatte, bevor er seine Arbeit an den Schriftrollen aufnahm. Alle anderen wurden erst durch ihre Beschäftigung mit den Schriftrollen bekannt.

Allegro wurden Texte zugeteilt, die man für biblische Kommentare hielt – es stellte sich jedoch heraus, daß es Sektenmaterial war, wie es bereits Milik erhalten hatte –, und ein Corpus sogenannter »Weisheitsliteratur«, das sind Hymnen, Psalmen, Predigten und

Ermahnungen moralischen und poetischen Charakters. Allegros Material scheint brisanter gewesen zu sein, als anfänglich angenommen, und er spielte in der Gruppe zudem eine Sonderrolle. Da er keinerlei Hemmungen hatte, sich über den Consensus, den de Vaux anstrebte, hinwegzusetzen, wurde er bald, wie noch zu sehen sein wird, aus dem Team entfernt und durch John Strugnell ersetzt, der ebenfalls in Oxford an einer Dissertation arbeitete. Strugnell war Schüler von Frank Cross.
Welches waren nun die Prinzipien, nach denen das Material aufund zugeteilt wurde? Wie wurde festgelegt, wer sich womit befaßte? Nach telefonischer Auskunft von Frank Cross wurde diese Frage jeweils »durch Diskussion, rasche Einigung und Absegnung von de Vaux gelöst«:

> Einiges war von vornherein klar. Die vollbeschäftigten Inhaber eines Lehrstuhls unter uns konnten keine völlig neuartigen und damit komplexen Probleme in Angriff nehmen. Wir übernahmen also biblisches, das heißt, vom Gesichtspunkt der Identifikation von Texten, ihrer Einordnung und Katalogisierung her betrachtet, einfachste Material. Die Spezialisten für Aramäisch, in erster Linie Starcky, erhielten natürlich alle aramäischen Sachen. Die Spezialgebiete der Wissenschaftler und ihre Forschungsmöglichkeiten also legten weitgehend fest, was jeder einzelne zu tun bekam. Darüber war man sich bald einig, de Vaux gab dann seinen Segen dazu. Wir setzten uns nicht lange hin und stimmten ab, und es gab auch keine Konflikte. Die Gruppe arbeitete also sozusagen auf der Basis eines Consensus.[6]

Nach Aussage von Frank Cross wußte auch jedes Mitglied des Teams, was alle anderen taten. Das gesamte Material war in einem einzigen Raum, dem sogenannten »Rollensaal«, ausgebreitet, und alle konnten sich dort frei bewegen und über die Fortschritte der Kollegen informieren.
Dieser Rollensaal war ein weitläufiger Raum mit etwa zwanzig Arbeitstischen, auf denen Rollenfragmente unter Glas lagen. Fotos von 1950 beweisen einen erschreckenden Mangel an Vorkehrungen zum Schutz des Materials, das zum großen Teil schon verfiel.

So stehen zum Beispiel die Fenster offen, man sieht im Wind wehende Gardinen. Es gab keinerlei Schutz gegen Wärme, Feuchtigkeit, Wind, Staub oder direkte Sonneneinstrahlung. Zwischen den Zuständen von damals und denen, unter welchen die Rollen heute nach neuesten Erkenntnissen aufbewahrt werden, liegen Welten. Heute lagern die Schriftrollen bei Spezialbeleuchtung (bernsteingelbes Licht) in einem Kellergeschoß, Temperatur und Feuchtigkeit werden peinlich genau überwacht, und jedes einzelne Fragment liegt zwischen hauchdünnen, in Rahmen eingespannten Seidentüchern unter Glas.

Da damals also das ganze Team in einem Saal gemeinsam arbeitete, konnte man sich natürlich auch gegenseitig helfen, wenn sich Probleme ergaben, die die Erfahrung eines oder mehrerer Spezialisten erforderten. Es bedeutete aber gleichzeitig, daß alle anderen im Bild waren, wenn einer aus dem Team es mit einem der orthodoxen Lehrmeinung widersprechenden, brisanten Material zu tun hatte. Auf dem Hintergrund dieser Verhältnisse behauptete Allegro bis zum Ende seines Lebens unerschütterlich, wichtiges Material sei von seinen Kollegen unterschlagen beziehungsweise seine Freigabe sei verzögert worden. Einem weiteren, ebenfalls unabhängig denkenden Kollegen, der es später mit der Erforschung der Rollen zu tun bekam, wurde in den sechziger Jahren angeraten, »sich Zeit zu lassen«, das heißt, absichtlich plan- und ziellos zu arbeiten, »so daß es den Spinnerten über wird und sie wieder verschwinden«.[7] De Vaux war bestrebt, das christliche Establishment, so weit es ging, nicht zu verunsichern. Genau das aber drohte durch zumindest einen Teil des Qumranmaterials zu geschehen.

Es kam de Vaux sicher entgegen, daß das Rockefeller-Museum bis 1967 im jordanischen Ostteil Jerusalems lag. Die Israeli durften den Sektor nicht betreten, und dies war natürlich ein geeigneter Vorwand für den Antisemiten de Vaux, israelische Experten fernzuhalten, obwohl die Gruppe internationaler Wissenschaftler, zumindest theoretisch, ein möglichst breites Spektrum von Forschungsansätzen hätte widerspiegeln müssen. Da die Israeli aufgrund der politischen Lage aus Ost-Jerusalem verbannt waren, hätte man sie natürlich problemlos mit Fotografien versorgen oder ihnen anderweitig Zugang zu dem Material verschaffen können. Genau dies wurde ihnen jedoch verwehrt.

Wir erörterten dieses Thema mit Professor Biran, dem damaligen Gouverneur des israelischen Sektors von Jerusalem und späteren Direktor der israelischen Abteilung für Altertümer. Er sagte, die jordanischen Behörden hätten sich eisern geweigert, Sukenik oder einen anderen israelischen Wissenschaftler in ihren Sektor zu lassen. In seiner Eigenschaft als Gouverneur hatte Biran de Vaux' Komitee seinerseits ein Treffen im israelischen Sektor und freies Geleit angeboten. Das Angebot wurde aber zurückgewiesen. Als nächstes schlug Biran vor, den israelischen Experten einzelne Rollen oder Fragmente zur Prüfung vorzulegen. Dieser Vorschlag wurde gleichfalls nicht akzeptiert. »Natürlich hätten sie kommen können«, schloß Professor Biran, »aber sie waren sich bewußt, daß sie [die Rollen] in Händen hielten, und wollten niemand anderen heranlassen.«[8] Im damaligen politischen Klima waren die Rollen von vergleichsweise geringem Stellenwert, so daß kein offizieller Druck auf diese akademische Unversöhnlichkeit ausgeübt wurde. Angesichts des Umstandes, daß die Israeli, zunächst an der Hebräischen Universität und später in dem eigens zu diesem Zweck errichteten Schrein des Buches, selbst sieben wichtige Schriftrollen – die drei von Sukenik erstandenen und die vier, die Yigael Yadin in New York hatte erwerben können – besaßen, machte die Situation noch absurder. Es scheint, daß die Israeli ihre Forschung mehr oder weniger seriös betrieben und ihre Ergebnisse veröffentlichten – dafür waren sie schließlich Yadin und Biran, ihrer Regierung, der öffentlichen Meinung und der gesamten wissenschaftlichen Welt gegenüber verantwortlich. Die Mitglieder der Forschergruppe des Rockefeller-Museums erscheinen dagegen in weniger rosigem Licht. Da sie durch internationale Stiftungen finanziell gut abgesichert waren und sich mit Muße einer freien Tätigkeit hingeben konnten, entstand bald der Eindruck, das Team beschäftige sich als eine Art exklusiver Club, als selbsternannte Elite, mit dem Material in einer beinahe mittelalterlich autokratisch anmutenden Weise.

Der Rollensaal, in dem die Wissenschaftler arbeiteten, strahlt überdies eine klösterliche Atmosphäre aus, so daß sich unwillkürlich wiederum das Bild der vor sich hin studierenden Mönche in Ecos »Der Name der Rose« aufdrängt. Nur »Experten« wurde Zugang zum Rollensaal gewährt, und diese vermochten bald soviel Macht und Ansehen auf sich zu vereinen, daß Außenstehende ihre Haltung für gerechtfertigt halten mußten. Professor James M. Robinson – Leiter einer anderen, verantwortungsbewußteren Forschungsgruppe, welche die Texte, die in der ägyptischen Wüste bei Nag Hammadi gefunden wurden, übersetzt hat – äußerte uns gegenüber: »Die Entdeckung von alten Schriften fördert die niedrigsten Instinkte bei ansonsten normalen Wissenschaftlern zutage.«[9]

Gebärdete sich die Gruppe um de Vaux schon bei der Monopolisierung ihres Materials recht hochfahrend, so erst recht in Fragen der Interpretation. Schon als sie 1954 die Arbeit aufnahm, hat der Jesuit Robert North auf die möglichen Gefahren dabei hingewiesen:

> Hinsichtlich der Datierung der Schriftrollen oder vielmehr der dreifachen Datierung: der Abfassung, der Abschrift und der Aufbewahrung, ist in letzter Zeit eine zugleich beruhigende und beunruhigende relative Übereinstimmung erzielt worden. Beruhigend, weil die verschiedenartigsten Beweisgänge zueinander passen und so eine »Arbeitshypothese« als Diskussionsgrundlage ermöglichen. Aber es besteht die Gefahr, sich in einer falschen Sicherheit zu wiegen. Es ist wichtig, immer wieder darauf hinzuweisen, wie brüchig die einzelnen Beweisglieder in der Kette sind ...[10]

Doch Norths Warnungen verhallten ungehört. Im Lauf der folgenden zehn Jahre entstand – um einen Begriff von North und Eisenman zu verwenden – eine »Consensus-Lehrmeinung«, und zwar wurde sie von der im Rockefeller-Museum forschenden Gruppe um de Vaux allen anderen aufgedrängt. Daraus ergab sich eine strengste Regelung jeglicher Interpretation, und jede Abweichung davon galt nahezu als Häresie.

Diese verbindliche Interpretation, die mit den Jahren immer dogmatischer wurde, wurde von Pater Milik 1957 unter dem Titel *Dix*

Ans de Découvertes dans le Désert de Juda veröffentlicht. Die Arbeit wurde zwei Jahre später von John Strugnell, einem anderen Mitglied der Gruppe, ins Englische übersetzt. Zu dieser Zeit war die erste englischsprachige Formulierung des Consensus in England bereits erschienen. Strugnells Mentor, Professor Frank Cross, hatte 1958 *The Ancient Library of Qumran* publiziert. Der Consensus erhielt seinen letzten Schliff durch Pater de Vaux in einer Vorlesungsreihe, die zuerst vor der Britischen Akademie gehalten und 1961 unter dem Titel *L'Archéologie et les Manuscrits de la Mer Morte* veröffentlicht wurde. Zu der Zeit war der Consensus bereits ein wahres Bollwerk, und jeder, der die Festung berannte, mußte um seine Reputation fürchten.

Als Pater de Vaux starb, entstand eine außergewöhnliche Situation. Obwohl er juristisch keinerlei Eigentumsanspruch auf die Rollen erheben konnte, »vererbte« er seine Rechte auf sie seinem Kollegen Pater Pierre Benoit, gleichfalls Dominikaner und de Vaux' Nachfolger als Leiter des internationalen Teams und der Ecole Biblique. Pater Benoits Erbe, was de Vaux' Privilegien sowie den Zugang und die Kontrolle betrifft, ist als Vorgehen in der Wissenschaft ohne Beispiel. Vom rechtlichen Standpunkt aus war es, gelinde ausgedrückt, äußerst regelwidrig. Daß die Wissenschaftskreise dies widerspruchslos hinnahmen, ist jedoch noch ungeheuerlicher. Als wir Professor Norman Golb von der Universität Chicago fragten, wie es zu so dubiosen Machenschaften habe kommen können, meinte er nur, sich dagegen aufzulehnen, wäre »völlig zwecklos«[11] gewesen.

Nach de Vaux' Vorbild verhielten sich auch andere Mitglieder der Gruppe. Als beispielsweise Pater Patrick Skehan 1980 starb, vermachte er seinerseits seine »Rechte« an den Rollen Professor Eugene Ulrich von der Notre Dame University, Indiana. Die Rollen, über die Pater Jean Starcky verfügte, wurden ebenfalls »vererbt« – oder, wie es euphemistisch ausgedrückt wurde, »übertragen« –, und zwar an Pater Emil Puech von der Ecole Biblique. Auf diese Weise vermochten die katholischen Wissenschaftler, die die internationale Gruppe dominierten, ihr Monopol und ihre Kontrolle zu behaupten, und der Consensus blieb unangetastet.

Erst als 1987 Pater Benoit starb, wurde gegen diese Methoden ernsthaft opponiert.
Benoits Nachfolger wurde John Strugnell. Strugnell war 1930 in Barnet im Norden Londons zur Welt gekommen und hatte 1952 den Titel eines BA und 1955 den eines MA erworben, beide am Jesus College in Oxford. Obwohl er in den Doktorandenkreis der Oxford Faculty of Oriental Studies aufgenommen wurde, hat er nie promoviert; seine Kandidatur endete 1958. Noch während er an seiner Magisterarbeit saß, stieß er 1954 in Jerusalem zur Gruppe von de Vaux, der er zwei Jahre lang angehörte. Nach einem kurzen Zwischenspiel am Orientalischen Institut der Universität Chicago kehrte er nach Jerusalem zurück und erhielt eine Anstellung am Rockefeller-Museum, wo er bis 1960 als Inschriftenforscher tätig war. Im selben Jahr wurde er zum Assistenzprofessor für alttestamentarische Studien an der Divinity School der Duke University ernannt. 1968 wurde er Professor für die Erforschung vom Ursprung des Christentums an der Harvard Divinity School.
Strugnells Ernennung zum Leiter der internationalen Gruppe verlief nicht völlig reibungslos. Seit 1967 verlangte die israelische Regierung die Ratifizierung solcher Ernennungen. In Pater Benoits Fall hatten die Israeli ihre Autorität nicht geltend gemacht. In Strugnells Fall dagegen erhoben sie erstmals eigene Ansprüche auf das Material. Nach Professor Schemariahu Talmon, der dem Komitee angehörte, das Strugnell überprüfte, wurde seine Ernennung erst ratifiziert, nachdem bestimmte Bedingungen erfüllt worden waren.[12] So paßte den Israeli unter anderem die Art und Weise nicht, in der einige Mitglieder der internationalen Gruppe sich wie fernab ihrer Güter lebende Grundherren aufzuführen versuchten. Pater Starcky zum Beispiel hatte Israel seit dem Krieg von 1967 nicht wieder betreten. Pater Milik, de Vaux' nächster Vertrauter und sein Protegé, arbeitete jahrelang in Paris mit Fotografien des wichtigsten Rollenmaterials, zu dem er bis heute als einziger Zugang hat. Kein anderer darf davon Fotos machen. Ohne Miliks Erlaubnis darf keiner, auch nicht die Mitglieder des Teams, etwas über das ihm anvertraute Material veröffentlichen. Unseres Wissens ist er nach dem Krieg 1967 kein einziges Mal an seinen Arbeitsplatz in Jerusalem zurückgekehrt. Das *Time Magazine* be-

zeichnete Milik als »unzugänglich«.[13] Eine andere Zeitschrift, die *Biblical Archaeology Review (BAR)*, hat zweimal berichtet, er weigere sich sogar, Briefe des israelischen Amtes für Altertümer auch nur zu beantworten.[14] Die Art, wie er mit anderen Wissenschaftlern und mit der Öffentlichkeit umgeht, kann man nur als hochmütig bezeichnen.

Um solches Gebaren zu unterbinden, bestanden die Israeli darauf, daß der neue Leiter des Forschungsprojektes zumindest einen Teil seiner Zeit in Jerusalem verbringen müsse. Da sich Strugnell ohnehin überlegte, ob er in Harvard bleiben sollte, kam er diesem Ansinnen nach und reduzierte seine Stelle dort um die Hälfte. Künftig verbrachte er jeweils ein halbes Jahr in Jerusalem an der Ecole Biblique, wo er über eigene Arbeitsräumlichkeiten verfügte. Andere Auflagen hat er dagegen nicht erfüllt, darunter auch jene, die ihm anvertrauten Texte zu veröffentlichen. Ein Kommentar von ihm zu einem dieser Texte – einem hunderteinundzwanzig Zeilen langen Fragment – ist seit fünf Jahren überfällig und immer noch nicht erschienen. Strugnell hat nur einen einzigen, siebenundzwanzig Seiten umfassenden Artikel über das von ihm verwaltete Material verfaßt, außerdem einen Artikel über samaritische Inschriften, eine Übersetzung der Studie über Qumran von Milik und, wie noch zu zeigen ist, eine ausführliche, feindselige Invektive gegen das einzige Mitglied der Gruppe, das den Consensus je in Frage gestellt hat. Diese Bilanz ist nicht gerade eindrucksvoll für einen Mann, der sich zeitlebens auf einem Tätigkeitsfeld getummelt hat, das von Veröffentlichungen lebt. Andererseits ließ Strugnell einige von seinen Doktoranden an ausgewählten Originaltexten arbeiten, wodurch sie ihr persönliches Ansehen, das der Harvard University und das ihres Mentors vermehrten.

Alles in allem setzte unter Strugnells Ägide die internationale Gruppe ihren alten Schlendrian mehr oder weniger fort. Es ist recht aufschlußreich, ihre Arbeit mit der von Wissenschaftlern zu vergleichen, die an einem anderen Corpus von Texten arbeiten, nämlich den »gnostischen Evangelien«, die man bei Nag Hammadi in Ägypten entdeckt hat.

Die Nag-Hammadi-Rollen wurden 1945 gefunden, also zwei Jahre früher als die Schriftrollen vom Toten Meer. 1948 wurden sie komplett vom Koptischen Museum in Kairo erworben. Anfangs versuchte auch dort ein Zirkel französischer Wissenschaftler ein Monopol auf das Material zu erlangen, wodurch die Erforschung sich bis 1956 verzögerte. Kaum war die Arbeit dann allmählich in Gang gekommen, gab es durch die Suezkrise erneut eine Unterbrechung. Nach dieser Verzögerung wurde das Corpus 1966 einem internationalen Team zur Übersetzung und Veröffentlichung übergeben. Leiter dieser Gruppe war Professor James M. Robinson vom Institut für Altertum und Christentum an der Claremont Graduate School in Kalifornien. Als wir Professor Robinson auf die für die Qumrantexte verantwortliche Gruppe ansprachen, wurde sein Ton geradezu beißend. Die Qumranforscher, sagte er, »brauchen für ihren Ruf nichts mehr zu tun – sie können ihn nur noch ruinieren«.[15]

Professor Robinson und sein Team kamen erstaunlich schnell voran. Innerhalb von drei Jahren wurde eine ganze Reihe von vorläufigen Abschriften und Übersetzungen anderen Wissenschaftlern zugänglich gemacht. Um 1973 lag das gesamte Material in vorläufiger englischer Übersetzung vor und zirkulierte frei unter interessierten Forschern. 1977 war das gesamte Corpus der Nag-Hammadi-Codices publiziert, und zwar als Faksimile und als transkribierte Ausgabe: insgesamt sechsundvierzig Bände, dazu einige unidentifizierte Fragmente. Robinson und seine Gruppe hatten somit nur elf Jahre bis zur Drucklegung sämtlicher Nag-Hammadi-Rollen benötigt.[16]

Zugegeben, die Qumrantexte sind viel zahlreicher und ihre Probleme vielschichtiger als die der Texte von Nag Hammadi. Aber selbst wenn man dies in Rechnung stellt, ist die Arbeit von de Vaux' Gruppe nicht eben überzeugend. Als die Wissenschafler 1953 die Arbeit aufnahmen, war es ihr erklärtes Ziel, *alle* in Qumran gefundenen Rollen zu publizieren, und zwar sollten sie in etlichen Bänden fortlaufend bei der Oxford University Press unter dem Titel *Discoveries in the Judaean Desert of Jordan* erscheinen.

Der erste Band erschien schon bald, nämlich 1955. Er enthielt die Fragmente aus der Höhle von Qumran, die inzwischen offiziell Höhle 1 heißt. Der nächste Band erschien erst 1961, also sechs Jahre später. Dieser Band enthielt keine Texte aus Qumran, sondern Materialien aus den Höhlen von Murabba'at. 1963 erschien der dritte Band, der vor allem Rollenfragmente aus den Höhlen 2, 3 und 5 bis 10 enthält. Die sogenannte Kupferrolle aus Höhle 3 ist das vollständigste und bedeutendste von diesen Fragmenten. Abgesehen von der Kupferrolle umfaßt der längste Text gut sechzig Zeilen; die meisten weisen aber nur zwischen vier und zwölf Zeilen auf. Eine Kopie dieser Texte hat man später in Masada gefunden, was beweist, daß die Verteidiger der Festung den gleichen Kalender benutzten wie die Gemeinde von Qumran und daß eine engere Verbindung zwischen diesen beiden Gruppen bestanden hat, als de Vaux zugeben will.

Der vierte Band der *Discoveries in the Judaean Desert* wurde 1965 von James A. Sanders herausgegeben. Sanders gehörte nicht zu de Vaux' Gruppe. Die Rolle, die er erforschte – eine Sammlung von Psalmen –, war 1956 von Beduinen in Höhle 11 gefunden und mit anderen Fragmenten zusammen dem Rockefeller-Museum übergeben worden. Da sich kein Käufer fand, wurde das Material im Safe des Museums verwahrt. Niemand erhielt Zugang dazu, und es ruhte hier, bis es 1961 vom Albright Institute erworben wurde. Ermöglicht wurde dieser Kauf durch Kenneth und Elizabeth Bechtel von der Bechtel Corporation, einer amerikanischen Großbaufirma, die im Nahen Osten viele Geschäfte tätigte (allerdings nicht in Israel), über zahlreiche Beziehungen zur amerikanischen Regierung und auch zum CIA verfügte. Professor Sanders' Band erschien also unabhängig von den Rahmenbedingungen und dem Zeitplan von de Vaux' Gruppe.

Während all dieser Zeit wurde das reichhaltigste und bedeutendste Material – das in Höhle 4, einer wahren Schatzkammer, gefunden wurde – der Öffentlichkeit und der Wissenschaft weiterhin vorenthalten. Hin und wieder verirrten sich ein paar, viele Fragen aufwerfende Bruchstücke in wissenschaftliche Zeitschriften. Doch erst 1968 wurde erstmals Material aus Höhle 4 offiziell veröffentlicht, wenn auch nur in geringem Umfang. Dies war das Verdienst des »Renegaten« und »Häretikers« in de Vaux' Gruppe: John Allegro. Da die Veröffentlichung der Texte von Qumran sich immer weiter hinausschob und die Bände in immer größeren Zeitabständen erschienen, regte sich immer stärker der Verdacht, es sei an der

Sache etwas faul. Die Kritiker hegten hauptsächlich drei Verdachtsmomente. Entweder finde de Vaux' Gruppe das Material zu schwierig und zu komplex, oder sie verzögere die Arbeit absichtlich, um durch Unterschlagung oder zumindest Zurückhaltung von Material Zeit zu gewinnen. Als drittes Moment figurierte der Verdacht, die Gruppe mache sich einen Lenz, um ihre angenehme Pfründe möglichst nicht mehr zu verlieren. Natürlich wurde auch darauf hingewiesen, daß es bei den Texten, die sich in amerikanischer oder israelischer Hand befanden, solcherart Verzögerungen nicht gab. Im Gegensatz zu de Vaux' Leuten hatten die amerikanischen und israelischen Wissenschaftler ihr Material nämlich unverzüglich veröffentlicht.

Der sechste Band der *Discoveries in the Judaean Desert* erschien 1977, neun Jahre nach Allegros Arbeit. Der siebte Band kam 1982 heraus, der achte 1990; dieser letzte Band enthielt aber überhaupt keine Qumrantexte. Wie bereits erwähnt, wurden von den Nag-Hammadi-Codices vorläufige Rohübersetzungen innerhalb von nur drei Jahren veröffentlicht. De Vaux' Gruppe hat bis heute so etwas nicht einmal angeboten. Das gesamte Material von Nag Hammadi lag innerhalb von elf Jahren im Druck vor. Seit De Vaux' Gruppe ihre Arbeit aufgenommen hat, sind mittlerweile beinahe achtunddreißig Jahre verstrichen, und bislang sind lediglich acht Bände erschienen, das sind *weniger als fünfundzwanzig Prozent des gesamten Materials*[17]. Dazu kommt, daß das Material, das gedruckt vorliegt, großenteils eher unbedeutend ist.

In einem Interview mit der *New York Times* meinte Robert Eisenman, es sei »einem kleinen Zirkel von Wissenschaftlern gelungen, ein Forschungsgebiet über mehrere Generationen zu dominieren (selbst nachdem einige von ihnen bei dieser Tätigkeit schon vor Jahren verstorben sind). Sie führen dies fort über die Dissertationen ihrer Schüler und indem sie ihr Gefolge von Studenten und Wissenschaftlern in die angesehensten Lehrstühle hieven.«[18] Die *Biblical Archaeology Review*, eine einflußreiche Zeitschrift, die der Washingtoner Anwalt Hershel Shanks herausgibt, bezeichnet de Vaux' Gruppe als »von Konvention, Tradition, Kollegialität und Trägheit bestimmt, jedenfalls, soweit sich das feststellen läßt«.[19]

Aus der gleichen Quelle stammt die Bemerkung, die »Insider«, die über die Rollen verfügten, »spendieren ihre Rosinen einzeln und verschaffen sich dadurch ihren Status, wissenschaftliche Autorität und Bestätigung ihres persönlichen Egos. Warum sollten sie verschwenderisch damit umgehen?«[20] Und auf einer Tagung über die Schriftrollen vom Toten Meer, die 1985 an der Universität New York stattfand, eröffnete Professor Morton Smith, eine der herausragendsten Kapazitäten auf dem Gebiet der Bibelforschung, seine Rede mit folgender sarkastischen Bemerkung: »Ich hatte eigentlich vor, über die Skandale im Zusammenhang mit den Dokumenten vom Toten Meer zu sprechen, aber es stellte sich leider heraus, daß es zu viele sind und daß sie zudem zu bekannt und zu widerlich sind.«[21]

Und wie haben die Mitglieder der Gruppe von de Vaux auf eine so niederschmetternde Verurteilung reagiert? Vom Team, das 1953 antrat, sind heute nur noch drei Wissenschaftler am Leben, und zwar Joseph Milik, John Strugnell und Frank Cross. Milik hat inzwischen den Priesterstand aufgegeben und führt weiterhin – wie wir gesehen haben – in Paris das Leben eines unzugänglichen Einsiedlers. Die Professoren John Strugnell und Frank Cross lehrten an der Divinity School der Harvard University. Frank Cross erwies sich als recht zugänglich und gab über die Verzögerungen bei der Publikation Auskunft. In einem Interview mit der *New York Times* bemerkte er, daß die Arbeit nur sehr langsam vorangekommen sei, sei darauf zurückzuführen, daß die meisten Mitglieder des Teams mit einer vollamtlichen Lehrtätigkeit ausgelastet gewesen seien und nur in den Sommerferien in Jerusalem an dem Material hätten arbeiten können. Die noch nicht veröffentlichten Rollen seien zudem sehr bruchstückhaft, so daß die Fragmente nur sehr schwer zuzuordnen und noch schwerer zu übersetzen seien.[22] In einer anderen Zeitschrift aber äußerte er: »Es ist das aufregendste Puzzle der Welt.«[23]

Es wäre natürlich voreilig, die Komplexität der Arbeit, mit der Cross und seine Kollegen beschäftigt waren, zu unterschätzen. Die Myriaden von Fragmenten, aus denen sich die Qumrantexte zusammensetzen, stellen in der Tat ein beängstigendes Puzzle dar. Dennoch überzeugen diese Erklärungen letztlich nicht. Sicherlich können einige Mitglieder der Forschungsgruppe wegen ihrer Lehrtätigkeit nur sporadisch in Jerusalem sein. Aber warum erwähnte Cross nicht, daß die Arbeit an den Rollen größtenteils ohnehin mit Hilfe von Fotos durchgeführt wird, die Forscher also nirgendwo hinzufahren brauchen? Fotos sind heutzutage technisch so gut machbar, daß die Arbeit mit ihnen leichter und sogar verläßlicher ist als mit den originalen Pergamenten. Und was die Komplexität des Puzzles betrifft, so hat sich Cross selbst widersprochen. Schon 1958 hatte er nämlich geschrieben, die meisten Fragmente, die das Team in Händen habe, seien bereits identifiziert – de facto seien sie sogar schon im Sommer 1956 identifiziert gewesen.[24] 1964 hatte John Allegro geschrieben, Zuordnung und Identifikation des gesamten Materials aus Höhle 4 – des umfangreichsten Corpus – seien 1960 »nahezu vollständig« abgeschlossen gewesen.[25] Im übrigen war es anscheinend auch durchaus nicht immer so schwierig, das Material zu identifizieren und zuzuordnen, wie Cross glauben machen will. In einem Brief an John Allegro, der das Datum des 13. Dezember 1955 trägt, schrieb Strugnell, man habe Material aus Höhle 4 im Wert von 3000 Pfund (mit Finanzmitteln des Vatikans) erstanden und an einem einzigen Nachmittag identifiziert.[26] Und er fügte hinzu, die Ablichtung des gesamten Materials werde allenfalls eine Woche dauern.

Bereits bevor Allegro mit dem Consensus der Gruppe brach, bemühte er sich stets, die Arbeit voranzutreiben, und stand den diversen Gründen, die gegen eine Beschleunigung vorgebracht wurden, mit Skepsis gegenüber. War es also nur ein Köder, als ihm de Vaux am 22. März 1959 schrieb, alle Qumrantexte würden veröffentlicht und sämtliche Bände der *Discoveries in the Judaean Desert* im Sommer 1962 vollständig sein, also genau zu dem Zeitpunkt, für den auch Strugnells abschließender Band geplant war? Im selben Brief bemerkte de Vaux überdies, die Arbeit an den Originaltexten werde im Juni 1960 beendet sein und die Ergebnisse würden anschließend den Instituten ausgehändigt, die sie bezahlt hätten. Heute, dreißig Jahre nach de Vaux' Brief, sitzen die Überlebenden der damaligen Gruppe und die neuen Mitglieder immer noch auf den Rollen, mit der Begründung, die Forschung sei noch nicht abgeschlossen. Und um es noch einmal zu wiederholen: Was bisher freiwillig publiziert worden ist, ist größtenteils von minderer Bedeutung.

Die Qumrantexte lassen sich in zwei Kategorien unterteilen: Einmal gibt es ein Corpus früher Kopien von biblischen Texten mit leicht variierenden Lesarten. Diese werden als »biblisches Material« bezeichnet; zum andern gibt es ein Corpus nicht biblischen Materials, das größtenteils aus bisher unbekannten Dokumenten besteht, das sogenannte »Sektenmaterial«. Die meisten Laien nehmen instinktiv an, das »biblische Material« sei von größerem Interesse und zeitige weitergehende Konsequenzen – allein schon der Ausdruck »biblisch« erweckt solche Assoziationen. Unseres Wissens hat als erster Professor Eisenman die Fragwürdigkeit dieser Auffassung betont. Denn das biblische Material ist völlig harmlos und auch nicht widersprüchlich. Es löst also keine Kontroversen aus und enthüllt auch nichts Neues. Es handelt sich lediglich um Kopien des Alten Testaments, die von den heutigen Ausgaben nur geringfügig abweichen, also nichts wirklich Neues bieten. Dagegen enthält das »Sektenmaterial« höchst aufschlußreiche Texte. Diese Texte – Regeln, Rituale, Bibelkommentare, theologische, astrologische und messianische Abhandlungen – stehen in Beziehung zur »Sekte« von Qumran und ihren Lehren. Die Bezeichnung dafür, »Sektenmaterial«, ist wohlüberlegt so gewählt. Sie lenkt das Interesse davon ab. Sie erzeugt die Vorstellung von der idiosynkratischen Doktrin eines unbedeutenden abseitigen »Kultes«, einer kleinen, keinesfalls repräsentativen Randgruppe, die von der Hauptrichtung des Judaismus und frühen Christentums losgelöst existiert hat. In Wirklichkeit besteht hier jedoch sehr wohl ein Zusammenhang. Das ist nur einer der Tricks, durch die Außenstehende, ohne daß sie es bemerken, dazu gebracht werden, den Consensus – in diesem Fall die Vorstellung, bei der Gemeinde von Qumran handle es sich um die sogenannten Essener, die zwar als marginale Erscheinung von Interesse sei, aber nicht auf einer breiteren Basis beruhte – als solchen zu akzeptieren. Die Wirklichkeit sieht dagegen, wie wir noch feststellen werden, ganz anders aus. Es sind eben gerade die kurzerhand auf die Seite geschobenen »Sekten«-Texte, die sich als brisant erweisen.

Der Skandal um die Rollen

Ironischerweise war es nicht ein Bibelforscher, kein Experte zumindest auf diesem Gebiet, sondern ein Außenstehender, dem zuerst die Haltung der internationalen Gruppe suspekt vorkam, nämlich der renommierte amerikanische Literatur- und Kulturkritiker Edmund Wilson. In Großbritannien und den Vereinigten Staaten ist er durch Arbeiten bekannt, die nichts mit Qumran und dem Palästina des ersten nachchristlichen Jahrhunderts zu tun haben. Edmund Wilson ist vielmehr Autor belletristischer Literatur, zum Beispiel *I Thought of Daisy* und *Memoirs of Hecate County*. Außerdem hat er unter dem Titel *Axel's Castle* eine originelle Studie über den Einfluß des französischen Symbolismus auf die Literatur des zwanzigsten Jahrhunderts verfaßt und im weiteren eine Analyse über Lenins Agitation und die Usurpation der Russischen Revolution durch die Bolschewiken. Zudem hat die literarische Fehde mit seinem ehemaligen Freund Vladimir Nabokov, in der er dessen Übersetzung von Puschkins »Eugen Onegin« zerfetzte, eine ganze Weile die Spalten der einschlägigen Presse gefüllt.

Wie seine Kontroverse mit Nabokov zeigt, hat Wilson keinerlei Skrupel, sich auf Gebiete vorzuwagen, auf denen er nicht Experte ist. Aber vielleicht brauchte die Qumranforschung gerade solche Unerschrockenheit – die Perspektive eines Außenstehenden, der in gewissem Sinn über den Dingen steht. 1955 erschien in der Zeitschrift *The New Yorker* ein ausführlicher Artikel über die Schriftrollen vom Toten Meer, durch den die Rollen zum ersten Mal das Interesse einer breiten Öffentlichkeit erregten und bald darauf zu einem geläufigen Begriff wurden. Noch im selben Jahr erweiterte Wilson den Artikel zu einem Buch mit dem Titel *The Scrolls from the Dead Sea*. 1969, also vierzehn Jahre später, wurde das Buch völlig überarbeitet neu aufgelegt: es war doppelt so umfangreich, da neues Material hinzugezogen worden war. Bis heute gilt es als einer der grundlegenden, vor allem aber populärsten Forschungsberichte eines Nichtexperten über die Qumranrollen. Aber Wilson ist, obwohl kein Experte für Bibelforschung, mit Sicherheit auch kein amateurhafter Stümper. Sogar de Vaux' Gruppe konnte ihm Integrität und »Seriosität« nicht absprechen. Mit seinem literarischen Publikum im Rücken, konnte er dagegen die Gruppe relativ ungefährdet ins Gebet nehmen.

Schon Anfang 1955 merkte Wilson, daß bei einem Teil der »Experten« die Tendenz bestand, den Inhalt der Qumranrollen vom direkten Bezug sowohl zum Judentum als auch zum Christentum fernzuhalten. Gerade die allzu heftige Betonung, die sie dieser Frage beimaßen, erregte seinen Argwohn:

> Sobald man die Kontroversen näher untersucht, die die Schriftrollen vom Toten Meer auslösen, spürt man eine gewisse »Anspannung« ... Doch rührt diese Nervosität nicht von den anfangs so heftig diskutierten Datierungsproblemen her. Hinter dem Streit um die Datierung stehen vermutlich andere Befürchtungen als solche rein wissenschaftlicher Natur.[1]

Wilson wies auf die unübersehbaren Gemeinsamkeiten in den Textaussagen mit dem rabbinischen Judaismus des ersten nachchristlichen Jahrhunderts und mit den Anfängen des Christentums hin, bemerkte jedoch gleichzeitig eine starke »Hemmung« bei den jüdischen und christlichen Wissenschaftlern, diese so offensichtliche Verbindung herzustellen:

> Man wartet darauf, daß diese Fragen diskutiert werden. Statt dessen drängt sich die Frage auf, ob die Wissenschaftler, die an den Rollen arbeiten – und von denen so viele einem christlichen Orden angehören oder rabbinisch geschult sind –, aufgrund ihrer religiösen Bekenntnisse nicht eine gewisse Scheu verspüren, solche Fragen anzugehen ... man spürt eine gewisse Nervosität, ein Widerstreben, den Gegenstand mutig anzupacken und aus historischer Perspektive zu betrachten.[2]

Mit Rücksicht auf wissenschaftlich-sachlichen Anstand wahrt Wilson natürlich den Takt, indem er einen ernstgemeinten Angriff sehr diplomatisch vorträgt. Er selber kannte keinerlei Skrupel, den Gegenstand mutig anzupacken und aus historischer Perspektive zu betrachten:

> Wenn wir Jesus aus der Perspektive betrachten, die die Rollen nahelegen, ergibt sich eine neue Kontinuität, und die dramatischen Ereignisse, deren Ergebnis das Christentum war, werden endlich verständlich ... Das Kloster [von Qumran] ... ist vielleicht eher die Wiege des Christentums als Bethlehem oder Nazareth.[3]

Es ist – leider – typisch für die Bibelforschung und speziell für die Wissenschaftler, die mit den Rollen zu tun haben, daß eine solche Verbindung nicht von den »Experten« auf diesem Gebiet hergestellt wird, sondern von einem scharfsinnigen, wohlinformierten Beobachter. Denn erst Wilson hat klar und deutlich das artikuliert, was die internationale Gruppe so sorgsam auszuklammern versuchte.

Ähnliche Klagen über die Voreingenommenheit der meisten Bibelforscher äußerte uns gegenüber auch Philip Davies, Professor für biblische Studien an der Universität Sheffield und Autor zweier Bücher über das Material von Qumran. Professor Davies wies darauf hin, daß die meisten an den Rollen arbeitenden Wissenschaftler christlich orientiert waren – und immer noch sind – und ihr primärer Bezugspunkt das Neue Testament ist. Er sagte, er kenne etliche, deren Forschung manchmal ernsthaft in Konflikt mit ihrem leidenschaftlich verteidigten persönlichen Glauben gerate, so daß man sich in solchen Fällen fragen müsse, ob hier Objektivität überhaupt möglich sei.

Professor Davies hob auch die ständige Vermengung von Theologie und Geschichte hervor. Zu oft, sagte er, werde das Neue Testament nicht theologisch, sondern historisch ausgelegt, so als sei es ein genauer Bericht der Ereignisse des ersten Jahrhunderts. Nehme man aber die Geschichten des Neuen Testaments – die Evangelien und die Apostelgeschichte – als unumstößliche historische Tatsachen, könne man unmöglich den Rollen wissenschaftliche Gerechtigkeit widerfahren lassen. Also diktiere die christliche Lehre, was damit zu geschehen habe.[4]

Da Edmund Wilson ein Außenstehender war, fiel es der internationalen Forschergruppe leicht, ihm gegenüber die Haltung väterlicher Herablassung einzunehmen. Er war zu bekannt, als daß man ihn hätte beleidigen oder beschimpfen können. Man konnte ihn jedoch übergehen oder hochmütig als intelligenten, gutwilligen Amateur abtun, der um die Komplexität und Subtilität der Materie aber nicht wissen könne und in seiner Naivität zu »vorschnellen Urteilen« neige.[5] Auf diese Weise wurden im übrigen auch viele Wissenschaftler eingeschüchtert, so daß sie ihre wirklichen Ansichten verschwiegen. Wissenschaftliches Ansehen ist ein zerbrechliches Ding, und nur einzelne besonders wagemutige oder abgesicherte Autoritäten können daher ein solches Risiko eingehen – das Risiko, diskreditiert und von einem konzertierten Sperrfeuer durch die Anhänger des Consensus an die Wand gedrängt zu werden. Der israelische Professor Schemariahu Talmon, eine Kapazität unter den Bibelforschern, stellte lakonisch fest: »Die Rollen sind ein Lehen«, und die Wissenschaftler, die sie monopolisierten, seien nichts als »Ränkeschmiede«.[6]

Aber selbst solche Ränkeschmiede sind nicht allmächtig, wenn es um die Unterdrückung abweichender Meinungen geht. Edmund Wilson mag zwar ein Außenstehender gewesen sein, die Abweichung vom Consensus der internationalen Forschergruppe brach auch von innen den Kokon biblischer Forschung auf. Schon 1950, fünf Jahre bevor Wilsons Buch erschien, hatte André Dupont-Sommer, Professor für semitische Sprache und Kultur an der Sorbonne, ein Referat veröffentlicht, das eine Sensation auslöste.[7] Er bezog sich darin auf einen der kurz davor übersetzten Qumrantexte. Darin sei, so erklärte er seiner Leserschaft, eine selbsternannte »Sekte des Neuen Bundes« beschrieben, deren Führer, der als »Lehrer der Gerechtigkeit« bekannt sei und als Messias gelte, verfolgt, gefoltert und als Märtyrer hingerichtet worden sei. Die Anhänger dieses »Lehrers« glaubten, das Ende der Welt stehe bevor, und es würden nur jene gerettet, die an ihn glaubten. Und Dupont-Sommer zog, wenn auch vorsichtig, daraus den nahelie-

genden Schluß, daß der »Lehrer der Gerechtigkeit« in vieler Hinsicht »einem genauen Prototyp von Jesus« entspreche.[8]
Diese Behauptungen lösten stürmische Kontroversen und Proteste aus. Jesu Einzigartigkeit und Originalität waren ins Kreuzfeuer geraten. Das katholische Establishment, besonders in Frankreich und in den Vereinigten Staaten, eröffnete ein regelrechtes Kesseltreiben. Dupont-Sommer war von der Reaktion etwas verstört und verschanzte sich nunmehr in seinen Äußerungen hinter einer ausgewogenen Sprache. Jeder, der ihn zu unterstützen versuchte, mußte selbst eine Zeitlang in Deckung gehen. Doch war die Saat des Zweifels ausgestreut und sollte mit der Zeit Früchte tragen. Vom Standpunkt der traditionellen christlichen Theologie aus wurde eine Frucht als ganz besonders giftig betrachtet, nämlich die, welche sich direkt im Herzen der internationalen Gruppe, sozusagen in den heiligen Hallen des Rockefeller-Museums, entwickelte.

Der dynamischste, originellste und kühnste Wissenschaftler in Pater de Vaux' Gruppe war vermutlich John Marco Allegro. Sicherlich war er ihr spontanster und unabhängigster Denker, und er widersetzte sich am ehesten der Unterdrückung von Forschungsmaterial. Er wurde 1923 geboren, war während des Krieges bei der Royal Navy und begann 1947 – im Jahr, in dem die Rollen vom Toten Meer entdeckt wurden – an der Universität von Manchester Logik, Griechisch und Hebräisch zu studieren. Ein Jahr später nahm er semitische Studien auf. Daneben betrieb er auch Philologie, studierte die Entstehung der Sprache, ihre Struktur und Entwicklung. Bei philologischen Untersuchungen an biblischen Texten ging ihm rasch auf, daß die Schriften nicht wörtlich zu nehmen seien. Er bezeichnete sich selbst als Agnostiker. Im Juni 1951 machte er mit Auszeichnung seinen BA in Orientalistik und erhielt im Jahr darauf den Magistertitel. Im Oktober desselben Jahres begann er seine Dissertation in Oxford, und zwar beim renommierten Orientalisten Professor Godfrey R. Driver. Ein Jahr später schlug ihn Driver für de Vaux' Gruppe vor. Allegro bekam das gewichtige Material aus Höhle 4 in Qumran zugeteilt. Im September 1953 fuhr er nach Jerusalem. Zu diesem Zeitpunkt hatte

er bereits vier Artikel in wissenschaftlichen Zeitschriften veröffentlicht, die viel Beachtung fanden. Er war also als Wissenschaftler bekannter als alle anderen Mitglieder der Gruppe.
Unter dem Titel *The Dead Sea Scrolls* veröffentlichte Allegro 1956 eine Abhandlung, die sehr populär wurde. Ihr folgten 1968 die Ergebnisse seiner Textforschungen und der Abdruck von Fragmenten aus Höhle 4. Es war der fünfte Band der von der Oxford University Press herausgegebenen Reihe *Discoveries in the Judaean Desert*. Zu diesem Zeitpunkt war Allegro als Bibelforscher endgültig anerkannt. Aber innerhalb von zwei Jahren verließ er seine Kollegen in der internationalen Gruppe, kehrte den akademischen Kreisen den Rücken und gab seine Stelle an der Universität Manchester auf. Man schmähte und schnitt ihn. Was war geschehen?
Den akademischen Kreisen im allgemeinen und der internationalen Gruppe im besonderen war schon bald klargeworden, daß Allegro nicht nur der einzige Agnostiker der Gruppe war, sondern auch keine Hemmungen hatte, wider den Stachel zu löcken. Unbehindert von religiösen Vorurteilen erklärte er die Dinge so, wie er sie sah, frei heraus. Er hatte keinerlei Verständnis dafür, daß seine Kollegen sich weigerten, Theorien oder gar Beweise zu stützen, die der festgelegten »Parteilinie«, was die Ursprünge des Christentums betraf, widersprachen. Vor allem regten ihn die ständigen Versuche auf, das Christentum von der in den Texten beschriebenen Gemeinde von Qumran abzugrenzen. Er bestand darauf, die offensichtliche Verbindung zwischen beiden festzuhalten, ja er wies darauf hin, daß diese Verbindung wohl sogar enger sei als bislang angenommen – oder als man zu denken gewagt – habe.
Der erste Sturm brach 1956 los. Allegro hielt im nordenglischen Rundfunk am 16., 23. und 30. Januar drei kurze Vorträge. Er wollte offensichtlich die Erforschung der Rollen vorantreiben, indem er die Sache spannend und kontrovers darstellte. »Jetzt können wir uns auf ein Feuerwerk gefaßt machen«,[9] schrieb er unvorsichtigerweise an John Strugnell, der sich damals in Jerusalem aufhielt. Diese Ankündigung – deren Wirkung Allegro falsch einschätzte – ließ die Alarmglocken in dem von Katholiken dominierten Rollensaal schrillen. Ohne sich dessen bewußt zu sein, fuhr

er fort: »Nach nochmaliger Durchsicht meiner Fragmente bin ich zu der Überzeugung gekommen, daß Dupont-Sommer mehr recht hat, als er er geahnt hat.«[10] Strugnell liebäugelte damals mit einer kirchlichen Karriere, und Allegro stichelte: »An Ihrer Stelle würde ich mir des theologischen Jobs wegen keine grauen Haare wachsen lassen. Wenn ich meine Arbeit abgeschlossen habe, wird es ohnehin keine Kirche mehr geben, in der Sie unterkommen können.«[11]
Allegros erste beide Radiovorträge erregten in Großbritannien kaum Aufsehen. Der zweite wurde von Journalisten der *New York Times* mitgeschrieben und dann gedruckt. Obwohl sie einiges mißverstanden und ihn falsch zitierten, löste das eine lebhafte Debatte aus. Dem dritten Vortrag, jenem vom 30. Januar, folgte am 5. Februar in der gleichen Zeitung ein Artikel, der eine Sensation auslösen mußte: CHRISTLICHE GRUNDLAGEN IN DEN ROLLEN ENTDECKT, lautete die Schlagzeile.

Der Ursprung einiger christlicher Riten und Lehren ist in Dokumenten einer extremistischen jüdischen Sekte wiederzufinden, die schon über hundert Jahre vor der Geburt Jesu Christi existiert hat. Zu diesem Ergebnis kommt John Allegro, einer der sieben Wissenschaftler einer internationalen Gruppe, die die sagenhafte Sammlung der Schriftrollen vom Toten Meer erforscht ... John Allegro ... erklärte gestern abend im Rundfunk, historisch hätten das Abendmahl und zumindest Teile des »Vaterunser« und der Lehren Jesu im Neuen Testament in der Gemeinschaft von Qumran ihren Ursprung.[12]

Im selben Artikel stand mit den folgenden Worten eines katholischen Wissenschaftlers eine Andeutung, die bereits auf Sturm hinwies: »Jeder Knüppel scheint als Waffe gegen das Christentum nun auszureichen«, wenn man ihn dazu brauche, »den Glauben an die Einzigartigkeit Jesu zu erschüttern«.[13] Allegro hatte in der Tat ein äußerst heikles Gebiet betreten. Am 6. Februar brachte das *Time Magazine* einen Artikel mit dem Titel »Kreuzigung vor Christus«. Zwei Tage darauf berichtete die *Times*, drei amerikanische Religionsführer, und zwar ein Jude, ein Katholik und ein Protestant, hätten sich zusammengeschlossen, bereit, Allegro mit vereinten

Kräften zu widerlegen, und warnten entschieden vor jeglichem Versuch, die Essener als Vorläufer des Christentums zu betrachten.[14] Die Auseinandersetzung kam natürlich auch de Vaux zu Ohren, zusammen mit der Forderung, es müsse etwas dagegen unternommen werden. Allegro scheint allerdings noch immer geradezu kindlich unbekümmert gewesen zu sein. Am 9. Februar schrieb er an de Vaux, ihm werde vorgeworfen, »die erstaunlichsten Dinge behauptet zu haben. Einiges davon trifft zu und ist in der Tat erstaunlich; anderes dagegen ist lediglich dem Hirn ehrgeiziger Journalisten entsprungen.«[15]

Im Rückblick ist es klar, daß Allegro nie ganz begriffen hat, *wie* unantastbar die Vorstellung von der »Einzigartigkeit« Jesu tatsächlich war. Er unterschätzte daher auch das Ausmaß der Mittel, mit denen de Vaux und die übrigen Mitglieder der Gruppe auf seine direkte und freimütige Art des Vorgehens reagieren würden, um sich von ihm zu distanzieren. Sein Fehler – und der einzige wirkliche Fehler – bestand darin, daß er erwartete, seine Kollegen würden seine Behauptungen akzeptieren, ohne ihr Urteil durch ihre persönlichen religiösen Bindungen beeinflussen zu lassen. Er war der Meinung, er gehe als vorurteilsfreier Wissenschaftler an sein Material heran, und erhoffte sich dies auch von ihnen. Seine naive Stichelei, nämlich daß es keine Kirche mehr geben werde, in der Strugnell ein Amt bekommen könnte, belegt hinreichend, daß er von der Sprengkraft seines Textmaterials überzeugt war – und entsprechend aufgeregt über das, was er da entdeckt hatte.

Am 11. Februar antwortete de Vaux Allegro, und zwar betont nüchtern. Alle Allegro zugänglichen Texte, schrieb de Vaux, seien auch den übrigen Gruppenmitgliedern in Jerusalem zugänglich. Und diese hätten nichts darin gefunden, was Allegros Interpretation stütze.

In seiner Antwort vom 20. Februar versuchte Allegro seine Argumentation zu erhärten, gleichzeitig die Kluft zwischen sich und den Kollegen zu überbrücken und die öffentliche Kontroverse herunterzuspielen:

> Ich kann mich leider des Eindrucks nicht erwehren, daß alle Welt total am Überschnappen ist. Ich lege meine Rundfunkvor-

träge entsprechend Ihren Wünschen bei, und wenn Sie, nachdem Sie sie gelesen haben, sich fragen, was das ganze Geschrei soll, dann befinden Sie sich genau in meiner Situation.[16]

Als er bemerkte, daß Strugnell und Milik sich gemeinsam anschickten, seinen Standpunkt zu widerlegen, bemerkte er:

> Ich führe keinen Krieg gegen die Kirche. Wenn ich es täte, könnten Sie sicher sein, daß ich mir keine Blöße geben würde ... Ich stehe zu dem, was ich in den drei Vorträgen gesagt habe, aber ich bin auch durchaus darauf vorbereitet, daß es zu meiner Art, die Texte zu lesen, andere Interpretationen geben kann.[17]

Am 4. März bestätigte de Vaux Allegro in seinem Antwortschreiben, daß eine Widerlegung in Vorbereitung sei. Allerdings nicht nur von Strugnell und Milik. Sie würde auch nicht in einer Fachzeitschrift erscheinen, sondern im Gegenteil als offener Brief an die *Times* in London mit der Unterschrift aller Mitglieder der internationalen Gruppe.
Allegro ließ sich dadurch nicht einschüchtern, sondern setzte sich zur Wehr. Gleichmütig antwortete er, daß ein Brief an die *Times* für die Londoner Leserschaft, die seine Vorträge nicht gehört habe, von größtem Interesse sein dürfte.

> Wie ich Ihnen schon dargelegt habe, sind diese Radiovorträge von einem Regionalsender im Norden ausgestrahlt worden ... Sie und Ihre Freunde sind nun im Begriff, die Aufmerksamkeit der Boulevardpresse dieses Landes auf jene Passagen zu lenken, die weder Sie noch die Mehrzahl der Leserinnen und Leser gehört haben. Sie wird eine Hexenjagd veranstalten ... Ich gratuliere Ihnen dazu. Die Presseleute werden, da sie einen Skandal wittern, wie Falken auf mich niederstoßen und wissen wollen, was an der Sache alles dran ist ... Sie werden ein Feuer in einer Angelegenheit schüren, die für sie aussieht wie eine Kontroverse zwischen den kirchlichen Mitgliedern der Gruppe und dem einzigen Mitglied, das an keine Konfession gebundenen ist.[18]

Er fuhr fort, indem er Edmund Wilson anführte und darauf hinwies, wie sehr de Vaux' Gruppe über Verdächtigungen, wie dieser sie geäußert habe, beunruhigt sein müßte. Im Grunde versuchte Allegro Wilson als abschreckendes Beispiel zu benutzen: In Anbetracht dessen, was Wilson über die mangelnde Bereitschaft der Kirche, mit diesen Texten objektiv zu verfahren, bereits gesagt habe, könnten Sie sich vorstellen, was bei diesem Spektakel nun herauskommen werde.

Bei allem Respekt muß ich Sie darauf hinweisen, daß Wilsons Unsinn hier sehr ernst genommen worden ist. Bei jedem Vortrag, den ich über die Schriftrollen halte, tauchen immer wieder dieselben Fragen auf: Ist es wahr, daß die Kirche in Panik geraten ist? ... Können wir sicher sein, daß *alles* veröffentlicht werden wird? Das mag sich für Sie und für mich albern anhören, doch regen sich in den Köpfen des einfachen Volkes schwere Zweifel ... Ich brauche wohl nicht auszuführen, welche Folgen die Unterschrift von drei römisch-katholischen Priestern unter dem von Ihnen beabsichtigten Brief haben wird.[19]

Zu diesem Zeitpunkt wurde Allegro offensichtlich auch nervös. Am 6. März schrieb er an ein anderes Mitglied der Gruppe, an Frank Cross, der gerade einen Ruf an die Harvard University erhalten hatte, in seinem üblichen spielerischen Ton: »Ich freue mich schrecklich über Ihre Berufung nach Harvard. Nicht bloß, weil das Spiel um das Christentum dann endlich aus ist.«[20] Aber er bemerkte im gleichen Brief auch, daß ihn die ständige Kritik fertigmache und daß er physisch und psychisch »am Ende meiner Kräfte« sei. Ihm lag sicherlich nichts an der Publikation eines Briefes, der ihn öffentlich von den anderen Mitgliedern der Gruppe ausgrenzte und damit seine Glaubwürdigkeit in Frage stellte.
Aber jetzt war es natürlich zu spät. Am 16. März 1956 erschien in der *Times* ein Brief, der von Strugnell, Pater de Vaux, Milik, Skehan und Starcky, also den »schweren Geschützen« der Gruppe, unterzeichnet war:

> Mr. Allegro kann sich auf keine anderen nicht veröffentlichten
> Texte stützen als die, deren Originale im Archäologischen
> Museum Palästina, unserem Arbeitsplatz, ausliegen. Zu den
> Zitaten aus Mr. Allegros Radiovorträgen, die in der Presse
> erschienen, können wir nur sagen, daß wir in den Texten nicht
> sehen, was Mr. Allegro »gefunden« zu haben glaubt.
> Wir finden dort keine Kreuzigung des »Lehrers«, keine Abnahme vom Kreuz und keinen »gebrochenen Leib ihres Herrn«,
> der bis zum Gerichtstag bewacht werden muß. Also gibt es auch
> kein »klar umrissenes essenisches Vorbild für Jesus von Nazareth«, wie Mr. Allegro in einem seiner Vorträge gesagt haben
> soll. Nach unserer Überzeugung hat er entweder die Texte
> mißverstanden oder eine Kette von Mutmaßungen erstellt, die
> das Material nicht hergibt.[21]

Einen derartigen Vorwurf zu veröffentlichen, insbesondere in einem offenen Brief an eine Zeitung wie die *Times*, ist ein außergewöhnlicher Akt. Deutlicher könnte man nicht zeigen, daß sich hier eine geschlossene Gruppe von Wissenschaftlern gegen eines ihrer Mitglieder »zusammenrottet«. In die Defensive gedrängt, reagierte Allegro nun seinerseits mit einem Brief in der *Times*, in dem er seine Position darlegte und rechtfertigte:

> In der Ausdrucksweise des Neuen Testaments finden wir in
> diesem Zusammenhang viele Ähnlichkeiten mit der Qumranliteratur, da die Sekte ebenfalls auf das Erscheinen des davidischen Messias wartete, der am Ende der Zeiten mit dem Priester
> aufstehen würde. In diesem Sinne deckt sich Jesus durchaus
> »mit einem klar umrissenen messianischen (nicht »essenischen«,
> wie ich falsch zitiert worden bin) ... Vorbild«. Diese Vorstellung ist weder neu noch besonders bemerkenswert.[22]

Diese Erklärung ist bemerkenswert sachlich, eine Korrektur zu einem folgenschweren falschen Zitat. Sie zeigt außerdem, mit wieviel Eifer Allegros Kollegen sich über ihn hermachten, um einen Vorwand zu finden, ihn zu diskreditieren. Allegro fügte jedenfalls noch hinzu: »Es ist richtig, daß unveröffentlichtes Material in

meiner Obhut mich dazu bewog, Vermutungen anderer Wissenschaftler, deren Gründe mir aber unzureichend erschienen, bereitwilliger zu akzeptieren.«[23]
Die unselige Zänkerei ging weiter, bis Allegro am 8. März 1957 wütend an Strugnell schrieb:

> Sie scheinen immer noch nicht zu begreifen, was Sie angerichtet haben, als Sie den Brief an die Zeitung schrieben, um die Worte Ihres eigenen Kollegen in den Dreck zu ziehen. So etwas hat es noch nicht gegeben: es ist ein beispielloser Dolchstoß in den Rücken der Wissenschaft. Und, mein Lieber, unterstellen Sie mir ja nicht, ich mache zuviel aus der Sache. Ich war schließlich hier in England ... Der Typ von Reuter sagte mir am Telefon heute morgen rundweg: »Und ich hab immer geglaubt, ihr Wissenschaftler würdet zusammenhalten ...« Und als dann auch noch rauskam, daß Sie etwas zitierten, was ich gar nie gesagt habe, war der Schluß eindeutig. Dieser Brief wurde nicht aus wissenschaftlichem Interesse abgefaßt, sondern um die Furcht der römischen Katholiken in Amerika zu besänftigen ... Und des Pudels Kern dabei ist, daß ihr Typen mit meiner Interpretation bestimmter Texte nicht einverstanden seid – wo ich doch schließlich genauso gut recht haben könnte wie ihr. Aber anstatt dies in Zeitschriften und wissenschaftlichen Analysen auszufechten, habt ihr es für einfacher gehalten, die öffentliche Meinung mit einem unflätigen Brief an eine Zeitung zu beeinflussen. Und auch noch die Stirn, das als wissenschaftlich auszugeben. Mein Lieber, Sie sind noch sehr jung und haben noch viel zu lernen.[24]

Wie bereits erwähnt, war Allegro der erste im internationalen Team, der das komplette, ihm anvertraute Material veröffentlichte. Und er ist bis heute der einzige geblieben. John Strugnell dagegen hat im Einklang mit der Verzögerungstaktik der Gruppe praktisch nichts von dem bedeutenden Material, das ihm zur Verfügung steht, veröffentlicht. Die einzige größere Arbeit, die unter seinem Namen, und zwar unter dem Titel *Notes in the Margin*, erschienen ist, ist eine 113 Seiten lange Kritik an Allegro, die Eisenman schlicht als »Kriegsgeheul« bezeichnete. Mittlerweile war es zu spät, die Sache einzurenken. Der Brief an die *Times*, den de Vaux und drei andere Kirchenleute unterschrieben hatten, entfesselte den katholischen Propagandaapparat. Schmähungen und Verleumdungen häuften sich. Im Juni 1956 veröffentlichte zum Beispiel ein Jesuit in *The Irish Digest* einen Artikel unter dem Titel *The Truth about the Dead Sea Scrolls*, in dem er sich über Wilson, Dupont-Sommer und besonders Allegro hermachte. Dann fuhr er mit der verblüffenden Feststellung fort, die »Rollen fügen unserem Wissen von den Lehren, die unter den Juden, sagen wir, von 200 v. Chr. bis zum christlichen Zeitalter kursierten, überraschenderweise kaum etwas hinzu«.[25] Und er beendete den Artikel mit dem hetzerischen Schlußwort: »Jesus bedurfte solcher Sekten nicht, um zu wissen, ›wie ein Messias beschaffen war‹ ... Aus diesem Boden entsproß vielmehr das Unkraut, welches die Saat des Evangeliums zu ersticken drohte.«[26] Allegro wurde also nicht mehr nur als irrender Wissenschaftler, sondern sogar als der leibhaftige Antichrist gebrandmarkt.

Noch während diese Kontroverse um ihn wütete, wurde er in eine weitere verwickelt. Der neue Zankapfel war die sogenannte Kupferrolle, die 1952 in Höhle 3 bei Qumran entdeckt worden war. Wie schon angedeutet, lagerten die beiden Fragmente, aus denen die Kupferrolle bestand, dreieinhalb Jahre ungeöffnet im Rockefeller-Museum. Über ihren Inhalt wurde wild spekuliert. Einer der Wissenschaftler versuchte die eingravierten Zeichen, die sich durch das Kupfer gut sichtbar nach außen durchdrückten, zu entziffern. Sie schienen auf einen Schatz hinzuweisen. Über diese Vermutung brach das ganze Team in schallendes Gelächter aus. Sie sollte sich indes als richtig erweisen.
1955, ein Jahr vor dem öffentlich ausgetragenen Streit mit seinen Kollegen, hatte Allegro die technische Seite des Problems mit der Kupferrolle mit Professor H. Wright-Baker vom Manchester College of Technology erörtert. Wright-Baker entwickelte daraufhin ein Gerät, mit dem sich das dünne Kupfer in Streifen schneiden ließ, wodurch der Text lesbar wurde. Das erste der beiden Fragmente wurde im Sommer 1955 von Allegro nach Manchester

gebracht. Mit Wright-Bakers Schneidgerät wurde die Rolle zerschnitten, und Allegro machte sich sofort an die Übersetzung dessen, was man enthüllt hatte. Der Inhalt des Fragmentes war so außergewöhnlich, daß er ihn anfangs vollständig für sich behielt und ihn nicht einmal Cross oder Strugnell mitteilte, als ihn die beiden schriftlich um Details baten. Diese Zurückhaltung hat natürlich sein Verhältnis zu den beiden Kollegen nicht gerade verbessert. Allegro wartete indes in Manchester auf das Eintreffen des zweiten Fragmentes der Rolle. Jede teilweise oder voreilige Enthüllung hätte seiner Meinung nach die ganze Sache gefährden können, denn die Kupferrolle enthielt eine Liste von Verstecken, in denen der Schatz aus dem Tempel von Jerusalem verborgen liegen sollte.

Das zweite Fragment traf im Januar 1956 in Manchester ein. Es wurde umgehend aufgeschnitten und übersetzt. Danach wurden beide Fragmente samt den Übersetzungen nach Jerusalem zurückgeschickt. Erst jetzt begannen die eigentlichen Verzögerungen. De Vaux und seine Gruppe beunruhigten drei Dinge.

Die erste Sorge war durchaus berechtigt. Sollte der Inhalt der Rolle bekannt werden und Geschichten über den Schatz sich verbreiten, würden die Beduinen die gesamte Wüste von Judäa umgraben, der Großteil möglicher Funde würde für immer verschwinden und nicht in die Hände der Wissenschaftler gelangen, sondern auf dem schwarzen Markt landen. In Ansätzen war dies bereits im Gang. Sobald die Beduinen eine vielversprechende Stelle entdeckten oder auch nur davon hörten, errichteten sie darüber ein großes schwarzes Zelt, räumten, was darunter war, vollständig aus und verkauften alles, was sie fanden, privat an Antiquitätenhändler.

De Vaux und seine Gruppe waren zum zweiten aber auch deswegen in Unruhe, weil der in der Kupferrolle beschriebene Schatz möglicherweise tatsächlich existierte, also ein wirklicher Schatz war und nicht bloß ein imaginärer. Denn ein wirklich vorhandener Schatz würde ohne Zweifel die Aufmerksamkeit der israelischen Regierung erregen, und diese würde ihn mit ziemlicher Sicherheit für Israel beanspruchen. Damit würde er nicht nur der Kontrolle der internationalen Gruppe entrissen, sondern es konnte sogar eine ernste politische Krise daraus entstehen: So legitim Israels An-

spruch darauf war, würde doch ein Großteil des Schatzes, den Angaben auf der Rolle zufolge, auf jordanischem Gebiet zu finden sein.
Zum dritten würde es theologische Auswirkungen haben, wenn es den Schatz tatsächlich gab. De Vaux und seine Gruppe hatten sich sehr bemüht, die Gemeinschaft von Qumran als isolierte Enklave darzustellen, die keinerlei Beziehung zu den gesellschaftlichen Ereignissen, den politischen Verhältnissen und den entscheidenden geschichtlichen Entwicklungen des ersten Jahrhunderts hatte. Falls nun die Kupferrolle realistische Angaben über die Orte, an denen der Tempelschatz verborgen lag, machte, konnte man Qumran natürlich nicht mehr so darstellen. In diesem Fall mußten Verbindungen zwischen Qumran und dem Tempel bestanden haben, wo die Fäden aller judäischen Angelegenheiten zusammenliefen. Qumran konnte also kein isoliertes Phänomen mehr sein, sondern mußte Teil sein von etwas Umfassenderem – etwas, das die Anfänge des Christentums in weniger glorreichem Licht erscheinen lassen konnte. Ein solcher Schatz konnte überdies nur im Zusammenhang mit der Revolte im Jahre 66 n. Chr. aus dem Tempel entfernt worden sein – ein Tatbestand, der zu noch größerer Sorge Anlaß gab. Denn dadurch würde die »sichere« Datierung und chronologische Zuordnung durcheinandergeraten, die die Forschergruppe für das gesamte Corpus der Rollen vorgenommen hatte.
Diese Momente zusammengenommen schrien geradezu nach einer Vertuschung der ganzen Angelegenheit. Allegro spielte anfangs mit, da er die Verzögerung bei der Publikation der Kupferrolle nur für vorläufig hielt. Deshalb versprach er, in dem Buch, das er gerade zum Druck vorbereitete – eine allgemeine Einführung in das Qumranmaterial, die Ende 1956 bei Penguin Books erscheinen sollte –, die Rolle nicht zu erwähnen. Unterdessen wollte Milik eine autorisierte Übersetzung der Kupferrolle vorbereiten; darauf sollte dann ein weiteres populärwissenschaftliches Buch von Allegro folgen.
Allegro hat also der zeitweiligen Verzögerung der Publikation zugestimmt, doch hatte er bestimmt nicht mit einem Aufschub ad infinitum gerechnet. Und erst recht argwöhnte er nicht, daß die

Gruppe die Bedeutung der Rolle herunterspielen würde, indem sie den darin erwähnten Schatz als rein fiktiv abtat. Als Milik sich dementsprechend verhielt, dachte Allegro anfangs aber noch lange nicht an eine Verschwörung. In einem Brief an einen anderen Kollegen vom 23. April 1956 äußerte er zwar seine Ungeduld, zeigte sich ansonsten jedoch erwartungsvoll und optimistisch. Über Milik ließ er sich arrogant herablassend aus:

> Der Himmel allein weiß, wann, wenn überhaupt, unsere Freunde in Jerusalem die Neuigkeit von der Kupferrolle herausbringen. Sie ist geradezu sagenhaft (das nimmt Milik wörtlich; doch ist er ein Narr). Stellen Sie sich meine Qual vor, wenn ich mein [Buch] in Druck geben muß, ohne eine Silbe darüber verlauten lassen zu können.[27]

Einen Monat darauf schrieb Allegro an Gerald Lankester Harding, der das jordanische Amt für Altertümer leitete und ein Kollege de Vaux' war. Vielleicht spürte er, daß etwas in der Luft lag, und wollte sich deswegen nicht direkt an de Vaux wenden, sondern an eine andere, nichtkatholische Autorität. Jedenfalls wies er ihn deutlich darauf hin, daß massenhaft Zeitungsleute auftauchen würden, sobald die Meldung über die bevorstehende Veröffentlichung der Kupferrolle an die Presse gehe. Für diesen Fall schlug er vor, daß Harding, die internationale Forschergruppe und wer sonst mit der Sache zu tun habe, eng zusammenstehen und den Medien gegenüber eine einheitliche Parteilinie einnehmen sollten. Am 28. Mai antwortete Harding, der von de Vaux informiert und genau instruiert worden war, der in der Kupferrolle aufgelistete Schatz könne auf keinen Fall mit der Gemeinschaft von Qumran in Verbindung gebracht werden. Es könne sich auch nicht um ein wirkliches Versteck handeln – dazu seien die aufgezählten Gegenstände zu wertvoll. Die Kupferrolle enthalte lediglich eine Zusammenstellung eines sagenhaften »vergrabenen Schatzes«.[28] Vier Tage später, am 1. Juni, erschien die offizielle Verlautbarung zur Kupferrolle in der Presse. Sie gab Hardings Behauptungen wieder, die Rolle enthalte eine Sammlung von überlieferten Legenden über einen vergrabenen Schatz.[29]

Diese Duplizität scheint Allegro außerordentlich verblüfft zu haben. Am 5. Juni schrieb er an Harding: »Mir ist nicht ganz klar, ob dieser unglaubliche Schwindel von ›überliefert‹ und so, den Sie und Ihre Kumpels ausgeheckt haben, für die Presse, die Regierung, die Bedus oder für mich bestimmt ist. Vielleicht glauben Sie aber auch selbst daran, dann sei Gott mit Ihnen.«[30] Gleichzeitig hielt er Harding jedoch immer noch für einen möglichen Verbündeten gegenüber der Phalanx der katholischen Interessen. Er fragte ihn, ob »nicht etwas mehr echte Information in dieser Rollenangelegenheit vielleicht eine gute Idee [wäre]? Jeder weiß inzwischen, daß die Kupferrolle schon im Januar vollständig aufgeschnitten war, und trotz Ihrer Versuche, dies zu unterschlagen, ist ebenso offenkundig, daß meine Übersetzung umgehend an Sie abgegangen ist ... Etwas mehr allgemeine Information ... würde die Gerüchteküche besänftigen, die mittlerweile bereits recht finster brodelt.«[31] Er fuhr fort, es müsse »der Eindruck entstehen, daß die römisch-katholischen Brüder, bei weitem die Mehrheit in der Gruppe, etwas zu verbergen suchen«.[32] Dasselbe betonte er in einem Brief an Frank Cross im August: »In Laienkreisen glaubt man fest daran, daß die römische Kirche in Gestalt von de Vaux und Co. dieses Material unterdrücken will.«[33] Und zu de Vaux selbst bemerkte er trocken: »Mir fällt auf, wie sorgfältig Sie verschleiert haben, daß es sich bei dem Schatz um Tempeleigentum handelt.«[34]

Zu Beginn war Allegro überzeugt gewesen, daß eine vollständige Übersetzung des Textes auf der Kupferrolle schon bald freigegeben werde. Spätestens jetzt muß ihm klargeworden sein, daß diese nicht erscheinen würde. Erst vier Jahre später wurde eine Übersetzung des Textes veröffentlicht, und zwar von Allegro selbst. Seine Geduld mit der Forschergruppe war zu dem Zeitpunkt endgültig erschöpft. Damals aber hätte er es immer noch vorgezogen, sein geplantes populärwissenschaftliches Buch nach der autorisierten Übersetzung, die Milik aufgetragen war, zu veröffentlichen. Man hatte ihn in dem Glauben gelassen, daß dies weiterhin möglich sei. Miliks Übersetzung verzögerte sich allerdings plötzlich und unerwartet, wahrscheinlich mit voller Absicht. Daher bat man Allegro, mit seiner Publikation noch zu warten. An einer Stelle scheint diese

Bitte, die ein Mittelsmann überbrachte, von Drohungen begleitet gewesen zu sein. Sie stammten von einem Mitglied der Gruppe, dessen Name aus rechtlichen Gründen nicht genannt werden kann. Allegro antwortete: »So wie mir die Bitte überbracht wurde, war sie von einigen recht befremdlichen Gefühlen begleitet, die, so heißt es, von Ihnen sowie von Ihren Auftraggebern herrühren. Es ging soweit, daß mir Konsequenzen in Aussicht gestellt wurden für den Fall, daß ich dieser Bitte nicht entsprechen sollte.«[35] Der Empfänger dieses Briefes schrieb zuckersüß zurück, Allegro solle sich doch nicht als Opfer einer Hetzjagd sehen.[36] Als Allegro die Veröffentlichung seiner Arbeit weiter betrieb, befand er sich aber plötzlich in der peinlichen Situation, die Arbeit eines Kollegen vorwegzunehmen. In Wirklichkeit war er jedoch in eine Situation hineinmanövriert worden, in der er die internationale Gruppe unweigerlich mit weiterer Munition gegen sich selbst versorgte, wodurch er sich ihr natürlich noch mehr entfremdete. Miliks Übersetzung erschien erst 1962 – zwei Jahre nach Allegros Arbeit, sechs Jahre, nachdem die Kupferrolle in Manchester aufgeschnitten worden war, und zehn Jahre nach ihrer Entdeckung.

Inzwischen war im Spätsommer 1956 – etwa fünf Monate nach der Kontroverse um seine Radiovorträge – unter dem Titel *The Dead Sea Scrolls* Allegros populärwissenschaftliches Buch über das Qumranmaterial, erschienen, in dem er bewußt die Kupferrolle nicht erwähnt. Die Kontroverse, und vor allem der Brief an die *Times*, hatten den Erfolg des Buches gesichert, wie Allegro es vorausgesagt hatte. Die erste Auflage von 40 000 Exemplaren war innerhalb von siebzehn Tagen verkauft; Edmund Wilson besprach es begeistert in einer Sendung der BBC.

Das Werk, mittlerweile überarbeitet und neunzehnmal neu aufgelegt, ist bis heute eine der besten Einführungen in das Qumranmaterial. Diese Ansicht teilte de Vaux allerdings nicht; er sandte Allegro eine ausführliche Kritik. In seinem Antwortschreiben vom 16. September 1956 erklärte Allegro in seiner direkten Art: »Sie sind nicht mehr fähig, das Christentum in einem objektivem Licht zu sehen; schade, doch unter den Umständen verständlich.«[37] Im gleichen Brief nimmt er auf einen Rollentext Bezug, der vom »Sohn Gottes« handelt:

Sie plaudern munter darüber, was die ersten jüdischen Christen in Jerusalem dachten, und niemandem fällt dabei auf, daß Ihr einziges wirkliches Beweisstück – wenn man es denn so nennen kann – das Neue Testament ist, jene Ansammlung vielfach überarbeiteter Traditionen, deren Beweiskraft vor einem Gericht keine zwei Minuten standhalten würde ... Was ... Jesus als »Sohn Gottes« und »Messias« angeht, darüber disputiere ich keine Sekunde lang. Wir wissen inzwischen von Qumran, daß sie [die Gemeinde] ihren Messias auch für den »Sohn Gottes« gehalten hat, »gezeugt« von Gott – doch das beweist mitnichten die phantastische Annahme der Kirche, Jesus sei selbst Gott gewesen. Terminologisch besteht also gar kein »Unterschied«. Der Unterschied liegt in der Interpretation.[38]

Hier wird zweierlei deutlich: der Grund für die absichtlichen Verzögerungen und die Bedeutung der unveröffentlichten Qumranrollen. Der Text, auf den Allegro anspielt und der vom »Sohn Gottes« spricht, ist trotz seiner Bedeutung, seiner frühzeitigen Identifikation und trotz der Tatsache, daß er längst übersetzt ist, *immer noch nicht* veröffentlicht. Erst 1990 wurden der *BAR* Auszüge daraus zugespielt.[39]

Nach allem, was passiert war, konnte Allegro eigentlich beim besten Willen nicht mehr annehmen, daß er für seine ehemaligen Kollegen noch als Mitglied ihrer Gruppe tragbar war. Trotzdem scheint er genau das angenommen zu haben. Im Sommer 1957 kehrte er nach Jerusalem zurück und arbeitete den Juli, August und September über an seinem Material im Rollensaal. Aus seinen Briefen geht zweifelsfrei hervor, daß er sich wieder als Teil des Teams verstand und der Meinung war, alles sei in Ordnung. Im Herbst fuhr er zurück nach London und vereinbarte mit der BBC eine Fernsehsendung über die Rollen. Im Oktober kehrte er mit dem Produzenten und dem Filmteam nach Jerusalem zurück. Diese wandten sich sofort an Awni Dajani, den jordanischen Kurator des Rockefeller-Museums, einen der engsten Freunde Allegros. Am nächsten Morgen nahm Dajani sie mit, um die »Dinge mit de Vaux zu klären«. Allegro berichtet in einem Brief

vom 31. Oktober an Frank Cross, den er immer noch für seinen
Verbündeten hielt, die folgenden Ereignisse:

> Wir trafen uns ... und erklärten, was wir vorhatten, wurden
> aber mit einer glatten Weigerung von de V. konfrontiert, in
> irgendeiner Weise mit uns zusammenzuarbeiten. Wir starrten
> ihn eine Weile mit offenem Mund an. Dann versuchten Dajani
> und der Regisseur herauszubekommen, was überhaupt los war.
> Die ganze Angelegenheit war ein sauberer K.O., denn ich hatte
> meines Wissens die lieben Kollegen in bestem, oder zumindest
> in gutem Einvernehmen verlassen. Mit Sicherheit meinerseits
> keinerlei Bitterkeit über irgendwas. Aber de Vaux erklärte, er
> habe »seine Wissenschaftler« zusammengerufen, und auch sie
> wollten mit nichts mehr zu tun haben, womit ich irgendwas zu
> tun hätte! Mein Freund, der Regisseur, ging dann mit dem alten
> Herrn hinaus und erklärte ihm klipp und klar, daß wir keines-
> wegs vorhätten, irgendwelche Kontroversen religiöser Art in
> der Sendung zu bringen, doch er (de Vaux) blieb eisern. Er
> sagte, er könne uns zwar nicht daran hindern, im Kloster
> Qumran Aufnahmen zu machen, er werde uns dies aber grund-
> sätzlich weder im Rollensaal noch im Museum gestatten.[40]

Allegro beschreibt sich als völlig fassungslos, Awni Dajani wurde
dagegen allmählich wütend. Er betrachtete die Sendung als eine
willkommene offizielle Werbung für Jordanien – Altertümer und
Tourismus – und erklärte, er werde seine Autorität dahingehend
geltend machen. Er war immerhin ein offizieller Vertreter der
jordanischen Regierung; ihm zu trotzen konnte sich auch de Vaux
nicht leisten:

> Sobald meinen lieben Kollegen klar wurde, daß die Sendung
> auch ohne sie zustande kommen würde ... legten sie die Karten
> auf den Tisch. Nicht die Sendung war der Stein des Anstoßes,
> sondern einzig Allegro ... Sie fuhren schließlich im Taxi zu
> unserem Hotel und machten dem Regisseur ein Angebot – falls
> er auf Allegro verzichte und Strugnell oder Milik das Drehbuch
> schreiben lasse, würden sie mitspielen ... Dann rief Awni mich

eines Tages an, als wir gerade von einem anstrengenden Tag in Qumran zurückkamen, und teilte mir mit, daß er bei seiner Rückkehr eine (anonyme) Mitteilung vorgefunden habe, mit einem Angebot von 150 Pfund für ihn, falls er uns daran hindere, nach Amman zu fahren, um im dortigen Museum Aufnahmen zu machen.[41]

Im gleichen Brief versuchte Allegro Cross zu überreden, in der Sendung aufzutreten. Nach Rücksprache mit de Vaux lehnte Cross ab. Jetzt endlich fiel bei Allegro der Groschen, jetzt begriff er, woran er mit seinen ehemaligen Kollegen war. Am selben Tag wie an Cross schrieb er auch an einen anderen Wissenschaftler. Dieser war zwar nicht offizielles Mitglied der internationalen Forschergruppe, hatte aber die Erlaubnis erhalten, an den Rollen zu arbeiten. Allegro wiederholte den Bericht über die ihm in den Weg gelegten Steine und fuhr dann fort, er »werde eine Kampagne starten, im Augenblick in aller Stille, um die Rollen-Clique zu sprengen und frisches Blut hineinzubringen, mit dem Ziel, bald einen Teil des Materials, auf dem Milik, Strugnell und Starcky sitzen, in provisorischer Form zu veröffentlichen«.[42] Zwei Monate später, es war der 24. Dezember 1957, schrieb er demselben Wissenschaftler, er mache sich Sorgen:

> So wie die Veröffentlichung der Fragmente geplant ist, werden die nichtkatholischen Mitglieder der Gruppe so schnell wie möglich entfernt ... Miliks, Strugnells und Starckys Material aus 4Q [Material aus Höhle 4] ist so weitläufig, daß es meiner Ansicht nach umgehend aufgeteilt und anderen (neuen) Wissenschaftlern übergeben werden sollte, damit es endlich veröffentlicht werden kann.
> ... eine gefährliche Situation entwickelt sich insofern rasch, als die ursprüngliche Vorstellung von einer internationalen, überkonfessionellen Gruppe von Herausgebern unterlaufen wird. Alle Fragmente werden zuerst de Vaux oder Milik vorgelegt, und wie sich bei Höhle 11 gezeigt hat, wird völliges Stillschweigen über ihren Inhalt gewahrt, und zwar auch noch, wenn die Gruppe sie schon längst ausgiebig studiert hat.[43]

Diese Nachricht klingt sehr beunruhigend. Wissenschaftler, die mit der internationalen Forschergruppe in keinerlei Verbindung standen, hatten ja längst den Verdacht gehegt, es finde eine Art Überwachung und Selektion statt. Hiermit bestätigte Allegro nun diesen Verdacht. Man kann sich ausmalen, was mit einem Fragment geschehen sein könnte, das im Widerspruch zu den Lehren der Kirche stand. Danach umriß Allegro sein Vorhaben. Er wolle »Wissenschaftler einladen, die mindestens sechs Monate oder ein ganzes Jahr Zeit haben, um in Jerusalem im Team zu arbeiten«:

> Ich finde, es sollte zur Regel werden, daß vorläufige Veröffentlichungen, sobald ein Dokument, soweit das möglich ist, zusammengesetzt ist, *umgehend* herausgebracht werden müssen und dann solche Publikationen regelmäßig in einer Zeitschrift erscheinen ... Die Unsitte, die Veröffentlichung von Fragmenten nur deswegen zurückzuhalten, um die »Jungfräulichkeit« der endgültigen Ausgabe nicht zu beeinträchtigen, erscheint mir höchst unwissenschaftlich, ebenso der Ausschluß kompetenter Wissenschaftler von den Fragmenten ... Dafür gab es vielleicht gute Gründe ... als wir zu Beginn noch mit dem Zusammensetzen der einzelnen Stücke beschäftigt waren. Aber nun, da diese Arbeit weitgehend geleistet ist, kann jeder an einem Dokument arbeiten und es zumindest in provisorischer Form veröffentlichen.[44]

Auch wenn man Allegros persönliche Art, wie sie sich in seinen Briefen äußert – unbekümmert, unverschämt, ein lustvoller Bilderstürmer –, nicht sympathisch findet, so muß man doch seine wissenschaftliche Integrität anerkennen. Mag sein, daß er in seiner Auffassung, was den Wert und die Bedeutung seiner eigenen Interpretation des Qumranmaterials betrifft, als etwas egozentrisch erscheint. Doch die oben zitierten Äußerungen sind in erster Linie ein Plädoyer für Wissenschaftlichkeit – für Offenheit, Aufrichtigkeit, Zugänglichkeit, Unparteilichkeit. Im Gegensatz zu de Vaux und seinen Leuten zeigt Allegro keinen Hang zur Heimlichkeit und Selbstüberschätzung. Wenn er konspiriert, dann nur, um die Schriftrollen vom Toten Meer der ganzen Welt zugänglich zu

machen, und zwar so rasch, daß das Vertrauen in die wissenschaftliche Forschung keinen Schaden nimmt. Ein solches Bestreben kann man nur als ehrenhaft und großherzig bezeichnen.
Allegros Haltung wurde jedoch nicht belohnt oder auch nur zur Kenntnis genommen. Der Film, der Ende 1957 fertiggestellt war, wurde von der BBC erst im Sommer 1959 gesendet, und zwar zu so später Sendezeit, daß kaum noch jemand zuschaute. Verständlich, daß Allegro während dieser Zeit immer unruhiger wurde. Am 10. Januar 1959, nach dem letzten von zahlreichen Aufschüben, schrieb er an Awni Dajani:

> Sie haben wieder zugeschlagen. Zum fünften Mal hat die BBC die Fernsehsendung über die Schriftrollen abgesetzt ... Damit steht es außer Frage, daß de Vaux' Clique in London ihren Einfluß nutzt, die Sendung seinem Wunsch gemäß zu Fall zu bringen ... De Vaux schreckt vor nichts zurück, um das Rollenmaterial unter seiner persönlichen Kontrolle zu halten. Es gibt nichts anderes, als ihn irgendwie aus seiner augenblicklichen Kontrollposition zu entfernen ... Ich bin überzeugt, daß die Welt es nie erfahren würde, falls etwas entdeckt werden sollte, was sich auf das römisch-katholische Dogma auswirken würde. De Vaux wird das Geld dafür aus irgendeiner Quelle zusammenkratzen und alles im Vatikan verstecken oder vernichten lassen ...[45]

Im folgenden wiederholt Allegro, was er sich mehr und mehr als kurzfristige Lösung vorstellt: die Verstaatlichung des Rockefeller-Museums, des Rollensaals und der Schriftrollen durch die jordanische Regierung. In der Art, wie er fortfährt, zeigt sich nun auch bei ihm eine Neigung zu Machenschaften, denen er vorher selbst ausgesetzt war: »Ich würde sogar ein oder zwei Instanzen übergehen, falls wirklich Informationen unterschlagen worden sein sollten – aber zu diesem Mittel würde ich nur dann greifen, wenn es so aussähe, als ob de Vaux die Oberhand behielte.«[46]

1961 ernannte König Hussein Allegro zum ehrenamtlichen Berater der jordanischen Regierung in Fragen, die die Schriftrollen betrafen. Obwohl die Aufgabe ihm viel Prestige verschaffte, war damit keine wirkliche Autorität verbunden. Erst im November 1966, fünf Jahre später, realisierte die jordanische Regierung Allegros Vorschlag, das Rockefeller-Museum zu verstaatlichen. Doch wie wir schon gesehen haben, war es dafür zu spät. Innerhalb eines Jahres brach der Sechs-Tage-Krieg aus, nach dessen Beendigung das Museum mitsamt dem Rollensaal von den Israeli übernommen wurde. Und Israel war selbst so sehr auf internationale Unterstützung angewiesen, daß es sich keine direkte Konfrontation mit dem Vatikan und der katholischen Kirche leisten konnte. Nur vier Jahre zuvor hatte Papst Johannes XXIII. die Juden von der Schuld an Jesu Tod ex cathedra freigesprochen und alle Spuren des Antisemitismus aus dem kanonischen Recht der römisch-katholischen Kirche getilgt. Niemand wünschte dieses Ergebnis des Konzils zu gefährden.

Verständlich, daß Allegro bis dahin erschöpft und desillusioniert war, was das Gebaren professioneller Wissenschaftler betraf. Eine Zeitlang war er sogar drauf und dran, dem Universitätsbetrieb den Rücken zu kehren und nur noch als Schriftsteller tätig zu sein. Außerdem war er begierig, endlich wieder zu seinem ursprünglichen Forschungsgebiet, der Philologie, zurückzukehren. Fünf Jahre arbeitete er an einem Buch über ein Thema, das er als für die Philologie von großer Tragweite betrachtete. Das Ergebnis seiner Bemühungen legte er 1970 in seinem Buch *The Sacred Mushroom and the Cross* vor – es hat ihn bekannt, aber auch endgültig zum Außenseiter gemacht.

Seine Argumentation darin beruht auf komplizierten philologischen Prämissen, die wir, wie die meisten Kommentatoren, schwerlich akzeptieren können. Doch das ist nebensächlich. Wissenschaftler bauen ihre Theorien meist auf Prämissen von unterschiedlichem Wert auf; sie werden dafür schlimmstenfalls ignoriert, nicht aber öffentlich gebrandmarkt. Was das Buch zu einem Skandal machte, waren die Schlüsse, die Allegro hinsichtlich Jesus zieht. Sein Versuch, die Quelle allen religiösen Glaubens und aller religiöser Praktiken herauszufinden, gipfelte in der Behauptung, Jesus habe als historische Figur gar nie existiert, sondern sei nur eine Imago gewesen, entstanden unter dem Einfluß von Psilozybin, einer Halluzinationen hervorrufenden Droge, die in bestimmten Pilzen enthalten ist. Infolgedessen entstamme das Christentum, wie alle anderen Religionen, psychedelischen Experimenten, einem ritualistischen *rite de passage*, der durch einen orgiastischen, magisch ausgerichteten Pilzkult verbreitet wurde.

Für sich genommen und in einem anderen Zusammenhang hätten Allegros Thesen kaum soviel Aufsehen erregt. Es gibt durchaus ernstzunehmende Wissenschaftler, die schon vor Allegro die Existenz des historischen Jesus in Frage stellten. Einige, wenn auch nur wenige, bezweifeln sie auch weiterhin. Auch herrscht weitgehend Einigkeit darüber, daß psychedelische und andere Drogen in den Religionen, Kulten, Sekten und den Mysterienkulten des alten Orients eine gewisse Rolle spielten – wie dies bis heute auf der ganzen Welt der Fall ist. Es ist also durchaus vorstellbar, daß solche Substanzen im Judaismus des ersten Jahrhunderts und im frühen Christentum bekannt und eventuell in Gebrauch waren. Man muß außerdem die Atmosphäre Ende der sechziger Jahre unseres Jahrhunderts in Rechnung stellen. In der Rückschau neigt man heute dazu, diese Zeit mit Begriffen wie »Drogenkultur« und als eine Art oberflächlichen Ersatzmystizismus abzutun. Man denkt an Leute wie Ken Kesey und seine »Merry Pranksters« oder Tom Wolfe und den »Electric Kool-Aid Acid Test«, an die Hippies in San Francisco, die im Golden Gate Park »Love-ins« und »Be-ins« veranstalteten. Doch das ist nur die eine Seite der Medaille, und sie verstellt den Blick auf den erregenden Reiz und die Erwartung, die solche Psychedelika auch auf hochgebildete und durchaus disziplinierte Menschen ausübten. Viele Wissenschaftlerinnen und Wissenschaftler, darunter Neurologen, Biochemiker, Psychologen, Ärzte, Philosophen, aber auch Künstler, teilten damals die Überzeugung, die Menschheit stehe am Rande eines echten erkenntnistheoretischen Durchbruchs.

Bücher wie Huxleys *The Doors of Perception* (Pforten der Wahrnehmung) kursierten, und zwar nicht nur unter der rebellischen Jugend. Timothy Leary, der eine neue Religion verkündete, galt als durchaus seriös. Mit *The Teachings of Don Juan* (Die Lehren des Don Juan) hat Castaneda nicht nur einen Bestseller gelandet, sondern auch an der Universität von Kalifornien einen Doktorgrad erworben. Psychedelische Substanzen fanden in der Medizin und auch in der Psychotherapie routinemäßig Verwendung. In Boston nahmen Theologiestudenten unter dem Einfluß von LSD an einem Gottesdienst teil. Die meisten sagten nachher aus, sie hätten das Heilige intensiver erlebt, seien dem Göttlichen näher gewesen als sonst je. Der spätere Verteidigungsminister Christopher Mayhew erschien sogar total high im Fernsehen und strahlte den Interviewer mit dem selig seraphischen Lächeln eines Menschen an, auf den soeben die Weisheit herabgestiegen ist. All diese Zeiterscheinungen erklären, warum die etablierten, kritischen Akademiker panisch auf Allegros Buch reagierten, obwohl dieser selbst Experimenten dieser Art distanziert gegenüberstand und nicht einmal Alkohol trank oder rauchte.

Aber es ist trotz allem natürlich unbestritten, daß sein Buch ganz aus dem Rahmen des Üblichen fiel, und zwar nicht nur aus den angeführten Gründen. Und dies hat Allegros Reputation als Wissenschaftler gründlich geschadet. Die Rezension in der *Times* gipfelte in einer sehr ins Persönliche gehenden, amateurhaften Psychoanalyse von Allegros Charakter, mit dem Ziel, ihn zu diskreditieren.[47] Allegros Verleger entschuldigte sich öffentlich für das Erscheinen des Buches und räumte ein, es sei »unnötig beleidigend«.[48] Und in einem Brief an die *Times* distanzierten sich am 26. Mai 1970 vierzehn renommierte britische Wissenschaftler entschieden von Allegros Thesen.[49] Zu den Unterzeichnern gehörte auch Geza Vermes von der Universität Oxford. Er war, was die Arbeit mit Material von Qumran betraf, in vielen Punkten bisher mit Allegro einer Meinung gewesen und griff später auch dessen Klagen über die Verzögerungstaktik der internationalen Forschergruppe wieder auf. Auch Professor Godfrey Driver, Allegros früherer Mentor, der später eine erheblich radikalere Interpretation der Qumrantexte formulierte, als Allegro dies je gewagt hat, hatte seine Unterschrift gegeben.

Allegro setzte seine Bemühungen fort, die Öffentlichkeit darauf aufmerksam zu machen, daß die Publikation der Texte in den Schriftrollen weiterhin verschleppt wurde. Noch 1987, ein Jahr vor seinem Tod, bezeichnete er die Verzögerungstaktik der Gruppe als »erbärmlich und durch nichts zu entschuldigen«. Er fügt hinzu, seine ehemaligen Kollegen seien »jahrelang auf Material sitzengeblieben, das nicht nur von eminenter Bedeutung, sondern auch in religiöser Hinsicht äußerst brisant« sei.

> Zweifellos ... untergraben die Aussagen in den Schriftrollen die Einzigartigkeit der Christen als Sekte ... In Wirklichkeit wissen wir verdammt genau Bescheid über die Ursprünge des Christentums. Auf jeden Fall lüften diese Dokumente das Geheimnis.[50]

Zu diesem Zeitpunkt war die Initiative bereits in die Hände der nachfolgenden Generation von Gelehrten übergegangen. Allegro hatte inzwischen der wissenschaftlichen Beschäftigung mit den Rollen den Rücken gekehrt, um seinen Forschungen über die Ursprünge von Mythos und Religion nachzugehen. Doch obwohl die Arbeiten, die auf sein umstrittenes Buch folgten, gemäßigt waren, blieb er für die meisten Leser und die etablierte Wissenschaft »ein Sonderling«, ein Mann, der – wie die *Times* spottete – den »Ursprung des Christentums den Speisepilze zurückführte«.[51]

Allegro starb unerwartet 1988. Zwar hatten ihn die Kollegen nicht mehr ernst genommen, doch war er bis zuletzt tatkräftig und überzeugt gewesen vom positiven Fortgang seiner philologischen Studien, zudem voller Optimismus. Noch vor seinem Tod hat er erfahren, daß seine Auflehnung gegen die internationale Forschergruppe und sein Widerstand gegen die Verzögerung bei der Veröffentlichung des Qumranmaterials inzwischen bei anderen Widerhall gefunden hatten, und das muß ein gewisser Trost für ihn gewesen sein.

1956 hatte Edmund Wilson Allegros populärwissenschaftliches Buch über die Schriftrollen vom Toten Meer anerkennend besprochen. Als 1969 eine Neuauflage seines eigenen Buches erschien, war es auf den doppelten Umfang angewachsen. Was die Schriftrollen und den Umgang damit betraf, so reichten für Wilson die Ausdrücke »Druck« und »Behinderung« zur Charakterisierung der Situation längst nicht mehr aus. Ihm schienen vielmehr jetzt

Bezeichnungen wie »Verschleierung« und »Skandal« angebracht: »Ich habe mir von einem katholischen Wissenschaftler sagen lassen, daß die offizielle kirchliche Haltung in bezug auf die Rollen von Anfang an dazu tendierte, die Wissenschaft dahin zu bringen, daß sie die Bedeutung [der Rollen] herunterspielt.«[52] Mitte der siebziger Jahre begannen die Bibelforscher offen von einem Skandal zu sprechen. Selbst die gefügigsten Wissenschaftler wurden allmählich unruhig. Und über das Verhalten der internationalen Forschergruppe waren selbst Menschen befremdet, die keinerlei Interesse an wissenschaftlichen Kontroversen hatten.

Unter ihnen befand sich Geza Vermes, einer der renommiertesten zeitgenössischen Wissenschaftler für semitische Sprachen. Er hatte seit 1951 Bücher und Artikel über die Schriftrollen veröffentlicht, und zu Beginn bestanden keinerlei Differenzen zwischen ihm und der internationalen Gruppe. Doch wie viele andere verlor auch er mit der Zeit die Geduld, als sich die Veröffentlichung der Texte immer länger hinzog. 1977 warf er im ersten Kapitel seines Buches *The Dead Sea Scrolls: Qumran in Perspective* den Fehdehandschuh:

> Nun, da seit der Entdeckung der Schriftrollen von Qumran schon dreißig Jahre verstrichen sind, hat die Welt ein Recht, die für die Publikation verantwortlichen Autoritäten zu fragen ... was sie gegen diesen beklagenswerten Stand der Dinge zu tun gedenken. Denn wenn nicht umgehend drastische Maßnahmen ergriffen werden, verkommt die größte und wichtigste Entdeckung hebräischer und aramäischer Handschriften wahrscheinlich zum wissenschaftlichen Skandal par excellence des zwanzigsten Jahrhunderts.[53]

Entsprechend ihren Gepflogenheiten geruhte die internationale Gruppe nicht, dies in irgendeiner Weise offiziell zur Kenntnis zu nehmen. Fast zehn Jahre später, 1985 nämlich, forderte Vermes erneut von ihr Rechenschaft, und zwar diesmal im *Times Literary Supplement:*

> Vor acht Jahren habe ich diese Situation als einen »beklagenswerten Stand der Dinge« bezeichnet und davor gewarnt, daß

dies zum »wissenschaftlichen Skandal par excellence des zwanzigsten Jahrhunderts« werden würde, wenn nicht sofort drastische Maßnahmen ergriffen würden. Leider ist nichts geschehen. Statt dessen hat sich der gegenwärtig leitende Herausgeber der Fragmente darauf versteift, jede Kritik an seiner Verschleppungstaktik als ungerecht und unvernünftig zurückzuweisen.[54]

Im selben Artikel sprach Vermes dem gerade verstorbenen Yigael Yadin seine Anerkennung dafür aus, daß er das in seinem Besitz befindliche Qumranmaterial unverzüglich veröffentlicht hatte, und fügte hinzu: »Doch sollte uns dies alle und besonders jene, die es versäumt haben, den Verpflichtungen nachzukommen, die sie ihrer privilegierten Stellung schuldig sind, daran erinnern, daß die Zeit uns davonläuft.«[55]
Um würdelose Streitigkeiten zu vermeiden, verfolgte Vermes die Sache nicht weiter. Wie immer nahm die internationale Gruppe von seinen Äußerungen keinerlei Notiz. Diese Situation muß Vermes ganz besonders verärgert haben, gilt er doch auf seinem Gebiet als international anerkannter Experte. Er hat zudem Übersetzungen von Teilen der Schriftrollen veröffentlicht, die an die Öffentlichkeit gelangt sind – zum Beispiel unter israelischer Schirmherrschaft.
Und was die Arbeit mit unveröffentlichtem Qumranmaterial angeht, so ist er nicht weniger kompetent als jedes Mitglied des internationalen Teams, aufgrund seiner Qualifikationen sogar kompetenter als die meisten. Und doch hat man ihm die ganze Zeit über den Zugang zu dem Material verwehrt, ungeachtet seiner bemerkenswerten akademischen Laufbahn. Er durfte noch nicht einmal einen Blick darauf werfen.
Wertvolle Beweisstücke sind nach wie vor unter Verschluß. Wir können persönlich beweisen, daß wichtiges Material zwar nicht direkt unterschlagen, aber auch nicht publiziert worden ist. So ist beispielsweise Michael Baigent im November 1989 in Jerusalem mit Mitgliedern der jetzigen Gruppe zusammengekommen. Unter ihnen war auch Pater Emile Puech, der »Kronprinz« der Ecole Biblique, der die Starcky zugeteilten Rollenfragmente »geerbt«

hat. Unter diesen befand sich sogenanntes »Material unbekannter Herkunft«. Im persönlichen Gespräch teilte Pater Puech drei wichtige Entdeckungen mit:

> 1. Er hat bisher unaufgedeckte Parallelen zwischen den Texten der Schriftrollen und der Bergpredigt gefunden, vor allem deutliche Bezüge zu den »Armen im Geiste«.[56]
> 2. Im Barnabas-Evangelium, einem apokryphen christlichen Text, der zum ersten Mal im zweiten Jahrhundert nach Christus erwähnt wird, hat Puech ein bisher unentdecktes Zitat aufgespürt, das einem »unbekannten Propheten« zugewiesen wird. Dieses Zitat stammt direkt aus den Schriftrollen vom Toten Meer, woraus hervorgeht, daß der Autor des Barnabas-Evangeliums entweder selbst zur Gemeinde von Qumran gehört hat und mit ihren Lehren vertraut war oder zumindest Zugang dazu hatte. Hier liegt eine eindeutige Verbindung von Qumran und der christlichen Tradition vor.
> 3. Im Werk des Märtyrers Justin, eines christlichen Autors aus dem zweiten Jahrhundert, hat Puech ein weiteres, direkt aus Qumran stammendes Zitat gefunden.

»Wir verbergen nichts«, beharrte Puech eisern. »Wir werden alles veröffentlichen.«[57] Unseres Wissens ist jedoch keine der von Puech im Gespräch mitgeteilten Enthüllungen bislang im Druck erschienen, und es hat nicht den Anschein, als ob dies bald geschähe. Andererseits ist kürzlich etwas über die Art des weiterhin unterdrückten Materials durchgesickert. In einer Nummer der *BAR* erschien 1990 ein Artikel von einem ungenannten Wissenschaftler, den offensichtlich sein Gewissen drückte. Darin geht es um ein Qumranfragment, das große Ähnlichkeit mit Passagen des Lukas-Evangeliums aufweist. In bezug auf die bevorstehende Geburt Jesu spricht Lukas (1,32-35) von einem Kind, das »Sohn des Höchsten« und »Sohn Gottes« genannt wird. Das fragliche Qumranfragment aus Höhle 4 spricht gleichfalls davon, daß einer kommen werde, der »mit Namen [als] Gottes Sohn gepriesen und den man Sohn des Höchsten nennen wird«.[58] In der Zeitschrift wird ausgeführt, dies sei eine außerordentliche Entdeckung, denn »zum ersten Mal ist damit die Bezeichnung ›Sohn Gottes‹ in einem palästinischen Text außerhalb der Bibel gefunden worden«.[59] Ist dieses Fragment auch auf dubiose Weise an die Öffentlichkeit gelangt, so stammt es doch ganz sicher aus dem Corpus des »unzugänglichen« Pater Milik, der bislang darüber verfügte und es rigoros unter Verschluß hielt.

Wider den Consensus

Sowohl Edmund Wilson als auch John Allegro und Geza Vermes haben also der internationalen Forschergruppe ihre Verschleppungstaktik und ihren Alleinverfügungsanspruch über die Schriftrollen vom Toten Meer vorgeworfen. Wilson und Allegro stellten zudem die vom Team erarbeiteten, krampfhaften Versuche in Frage, die Gemeinschaft von Qumran von dem sogenannten »frühen Christentum« zu distanzieren. Anderseits stimmten alle drei Wissenschaftler in anderen Belangen mit dem Consensus, den das Team erstellt hatte, überein. So anerkannten sie zum Beispiel die Datierung der Schriftrollen vom Toten Meer als vorchristlich, desgleichen auch die Behauptung, die Mitglieder der Gemeinde von Qumran seien Essener gewesen. Sie akzeptierten auch die traditionelle Beschreibung der Essener von Qumran, wie sie bei Plinius, Philo und Flavius Josephus zu finden ist, nämlich daß sie asketisch, zurückgezogen, pazifistisch und von den sozialen, politischen und religiösen Hauptströmungen isoliert gewesen seien. Falls das Christentum mit dem Gedankengut der Gemeinde von Qumran tatsächlich in Verbindung gestanden haben sollte, wäre es also weit weniger originell, als früher angenommen. Es würde dann einfach gewissermaßen in Qumran genauso verwurzelt sein wie – eingestandenermaßen – im überlieferten Judaismus des Alten Testamentes. Nach dieser Sicht der Dinge wäre also die Vorstellung beziehungsweise die Konzeption des Christentums nur in diesem Punkt einer Korrektur zu unterziehen.
In den sechziger Jahren begann sich jedoch die wissenschaftliche Opposition gegen den Consensus der internationalen Gruppe auch von anderen Ansatzpunkten aus zu regen. Diese Kritik setzte weit radikaler an als alles, was Wilson, Allegro oder Vermes je vorgebracht hatten. Sie stellte nicht nur die Datierung der Schriftrollen

von Qumran durch die internationale Gruppe in Frage, sondern auch die Behauptung, bei der Gemeinde von Qumran habe es sich um Essener gehandelt. Diese Zweifel wurden von Cecil Roth und Godfrey Driver angemeldet.

Cecil Roth war einer der bekanntesten jüdischer Historiker. Nach seinem Dienst in der britischen Armee während des Ersten Weltkriegs promovierte er am Merton College in Oxford zum Historiker. Einige Jahre war er dort außerordentlicher Professor für jüdische Studien – diese Stelle hat später Geza Vermes übernommen. Roth hat ungeheuer viel geschrieben: es sind von ihm über sechshundert Publikationen verzeichnet. Außerdem war er Herausgeber der *Encyclopaedia Judaica*. Roth genoß unter Wissenschaftlern hohes Ansehen, und zwar insbesondere wegen seiner immensen Kenntnisse der Geschichte des Judentums.

Godfrey Driver stand ihm als Wissenschaftler kaum nach. Auch er hatte während des Ersten Weltkriegs in der britischen Armee Dienst getan, und zwar war er überwiegend im Nahen Osten eingesetzt gewesen. Auch er lehrte in Oxford, wo er am Magdalen College 1938 Professor für semitische Philologie wurde. Bis 1960 war er außerdem als Professor für Hebräisch tätig. Er gehörte dem Team an, das das Alte Testament für eine englische Bibelausgabe neu übersetzte. Im übrigen war er es, der John Allegro als Mentor dem internationalen Team empfahl.

Seit der Entdeckung der Schriftrollen vom Toten Meer hatte Driver stets zur Vorsicht gemahnt, wenn es um die Datierung auf die Zeit vor Christus ging. In einem Brief an die *Times* vom 23. August 1949 meinte er warnend, es erscheine ihm gefährlich, daß die Datierung in die Zeit vor Christi Geburt »allgemeine Anerkennung finde, noch bevor [die Rollen] einer kritischen Untersuchung unterzogen worden sind«.[1] Und er fuhr fort: »Die äußerlichen Beweise ... für eine Datierung vor Christus sind mit größter Vorsicht zu genießen, solange die innere Wahrscheinlichkeit dagegen zu sprechen scheint.«[2] Driver gab zu bedenken, wie riskant es sei, sich zu sehr auf die »äußerlichen Beweise« – die archäologischen und paläographischen – zu verlassen. Statt dessen solle man mehr Gewicht auf die Erforschung der »inneren Wahrscheinlichkeit« – auf das nämlich, was in den Rollen steht – legen. Diese

»innere Wahrscheinlichkeit« aber lege eher den Schluß nahe, daß die Rollen aus dem ersten nachchristlichen Jahrhundert stammten. Inzwischen hatte Cecil Roth eigene Forschungen angestellt. 1958 veröffentlichte er seine Ergebnisse in einer Arbeit mit dem Titel *The Historical Background of the Dead Sea Scrolls*. Die Zeit, der die Schriftrollen zuzuordnen seien, so argumentierte er darin, sei nicht die Zeit vor Christus, sondern die des Aufstandes in Judäa zwischen 66 und 73 nach Christus. Wie Driver bestand auch Roth darauf, daß die Rollentexte eine exaktere Grundlage für die Datierung darstellten als archäologische oder paläographische Untersuchungen. Auf dieser Basis kam er zu Aussagen, die nicht nur dem Consensus der internationalen Gruppe entgegenstanden, sondern die Katholiken unter ihnen in höchstem Maße aufgebracht haben müssen. Anhand von Textstellen legte er dar, daß die »Invasoren«, von denen die Gemeinde von Qumran als von Feinden spricht, Römer gewesen sein müssen – und zwar Römer der Kaiserzeit, nicht der Zeit der Republik. Des weiteren wies er darauf hin, daß der militante Nationalismus und messianische Eifer in den Rollen weniger den traditionellen Vorstellungen von den Essenern als dem Bild der Zeloten bei Flavius Josephus entspreche. Er konzedierte zwar, die Gemeinde von Qumran sei ursprünglich möglicherweise von Essenern traditioneller Art gegründet worden, doch hätten sie den Ort nach der Zerstörung im Jahr 37 v. Chr. wohl aufgegeben. Diejenigen, die sich nach dem Jahr 4 v. Chr. dort niedergelassen und die Rollen deponiert hätten, seien aber wohl keine Essener gewesen, sondern Zeloten. Er ging in seiner Argumentation gar noch einen Schritt weiter und wagte die Behauptung, die Gemeinde von Qumran habe mit den fanatischen Verteidigern der fünfzig Kilometer weiter südlich liegenden Festung Masada in Verbindung gestanden.
Natürlich lösten diese Behauptungen in der Gruppe um de Vaux entrüstete Kritik aus. In einer Rezension von Roths Buch bemängelte Pater Jean Carmignac, ein Mitglied dieses Teams, Roth lasse »keine Gelegenheit aus, Masada und Qumran miteinander in Beziehung zu setzen, was jedoch gerade eine weitere Schwäche seiner Hypothese ist«.[3] Selbst noch als Yigael Yadin acht Jahre darauf bei Ausgrabungen in Masada Rollen fand, deren Inhalt mit

jenem der Qumranrollen übereinstimmte, weigerte sich das internationale Team weiterhin, Roths These auch nur als wahrscheinlich in Betracht zu ziehen. Es war jedoch unbestritten, daß *irgendeine* Beziehung zwischen Qumran und Masada bestanden haben muß. Das Team, das mit seiner Argumentation immer mehr ins Schleudern geriet, beharrte deshalb darauf, daß nur eine Erklärung möglich sei: Einzelne Essener aus Qumran hätten eben ihre Gemeinschaft verlassen, um sich den Verteidigern von Masada anzuschließen. Dabei hätten sie ihre heiligen Schriften mitgenommen! Soweit Roths Hypothese Masada betraf, wurde sie also durch Yadins Ausgrabungen bestätigt. Aber er war auch durchaus selbst in der Lage, seine Sache auszufechten. 1959 setzte er sich in einem Artikel mit de Vaux' angeblich auf archäologischen Beweisen fußenden Behauptungen auseinander, die Rollen könnten keinesfalls später als im Sommer 68 n. Chr. deponiert worden sein, als nämlich »Qumran von der zehnten Legion eingenommen«[4] worden sei. Roth bewies schlüssig, daß die zehnte Legion im Sommer 68 n. Chr. niemals auch nur in der Nähe von Qumran gewesen war.[5]

Wie sehr de Vaux' Team über diese Argumentation Roths auch in Wut geriet, sie wurde von seinem Kollegen Godfrey Driver jedenfalls geteilt. Die beiden arbeiteten eng zusammen. 1965 veröffentlichte Driver eine umfangreiche, detaillierte Abhandlung über das Qumranmaterial unter dem Titel *The Judaean Scrolls*. Darin schreibt er, »Versuche, die Rollen in die Zeit vor Christus zu datieren, [seien] grundsätzlich verfehlt«. Für eine solche Datierung gebe es einzig paläographische Anhaltspunkte, »und diese reichen alleine nicht aus«.[6] Driver stimmte mit Roth darin überein, daß die Schriftrollen in die Zeit des Aufstandes in Judäa zwischen 66 und 73 n. Chr. gehörten und deshalb »mehr oder weniger« zeitlich mit der Entstehung des Neuen Testaments zusammenfielen. Auch vertrat er wie Roth die Ansicht, die Gemeinde von Qumran habe nicht aus Essenern, sondern aus Zeloten bestanden. Nach seinen Berechnungen seien die Schriftrollen zu irgendeinem Zeitpunkt zwischen dem genannten Termin und dem Ende des zweiten Aufstandes in Judäa, der Rebellion des Simeon Bar Kochba zwischen 132 und 135 n. Chr., deponiert worden. Er stellte die

wissenschaftliche Kompetenz der internationalen Gruppe und besonders de Vaux' in der Folge rundweg in Frage.
Roth und Driver waren anerkannte Koryphäen in ihren jeweiligen historischen Spezialgebieten, die man nicht einfach übergehen oder von oben herab abservieren konnte. Ihr Prestige und ihr Wissen waren unangreifbar, und man konnte sie auch nicht einfach isolieren. Außerdem waren sie in wissenschaftlichen Auseinandersetzungen zu erfahren, um ihren Kopf in die Schlinge zu stecken, wie Allegro es getan hatte. Sie waren jedoch machtlos gegen die Art von herablassender Gönnerhaftigkeit, die de Vaux und sein Team, eingeschworen auf den Consensus, an den Tag legten. So angesehen Roth und Driver auch seien, so hätten sie doch bei der Qumranforschung fremden Boden betreten. Entsprechend schrieb de Vaux 1967 in einer Besprechung von Drivers Buch: »Leider findet sich auch hier wieder jener Konflikt zwischen Methode und Geisteshaltung, zwischen dem Textkritiker und dem Archäologen, dem Mann am Schreibtisch und dem Mann vor Ort.«[7] Nun hat de Vaux allerdings nicht gerade viel Zeit »vor Ort« verbracht. Er und die meisten seiner Gruppe schotteten sich nur zu gern im Rollensaal ab und überließen die Arbeit vor Ort den Beduinen. Doch immerhin lag der Rollensaal näher an Qumran als Oxford. Außerdem konnte de Vaux' Gruppe ihre unmittelbare Vertrautheit mit dem gesamten Corpus der Qumrantexte geltend machen, Roth und Driver, denen der Zugang dazu verwehrt war, hingegen nicht. Zudem hatten Roth und Driver zwar die historischen Methoden des Teams in Frage gestellt, nicht jedoch dessen fast ausschließlich archäologischen und paläographischen Ansatz hinterfragt.
Archäologie und Paläographie jedoch schienen die Stärken des Teams zu sein, so daß de Vaux seine Rezension von Drivers Abhandlung selbstsicher und abschließend mit den Worten beenden konnte: »Drivers Theorie ... ist nicht haltbar.«[8] Unter Berufung auf Archäologie und Paläographie konnte er auch andere Forscher auf diesem Gebiet blenden und so ihre Unterstützung erschleichen. Auf diese Weise wurde Professor Albright gegen Driver aufgeboten, der dessen These schließlich als »völlig verfehlt« bezeichnete. Der Fehler liege »in einer offensichtlichen Skepsis gegenüber den Methoden der Archäologie, Numismatik

und Paläographie. Leider hatte er [Driver] das Pech, ausgerechnet an einen der brillantesten Wissenschaftler unserer Zeit zu geraten – Roland de Vaux ...«[9]

Die internationale Gruppe und ihre Anhänger gingen nun in die Offensive und überschütteten Roth und Driver mit zunehmend verächtlicher Kritik. Eisenman bemerkte, die beiden seien »in einer Weise lächerlich gemacht [worden], die der Situation völlig unangemessen und von unglaublicher Schärfe war«.[10] Niemand habe sie zu unterstützen, niemand den Zorn der fest auf den Consensus eingeschworenen Gruppe herauszufordern gewagt. »Und die wissenschaftlichen Hammel«, so Eisenman, »blökten im Chor.«[11] Da Roths und Drivers Interessen nicht nur auf die Qumranforschung fixiert waren und ihr Ruf nicht ausschließlich davon abhing, zogen sie sich einfach von diesem Schauplatz zurück und verfolgten die Sache nicht weiter. Daß so etwas geschehen konnte, zeigt, wie eingeschüchtert und fügsam andere Forscher auf diesem Gebiet waren, und das bleibt ein dunkles Kapitel in der Qumranforschung. Hatte das internationale Team schon davor eine monopolisierte Stellung innegehabt, so schien seine Position nun völlig unangreifbar geworden. Sie hatten zwei ihrer bedeutendsten Gegner kaltgestellt, und ihr Triumph schien vollkommen. Roth und Driver waren mundtot gemacht worden, Allegro war diskreditiert. Alle anderen potentiellen Gegner hatte man durch Einschüchterung zum Stillhalten oder auf die eigene Seite gebracht. Ende der sechziger und zu Beginn der siebziger Jahre war die Hegemonie des internationalen Teams praktisch absolut.

Noch Mitte der achtziger Jahre war die Opposition gegen das internationale Team, sofern es sie überhaupt noch gab, zerstreut und unorganisiert. Nur noch in einer einzigen in den USA erscheinenden Zeitschrift, der *Biblical Archaeology Review*, meldete sie sich gelegentlich zu Wort. In der Ausgabe vom September/Oktober 1985 wurde von einer Tagung über die Schriftrollen vom Toten Meer berichtet, die im Mai des Jahres davor an der Universität New York stattgefunden hatte. Im Bericht wurde wiederholt, was Professor Morton Smith auf dieser Konferenz gesagt hatte. Er hatte, wie bereits erwähnt, den Skandal um die Rollen als widerwärtig bezeichnet und das Team darüber hinaus einen »magischen Kreis«[12] genannt.

Im weiteren lenkte die Zeitschrift die Aufmerksamkeit auf die Frustration und den Unmut, die sich inzwischen unter anerkannten Wissenschaftlern, die zu dem »magischen Kreis« nicht zugelassen seien, ausgebreitet habe. Es wurde auch auf die Lorbeeren hingewiesen, die Institutionen wie die Harvard University geerntet hätten, wo Cross und Strugnell lehrten und ihren bevorzugten Schülern Zugang zum Qumranmaterial gewährten, was weit erfahreneren und qualifizierteren Forschern versagt bleibe. Am Ende des Artikels wurde »die sofortige Publikation von Fotografien sämtlicher unveröffentlichter Texte«[13] gefordert, und damit eine gleichlautende Forderung von Morton Smith wiederholt.

Daß dessen Anmahnungen erneut ungehört verhallten, legt Zeugnis von der Ängstlichkeit der Akademiker ab. Allerdings hatte Smith seine Aufforderung etwas ungeschickt formuliert, da sie implizit die Verantwortung vom internationalen Team, den wahren Sündern, auf die israelische Regierung schob, die damals dringlichere Probleme zu bewältigen hatte. Die israelische Regierung hatte ihre Pflicht 1967 im Grunde erfüllt, als sie dem internationalen Team das Monopol über die Rollen unter der Bedingung beließ, daß deren Inhalt veröffentlicht würde. Nur weil die israelische Regierung die Sache hatte weiterlaufen lassen, konnte man sie noch lange nicht für die Situation als solche verantwortlich machen. Außerdem sollte Eisenman ohnehin schon bald in Erfahrung bringen, daß die Israeli – die Wissenschaftler und Journalisten so gut wie die Regierungsbeamten – über die wirkliche Situation erschreckend schlecht informiert waren und sich ihr gegenüber – das muß allerdings auch gesagt werden – leider indifferent verhielten. Unwissenheit und Indifferenz aber machten es möglich, daß ein längst überfälliger Status quo aufrechterhalten bleiben konnte. Im selben Jahr, also 1985, begann sich das israelische Parlamentsmitglied Juval Ne'eman der Sache anzunehmen. Er zeigte sich erstaunlich gut informiert. Ne'eman war ein weltbekannter Physiker, Professor der Physik und Leiter des Instituts für Physik an der Universität Tel Aviv, zu deren Präsident er 1971 gewählt wurde. Vorher war er als militärischer Planer tätig gewesen, und zwar als einer der Mitverantwortlichen für die grundsätzliche Strategie der israelischen Armee. Von 1961 bis 1963 war er wissenschaftlicher Leiter des Soreq Research Establishment, der israelischen Atomenergiekommission. Ne'eman brachte die Vorgänge um die Schriftrollen vor die Knesset. Er bezeichnete es als einen »Skandal«, daß die israelischen Behörden dem internationalen Team weiterhin ein Mandat und ein Monopol überließen, welche noch aus der Zeit des jordanischen Regimes herrührten. Dank diesem Vorstoß wurde das israelische Amt für Altertümer endlich auf Trab gebracht, und man machte sich daran herauszufinden, wie und warum ein geschlossener Kreis katholischer Wissenschaftler eine derartig vollständige und ausschließliche Kontrolle über etwas ausübte, was immerhin ein israelischer Staatsschatz war.

Das Amt für Altertümer konfrontierte die internationale Gruppe in der Folge regelmäßig mit Fragen nach der Publikation der Schriftrollen. Was waren die Gründe für die Verschleppung und Verzögerung? Nach welchem Zeitplan würde man endlich publizieren? Am 15. September 1985 schrieb Pater Benoit, der zu dieser Zeit die Gruppe leitete, an seine Kollegen.[14] Eine Kopie dieses Briefes befindet sich in unserem Besitz. Darin erinnerte Benoit die Kollegen an Morton Smiths Forderung nach sofortiger Veröffentlichung von Fotografien. Auch beklagt er sich (als wäre er die geschädigte Partei) über den Ausdruck Skandal, den nicht nur Morton Smith, sondern auch Ne'eman in der Knesset verwendet habe. Er empfiehlt im weiteren Strugnell als Hauptherausgeber zukünftiger Publikationen und erbittet von jedem Mitglied des Teams einen Zeitplan für die Publikationen.

Seiner Bitte wurde nur zögernd und vereinzelt entsprochen. Am 26. Dezember 1985 schrieb ihm das Amt für Altertümer auf Drängen von Ne'eman hin und wiederholte die Bitte um einen Bericht und nach Beantwortung der Fragen.[15] Ob sich Benoits Antwort auf verläßliche Informationen seiner Kollegen stützte oder ob er einfach, um Zeit zu gewinnen, improvisierte, läßt sich nicht genau klären. Auf alle Fälle versprach er dem Amt für Altertümer in seiner Antwort, das gesamte Material der internationalen Gruppe innerhalb der nächsten sieben Jahre zu veröffentlichen – also bis 1993.[16] Dieser Zeitplan wurde für verbindlich erklärt, doch nahm das natürlich niemand ernst. Im persönlichen Gespräch mit uns hat Ne'eman erklärt, er habe »unter der Hand« gehört, daß der Zeitplan allgemein als Witz aufgefaßt werde.[17] Als solcher hat er sich jedenfalls entpuppt. Es besteht keinerlei Aussicht, daß das gesamte Material oder auch nur ein größerer Teil davon bis 1993 erscheinen wird. Nicht einmal das gesamte Material aus Höhle 4 ist bislang veröffentlicht. Seit Erscheinen von Allegros Band in der Reihe *Discoveries in the Judaean Desert* 1968 sind erst drei weitere erschienen, und zwar 1977, 1982 und 1990, also bisher insgesamt acht Bände.

Immerhin hat der wachsende Druck in der internationalen Gruppe offenbar Panik ausgelöst. Wie vorauszusehen war, begann man nach einem Sündenbock zu suchen. Wer hatte die israelische Regierung auf den Plan gerufen? Wer hatte Ne'eman informiert, so daß er die Angelegenheit vor die Knesset bringen konnte? Offenbar wegen des wiederholt gebrauchten Ausdrucks »Skandal« bot sich Geza Vermes als Übeltäter an. In Wirklichkeit hatte Vermes mit der Sache jedoch nicht das mindeste zu tun. Ne'eman war vielmehr von Eisenman ins Bild gesetzt worden.

Eisenman hatte aus Roths und Drivers Unterlassungen gelernt. Er wußte, daß das Konstrukt des Consensus, das das internationale Team errichtet hatte, mit der Zuverlässigkeit der archäologischen und paläographischen Untermauerung stand und fiel. Roth und Driver hatten diese Fakten als irrelevant abgetan, ohne sie zu überprüfen. Eisenman nahm sich vor, das internationale Team auf seinem eigenen Feld anzugreifen, indem er dessen Methoden aufdeckte und zeigte, daß die damit gewonnenen Daten irrelevant waren.

Eisenman hatte seine Kampagne mit dem Buch eröffnet, durch das wir auf ihn aufmerksam geworden sind, nämlich *Maccabees, Zadokites, Christians and Qumran*, das 1983 in Holland erschien. In der Einführung wirft er »einer kleinen Gruppe von Spezialisten, die eng zusammenarbeitet« und sich auf »einen Consensus geeinigt hat«[18] den Fehdehandschuh hin. In Anbetracht der geringen Leserschaft und Verbreitung des Buches konnte das internationale Team diesen Angriff einfach übersehen. Wahrscheinlich ist sogar, daß man das Buch für das nichtswürdige Werk eines ehrgeizigen Anfängers hielt, und es deshalb zu diesem Zeitpunkt keiner aus der Gruppe auch nur für nötig befand, es zu lesen.

Eisenman sorgte jedoch dafür, daß er nicht in Vergessenheit geriet. 1985 erschien sein zweites Buch, und zwar unter dem Titel *James the Just in the Habakuk Pesher* in Italien, ironischerweise mit dem Imprimatur der Tipographia Gregoriana, eines Verlages im Vatikan. Das Vorwort war in italienischer Sprache verfaßt. Im Jahr darauf wurde das Buch mit einigen Erweiterungen und einem überarbeiteten Anhang ebenso wie das erste bei Brill in Holland herausgebracht. Noch im selben Jahr erhielt Eisenman ein Forschungsstipendium vom renommierten Albright Institute in Jerusalem. Dort machte er, wie wir bereits erwähnt haben, insgeheim die israelische Regierung auf die Situation aufmerksam, so daß diese ihr Augenmerk auf die Schriftrollen richtete. Denn er hatte inzwischen erkannt, daß sich der Würgegriff des internationalen Teams weder durch wohlklingende noch durch heftige Proteste in Fachzeitschriften lösen ließ. Dazu bedurfte es des Drucks von außen, möglichst seitens einer höheren Stelle. Deshalb informierte Eisenman Professor Ne'eman, der die Angelegenheit dann vor die Knesset brachte.

Noch im gleichen Jahr sprach Eisenman persönlich bei Benoit vor und verlangte Einsicht in die Rollen. Wie vorauszusehen war, verwehrte ihm Benoit dies, wenn auch höflich, indem er Eisenman geschickt an die israelischen Behörden verwies, da er in dieser Sache nicht zu entscheiden habe. Zu diesem Zeitpunkt kannte Eisenmann die Tricks noch nicht, mit denen das Team sämtliche Interessenten an den Rollen auflaufen ließ. Er ließ sich aber nicht so leicht abschütteln.

Alle Gastdozenten am Albright Institute halten einmal einen öffentlichen Vortrag. Eisenmans Vortrag war für den Februar 1986 angesetzt. Zum Thema wählte er »Die Gemeinde von Jerusalem und Qumran« mit dem provokativen Untertitel »Archäologische, paläographische, historische und chronologische Probleme«. Wie bei seinem Buch über Jakobus (James) sollte auch diesmal wieder bereits der Titel auf einen neuralgischen Punkt aufmerksam machen. Da es seinen Gepflogenheiten entsprach, verschickte das

Institut Einladungen an alle bedeutenden Wissenschaftler auf diesem Gebiet in Jerusalem, und es verstand sich von selbst, daß verwandte Institutionen wie die französische Ecole Biblique vertreten waren. Diesmal erschienen fünf oder sechs Mitglieder, mehr als sonst üblich.
Da sie Eisenman und sein Werk nicht kannten, erwarteten sie aber vielleicht nicht einmal Ungewöhnliches. Allmählich schwand jedoch ihre Selbstgefälligkeit, und sie hörten ihm schweigend zu. (Auf Eisenmans Ausführungen wird in Kapitel 9 näher eingegangen.) Nach dem Vortrag stellten sie keinerlei Fragen, sondern verließen den Saal, allerdings ohne Eisenman die üblichen Glückwünsche auszusprechen. Zum ersten Mal war ihnen klargeworden, daß Eisenman eine echte Herausforderung für sie darstellte. Sie blieben sich aber auch diesmal treu und ignorierten ihn in der Hoffnung, daß die Zeit wie schon so oft Gras darüber wachsen lassen werde.
Im Frühjahr darauf kam Professor Philip Davies von der Universität Sheffield, ein Freund und Kollege Eisenmans, für kurze Zeit nach Jerusalem. Eisenman nahm ihn mit zu Magen Broschi, dem Direktor des Schreins des Buches, um mit ihm über ihren Wunsch zu sprechen, die unveröffentlichten Rollenfragmente, die immer noch von der internationalen Gruppe unter Verschluß gehalten wurden, sehen zu dürfen. Broschi lachte über diese eitle Hoffnung. »Sie werden diese Dinge Ihr Lebtag nicht zu Gesicht bekommen«[19], sagte er. Gegen Ende seines Aufenthalts in Jerusalem war Eisenman bei einem Professor der Hebräischen Universität zum Tee geladen, der später Mitglied des israelischen Aufsichtskuratoriums über die Schriftrollen wurde. Auch diesmal nahm Eisenman Davies mit. Bei dem Treffen waren etliche Wissenschaftler anwesend, unter anderen Joseph Baumgarten vom Hebräischen College in Baltimore. Gegen Abend erschien auch John Strugnell – der einstige Gegner Allegros und spätere Leiter des internationalen Teams. Großsprecherisch und offensichtlich auf Konfrontation aus beschwerte er sich über »unqualifizierte Leute«, die penetrant Zugang zum Qumranmaterial gefordert hätten. Eisenman ging sofort darauf ein. Er fragte, wie Strugnell denn das Wort »qualifiziert« definiere, ob er selbst »qualifiziert« sei, und ob er neben

seinen Fähigkeiten, Handschriften zu analysieren, die man ihm wohl zubilligen müsse, auch über ausreichende Geschichtskenntnisse verfüge. Obwohl die Debatte äußerlich halb im Scherz und recht zivil geführt wurde, nahm sie im Lauf des Abends zunehmend seltsam persönliche Züge an.

Das folgende Lehrjahr, 1986/1987, verbrachte Eisenman am Oxford Center for Hebrew Studies und als Gastdozent des Linacre College. In Jerusalem war er über Beziehungen an zwei geheime Dokumente gekommen. Das eine war eine Kopie einer Rolle, an der Strugnell arbeitete, ein Teil seines »Privatlehens«. Den Spezialisten ist dieser Text, den offensichtlich ein Vorsteher der Gemeinde von Qumran verfaßt hat und der Verhaltensregeln der Gemeinschaft enthält, unter der Bezeichnung »MMT«-Dokument[20] bekannt. Strugnell hatte ihn auf der Tagung von 1985 herumgezeigt, aber nicht veröffentlicht. Das ist auch bis heute nicht geschehen, obwohl der Text insgesamt nur 121 Zeilen umfaßt.
Das zweite Dokument hatte eher zeitgenössischen Charakter. Es war ein Computerausdruck, und zwar eine Liste *sämtlicher* Qumrantexte, die sich in den Händen des internationalen Teams und in israelischen Museen befinden.[21] Die Tatsache war deshalb von besonderer Bedeutung, weil die internationale Gruppe die Existenz eines solchen Ausdrucks beziehungsweise einer solchen Liste wiederholt bestritten hatte. Hier lag nun der unwiderlegbare Beweis vor, daß das Material großenteils noch nicht veröffentlicht war und zurückgehalten wurde.
Eisenman wußte sofort, was er zu tun hatte:

> Seit mir klargeworden war, daß eines der zentralen Probleme unter den Wissenschaftlern, die in erster Linie für die ganze Situation verantwortlich sind, anmaßender Protektionismus und eifersüchtig gehütete Geheimniskrämerei ist, hatte ich mir vorgenommen, alles, was in meine Hände gelangt, ohne irgendwelche Bedingungen in Umlauf zu bringen. Diesen Beitrag zur Sache konnte ich leisten, und dadurch wurde zusätzlich das internationale Kartell oder Monopol auf solche Dokumente unterminiert.[22]

Eisenman schickte also eine Kopie des MMT-Dokumentes an jeden, der sein Interesse daran bekundete. Die Kopien verbreiteten sich wie ein Lauffeuer. Eineinhalb Jahre darauf erhielt er von dritter Seite eine davon zurück mit der Anfrage, ob er den Text schon gesehen habe. An den Randbemerkungen konnte er sicher erkennen, daß es eine der Kopien war, die er selbst in Umlauf gebracht hatte.

Genauso wie das MMT-Dokument wurde auch der Computerausdruck verbreitet. Das Vorgehen erzielte exakt die von Eisenman vorhergesehene Wirkung. Eisenman sandte auch eigens eine Kopie an Hershel Shanks von der *BAR,* um der Zeitschrift neue Munition zur Wiederaufnahme ihrer Kampagne zu liefern.

Es erübrigt sich beinahe, darauf hinzuweisen, daß Eisenmans Beziehungen zum internationalen Team sich abkühlten. Äußerlich befleißigten sich natürlich weiterhin beide Parteien respektablen akademischen Verhaltens; man gab sich unterkühlt höflich. Das Team konnte ihn schließlich nicht wegen Handlungen öffentlich angreifen, die er ostentativ nicht aus Eigeninteresse, sondern im Namen der Wissenschaft ausgeführt hatte. Aber die Kluft wurde immer größer. Und der gezielte Versuch, Eisenman kaltzustellen, ließ denn auch nicht lange auf sich warten.

Im Januar 1989 sprach Eisenman bei Amir Drori vor, dem neuen Leiter des israelischen Amts für Altertümer. Unbesehen teilte Drori Eisenman mit, daß er vorhabe, mit John Strugnell, dem neuen Haupherausgeber der Gruppe, eine Vereinbarung zu treffen. Danach würde das Monopol der Gruppe bestehenbleiben. Der bisher geltende letzte Termin für die Veröffentlichung, den Strugnells Vorgänger Pater Benoit akzeptiert hatte, würde jedoch aufgehoben werden. Nach der neuen Regelung brauche sämtliches noch nicht veröffentlichtes Qumranmaterial nicht schon bis 1993, sondern erst bis 1996 publiziert zu sein.[23]

Eisenman wurde aschfahl. Alle Versuche, Drori umzustimmen, schlugen jedoch fehl. Als Eisenman ihn verließ, war er zu neuen, drastischeren Maßnahmen entschlossen. Die einzige Möglichkeit, Druck sowohl auf die internationale Gruppe als auch auf das Amt für Altertümer auszuüben und Drori vielleicht davon abzuhalten, daß er die Vereinbarung unterzeichnete, war die Anrufung des

obersten israelischen Gerichts, das für Rechtsverstöße und Petitionen von Privatpersonen zuständig ist.
Eisenman erörterte die Frage mit Juristen. Diese meinten, ja, sicher, man könne das Gericht schon veranlassen, hier zu intervenieren. Dazu müsse Eisenman jedoch einen Rechtsverstoß nachweisen können. Er müsse, möglichst schriftlich, nachweisen, daß einem anerkannten Wissenschaftler der Zugang zu den Rollen verweigert worden sei. Zu dieser Zeit gab es aber keinen Beweis, daß dies geschehen war, zumindest nicht in der Form, die das Gericht vorschrieb. Natürlich war der Zugang zu den Schriftrollen auch schon anderen Wissenschaftlern verwehrt worden. Aber die waren entweder tot, oder sie lebten über die ganze Welt verstreut, und eine formelle Dokumentation darüber gab es nicht. Man mußte also an Strugnell gleichzeitig mit mehreren Anfragen um Zugang zu bestimmten Dokumenten herantreten – und von vornherein davon ausgehen, daß er diesen Zugang nicht gewähren würde. Daß Eisenman über die Katalognummern verfügte, erleichterte seine Aufgabe.
Da er es für wirkungsvoller hielt, nicht als einziger um Zugang zu ersuchen, bemühte er sich um die Unterstützung von anderen. Er wandte sich an Philip Davies aus Sheffield, und dieser gab seine Zusage. Beide waren der Ansicht, es könne sich dabei nur um den ersten Schritt auf einem langen Weg zum israelischen Gerichtshof handeln.
Am 16. März 1989 ließen die beiden Professoren John Strugnell ein formelles Schreiben zukommen. Darin forderten sie Zugang zu bestimmten Originalfragmenten und zu Fotos von Fragmenten aus Höhle 4, die auf Eisenmans Computerliste standen. Um jedes Mißverständnis auszuschließen, verwiesen sie auf die Verweisnummern des Computerausdrucks zu den entsprechenden Negativen. Des weiteren wünschten sie mehrere Kommentare oder Fragmente von Kommentaren zu den Rollen einzusehen, die sich auf den Primärtext bezogen. Sie schrieben, sie würden alle anfallenden Kosten übernehmen und keine autorisierte Abschrift oder Übersetzung des Materials, das sie nur für ihre eigenen Forschungen verwenden wollten, veröffentlichen. Sie würden sich außerdem an alle Vorschriften des Copyrights halten.

In ihrem Brief sprachen Eisenman und Davies der Gruppe zudem ihre Anerkennung für ihren jahrelangen Zeit- und Energieaufwand aus, wiesen jedoch auch darauf hin, daß sie dafür durch das Privileg, über lange Zeit die alleinige Verfügung über das Qumranmaterial gehabt zu haben, »schon hinreichend entschädigt« seien. Fünfunddreißig, ja vierzig Jahre hätten alle anderen Wissenschaftler auf eine Zulassung warten müssen, ohne die »wir keinen nennenswerten Fortschritt in unseren Bemühungen erzielen können«. Weiter hieß es in dem Brief:

> Sicherlich war ursprünglich vorgesehen, daß Ihre Kommission das Material möglichst schnell zum Nutzen der gesamten wissenschaftlichen Welt veröffentlichen sollte, und nicht, daß sie die ausschließliche Kontrolle darüber behält. Vielleicht läge der Fall anders, wenn Sie und Ihre Wissenschaftler das Material selbst entdeckt hätten. Das ist jedoch nicht der Fall. Man hat es Ihnen bloß anvertraut ...
> ... Die heutige Situation ist völlig abwegig. Als gestandene Wissenschaftler auf dem Zenit unserer Energie und Fähigkeiten empfinden wir es als einen Machtmißbrauch und als eine Zumutung, uns vierzig Jahren nach der Entdeckung noch immer auf den Zugang zu diesem Material warten zu lassen.[24]

Eisenman und Davies gingen, wie gesagt, davon aus, daß Strugnell ihr Gesuch ablehnen würde. Strugnell ließ sich aber gar nicht erst zu einer Antwort herab. Daher schrieb Eisenman am 2. Mai an Amir Drori, der kurz vorher das Monopol der Gruppe, mit dem Datum 1996 für die endgültige Veröffentlichung aller Texte, erneuert hatte. Eisenman legte eine Kopie des Briefes an Strugnell mit der Bemerkung bei, er sei an beide Adressen Strugnells abgegangen, an die in Harvard und die in Jerusalem. Er wies auch kurz darauf hin, daß Strugnell nicht geantwortet hatte: »Um es geradewegs herauszusagen, wir sind es leid, mit Verachtung behandelt zu werden. Diese Art der Behandlung ist allerdings nichts Neues, sondern vielmehr integraler Bestandteil eines Vorgangs, der seit nunmehr bereits zwanzig bis dreißig Jahren oder noch länger anhält ...«[25]

Für den Fall, daß Strugnell den gewünschten Zutritt zum Material verweigern sollte, forderte Eisenman, Drori solle diesen unter Berufung auf eine übergeordnete Stelle erzwingen. Er nannte dann zwei besonders wichtige Gesichtspunkte: Solange die internationale Gruppe weiterhin allein über die Qumrantexte verfüge, reiche es nicht, die Veröffentlichung voranzutreiben; einzig freien Zugang für Wissenschaftler zu fordern, sei angezeigt – nämlich um die Schlußfolgerungen der internationalen Gruppe zu überprüfen, Abweichungen in Übersetzung und Interpretation einzubringen und Verbindungen aufzuspüren, die die Wissenschaftler möglicherweise übersehen hätten:

> Wir können nicht einmal sicher wissen ... ob sie alle in Frage stehenden Fragmente zu einem bestimmten Dokument umfassend in Beziehung gesetzt haben oder die Fragmente folgerichtig zuordnen. Wir können uns auch nicht darauf verlassen, daß die Bestandsverzeichnisse vollständig sind und daß Fragmente nicht aus irgendeinem Grunde verlorengegangen, zerstört oder übersehen worden sind. Nur durch gemeinsame Anstrengung aller interessierten Wissenschaftler kann dies garantiert werden.[26]

Der zweite Teil der Begründung erscheint – wenigstens im nachhinein – selbstverständlich. Das internationale Team beharrte ja darauf, daß die archäologischen und paläographischen Forschungen von äußerster Wichtigkeit seien. Und Eisenman hatte dargelegt, daß die Datierung der Qumrantexte auf ihren angeblich akkuraten archäologischen und paläographischen Studien beruhte. Aber die Texte waren nur mit den gängigen Karbontests untersucht worden, die es zu der Zeit gab, kurz nachdem die Rollen entdeckt worden waren. Diese Tests waren jedoch noch sehr grob und erforderten recht viel Handschriften-Material. Damit nun nicht zuviel Text verlorenging, hatte man nur die Umhüllung der Rollen aus den Gefäßen getestet, und das hatte ergeben, daß sie etwa aus der Zeit um Christi Geburt stammten. Keiner der Texte war mit den neueren Techniken der Karbon-14-Methode untersucht worden, obwohl die Karbon-14-Methode mittlerweile darüber hinaus bereits durch die AMS-(Accelerator Mass Spectroscopy)-Methode verfeinert worden war. Bei diesem Prozeß geht nur wenig Material verloren, dafür ist die Genauigkeit um so größer. Eisenman schlug daher Drori vor, seinen Einfluß geltend zu machen und Tests nach den neuesten Methoden durchführen zu lassen. Er regte außerdem an, um der Objektivität willen außenstehende Wissenschafter daran zu beteiligen. Er schloß seinen Brief mit einem leidenschaftlichen Appell: »Bitte sorgen Sie dafür, daß diese Materialien interessierten Wissenschaftlern umgehend zur Verfügung gestellt werden, denn diese bedürfen ihrer, damit sie vorurteilsfrei und objektiv untersucht werden.«[27]

Strugnell, der sich zu dieser Zeit in Jerusalem aufhielt, antwortete endlich am 15. Mai, sicherlich auf Drängen von Drori hin. Obwohl Eisenmans Brief an ihn an seine beiden Adressen geschickt worden war, führte er seine Säumigkeit darauf zurück, daß der Brief in das »falsche Land«[28] geschickt worden sei.

Laut *BAR* »offenbart Strugnells herrische Antwort auf Eisenmans Ersuchen einen außergewöhnlichen intellektuellen Hochmut und akademische Herablassung«.[29] In seinem Antwortschreiben erklärte Strugnell, er sei »verwirrt«, daß Eisenman und Davies ihren Brief offenbar in halb Israel herumzeigten. Er warf ihnen vor, sie hätten sich nicht an die »üblichen Gepflogenheiten« gehalten, und bezeichnete sie als »Lotosesser« – damit spielte er wohl auf ihre kalifornische Herkunft an, wobei offenbleibt, was diese Bezeichnung mit Philip Davies aus Sheffield zu tun haben soll. [Anm. d. Ü.: Vermutlich Mißverständnis der Autoren, die die Anspielung auf Odysseus' Aufenthalt bei den Lotophagen (Lotosessern) nicht verstanden haben. Es handelt sich um ein Schlaraffenland, wo einem die Droge Lotos die herrlichsten Glückszustände beschert; Bezug auf Allegro?] Strugnell brachte es im übrigen fertig, sowohl Eisenmans und Davies Antrag nicht rundheraus abzulehnen, als auch sämtliche von ihnen geltend gemachten springenden Punkte zu umgehen.

Er riet ihnen, sich daran zu orientieren, wie »solche Anfragen in der Vergangenheit gehandhabt worden« seien und den dafür üblichen Weg einzuhalten – wobei er stillschweigend darüber hinwegging, daß solche Anträge »in der Vergangenheit« jeweils

abgeschmettert worden waren. Er beanstandete zudem, daß der Computerauszug, dem Eisenman und Davies ihre Verweisnummern entnommen hatten, längst überholt sei, vergaß aber zu erwähnen, daß diese »überholte« Liste – und erst recht nicht eine neue – kein einziges Nichtmitglied des internationalen Teams je zu Gesicht bekommen hatte, bis Eisenman sie in Umlauf gebracht hatte.[30]
Eisenman reagierte auf diese Abkanzelung, indem er sich wiederholt an die Öffentlichkeit wandte. Er schrieb an Zeitungen und wissenschaftliche Zeitschriften, bemühte sich um Interviews in den Medien. Im Sommer 1989 war das Thema in amerikanischen und israelischen Zeitungen eine Cause célèbre und wurde von der britischen Presse, wenn auch nicht ganz so massiv, aufgegriffen. Eisenman wurde mehrfach ausführlich von der *New York Times*, der *Washington Post*, der *Los Angeles Times*, der *Chicago Tribune*, im *Time Magazine* und in der kanadischen Zeitschrift *Maclean's Magazine* zitiert. Er führte jeweils fünf Gesichtspunkte an:

1. Daß die Erforschung der Schriftrollen vom Toten Meer insgesamt in ungerechtfertigter Weise von einer kleinen Clique von Wisssenschaftlern monopolisiert werde, die rechtmäßige Ansprüche darauf erhöben und deren Ausrichtung voreingenommen sei.
2. Daß bisher erst ein geringer Prozentsatz des Qumranmaterials im Druck erschienen sei und der größte Teil immer noch zurückgehalten werde.
3. Daß der Hinweis, die sogenannten »biblischen« Texte seien ja größtenteils schon freigegeben, irreführend sei, da das wichtigste Material das sogenannte »Sektenmaterial« sei – nämlich *neue*, nie zuvor gesehene Texte, die die Geschichte und das religiöse Leben des ersten Jahrhunderts in einem neuen Licht zeigten.
4. Daß nach vierzig Jahren allen interessierten Wissenschaftlern Zugang zu den Rollen gewährt werden müsse.
5. Daß die Qumrandokumente umgehend AMS-Karbon-14-Tests unterzogen werden müßten, und zwar unter der Aufsicht unabhängiger Wissenschaftler in unabhängigen Labors.

Es war vielleicht nicht zu vermeiden, daß die Auseinandersetzung auf ein tieferes Niveau sank, sobald die Sensationsmedien sich darauf stürzten. Eisenman wurde mindestens zweimal falsch zitiert, und auf beiden Seiten ging ein Feuerwerk von Invektiven los. Aber diese persönlichen Anwürfe trugen natürlich nichts zur Lösung des eigentlichen Problems bei. Schon 1988 hatte Philip Davies geschrieben:

»Jeder Archäologe oder Wissenschaftler, der gräbt oder einen Text findet, aber nicht mitteilt, was er gefunden hat, verdient als Feind der Wissenschaft betrachtet zu werden. Nach vierzig Jahren liegt weder ein vollständiger, autorisierter Bericht der Ausgrabungen noch eine vollständige Veröffentlichung der Rollen vor.«[31]

Akademische Winkelzüge und bürokratische Trägheit

Zu Beginn des Jahres 1989 hatte man Eisenman eingeladen, auf einer Konferenz, die im Sommer an der Universität Groningen stattfinden sollte, einen Vortrag über die Schriftrollen zu halten. Als Organisator und Leiter der Tagung fungierte der Sekretär der *Revue de Qumran*, des offiziellen Organs der Ecole Biblique. Diesem archäologischen Institut der französischen Dominikaner in Jerusalem gehörten fast alle Wissenschaftler des internationalen Teams als Mitglieder an, oder sie waren ihm zumindest verbunden. Es war vereinbart worden, alle auf der Konferenz gehaltenen Referate anschließend in der Zeitschrift zu veröffentlichen. Zum Zeitpunkt der Konferenz waren jedoch Eisenmans Konflikt mit der internationalen Gruppe und auch die daraus resultierende Kontroverse publik geworden. Natürlich war es nicht tunlich, die Einladung an Eisenman zurückzuziehen. Er durfte denn auch sein Referat halten. Jedoch wurde die Veröffentlichung in der *Revue de Qumran* verhindert.[1]

Der Leiter der Tagung gab sich ganz betroffen. Er entschuldigte sich bei Eisenman und erklärte, er könne nichts an der Sache ändern – aber seine Vorgesetzten, die Herausgeber der Zeitschrift, hätten darauf bestanden, Eisenmans Referat von der Veröffentlichung auszunehmen.[2] Die *Revue de Qumran* hatte sich damit entlarvt: Sie war mitnichten das unparteiische Forum für wissenschaftliche Auseinandersetzungen, als das sie sich gab, sondern eine Art Sprachrohr der internationalen Gruppe.

Die Waagschale neigte sich jedoch mehr und mehr zu Eisenmans Gunsten. Die *New York Times* zum Beispiel hatte die Auseinandersetzung in vollem Umfang gebracht und die Argumente der streitenden Parteien einander gegenübergestellt. Am 9. Juli 1989

urteilte sie in einem Leitartikel unter der Überschrift GELEHR-
TENEITELKEIT:

> Es gibt wissenschaftliche Arbeiten, die, wie etwa die Arbeit an
> Wörterbüchern, mit Grund ein ganzes Leben lang dauern. Bei
> anderen Projekten sind die Gründe für etwaige Verzögerungen
> oft nicht so ehrenhaft: Ruhmsucht, Stolz oder auch einfach nur
> die altbekannte Faulheit.
> Dafür ist die Geschichte der Schriftrollen vom Toten Meer –
> Dokumenten, die möglicherweise die Anfänge des Christen-
> tums und die Entwicklung der Lehre des Judentum in einem
> völlig neuen Licht erscheinen lassen – ein trauriges Beispiel.
> Die Rollen wurden 1947 entdeckt, doch viele, von denen nur
> Bruchstücke erhalten sind, sind immer noch unveröffentlicht.
> Nach über vierzig Jahren schlägt noch immer eine Clique
> säumiger Wissenschaftler damit die Zeit tot, während die Welt
> darauf wartet und wertvolle Stücke zu Staub zerfallen.
> Natürlich lassen sie andere das Material nicht einsehen, bevor
> sie es sicher unter ihrem eigenen Namen veröffentlicht haben.
> So ist der Zeitplan des Franzosen J. T. Milik, der für über
> fünfzig Dokumente verantwortlich ist, eine Quelle steter Fru-
> stration für andere Wissenschaftler ...
> Gerade für die Archäologie sind aber Wissenschaftler ganz
> besonders schädlich, die über Material ausschließlich verfügen
> und dieses nicht veröffentlichen.[3]

Trotz der unwürdigen Streitereien, des gegenseitigen Schlagab-
tauschs aus verletzter Eigenliebe, des schieren Pathos und der
aufgeladenen Atmosphäre fielen Eisenmans Argumente immer
stärker ins Gewicht und überzeugten immer mehr Menschen. Und
parallel dazu gab es eine weitere Entwicklung von vergleichbarer
Wichtigkeit. Die Ausgeschlossenen – die Gegner des internationalen Teams – formierten sich allmählich und hielten eigene Tagun-
gen ab. Allein in den Monaten nach der besagten Veröffentlichung
in der *New York Times* fanden deren zwei statt.
Die erste organisierten Professor Kapera aus Krakau und Philip
Davies in Polen. Die Teilnehmer arbeiteten eine Resolution aus –

nach dem Ort, in dem die Tagung stattfand, wurde sie »Mogilany-Resolution« genannt –, die folgende Forderungen enthielt: Zum ersten sollten sich die »zuständigen israelischen Behörden« von allen unveröffentlichten Schriftrollen Fotografien verschaffen und sie der Oxford University Press zur umgehenden Veröffentlichung zukommen lassen. Zum zweiten sollten die Unterlagen von de Vaux' Ausgrabungen der Jahre 1951 bis 1956 in Qumran, die zum großen Teil noch nicht erschienen waren, endlich in autorisierter Form herausgegeben werden.

Siebeneinhalb Monate später fand eine zweite Tagung statt. Sie wurde an der California State University in Long Beach abgehalten und war für Eisenman sozusagen ein Heimspiel. Eine Reihe von Wissenschaftlern hielt Referate. Außer Eisenman sprachen Professor Ludwig Koenen und Professor David Noel Freedman von der Universität Michigan, Professor Norman Golb von der Universität Chicago und Professor James M. Robinson von der Claremont University, der die Herausgabe der Nag-Hammadi-Rollen betreut hatte. Auf dieser Tagung wurden zwei Resolutionen verabschiedet: Zum einen sollten sämtliche unveröffentlichten Qumranfragmente unverzüglich als Faksimile erscheinen – ein wichtiger »erster Schritt, um allen Wissenschaftlern, ungeachtet ihres Standpunkts und ihrer Ausrichtung den Weg freizumachen«. Zum anderen sollte eine Datenbank von AMS-Karbon-14-Tests der bekannten Handschriften eingerichtet werden, um die Datierung aller bislang undatierten Texte und Handschriften problemlos zu ermöglichen, seien sie auf Papyrus, Pergament oder irgendein anderes Material geschrieben.

Obwohl keine dieser Resolutionen juristisch bindend war, wurden sie von Wissenschaft und Medien recht ernst genommen. Die internationale Gruppe geriet immer mehr in die Defensive; sie wich allmählich, wenn auch nur widerstrebend, zurück. So gab Milik, während die Schlacht in der Öffentlichkeit tobte, in aller Stille einen Text an Professor Joseph Baumgarten vom Hebräischen College in Baltimore weiter, und zwar den Text, den Eisenman und Davies in ihrem Brief an Strugnell zu sehen gewünscht hatten. Baumgarten, dadurch zum Mitglied der internationalen Gruppe geworden, ließ folgerichtig keinen anderen den fraglichen Text

einsehen. Auch hielt Strugnell, der als Leiter des Teams diese Transaktion vermutlich genehmigte und überwachte, es nicht für nötig, Eisenman und Davies darüber zu informieren. Daß Milik überhaupt Material weitergab, ist allerdings schon ein Fortschritt, ein Beweis dafür, daß er sich zur Preisgabe zumindest eines Teils seines privaten Lehens und damit der Bürde der Verantwortung gedrängt fühlte.
1990 gab Milik gar noch einen Text frei, und zwar an Professor James VanderKamm von der North Carolina State University. VanderKamm brach mit den Gepflogenheiten des internationalen Teams insofern, als er ankündigte, er sei gewillt, den Text auch anderen Wissenschaftlern zur Verfügung zu stellen. »Ich lasse die Fotos jeden sehen, der daran interessiert ist«, sagte er.[4] Milik beeilte sich – was nicht verwundert –, VanderKamms Vorgehen als »unverantwortlich«[5] zu bezeichnen.

In der Kampagne um den freien und ungehinderten Zugang zu den Schriftrollen spielte, wie schon erwähnt, Hershel Shanks Zeitschrift *Biblical Archaeology Review* eine bedeutende Rolle. Die Zeitschrift hatte die Medienkampagne 1985 mit einem schonungslosen Artikel über die Verzögerungen bei der Freigabe des Qumranmaterials eröffnet. Auch hatte Eisenman den Journalisten eine Kopie des Computerausdrucks von allen Fragmenten, die die internationale Gruppe verwaltete, zukommen lassen und ihnen dadurch unschätzbare Unterlagen geliefert. Als Gegenleistung waren sie nur zu gern bereit, die Öffentlichkeit zu informieren und als Diskussionsforum zu dienen.
Doch wie wir schon gesehen haben, richtete sich der Angriff der *BAR* zumindest teilweise auch gegen die israelische Regierung, die im gleichen Maße für die Verzögerungen verantwortlich gemacht wurde wie das internationale Team.[6] Und in diesem Punkt distanzierte sich Eisenman eindeutig von der Zeitschrift, da er der Ansicht war, daß ein derartiges Manöver nur vom eigentlichen Thema – daß nämlich Informationen zurückgehalten wurden – ablenke.
Trotz der Verschiedenheit der Standpunkte hat sich die Zeitschrift große Verdienste erworben. Seit dem Frühjahr 1989 wird darin ein

wahres Feuerwerk von Artikeln über die Verzögerungen und Versäumnisse der Wissenschaft und Forschung in Sachen Qumran veröffentlicht. Grundtenor ist: »...schließlich sind die Schriftrollen vom Toten Meer ein öffentliches Gut.«[7] Und das Urteil über das internationale Team lautet: »Die Herausgeber stellen keine Informationsquelle dar, sondern vielmehr ein Publikationshindernis.«[8] Da man nicht zimperlich ist, wenn es darum geht, seinen Standpunkt darzutun, bewegt sich die Zeitschrift häufig an der Grenze dessen, was bei Veröffentlichungen noch vertretbar ist. Aber ihre Angriffe gegen die israelische Regierung sind nicht ohne Wirkung geblieben – auch wenn Eisenman sie nicht guthieß.

Zum Beispiel haben sich die israelischen Behörden in der Folge mit mehr Nachdruck um das unpublizierte Qumranmaterial gekümmert. Im April 1989 setzte der Rat für Archäologie ein Kuratorium für die Schriftrollen ein, das die Veröffentlichung der Qumrantexte und die Arbeit der internationalen Gruppe überwachen sollte. Anfangs mag das Kuratorium eine rein kosmetische Funktion erfüllt haben, um den Eindruck zu erwecken, es geschehe etwas Konstruktives. Als das internationale Team sich jedoch weiterhin Zeit ließ, erhielt das Komitee immer weitere Befugnisse und mehr Macht.

Wie schon erwähnt, war Pater Benoits Zeitplan, demzufolge das gesamte Qumranmaterial 1993 veröffentlicht sein sollte, durch Strugnells neuen und (wenigstens theoretisch) realistischeren Zeitplan mit dem Limit 1996 ersetzt worden. Eisenman blieb weiterhin den Absichten der internationalen Gruppe gegenüber sehr skeptisch. Die *BAR* verschärfte die Angriffe, nannte den »angesetzten Termin Lug und Trug«,[9] wies darauf hin, daß der Zeitplan keine Unterschrift trage und somit niemanden zu irgend etwas verpflichte, daß er keine Berichte über den Fortgang der Forschung fordere und also auch keinen wirklichen Nachweis über die Arbeit der Gruppe. Und man richtete an das israelische Amt für Altertümer die Frage, was geschehen würde, falls die Frist nicht eingehalten werde.

Aus dem Amt für Altertümer kam auf diese Frage keine direkte Antwort. Doch am 1. Juli 1989 erklärte Amir Drori, dessen Leiter, in einem Interview mit der *Los Angeles Times*: »Zum ersten Mal haben wir einen Plan, und für den Fall, daß jemand zum vorgesehenen Zeitpunkt mit seiner Arbeit nicht fertig ist, sind wir berechtigt, die Schriftrollen jemand anderem zu übergeben.«[10] Es klang wie eine verhüllte Drohung. Strugnell machte dagegen seinerseits in einem Interview mit der *International Herald Tribune* klar, daß er derlei Drohungen auf die leichte Schulter nahm. »Wir sind kein D-Zug.«[11] Und in einem Interview mit der Fernsehanstalt ABC wurde er sogar noch deutlicher: »Wenn ich [den Termin] um ein oder zwei Jahre überschreite, macht mir das gar nicht das geringste Kopfzerbrechen.«[12] Milik war, um den Ausdruck im *Time Magazine* noch einmal aufzunehmen, nach wie vor »unzugänglich«. Trotzdem gelang es dem Magazin, eins seiner arroganten Statements aus ihm herauszulocken: »Die Welt bekommt die Handschriften dann zu sehen, wenn ich mit der notwendigen Arbeit fertig bin.«[13]

Verständlich, daß die Journalisten bei der *BAR* sich damit nicht zufriedengaben und ihre Kampagne fortsetzten. In dem Fernsehinterview mit ABC hatte sich Strugnell mit leicht gezwungenem Humor und deutlicher Verachtung über die jüngsten Angriffe auf ihn und seine Kollegen beschwert. »Anscheinend haben wir uns einen Sack voll Flöhe eingehandelt«, sagte er, »die darauf aus sind, uns zu ärgern.«[14] Daraufhin brachte man postwendend ein wenig schmeichelhaftes Foto von Professor Strugnell, umringt von »namhaften Flöhen«. Außer Eisenman und Davies zählten zu den »namhaften Flöhen« die Professoren Joseph Fitzmyer von der Catholic University, David Noel Freedman von der Universität Michigan, Dieter Georgi von der Universität Frankfurt, Norman Golb von der Universität Chicago, Z. J. Kapera aus Krakau, Philip King vom Boston College, T. H. Gaster und Morton Smith von der Columbia und Geza Vermes von der Oxford University. Außerdem wurden alle Bibelforscher, die sich gern öffentlich als Flöhe bezeichnen lassen wollten, aufgefordert, sich in die Liste einzutragen. Diese Aufforderung bescherte einen Sack voll Briefe, unter anderem von Professor Jacob Neusner vom Institute for Advanced Study in Princeton, dem Autor einer Reihe bedeutender Werke über die Ursprünge des Judentums und die Zeit, in der sich das Christentum geformt hat. Unter Anspielung auf die Arbeit des internationalen

Teams bezeichnete Neusner die Erforschung der Schriftrollen vom Toten Meer, wie sie bisher gelaufen war, als »kolossalen Fehlschlag«, der auf »Arroganz und Wichtigtuerei«[15] zurückzuführen sei.

Im Herbst 1989 sind wir während unserer Recherchen zu diesem Buch immer mehr, wenn auch fast ohne es zu merken, in diese Kontroverse hineingeschlittert. Auf einer Israelreise, bei der Michael Baigent vorhatte, Material zu sammeln und mehrere Wissenschaftler zu interviewen, gedachte er, sich auch das sogenannte »Aufsichtskuratorium für die Schriftrollen« einmal näher anzusehen. Theoretisch konnte dieses Kuratorium alles mögliche sein. Es konnte ein »Papiertiger« sein, ein bloßes Mittel also, offizielle Untätigkeit institutionell zu bemänteln. Es konnte aber auch tatsächlich ein Instrument sein, das die Möglichkeit hatte, der internationalen Gruppe die Macht zu nehmen und in zielstrebigere Hände zu übergeben. Würde das Kuratorium nur weitere Verzögerungen verschleiern? Oder würde es die Autorität und den Willen haben, etwas Konstruktives zur Lösung des Problems beizutragen?

Dem Kuratorium gehörten auch zwei Mitglieder des israelischen Amtes für Altertümer an, nämlich Amir Drori, der Leiter des Amtes, und Ajala Sussman. Ursprünglich hatte Baigent ein Gespräch mit Drori verabredet. Auf dem Amt wurde er jedoch an Ajala Sussman verwiesen, die Leiterin der Abteilung, die für die Qumrantexte zuständig war. Drori war auch noch für andere Ressorts zuständig, während Ajala Sussman ausschließlich mit den Rollen befaßt war.

Die Unterredung mit ihr fand am 7. November 1989 statt. Verständlicherweise – und es unumwunden zugebend – betrachtete sie sie als unangenehme zusätzliche Belastung. Zwar gab sie sich betont höflich, aber ihre Antworten waren ungeduldig, abweisend und nichtssagend. Sie ging nur auf wenige Einzelheiten ein und versuchte das Gespräch so schnell wie möglich hinter sich zu bringen. Baigent wahrte seinerseits die Form, doch insistierte er hartnäckig und ließ keinen Zweifel daran, daß er so lange dableiben würde, bis er auf seine Fragen zumindest einige Antworten

bekommen hatte. Schließlich kapitulierte seine Gesprächspartnerin.
Baigent erkundigte sich zuerst nach der Zusammensetzung und dem Zweck des Aufsichtskuratoriums. Zu diesem Zeitpunkt sah Ajala Sussman in dem Fragesteller nicht jemanden, der sich in die Materie eingearbeitet hat, sondern einen Journalisten auf der Suche nach einer Story. Arglos vertraute sie ihm an, daß das Kuratorium gegründet worden sei, um das Amt für Altertümer gegen Kritik abzuschirmen. Dadurch mußte Baigent den Eindruck erhalten, das Kuratorium sei an den Rollen überhaupt nicht interessiert, sondern nur ein bürokratisches Deckmäntelchen.
Dann fragte Baigent nach der offiziellen Aufgabe des Kuratoriums und über wieviel Autorität es verfüge. Ajala Sussman antwortete darauf ausweichend, das Kuratorium sei da, um Amir Drori bei seinen Verhandlungen mit Professor Strugnell, dem Hauptherausgeber der Qumrantexte, zu »beraten«. Es beabsichtige, eng mit Strugnell, Cross und anderen Mitgliedern des internationalen Teams, dem sich das Amt für Altertümer verpflichtet fühle, zusammenzuarbeiten. »Einige von ihnen«, so erklärte sie, »sind mit ihrer Arbeit schon sehr weit vorangekommen, und wir wollen sie ihnen nicht aus der Hand nehmen.«[16]
Was mit dem Vorschlag der *BAR* und der Resolution sei, fragte Baigent weiter, die vor zwei Monaten verabschiedet worden sei und nach der alle interessierten Wissenschaftler Faksimiles oder Fotografien bekommen sollten. Frau Sussman machte eine Bewegung, als werfe sie einen belanglosen Brief in den Papierkorb. »Niemand hat das je ernsthaft in Erwägung gezogen«, sagte sie. Andererseits meinte sie etwas bestimmter, der neue Zeitplan, nach dem alle Qumrandokumente bis 1996 publiziert werden sollten, sei korrekt. »Wir können das Material neu zuteilen«, betonte sie, »wenn etwa Milik die Frist nicht einhält.«[17] Alle Milik zugeordneten Texte müßten zu einem festgelegten Zeitpunkt veröffentlicht werden.
Im übrigen bekundete sie Sympathie für Strugnells Haltung. Sie teilte Baigent mit, ihr Mann sei Talmud-Spezialist und helfe Strugnell beim Übersetzen des – alles in allem 121 Zeilen langen – überfälligen MMT-Dokumentes.

Frau Sussman machte ganz den Eindruck, als finde sie, alles sei in Ordnung und die Sache komme gut voran. Ihre Hauptsorge galt allerdings weniger dem Qumranmaterial als den öffentlichen Angriffen auf das Amt für Altertümer. Diese machten ihr wirklich zu schaffen. Sie meinte, schließlich seien die Rollen »nicht unsere Aufgabe. Warum macht man darum bloß soviel Aufhebens? fragte sie fast wehleidig. »Wir haben doch Wichtigeres zu tun.«[18]
Baigent verließ sie höchst beunruhigt. In Israel ist es häufig der Brauch, eine Angelegenheit dadurch zu erledigen, daß man ein zuständiges Komitee bildet. Bis jetzt hatten de Vaux und Benoit ja auch in der Tat jeden Versuch von offizieller Seite, die Arbeit der internationalen Gruppe zu überwachen, zu umgehen gewußt. Gab es da irgendeinen Grund anzunehmen, die Situation würde sich ändern lassen?
Am nächsten Tag traf sich Baigent mit Professor Schemariahu Talmon, einem der beiden Wissenschaftler der Hebräischen Universität, die dem Kuratorium angehörten. Talmon war endlich ein ernstzunehmender Gesprächspartner – sarkastisch, findig, weltgewandt und erfahren. Im Gegensatz zu Frau Sussman kannte er sich in der Materie minutiös aus und sympathisierte offen mit Wissenschaftlern, die sich um Zugang zum Qumranmaterial bemühten. Er habe selbst in der Vergangenheit Schwierigkeiten gehabt, sei nicht an die Originaltexte herangelassen worden, habe mit Kopien und Sekundärquellen arbeiten müssen, deren Genauigkeit jedoch zuweilen zu wünschen übriggelassen habe.
Talmon eröffnete das Gespräch mit den Worten: »Die Kontroverse ist das Lebenselixier der Wissenschaft.«[19] Er machte unmißverständlich klar, daß er seine Mitgliedschaft im Kuratorium als eine Möglichkeit betrachte, die Situation zu verändern. »Falls es sich nur als Gremium von Wachhunden erweist, werde ich zurücktreten.«[20] Um seine Existenzberechtigung nachzuweisen, müsse das Kuratorium schon konkrete Ergebnisse vorweisen. Er anerkannte durchaus die Probleme, denen sich die internationale Gruppe gegenübersah: »Wissenschaftler stehen immer unter Druck und halsen sich immer zuviel auf. Eine Frist ist immer tödlich.«[21] Falls aber ein Wissenschaftler mehr Texte in Händen halte, als er bearbeiten könne, müsse er sie eben weitergeben, und genau das

wolle das Kuratorium den Forschern nahelegen. Beiläufig erwähnte Talmon, es kursierten Gerüchte, daß immer noch zahlreiche Fragmente in den Archiven ruhten, die noch zu vergeben seien. Diese Gerüchte sollten sich als begründet erweisen.
Baigent fragte Talmon auch, warum Eisenmans und Davies' Antrag um Zugang zu bestimmten Dokumenten soviel Aufsehen erregt habe. Talmon erwiderte, daß er die Genehmigung befürwortet habe. Es sei »notwendig, Personen, die unveröffentlichte Informationen benötigen, behilflich zu sein. Dies ist eine legitime Forderung.«[22] Die Rollen müßten allen interessierten, qualifizierten Forschern verfügbar sein. Gleichzeitig gab Talmon aber zu, daß bestimmte organisatorische Schwierigkeiten aus dem Weg geräumt werden müßten. Diese Schwierigkeiten würden nun angegangen; es seien vor allem folgende: Zuerst einmal müsse der veraltete Katalog überarbeitet und auf den neusten Stand gebracht werden. Dann gebe es immer noch kein vollständiges Inventar von den Rollen und Fragmenten – »Nur Strugnell weiß, was sich wo befindet« –, und schließlich werde eine allgemeine Konkordanz aller bekannten Texte dringend benötigt.
Talmon gestand auch ehrlich seine ernsthaften Zweifel ein, daß die Texte wirklich bis 1996 veröffentlicht werden würden. Und zwar nicht allein deswegen, weil die internationale Gruppe sich mit der Frist schwertun könnte, sondern auch weil die Oxford University Press kaum in so kurzer Zeit so viele Bände würde publizieren können. Zwischen 1990 und 1993 wären allein neun Bände herauszugeben. Und wie sollte Strugnell so viele als Herausgeber betreuen können, wo er doch selbst eigene Forschungen betreibe? Dies waren nun in der Tat echte Schwierigkeiten, die nicht auf Sabotage oder einer Verzögerungstaktik beruhten. Immerhin war Talmon bereit, nur solche – also echte – Schwierigkeiten hinzunehmen, und damit konnte man sich zufriedengeben. In Talmon hatte das Kuratorium einen ernstzunehmenden, verantwortungsbewußten Wissenschaftler, der die Probleme kannte und lösen wollte und sich nicht durch Verschleierungstaktiken beirren lassen würde.
Baigent hatte erfahren, daß das Kuratorium am folgenden Tag um zehn Uhr morgens tagen wollte. Deshalb hatte er sich um neun

Uhr mit Professor Jonas Greenfield verabredet, dem zweiten Kuratoriumsmitglied von der Hebräischen Universität. Er stellte Greenfield seine übliche Frage, ob das Kuratorium »die Zähne zeigen« könne. »Wir würden schon gern die Zähne zeigen, doch müssen sie uns erst noch wachsen«, lautete Greenfields Antwort.[23] Da er nichts zu verlieren hatte, ließ Baigent die Katze aus dem Sack. Er wiederholte, was Ajala Sussman ihm gesagt hatte – das Kuratorium solle in erster Linie Kritik vom Amt für Altertümer fernhalten. Konnte ja sein, daß er damit eine Reaktion auslöste.
Sie erfolgte auch prompt. Am nächsten Morgen rief Frau Sussman Baigent an. Sie teilte ihm, zu Beginn leicht gereizt, mit, sie sei reichlich verärgert, weil er gegenüber Professor Greenfield behauptet habe, sie habe eine derartige Äußerung gemacht. Das sei nicht wahr, das könne sie so gar nicht gesagt haben. »Wir sind sehr wohl darauf bedacht, daß das Kuratorium die Dinge in die Hand nimmt.«[24] Baigent fragte daraufhin, ob er ihr seine Aufzeichnungen noch einmal vorlesen dürfe, was er dann auch tat. Doch Frau Sussmann insistierte: »Das Kuratorium wurde gebildet, um das Amt in heiklen Fragen zu beraten.«[25] Ihre beiläufigen Bemerkungen seien nicht für die Öffentlichkeit bestimmt gewesen. Darauf erwiderte Baigent, er habe das Gespräch aber gerade deshalb mit Amir Drori verabredet, nämlich um *für* die Öffentlichkeit etwas über die offizielle Politik zu erfahren. Da Drori ihn an Frau Sussman verwiesen habe, habe er keinen Grund gehabt anzunehmen, sie könnte etwas anderes als die »offizielle Parteilinie« vertreten. In diesem Sinn habe er das Gespräch als durchaus für die Öffentlichkeit bestimmt ausgefaßt.
Dann wurde Baigent konzilianter und erklärte Frau Sussman sein Anliegen. Die Einrichtung des Kuratoriums sei in der traurigen Geschichte der Schriftrollen vom Toten Meer geradezu ein Lichtblick. Zum ersten Mal habe sich die Möglichkeit eröffnet, das Siegel zu brechen, die akademischen Rangeleien zu überwinden und die Texte freizubekommen, was schon seit vierzig Jahren überfällig sei. Daß diese Gelegenheit möglicherweise ungenutzt verstreichen und das Kuratorium nur ein bürokratischer Popanz sein könnte, habe ihn völlig fertiggemacht. Andererseits hätten ihn Talmon und Greenfield wieder beruhigt, denn sie hätten unmiß-

verständlich den Wunsch geäußert, daß das Kuratorium aktiv und effektiv eingreife. Nun beeilte sich Frau Sussman, ihren Kollegen beizupflichten. »Wir sind an dieser Initiative sehr interessiert«, beteuerte sie. »Wir suchen nach gangbaren Wegen, denn wir wollen, daß das ganze Unternehmen möglichst rasch vorankommt.«[26]

Das Kuratorium fühlte sich teils durch die Entschlossenheit der Professoren Talmon und Greenfield, teils durch Frau Sussmans Fauxpas bemüßigt, sich um eine Lösung zu bemühen. Die Bedenken von Professor Talmon, nämlich ob die Oxford University Press organisatorisch und technisch in der Lage sein würde, die vorgesehenen Bände innerhalb der mit Strugnell vereinbarten Frist herauszubringen, blieben jedoch im Raum stehen. War der Termin etwa in voller Kenntnis dieser Schwierigkeiten gewählt worden? Handelte es sich nicht doch wieder um eine Verzögerungstaktik, um die internationale Gruppe von jeder Schuld reinzuwaschen?
Als Baigent wieder in England war, rief er Strugnells Lektorin von der Oxford University Press an und fragte sie, ob der Terminplan realistisch sei. Ob es möglich sei, achtzehn Bände der *Discoveries in the Judaean Desert* zwischen 1989 und 1996 zu produzieren. Wäre ein Erblassen am Telefon zu hören, dann hätte Baigent gewiß eines zu hören bekommen. Die Aussichten dafür, gab Strugnells Lektorin zur Antwort, seien »äußerst trübe«. Sie teilte ihm mit, sie habe sich gerade vor kurzem mit Strugnell getroffen und außerdem in dieser Sache soeben ein Fax vom israelischen Amt für Altertümer erhalten. Man gehe allgemein davon aus, daß diese Fristen »sehr vage sind. Jedes Datum ist mit Einschränkung zu betrachten. Wir können höchstens zwei oder drei Bände pro Jahr herausbringen.«[27]
Auf Baigents Einwand, das Amt für Altertümer wie auch das Kuratorium machten sich Sorgen darüber, ob der Zeitplan eingehalten werden könnte, bekräftigte sie diese Befürchtung: »Sie haben völlig recht, über den Zeitplan besorgt zu sein.«[28] Und was sie daraufhin noch sagte, klang, als würde sie das ganze Projekt am liebsten fallenlassen. Die Oxford University Press bestehe nicht unbedingt darauf, die ganze Serie allein zu veröffentlichen. Viel-

leicht sei noch jemand anders, ein Universitätsverlag oder auch irgendein anderer Verlag, an einer Co-Publikation interessiert. Sie sei sich nicht einmal sicher, daß ihr Verlag die Kosten für jeden einzelnen Band aufbringen könne.

In den letzten Monaten des Jahres 1990 kam wieder Bewegung in den Fall um das internationale Team und sein Monopol. Die Wissenschaftler, denen der Zugang zum Qumranmaterial versperrt war, wandten sich immer häufiger an die Öffentlichkeit, und es scheint, als wolle die israelische Regierung auf den wachsenden Druck reagieren. Dieser Druck wurde noch verstärkt durch einen Artikel, der im November in der Zeitschrift *Scientific American* erschien und die Verzögerungen und die Situation insgesamt scharf kritisierte sowie unabhängigen Wissenschaftlern Gelegenheit bot, ihrem Mißmut Ausdruck zu verleihen.
Mitte November traf die Nachricht ein, die israelische Regierung habe Emmanuel Tov, den bekannten Spezialisten für die Schriftrollen vom Toten Meer, zum »Mitherausgeber« für die geplante Übersetzung und Veröffentlichung des gesamten Qumranmaterials ernannt. Diese Ernennung war allem Anschein nach ohne Absprache mit dem Herausgeber John Strugnell erfolgt. Strugnell soll sich denn auch dagegen zur Wehr gesetzt haben. Zur Zeit der Ernennung lag Strugnell aber im Krankenhaus, so daß er nicht Stellung nehmen – und wohl erst recht nicht ernsthaft dagegen vorgehen konnte. Zu dem Zeitpunkt begannen auch ehemalige Kollegen, darunter zum Beispiel Frank Cross, sich von ihm zu distanzieren und ihn öffentlich zu kritisieren.
Diese Ereignisse hatten aber auch noch andere Gründe. Anfang November hatte Strugnell einem Journalisten der Tel Aviver Zeitung *Ha aretz* in seinem Hauptquartier in der Ecole Biblique ein Interview gegeben. Was er wirklich genau gesagt hat, ist momentan nicht zu klären, doch die Äußerungen, die um die Welt gegangen sind, waren kaum dazu angetan, ihn den israelischen Behörden lieb und teuer zu machen. Sie offenbaren einen für einen Mann in seiner Position fast unglaublichen Mangel an Takt. Laut *New York Times* vom 12. Dezember 1990 soll Strugnell – ein zum Katholizismus konvertierter Protestant – über die jüdische Religion gesagt

haben: »Es ist eine schreckliche Religion. Es ist eine christliche Häresie, und wir werden mit unseren Häretikern auf unterschiedliche Weise fertig.« Zwei Tage später stand in der *Times* mehr über Strugnells Statement: »Ich halte das Judentum für eine rassistische Religion, für etwas ganz Primitives. Was mich daran stört, ist vor allem die Existenz der Juden als Gruppe ...« Und laut der Londoner Zeitung *Independent* soll Strugnell zudem geäußert haben, für das Judentum sei die »Lösung« – was für ein ominöses Wort – »der massenhafte Übertritt zum Christentum«.

Im Grunde haben diese Äußerungen natürlich nichts mit der Qumranforschung zu tun oder mit dem Ausschluß anderer Forscher von den Qumrantexten und dem Hinausschieben von deren Veröffentlichung. Es war jedoch kaum zu erwarten, daß sie die Glaubwürdigkeit eines Mannes erhöhten, der für die Übersetzung und Veröffentlichung alter judäischer Texte verantwortlich war. Kein Wunder, daß sie einen solchen Skandal auslösten. Die britischen Zeitungen berichteten darüber. Die Titelseiten der Zeitungen in Israel, Frankreich und den Vereinigten Staaten waren voll davon. Strugnells ehemalige Kollegen distanzierten sich zwar elegant, dafür aber um so schneller von ihm. Mitte Dezember wurde bekannt, daß er seines Amtes enthoben worden war – eine Entscheidung, in der seine ehemaligen Kollegen und die israelischen Behörden offensichtlich übereinstimmten. Als Gründe für seine Entlassung wurden Verzögerungen bei der Veröffentlichung der Texte sowie gesundheitliche Gründe angeführt.

II
Im Auftrag des Vatikans

Die Attacke auf die Wissenschaft

Bis jetzt handelte dieses Buch vor allem von »den Schurken des Stücks«: der »internationalen Gruppe«, dem Team. Robert Eisenman und andere machten jedoch in den Gesprächen, die wir mit ihnen führten, immer wieder auch Anspielungen auf das Verhalten der Ecole Biblique, also des archäologischen Instituts der französischen Dominikaner in Jerusalem, und deren Bedeutung für die Sache der Schriftrollen vom Toten Meer. Häufig nannten sie die internationale Gruppe und die Ecole Biblique in einem Atemzug. Allegro bezeichnete in seinen Briefen die internationale Gruppe wiederholt als »Bande der Ecole Biblique«. Wir fragten uns, warum diese Assoziation so oft auftauchte. Warum wurden die internationale Gruppe und die Ecole Biblique gleichgesetzt? Welche Verbindung bestand zwischen ihnen? War sie klar definiert? War die internationale Gruppe »offiziell« ein Anhängsel der Ecole Biblique? Oder überschnitten sich beide so weitgehend, daß jede Unterscheidung überflüssig war? Mit Eisenmans Rat und ein paar Fingerzeigen versehen, wollten wir der Sache auf den Grund gehen. Wie bereits erwähnt, wurde die internationale Gruppe von Anfang an von Pater de Vaux beherrscht, dem damaligen Leiter der Ecole Biblique, sowie seinem engsten Vertrauten und Schüler, Pater Milik. Schon Allegros Klagen zeigten, daß die beiden fortlaufend sämtliche Texte, die neu auftauchten, erst einmal für sich reklamierten: »Alle Fragmente werden zuerst zu de Vaux oder Milik gebracht und ... es bleibt völlig geheim, worum es sich dabei handelt, bis die beiden sie studiert haben.«[1] Sogar Strugnell hat einmal geäußert, Milik halte den Daumen auf allem neu eintreffenden Material mit der Behauptung, es falle in sein Ressort.[2] Kein Wunder also, daß sich bei Milik der Löwenanteil an bedeutendem Material stapelte – vor allem das kontroverse Sektenmaterial. Daß Milik wie auch seine treuesten Verbündeten de Vaux und Starcky sich zu der Zeit, als die meisten Texte zur Verteilung kamen, ununterbrochen in Jerusalem aufhielten, erleichterte die Entstehung dieses Monopols. Pater Skehan stärkte dem Triumvirat den Rücken, wenn er auch nicht ständig in Jerusalem war; ebenso Frank Cross, dem ohnehin hauptsächlich biblisches Material zugeteilt worden war. Allegro manövrierte sich zwar in die Rolle des Rebellen, doch wurde eine wirksame Opposition dadurch behindert, daß er nur sporadisch in Jerusalem weilte. Im übrigen war von denen, die sich in der entscheidenden Phase – während der Ausgrabungen, als die Rollenfragmente erstanden, die Texte zugeordnet und die Fragmente in Kleinarbeit zusammengesetzt wurden – in Jerusalem aufhielten, nur der junge John Strugnell (der de Vaux ohnehin kaum herausgefordert haben würde) nicht katholisch – und auch er konvertierte schon bald. Alle anderen waren römisch-katholische Priester, die an der Ecole Biblique residierten. Zum Zeitpunkt, da wir dies niederschreiben, lebt John Strugnell noch immer dort. Von den übrigen Mitgliedern der internationalen Gruppe und den Autoren im Umfeld der Qumranforschung residieren Pater Emile Puech und Pater Jerome Murphy-O'Connor an der Ecole.

Daß diese katholische Konklave die Qumranforschung dominierte, lag nicht nur daran, daß es zufällig an Ort und Stelle ist. Es lag auch nicht daran, daß diese Gruppe auf dem betreffenden Forschungsgebiet Außergewöhnliches geleistet hätte. Es fehlte vielmehr keineswegs an ebenso kompetenten Wissenschaftlern; diese wurden aber – wie wir gesehen haben – ausgeschlossen. Und auch dabei spielte die Ecole Biblique eine überragende Rolle, indem ihre Vertreter sich systematisch darum bemühten, eine unangefochtene Vorrangstellung zu erringen. So verfügte die Ecole über eine eigene Zeitschrift, die von de Vaux herausgegebene *Revue biblique*, in der schon früh einige stringente und einflußreiche Artikel über Qumran erschienen – Artikel, die den Stempel »aus erster Hand« trugen. 1958 lancierte die Ecole eine weitere Zeitschrift, die *Revue de Qumran*, die sich ausschließlich mit den Schriftrollen vom Toten Meer und verwandten Themenbereichen befaßte. Mit diesen beiden Medien hatte die Ecole ganz offiziell zwei sehr bekann-

te und angesehene Foren der Qumrandiskussion fest in ihrer Hand. Die Herausgeber konnten nach ihrem Gusto Artikel annehmen oder ablehnen, und sie gewannen dadurch von Anfang an entscheidenden Einfluß auf den Verlauf der Qumranforschung.
Zusätzlich zu diesen beiden Organen baute die Ecole Biblique eine eigene, auf Qumran spezialisierte Forschungsbibliothek auf. Jedes Buch, jeder wissenschaftliche Artikel, jeder Bericht in einer Tageszeitung oder Zeitschrift über die Schriftrollen vom Toten Meer wurde in einer Kartei vermerkt. Alle Veröffentlichungen zu dem Thema wurden in der Bibliothek gesammelt und ausgestellt, allerdings nicht für die Öffentlichkeit. Zwar wurde der Großteil des noch nicht klassifizierten und zugeteilten Rollenmaterials im Rokkefeller-Museum aufbewahrt – ein kleiner Teil befand sich in der Ecole Biblique –, doch sank das Museum immer mehr in den Status einer bloßen »Werkstatt« ab, während die Ecole als »Zentrale«, »Büro«, »Schule« und »Schaltstelle« fungierte. Auf diese Weise etablierte sich die Ecole als das generell anerkannte Zentrum für die gesamte Qumranforschung, als Brennpunkt aller legitimen und wissenschaftlich fundierten Forschung auf diesem Gebiet: Ein Plazet der Ecole garantierte die Reputation eines Wissenschaftlers. Verweigerte sie es, bedeutete dies soviel wie ein Verdikt über die Glaubwürdigkeit des Betreffenden.
Offiziell galten die Studien, über die die Ecole die Hand hielt, natürlich als überkonfessionell, überparteilich, unparteiisch und nicht manipuliert. Die Ecole präsentierte der Welt eine Fassade wissenschaftlicher Objektivität. Aber kann man von einem Institut der Dominikaner, das die katholischen Interessen wahren soll, solche Objektivität erwarten? »Mein Glaube hat von meiner Forschung nichts zu befürchten«, hat de Vaux einmal Edmund Wilson gegenüber geäußert.[3] Zweifellos war das nie der Fall, aber darum ging es ja auch nicht. Vielmehr ging es um die Frage, ob seine Wissenschaftlichkeit und Verläßlichkeit etwas von seinem Glauben zu befürchten hatten.
Je tiefer wir Einblick in die Situation bekamen, desto mehr fragten wir uns, ob die kritischen Fragen bislang überhaupt an die richtige Adresse gerichtet worden waren, oder ob man nicht vielmehr die Falschen beschuldigte. Die Redaktion der *Biblical Archaeology*

Review hatte beispielsweise die israelische Regierung zum Hauptschuldigen erklärt. Doch die israelische Regierung hatte sich allenfalls einer – sogar verständlichen – Unterlassungssünde schuldig gemacht. Die jordanische Regierung hatte auf Vorschlag Allegros hin das Rockefeller-Museum verstaatlicht.[4] Aufgrund politischer und militärischer Umstände – Sechs-Tage-Krieg und seine Folgen – kam Israel dann unerwartet in den Besitz des arabischen Ostteils von Jerusalem, in dem sich sowohl das Rockefeller-Museum als auch die Ecole Biblique befanden. Dadurch gingen die Schriftrollen vom Toten Meer als »Kriegsbeute« in israelische Hände über. Israel hatte damals jedoch ganz andere Sorgen, als sich um Wissenschaftlergezänk oder die Beseitigung akademischer Privilegien zu kümmern. Auch durfte man nicht riskieren, sich international weiter zu isolieren, indem man eine Gruppe von angesehenen Wissenschaftlern befehdete und entsprechende Reaktionen von Intellektuellen und womöglich auch des Vatikans provoziert hätte. Infolgedessen unternahm die israelische Regierung nichts und ließ den Status quo weiter bestehen. Das internationale Team wurde lediglich aufgefordert, die Arbeit fortzusetzen.

Schon näher lag es, das internationale Team für die mißliche Situation verantwortlich zu machen – was auch mehrere Kommentatoren getan haben. Aber hatten sie die Motive der Gruppe auch richtig beschrieben? Ging es hier wirklich nur, wie die *New York Times* sich ausdrückte, um »Gelehrteneitelkeit«, um »Arroganz oder Wichtigtuerei«[5]? Gewiß mögen derartige Motive eine Rolle gespielt haben. Aber letztlich ging es doch um die Frage der Abhängigkeit. Wem war denn die internationale Gruppe in letzter Instanz Rechenschaft schuldig? Theoretisch hätte sie sich vor der Wissenschaft verantworten müssen. In Wirklichkeit schien sie sich niemandem außer der Ecole Biblique verpflichtet zu fühlen. Als wir mit Eisenman diese Frage erörterten, wies er auf eine mögliche Verbindung zwischen der Ecole und dem Vatikan hin, fügte aber hinzu, er sei der Sache selbst nie nachgegangen.

Wir fragten noch andere Wissenschaftler, die den Skandal um die Schriftrollen öffentlich angeprangert hatten. Keiner von ihnen hatte sich mit dem Hintergrund der Ecole und ihren offiziellen Bindungen beschäftigt. Natürlich war bekannt, daß es sich um ein katholisches Institut handelte, doch hatte man keine Kenntnis von direkten oder gar offiziellen Verbindungen zum Vatikan. Philip Davies, Professor in Sheffield, fand es nicht uninteressant, dieser Frage nachzugehen. Wenn er es sich genau überlege, wundere er sich darüber, daß die Kritik stets von der Ecole abgelenkt worden sei.[6] Norman Golb von der Universität Chicago meinte, vieles weise auf Verbindungen zum Vatikan hin.[7] Doch auch er hatte diese Spur nicht weiter verfolgt.

Da kein Zweifel bestehen konnte, daß die Ecole Biblique das Feld der Qumranforschung beherrschte, schien es uns wichtig, ihrer offiziellen Ausrichtung, ihrer Haltung, ihren Verbindungen und der Instanz, der sie verantwortlich war, auf die Spur zu kommen. Wir fanden auch, daß hier eine Möglichkeit bestand, endlich einmal eigene Recherchen anzustellen. Es erwies sich, daß sie als Ergebnis nicht nur für uns, sondern auch für andere, unabhängige Wissenschaftler eine bedeutende Enthüllung zutage fördern sollten.

Heute nimmt man die Grundlagen und Verfahrensweisen der historischen und archäologischen Forschung mehr oder weniger als gegeben und verläßlich hin. Doch bis in die Mitte des vergangenen Jahrhunderts gab es die Art der Forschung, wie wir sie heute kennen, noch gar nicht, weder allgemein anerkannte Methoden noch verläßliche Verfahren. Es gab auch keine eigentliche Ausbildung, und man war sich nicht klar darüber, daß man bei der Erforschung derartiger Dinge »wissenschaftlich« vorgehen mußte, das heißt mit derselben Strenge, Objektivität und Systematik wie bei jeder anderen Wissenschaft. Damals waren auf diesem Gebiet auch keine Fachwissenschaftler am Werk, sondern es tummelten sich mehr oder weniger gebildete Dilettanten darauf. Es war Neuland und ein professionelles Vorgehen noch kaum möglich.

So durchstöberten etwa zu Beginn des neunzehnten Jahrhunderts wohlhabende Europäer auf Bildungsreisen Italien und Griechenland auf der Suche nach Kunstgegenständen, die sie dann mit entsprechendem Stolz mit nach Hause brachten. Manche buddelten auf ihren Streifzügen durch das weite, niedergehende Osmanische Reich in der Erde herum. Aber derartige Unternehmungen verdienen wohl kaum den Namen Archäologie, und man muß sie eher als Schatzsuche bezeichnen. Das Wissen über die Vergangenheit wurde für weit weniger wichtig erachtet als spektakuläre Beutestücke. Oft unterstützten denn auch Museen, die große, Aufsehen erregende Funde ausstellen wollten, solche Beutezüge. Die Nachfrage war beträchtlich, ebenso das Interesse des Publikums. Die Massen strömten in die Museen, um die neuesten Trophäen zu bestaunen, und die Boulevardpresse hatte immer mal wieder einen großen Tag. Aber die Glanzstücke der Vergangenheit regten eher die Phantasie an als das wissenschaftliche Denken. Flauberts *Salammbô*, erschienen 1862, stellte demgegenüber eine »archäologische Großtat« in der Literatur dar, einen grandiosen, phantastischen Versuch, den Glanz des alten Karthago mit minutiöser wissenschaftlicher Präzision zu rekonstruieren. Aber die Wissenschaft hatte zu Flauberts ästhetischer Umsetzung noch lange nicht aufgeschlossen. Wenigstens hatte bis dahin niemals ein Historiker den Versuch unternommen, das versunkene Karthago anhand von wissenschaftlichen oder archäologischen Fakten so lebendig wiedererstehen zu lassen.

Bis in die Mitte des vergangenen Jahrhunderts war mehr oder weniger alles, was sich als Archäologie ausgab, eher ein Trauerspiel. Wandgemälde, Skulpturen und andere Artefakte zerfielen vor den schwärmerischen Augen ihrer Entdecker – die von Konservierung natürlich nicht viel verstanden. Statuen von unschätzbarem Wert wurden bei der Suche nach darin verborgenen, vermeintlichen Schätzen zerstört oder für den Transport in Stücke zerlegt – und versanken häufig samt dem Schiff, auf dem sie transportiert wurden, im Meer. Und falls es überhaupt systematische Ausgrabungen gab, waren sie nicht mit historischen Erwägungen verbunden, nicht mit dem Verlangen, die Vergangenheit zu erhellen. Zudem mangelte es den Ausgrabenden an Wissen, Fähigkeiten und technischen Hilfsmitteln.

Als »Vater« der modernen Archäologie gilt der deutschstämmige Heinrich Schliemann (1822–1890), der 1850 amerikanischer Staatsbürger wurde. Schon als Junge schwärmte Schliemann leidenschaftlich für Homers *Ilias* und *Odyssee*. Er glaubte fest daran, daß die Epen keine bloßen Dichtungen waren, sondern Geschichte in mythischer Gestalt, legendäre Berichte zwar, die sich jedoch auf Menschen, Ereignisse und Orte bezogen, die es wirklich einmal gegeben hat. Schliemann wurde aber von seinen Zeitgenossen nur mit Spott und Skepsis bedacht, weil er den Trojanischen Krieg für ein historisches Ereignis hielt. Dennoch war er überzeugt, daß Troja nicht nur ein Produkt dichterischer Phantasie war, sondern eine Stadt, die wirklich existiert hatte. Homers Werke waren für ihn wie eine Landkarte, mit deren Hilfe man bestimmte geographische und topographische Anhaltspunkte gewinnen konnte. Die Entfernungen, die darin zwischen verschiedenen Orten angegeben wurden, ließen sich schätzen, indem man die Reisegeschwindigkeit jener Zeit berücksichtigte. Mit diesen und anderen Mitteln glaubte Schliemann den Weg der griechischen Flotte, wie er in der *Ilias* beschrieben ist, verfolgen und die Lage Trojas bestimmen zu können, und nach seinen Berechnungen war er überzeugt davon, den Standort Trojas ermittelt zu haben.

Nachdem Schliemann sich durch Handel ein Vermögen verdient hatte, machte er sich auf, um an der mutmaßlichen Stelle Ausgrabungen vorzunehmen. Seine Zeitgenossen hielten das ganze Unternehmen für eine Donquichotterie. 1868 begab er sich nach Griechenland und folgte mit seinem zweieinhalbtausend Jahre alten Führer Homer dem Rückweg der Flotte der Achäer und begann an besagter Stelle in der Türkei zu graben. Und zur absoluten Verblüffung der Weltöffentlichkeit fand Schliemann Troja tatsächlich – oder doch zumindest eine Stadt, auf die Homers Beschreibung von Troja zutraf. Genauer gesagt: Schliemann fand mehrere Städte. Bei vier verschiedenen Ausgrabungen stieß er auf neun Städte, von denen jede sich über den Ruinen der jeweils älteren erhob. Doch nach diesem ersten spektakulären Erfolg beschränkte sich Schliemann nicht mehr nur auf Troja. Zwischen 1874 und 1876 grub er in Griechenland Mykene aus. Die Entdeckungen dort gelten sogar als noch bedeutender als die in der Türkei.

Schliemann hat bewiesen, daß Archäologie mehr leisten kann als archaische Legenden auf ihren historischen Wahrheitsgehalt hin zu prüfen und zu entscheiden, ob etwas daran ist – oder eben nicht. Er zeigte auch, daß diese Legenden die meist nüchternen, trockenen Chroniken der Vergangenheit mit Leben und Kraft erfüllen, in einen menschlichen und gesellschaftlichen Kontext einbetten und die Grundlagen des alltäglichen Lebens und Handelns offenlegen können, aufgrund deren Mentalität und Milieu der damaligen Zeit deutlich werden. Darüber hinaus bewies er, daß man durch genaues Beobachten und Aufzeichnen von Anhaltspunkten zu wissenschaftlichen Ergebnissen kommen konnte. Bei der Freilegung der neun übereinanderliegenden Städte Trojas wandte Schliemann die Methoden an, die in jüngster Zeit in der Geologie Einzug gehalten hatten. Sie erlaubten Schlüsse, die heute selbstverständlich sind: daß nämlich jede Schicht von Ablagerungen von den übrigen unterschieden und eingeordnet werden kann, aufgrund der einfachen Voraussetzung, daß die unterste Schicht die älteste ist. Schliemann wurde dadurch zum Pionier der Stratigraphie, einem Teilgebiet der Geologie, und deren Anwendung auf archäologischem Gebiet. Praktisch im Alleingang hat er somit den damaligen archäologischen Ansatz und dessen Methoden revolutioniert.

Natürlich erkannte man schon sehr bald, daß sich Schliemanns wissenschaftlicher Ansatz problemlos auf die biblische Archäologie anwenden ließ. 1864, vier Jahre vor der Freilegung Trojas, war Sir Charles Wilson, damals Captain der Royal Engineers, nach Jerusalem beordert worden, um die Stadt zu vermessen und eine zuverlässige Karte davon anzulegen. Im Verlauf seiner Arbeit nahm Wilson erstmals Ausgrabungen unter dem Tempel vor und stieß dabei auf bauliche Reste, die man als die Ställe Salomons bezeichnet. Seine Bemühungen veranlaßten ihn, sich an der Gründung des Fonds zur Erforschung Palästinas zu beteiligen, als deren Schirmherrin immerhin Königin Victoria fungierte. Anfangs arbeitete diese Organisation völlig unkoordiniert. Bei der Jahresversammlung 1886 berichtete Wilson jedoch, daß »einige reiche Engländer Schliemanns Beispiel folgen« und daß sie seinen wissenschaftlichen Ansatz auf das Auffinden biblischer Orte anwenden wollten.[8]

Das Unternehmen wurde dem damals in Ägypten aktiven, bekannten Archäologen William Matthew Flinders Petrie unterstellt. Nach zwei vergeblichen Grabungen entdeckte Flinders Petrie ei-

nen Erdhügel, unter dem sich die Ruinen von elf übereinanderliegenden Städten befanden.
Während seiner Tätigkeit in Ägypten hatte Flinders Petrie eine neue Technik zur Datierung alter Ruinen entwickelt. Sie stützte sich auf die stufenweise Entwicklung und Veränderung der Formen und Ornamente von Gebrauchskeramik. Mit dieser Methode ließ sich nicht nur eine chronologische Abfolge der Artefakte selbst, sondern auch des Schuttes in ihrer Umgebung ermitteln. Auch wenn diese Methode nicht unfehlbar ist, bewies sie einmal mehr, daß sich wissenschaftliche Methoden in der archäologischen Forschung anwenden ließen. Flinders Petries Gruppe wandte diese Methode in Palästina systematisch an. Diesem Team schloß sich 1926 der junge Lankester Harding an. Es war jener Lankester Harding, der, wie wir bereits wissen, später als Leiter des jordanischen Amtes für Altertümer bei den ersten Grabungen nach den Schriftrollen vom Toten Meer und bei den Bemühungen, die zerstreuten und gefährdeten Funde zusammenzutragen, eine entscheidende Rolle spielte.
Während britische Archäologen in Ägypten und Palästina auf Schliemanns Spuren wandelten, verfeinerten die Deutschen seine Methoden. Was Flaubert mit *Salammbô* in der Literatur gelungen war, versuchten die Deutschen in der Archäologie, nämlich eine Gesellschaft in ihrer Gesamtheit bis ins kleinste Detail aus den archäologischen Artefakten zu rekonstruieren. Natürlich war dies ein langsamer, mühevoller Prozeß, der größte Sorgfalt und unerschöpfliche Geduld erforderte. Mit der Ausgrabung von »Schätzen« und monumentalen Anlagen war es dabei nicht getan. Man mußte auch Reste administrativer, kommerzieller und staatlicher Bauwerke zu Tage fördern und rekonstruieren. Auf diese Weise hat Robert Koldewey zwischen 1899 und 1913 die Ruinen von Babylon ausgegraben. Mit Hilfe seiner Arbeit ließ sich ein kohärentes und umfassendes, detailliertes Bild einer bis dahin in jeder Hinsicht verloren geglaubten Kultur gewinnen.
Die archäologischen Fortschritte des neunzehnten Jahrhunderts waren zu einem großen Teil von Schliemanns kritischer Durchsicht der Epen Homers ausgegangen, von seinem methodischen, wissenschaftlichen Beharren auf der Trennung von Faktum und Fik-

tion. Und es dauerte denn auch nicht lange, bis man die Heilige Schrift derselben strengen Prüfung unterzog. Der französische Theologe und Historiker Ernest Renan hat sich darum besondere Verdienste erworben. Der 1823 geborene Renan wollte zunächst Priester werden und trat darum in das Seminar von Saint-Sulpice ein. 1845 entsagte er jedoch dieser Berufung. Er fühlte sich nun vielmehr durch die deutsche Bibelforschung dazu angeregt zu untersuchen, wie weit die christlichen Schriften wörtlich zu nehmen seien. 1860 begab sich Renan auf eine archäologische Reise nach Palästina und Syrien. Drei Jahre später veröffentlichte er sein berühmtes – oder, wie man's nimmt, berüchtigtes – Werk *Das Leben Jesu*. Renan versuchte darin das Christentum zu entmystifizieren. Er beschrieb Jesus als »unvergleichlichen Menschen«, aber eben als Menschen, das heißt als sterblich und nicht göttlich, und stellte eine Wertehierarchie auf, die man heute wohl als säkularisierten Humanismus bezeichnen würde. Renan war kein obskurer Akademiker oder sensationslüsterner Aufrührer, sondern vielmehr eine zu seiner Zeit hochangesehene Geistesgröße. Sein Werk hatte großen Einfluß auf das Denken der damaligen Zeit. Es gehörte zu den meistgekauften Büchern des Jahrhunderts und ist bis heute niemals vergriffen gewesen. Den Gebildeten der damaligen Zeit war der Name Renan genauso geläufig wie uns heute Freud oder Jung, aber er wurde mit Sicherheit auch von den Massen viel gelesen. Was er geschrieben hatte, veränderte die Bibelforschung mit einem Schlag, und zwar in unvorstellbarem Ausmaß. Und Renan blieb für die nächsten dreißig Jahre seines Lebens ein Pfahl im Fleische der Kirche. Er veröffentlichte Arbeiten über die Apostel, über Paulus und die Anfänge des Christentums, stets auf dem Hintergrund der Lebensumstände im damaligen Römischen Reich. Seine Essays wurden unter den Titeln *Histoire des origines du christianisme* (1863–1883) und *Histoire du peuple d'Israël* (1887 bis 1893) zusammengefaßt. Renan hat eine Freiheit des Geistes entfesselt, den das Christentum nie wieder einfangen oder zähmen konnte.

Etwa zur gleichen Zeit erhielt Rom auch noch einen Stoß aus einer anderen Richtung. Vier Jahre, bevor *Das Leben Jesu* erschien, veröffentlichte Charles Darwin *Die Entstehung der Arten*, dem

1871 *Die Abstammung des Menschen* folgte. In der zweiten Schrift werden vornehmlich theologische Fragen behandelt, insbesondere wird der biblische Schöpfungsbericht hinterfragt. Auf Darwins Anstoß folgte die große Zeit des englischen Agnostizismus mit deren prononciertesten Vertretern Thomas Huxley und Herbert Spencer. Weitere einflußreiche und viel gelesene Philosophen, die die tradierten ethischen und theologischen Grundsätze des Christentums untergruben, ja zerstörten, waren Arthur Schopenhauer und besonders Friedrich Nietzsche. Unter dem Postulat L'art pour l'art trat schließlich alsbald die Kunst als eine Art Religion an die Stelle der eigentlichen Religion und drang auf Gebiete vor, von denen sich diese immer mehr zurückzog. So wurde etwa Bayreuth das Zentrum eines neuen Kultes mit einem neuen Credo, und vielen gebildeten Europäern bedeutete es fast genau soviel, als Wagnerianer bezeichnet zu werden wie als Christ.

Auch politisch war die Kirche ständigen Angriffen ausgesetzt. Durch Preußens Sieg über Frankreich und die Bildung eines neuen deutschen Reiches entstand 1870-1872 erstmals in der neueren Geschichte eine überlegene Militärmacht in Europa, die sich Rom in keiner Weise mehr verpflichtet fühlte.

Geradezu traumatisch wirkte jedoch die Einigung Italiens 1870 durch Garibaldis Freiheitsheer, das Rom einnahm und den Kirchenstaat sowie alle übrigen kirchlichen Gebiete einzog, wodurch der Katholizismus auf den Status einer nichtsäkularen Macht beschränkt wurde.

Diese massierten Angriffe von seiten der Wissenschaft, Philosophie, Kunst und Politik erschütterten Rom mehr als irgend etwas seit der Reformation, und die römische Kirche reagierte darauf mit verzweifelten Defensivmaßnahmen. Sie suchte, vergeblich, wie sich erwies, politische Verbündete unter katholischen Mächten wie den Habsburgern. Am 18. Juli 1870 verkündete nach einer Empfehlung des Ersten Vaticanums Papst Pius IX. – den Metternich einmal als »warmherzig, schwachköpfig und ohne einen Funken Verstand«[9] bezeichnet hat – das Dogma von der Unfehlbarkeit des Papstes.[10] Und um die von Renan und der deutschen Bibelforschung angerichteten Schäden wieder wettzumachen, begann die Kirche eigene Kader von Spezialisten zu auszubilden – elitäre intellektuelle Stoßtrupps, die die Gegner des Katholizismus auf ihrem eigenen Territorium schlagen sollten. Auf diese Weise entstand der katholische Modernismus.

Die Modernisten sollten sich eigentlich der Strenge und Genauigkeit deutscher Methodologie bedienen, um die schriftliche Überlieferung zu stützen, nicht um sie anzugreifen. Eine Generation klerikaler Wissenschaftler wurde bestens dazu ausgebildet, als eine Art Streitmacht im Interesse der Kirche zu arbeiten. Sie sollten unter Aufbietung aller moderner kritischer Methoden beweisen, daß die Schriften wörtlich zu nehmen seien. Zu Roms großem Kummer ging der Schuß jedoch nach hinten los. Je besser die jungen Kleriker mit dem Rüstzeug für den Kampf in der Arena moderner Polemik umgehen konnten, um so häufiger wandten sie sich von dem Gebiet ab, für das sie ausgebildet waren. Die kritische Erforschung der Bibel brachte eine derartige Fülle von Ungereimtheiten, Diskrepanzen und Widersprüchen ans Licht, die dem römischen Dogma entgegenstanden, daß die Modernisten schon bald eben das in Frage stellten, was sie hätten verteidigen sollen.
So fragte sich zum Beispiel Alfred Loisy, einer der renommiertesten und profiliertesten unter ihnen, in aller Öffentlichkeit, ob es denn im Licht der neueren historischen, archäologischen Bibelforschung überhaupt möglich sei, so manchen kirchlichen Lehrsatz aufrechtzuerhalten. »Jesus verhieß die Ankunft des Königreiches«, erklärte Loisy. »Statt dessen kam die Kirche.«[11] Loisy legte dar, daß die Dogmen vielfach unter bestimmten historischen Bedingungen als Reaktion auf bestimmte Ereignisse an bestimmten Orten und zu bestimmten Zeiten entstanden waren. Deshalb dürfe man sie nicht als ewige Wahrheiten betrachten, sondern – bestenfalls – als eine Art Symbole. Nach Loisy waren Eckpfeiler der christlichen Lehre wie die Jungfräulichkeit Marias oder Jesu Göttlichkeit nicht länger haltbar.
Rom hatte sich in seinen Laboratorien also einen Leviathan gezüchtet. 1903 gründete Papst Leo XIII. kurz vor seinem Tod die Päpstliche Bibelkommission zur Überwachung der Arbeit katholischer Bibelwissenschaftler. Im selben Jahr setzte Leos Nachfolger Papst Pius X. Loisys Werk auf den Index der verbotenen Schriften.

1 Salomon Schechter inmitten der zahlreichen Manuskripte, die er 1896 aus der Kairoer Genisa nach Cambridge brachte.

2 Muhammad adh-Dhib (rechts) entdeckte die erste Höhle mit Schriftrollen vom Toten Meer.

3 Kando und George Isaiah machten den Metropoliten der syrischen Jakobitenkirche auf die Schriftrolle aufmerksam.

4 Eleazar Sukenik hatte 1947 als erster israelischer Wissenschaftler Zugang zu einigen Schriftrollen und übersetzte Teile daraus.

5 Ausschnitt aus dem sogenannten »Habakuk-Kommentar«: Diese Textstelle berichtet vom Kampf zwischen dem Führer der Gemeinde von Qumran und zwei Gegnern: dem »Lügenpriester« und dem »Frevelpriester«

6-7 Rollenfragmente, die den Beduinen abgekauft und danach in mühseliger Kleinarbeit identifiziert und zugeordnet wurden. Nur wenige dieser unzähligen Teilchen können lückenlos zusammengefügt werden.

8 Pater Josef Milik (oben).

9 Frank Cross (links).

10 Während der Ausgrabungen in Qumran: Pater Roland de Vaux, Pater Josef Milik und Gerald Lankester Harding vom jordanischen Amt für Altertümer.

11 Eines der Gefäße mit sorgfältig aufgehobenen Tierknochen, deren Bedeutung nie ganz geklärt werden konnte. De Vaux hielt sie für Überreste ritueller Mahlzeiten.

12 - 13 Die Ruinen in Qumran zur Zeit der Ausgrabungen, die Pater de Vaux und Gerald Lankester Harding leiteten.

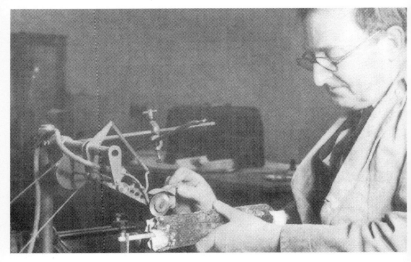

14 Professor H. Wrigth Baker von der Universität Manchester beim Aufschneiden der sogenannten »Kupferrolle«. Sie mußte in Segmente zerteilt werden, damit man den Text lesen und übersetzten konnte. Der Inhalt: eine lange Liste vom Bestand des Tempelschatzes in Jerusalem.

15 Die noch nicht geöffnete »Kupferrolle«. Sie wurde 1952, in zwei Teile zerbrochen, in Höhle 3 gefunden.

16 Pater Jean Starcky liest am Tag vor Beginn der Ausgrabungen eine Messe in den Ruinen von Qumran.

17 Mitglieder des internationalen Teams im Rockefeller-Museum in Jerusalem, die an den Schriftrollen aus Höhle 4 arbeiteten: in der Mitte, mit Bart, Pater de Vaux, zu seiner Rechten Pater Milik und zu seiner Linken Pater Starcky. John Allegro sitzt vom Betrachter aus gesehen ganz rechts.

18 Mitglieder des internationalen Teams bei der Arbeit an den Schriftrollen im sogenannten »Rollensaal«: Patrick Skehan, John Strugnell und John Allegro (von links nach rechts).

19 John Strugnell, Frank Cross, Pater Milik, John Allegro und Pater Starcky (von links nach rechts).

20 John Allegro und John Strugnell bei der Arbeit im »Rollensaal«.

1904 veröffentlichte der Papst zwei Enzykliken, die sich gegen die Erforschung der Ursprünge des Christentums und seine Frühgeschichte richteten. Alle katholischen Lehrer, die sich »modernistischer Tendenzen« verdächtig machten, wurden ihrer Ämter enthoben.
Die Modernisten, hervorragend ausgebildet, belesen und sprachgewaltig, hoben den Fehdehandschuh auf. Sie erhielten Beistand von seiten bekannter Denker und berühmter Persönlichkeiten aus Kultur und Literatur. Einer von ihnen war der Italiener Antonio Fogazzaro, der 1896 Senator geworden war. Er galt als einer der führenden katholischen Laien seiner Zeit und, zumindest für seine Zeitgenossen, als der größte italienische Romancier seit Manzoni. 1905 schrieb Fogazzaro in *Der Heilige*: »Die katholische Kirche bezeichnet sich als Quelle der Wahrheit, doch heute widersetzt sie sich der Suche nach der Wahrheit, sobald ihre Quellen, die Heilige Schrift, die Dogmen, ihre vorgebliche Unfehlbarkeit Gegenstand der Forschung werden. Dies heißt für uns nichts anderes, als daß sie nicht mehr an sich selbst glaubt.«[12]
Unnötig zu erwähnen, daß auch Fogazzaros Werk sofort auf den Index gesetzt wurde. Die Kampagne der Kirche gegen die Bewegung, die sie selbst genährt und groß gemacht hatte, wurde immer heftiger. Im Juli 1907 veröffentlichte das Heilige Offizium ein Dekret, in dem die Versuche des Modernismus, die Lehren der Kirche, die Autorität des Papstes und die historische Wahrheit der Heiligen Schrift zu hinterfragen, offiziell verurteilt wurden. Knapp zwei Monate später, im September, wurde der Modernismus offiziell zur Häresie erklärt und die gesamte Bewegung förmlich mit dem Bann belegt.
Die Anzahl der Bücher auf dem Index stieg sprunghaft an. Es wurde eine neue, weit striktere Zensur ausgeübt. Klerikale Kommissare überwachten die Lehre mit einer orthodoxen Strenge, wie es sie seit dem Mittelalter nicht mehr gegeben hatte. 1910 wurde schließlich ein Dekret erlassen, das von allen Katholiken, die lehrten oder predigten, forderte, »sämtlichen Irrtümern des Modernismus« abzuschwören. Mehrere modernistische Schriftsteller wurden exkommuniziert. Die Studenten in den Priesterseminaren durften nicht einmal Zeitungen lesen.

1880 war alles dies jedoch noch Zukunftsmusik. Unter den jungen modernistischen Klerikern herrschten naive Gläubigkeit und Optimismus vor und die glühende Überzeugung, daß die methodische historische, archäologische Forschung die buchstäbliche Wahrheit der Schrift nicht widerlegen, sondern bestätigen werde. Die Ecole Biblique et Archéologique Français de Jérusalem – die später die Qumranforschung beherrschen sollte – hat ihre Wurzeln in dieser ersten Generation der Modernisten, in einer Zeit also, in der die Kirche noch nicht realisiert hatte, daß sie sich selbst das Wasser abgrub.

Die Ecole Biblique wurde 1882 von einem französischen Dominikaner gegründet. Er hatte auf einer Pilgerfahrt in Jerusalem den Entschluß gefaßt, dort eine Niederlassung der Dominikaner zu errichten. Für das Kloster und die Kirche wählte er ein Grundstück an der Nablus-Straße, wo bei Ausgrabungen die Überreste einer Kirche entdeckt worden waren. Nach der Überlieferung soll an dieser Stelle der heilige Stephan als erster christlicher Märtyrer gesteinigt worden sein.

Rom stimmte dieser Gründung nicht nur zu, sondern förderte sie. Papst Leo XIII. schlug vor, darin eine Stätte der Bibelforschung einzurichten. Dies wurde denn auch 1890 von Pater Albert Lagrange in die Wege geleitet, und das Institut wurde 1892 eröffnet. Es bot fünfzehn Studierenden Quartier. Etwa zur gleichen Zeit wurde eine ganze Reihe weiterer solcher Institutionen gegründet mit dem Ziel, katholische Wissenschaftler mit dem akademischen Rüstzeug auszustatten, das sie benötigten, um ihren Glauben gegen die Bedrohung durch die historische und archäologische Forschung verteidigen zu können.

Albert Lagrange wurde 1855 geboren. Er schloß ein Jurastudium mit der Promotion ab und trat anschließend in das Seminar von Saint-Sulpice ein, dem damaligen Zentrum des Modernismus. 1879 wurde er Dominikaner. Am 6. Oktober 1880 verbannte die Dritte Französische Republik alle religiösen Orden aus Frankreich. Als Folge davon mußte der fünfundzwanzigjährige Lagrange nach Salamanca in Spanien übersiedeln. Dort studierte er Hebräisch und lehrte Kirchengeschichte und Philosophie. In Salamanca wurde er am 23. Dezember 1883, am Tag des heiligen Dagobert, zum

Priester geweiht. 1888 wurde er zum Studium orientalischer Sprachen an die Universität Wien entsandt. Zwei Jahre darauf, am 10. März 1890, traf er – inzwischen fünfunddreißig Jahre alt – in dem noch nicht lange bestehenden Dominikanerkloster St. Stephan in Jerusalem ein und richtete dort am 15. November ein Institut für Bibelforschung ein: die »Ecole Practique d'Etudes Bibliques«. Er begründete auch die Zeitschrift des Instituts, die *Revue biblique*, die seit 1892 herausgegeben wird. Durch dieses Organ und den Lehrplan wollte er der neuen Institution eine ganz bestimmte Haltung einimpfen, die sie der historischen, archäologischen Forschung gegenüber einnehmen sollte.

Sie beruhte auf seiner Theorie, nach der »die verschiedenen Stufen in der Entwicklung der menschlichen Religion eine fortlaufende Geschichte bilden, die Gott selbst auf übernatürliche Weise lenkt und zur endgültigen, höchsten Stufe hinführt – zum messianischen Zeitalter, das mit Jesus Christus begonnen hat«.[13] Das Alte Testament galt ihm als »eine Sammlung von Büchern, die die einzelnen Stufen der mündlichen Überlieferung, die Gott ins Werk gesetzt und gelenkt hat, widerspiegelt ... als Wegbereitung für das endgültige Zeitalter des Neuen Testamentes«.[14] Die Ausrichtung war unmißverständlich. Lagrange wollte die modernen Methoden dazu benutzen, das zu »beweisen«, was er a priori für wahr erklärt hatte: die buchstabengetreue Wahrheit der Schrift. Die »Endgültigkeit« des Neuen Testamentes und der darin berichteten Ereignisse aber würden dieses der kritischen wissenschaftlichen Untersuchung entziehen.

Als Lagrange 1890 die Ecole Biblique gründete, war noch kein Schatten auf den Modernismus gefallen. 1902 dagegen war diese neue wissenschaftliche Strömung offiziell bereits diskreditiert. In diesem Jahr setzte – wie wir bereits erwähnt haben – Papst Leo XIII. die Päpstliche Bibelkommission zur Überwachung der katholischen Bibelwissenschaft ein. Zur gleichen Zeit kehrte Lagrange nach Frankreich zurück, um in Toulouse Vorlesungen zu halten. Hier wurde er des Modernismus bezichtigt und sah sich einer heftigen Opposition gegenüber. In jenen Tagen genügte die bloße Erwähnung historisch-archäologischer Forschung, und man war gebrandmarkt.

Der Papst dagegen erkannte, daß Lagranges Glauben unerschüttert war und daß er in bezug auf die Kirche das Herz am rechten Fleck hatte. Diese Einschätzung entsprach durchaus der Wirklichkeit, denn vieles in Lagranges Werk läuft auf eine systematische Zurückweisung der Ansichten von Alfred Loisy und anderen Modernisten hinaus. Aus dieser Erkenntnis heraus wurde Lagrange als Mitglied beziehungsweise »Berater« in die Päpstliche Bibelkommission berufen, und seine Zeitschrift, die *Revue biblique*, wurde deren offizielles Organ. Dieses Arrangement blieb bis 1908 bestehen. Von da an verfügte die Kommission über eine eigene Zeitschrift mit dem Namen *Acta apostolicae sedis*.

Von den niederen Rängen der kirchlichen Hierarchie wurde Lagrange jedoch weiter des Modernismus bezichtigt. Die Anschuldigungen demoralisierten ihn derart, daß er 1907 zeitweilig seine alttestamentarischen Studien unterbrach. 1912 entschloß er sich, die Bibelforschung ganz aufzugeben und Jerusalem zu verlassen. Daraufhin wurde er nach Frankreich zurückbeordert, aber erneut setzte sich der Papst für ihn ein und schickte ihn wieder auf seinen Posten nach Jerusalem zurück mit dem Auftrag, seine Arbeit fortzusetzen. Die ursprünglich als Forum des Modernismus gegründete Ecole Biblique wurde fortan zum Bollwerk gegen ihn.

Zur ursprünglichen Gruppe internationaler Wissenschaftler, die Pater de Vaux 1953 um sich scharte, gehörte auch der inzwischen verstorbene Monsignore Patrick Skehan. Skehan war Leiter des Instituts für semitische und ägyptische Sprachen und Literatur an der katholischen Universität Washington. Später gehörte er auch der Päpstlichen Bibelkommission an. 1955 wurde er Direktor des Albright Institute in Jerusalem. In dieser Eigenschaft spielte er bei den politischen Manövern, die das Monopol der Ecole Biblique für die Qumranforschung sicherten, eine gewisse Rolle. Bei der Abfassung des berühmt-berüchtigten Briefes an die *Times* im Jahre 1956, die zum Ziel hatte, John Allegro zu isolieren und zu diskreditieren, war er die treibende Kraft gewesen.[15]

Skehan gehörte zu den wenigen Wissenschaftlern, die Zugang zu den Schriftrollen hatten. Seine Haltung ist typisch und illustriert ganz allgemein die Ausrichtung der mit der Ecole Biblique verbundenen Wissenschaftler. 1966 erklärte er schriftlich, das Alte Testament sei durchaus kein »kurzer Abriß der Geschichte und Vorgeschichte der Menschheit ... Als die Zeit erfüllet war, ist unser Herr erschienen – und es gehört zu den Pflichten jedes Alttestamentlers, nachzuzeichnen, wie sich die Bereitschaft, die Ankunft Christi zu erkennen, in der Heilsgeschichte entwickelt hat ...«[16] Das heißt mit anderen Worten nichts anderes, als daß jeder Bibelforscher in erster Linie die Aufgabe habe, im Alten Testament Vorwegnahmen der später anerkannten christlichen Lehre aufzuspüren. Aus jeder anderen Perspektive betrachtet, hat das Alte Testament einer solchen Ansicht nach vermutlich kaum Wert und Bedeutung. Dies ist eine merkwürdige Auffassung von unvoreingenommener Forschung. Doch Pater Skehan wurde noch deutlicher:

> Mir scheint, daß es den Bibelforschern heute obliegt ... so gut es geht ... die Wege aufzuzeigen, auf denen Gott – und daran ist wohl nicht zu zweifeln – die Menschen durch die Steinzeit, die Bronzezeit und das antike Heidentum stetig geführt hat, bis er sie soweit hatte, daß sie bis zu einem gewissen Grad in der Lage waren, das soziale Gebilde, das die Kirche darstellt, zu verstehen.[17]

Skehan unternahm immerhin nicht den Versuch, so zu tun, als wäre ihm an unvoreingenommener Wissenschaft gelegen. Er sah darin vielmehr eine Gefahr, denn er war der Ansicht, daß »Forschungen aus einer Perspektive, die literarische und historisch-kritische Betrachtungen in den Vordergrund stellt, vor allem wenn Unberufene sich popularisierend darüber verbreiten, zu starker Vereinfachung, Übertreibung oder Leugnung tieferer Zusammenhänge führen können«.[18] Letztlich sollte die Arbeit des Bibelforschers sich von der Lehre der Kirche leiten und bestimmen lassen und »immer die Oberhoheit der heiligen Mutter Kirche anerkennen, um definitiv Zeugnis für die Lehren abzulegen, die sie von Christus empfangen hat«.[19]

Was all diese Aussagen implizieren, ist geradezu umwerfend. Alles Fragen und Nachforschen *muß* also, ohne Rücksicht darauf, was zutage gefördert wird, der offiziellen katholischen Lehrmeinung jeweils untergeordnet beziehungsweise angenähert werden. Anders ausgedrückt, es muß so lange angeglichen oder entstellt werden, bis es den geforderten Kriterien genügt. Und was geschieht, wenn etwas ans Licht kommt, das sich absolut nicht in dieser Weise konformieren läßt? Für Pater Skehan dürfte die Antwort auf diese Frage kein Problem sein. Alles was sich der herrschenden Lehre nicht unterordnen und nicht anbequemen läßt, *muß* notwendigerweise unterdrückt werden.

Mit dieser Auffassung stand er natürlich nicht allein. Sie wurde noch von Papst Pius XII. ausdrücklich bekräftigt, der forderte, die biblische Exegese habe die Aufgabe, in bedeutenden Angelegenheiten der Kirche zu dienen.[20] In bezug auf die Ecole Biblique und die Erforschung der Schriftrollen vom Toten Meer hält Skehan fest:

> Zeigt sich ... die göttliche Vorsehung nicht auch in der merkwürdigen Tatsache, daß das Heilige Land, in dessen Geschichte keine wesentliche Periode fehlt, der Ort auf Erden ist, der am besten als eine Art Laboratorium zum kontinuierlichen Studium des menschlichen Lebens geeignet ist ... Ich glaube daran ...
>
> ... Aus diesem Grunde scheint mir, daß es einen letzten religiösen Wert gibt, den wir noch nicht ermessen können, hinter dem aber die Vorsehung waltet. Er zeigt sich auch darin, daß Père Lagrange auf dem Boden Palästinas ein Institut errichtet hat ...[21]

Jahrelang haben die meisten unabhängigen Wissenschaftler nichts davon gemerkt, daß sich die Ecole Biblique im Besitz eines solchen göttlichen Auftrages wähnte, und auch nicht, daß dies dem Wunschdenken des Vatikans entsprach. Im Gegenteil, die Ecole machte den Anschein einer unparteiischen, wissenschaftlichen Institution, die es sich unter anderem zur Aufgabe gemacht hatte, die Schriftrollen vom Toten Meer zu sammeln, zusammenzusetzen, zu erforschen, zu übersetzen und auszulegen, nicht aber sie zu unterdrücken oder in christliche Propaganda umzumünzen. Aus diesem Grunde bemühten sich Wissenschaftler oder Doktoranden

Großbritanniens, der Vereinigten Staaten und anderer Länder, die mit einer Hypothese oder Veröffentlichung in dem einen oder anderen Bereich biblischer Forschung sich bereits akademische Glaubwürdigkeit erworben hatten, unbefangen um Zugang zum Qumranmaterial. Sie rechneten nicht mit einer Zurückweisung, denn sie nahmen ja an, daß die Rollen jeder studieren könne, der sich wissenschaftlich qualifiziert hatte. In allen uns bekannt gewordenen Fällen sind jedoch die Bitten um Zugang summarisch abgewiesen worden, jeweils ohne jede Entschuldigung oder Erklärung – jedoch mit der impliziten Verdächtigung, der Bewerber sei irgendwie ungeeignet.

So erging es zum Beispiel Norman Golb von der Universität Chicago. Er hatte eine Dissertation über Qumran und das mit Qumran in Verbindung stehende, in Kairo gefundene, Material geschrieben. Nachdem er jahrelang »im Feld« praktische Erfahrungen gesammelt hatte, beteiligte er sich an einem Forschungsprojekt zur Überprüfung der paläographischen Datierung der Schriftrollen, die Frank Cross von der internationalen Gruppe vorgenommen hatte und die nach Auffassung von Golb noch genauer festgelegt werden konnte. Um diese These realisieren zu können, hätte Golb natürlich einige Originaltexte benötigt, da Fotofaksimiles dazu nicht ausreichten. 1970 war er deswegen in Jerusalem und bat de Vaux, den damaligen Leiter der Ecole Biblique und auch der von ihm begründeten internationalen Gruppe, schriftlich um Zugang dazu mit der Begründung, er benötige dieses Material, um ein Forschungsprojekt zu verifizieren, an dem er schon viele Jahre arbeite. Drei Tage später erhielt er de Vaux' Antwort: Leider könne er ihm keinen Zugang ohne »ausdrückliche Erlaubnis des für die Herausgabe dieser Texte verantwortlichen Wissenschaftlers«[22] gewähren.

Dieser »verantwortliche Wissenschaftler« war niemand anders als Pater Milik, und der würde – das wußte de Vaux nur zu gut – keinem etwas zeigen. Golb hatte keine Wahl, er mußte das Projekt, in das er soviel Zeit und Mühe investiert hatte, fallenlassen. »Seit damals«, ließ er uns wissen, »habe ich guten Grund, alle von Cross vorgenommenen paläographischen Datierungen von Texten zu bezweifeln.«[23]

Auf der anderen Seite *wird* Material aus den Rollen solchen Wissenschaftlern, die mit der Ecole liiert sind – jungen, von der internationalen Gruppe protegierten Forschern, Doktoranden ihrer Mitglieder – sehr wohl *zur Verfügung gestellt*, in der Gewißheit, daß sie von der offiziellen Parteilinie nicht abweichen. So »erbte« zum Beispiel Cross-Schüler Eugene Ulrich von Notre-Dame das Material von Pater Patrick Skehan. Er scheint auch etwas von Skehans Haltung anderen Wissenschaftlern gegenüber geerbt zu haben. Auf die Frage, warum keine Faksimile-Ausgaben der Texte publiziert werden könnten, gab er zur Antwort: »Die große Mehrheit derer, die solche Ausgaben benutzen würden – einschließlich durchschnittlicher Universitätsprofessoren –, könnte diese schwer zu lesenden Texte ohnehin kaum richtig beurteilen.«[24]

Auf diese Weise wurde also unabhängigen Wissenschaftlern aus Großbritannien, den Vereinigten Staaten und anderen Ländern der Zugang zu unveröffentlichtem Rollenmaterial verwehrt. Erst recht konnten israelische Wissenschaftler nicht einmal davon träumen. Wie schon erwähnt, war de Vaux, ein ehemaliges Mitglied der Action Française, ein ausgesprochener Antisemit. Bis auf den heutigen Tag nehmen die Mitglieder der Ecole Biblique Israel gegenüber eine feindselige Haltung ein, obwohl das Institut theoretisch eine neutrale Enklave unparteiischer Wissenschaft sein sollte, ein Refugium jenseits der immer noch herrschenden politischen und religiösen Spaltungen im heutigen Jerusalem. Auf die Frage, warum keine Wissenschaftler der Universität von Tel Aviv an der Erforschung und Herausgabe der Schriftrollen beteiligt seien, antwortete Strugnell: »Bei unseren Qumranstudien halten wir auf Qualität, und die ist von dort nicht zu haben.«[25] Und in der für ihn charakteristischen, sich selbst entlarvenden Weise äußerte der inzwischen verstorbene Pater Skehan in einem Brief, den das *Jerusalem Post Magazine* zitierte, seine Voreingenommenheit sowie die seiner Kollegen gegenüber Israel:

> Ich muß Ihnen gestehen ... daß mich unter keinen Umständen irgendein israelischer Funktionär, keine Vollmacht, für welchen Zweck oder in welchem Umfang auch immer, dahin bringen kann, Zugang zu etwas, das legal im Archäologischen

Museum von Palästina aufbewahrt wird, zu gewähren. Ich stehe auf dem Standpunkt, daß weder der israelische Staat noch seine Angestellten ein Recht auf das Museum oder auf das, was es beherbergt, haben.[26]

Wie schon angemerkt, teilt auch der ehemalige Pater Milik diese Haltung. Weder er noch sein Kollege Starcky sind nach dem Krieg 1967 je wieder nach Jerusalem zurückgekehrt, also seitdem die Schriftrollen in israelische Hand übergegangen sind. Natürlich spiegelt ihre Haltung auch die des Vatikans wider, der bis heute den Staat Israel nicht anerkennt. Es drängt sich die Frage auf, ob dieses Vorurteil nur mit der offiziellen Kirchenpolitik zusammenfällt oder ob es ein förmliches Diktat der kirchlichen Hierarchie ist.

Die Inquisition heute

Als Gegenmittel gegen die sich ausbreitende »Infektion« des Modernismus hatte Papst Leo XIII. 1903 also die Päpstliche Bibelkommission ins Leben gerufen, die den Fortgang – oder, wie man's nimmt, das Steckenbleiben – der katholischen Bibelforschung zu überwachen und zu registrieren hatte. Ursprünglich bestand sie aus einem guten Dutzend vom Papst ernannten Kardinälen und mehreren »Beratern«, die alle als Experten ihrer Forschungs- und Spezialgebiete galten. Nach der *New Catholic Encyclopaedia* bestand (und besteht) die offizielle Funktion der Kommission darin, »mit aller möglichen Sorgfalt ... danach zu streben, daß Gottes Wort ... nicht nur gegen jeden Anflug von Irrtum abgeschirmt, sondern auch von jedem voreiligen Urteil ferngehalten wird«.[1] Ferner sollte die Kommission dafür Sorge tragen, daß »Wissenschaftler über die Autorität der Heiligen Schrift wachen und dafür Sorge tragen, daß sie richtig interpretiert wird«.[2]

Eines der ersten Mitglieder der Päpstlichen Bibelkommission war, wie schon erwähnt, Pater Lagrange, der Gründer der Ecole Biblique. Außerdem war deren Zeitschrift, die *Revue biblique*, bis 1908 offizielles Organ der Kommission. In Anbetracht der engen Verflechtung der beiden Institutionen ist zweifellos klar, daß die Ecole Biblique zu Beginn ein Teil des Propagandaapparates dieser Kommission war – ein Mittel also zur Verbreitung der katholischen Lehre unter dem Deckmantel historisch-archäologischer Forschung. Oder anders ausgedrückt, ein Mittel, das dazu diente, die Forschung unter die Dogmen der katholischen Lehre zu zwingen. Man würde meinen, annehmen zu dürfen, daß sich die Situation im Laufe der letzten fünfzig Jahre und besonders in den Jahren seit dem Zweiten Vatikanischen Konzil zu Beginn der sechziger Jahre verändert hätte. Das ist jedoch nicht der Fall. Die Ecole Biblique ist weiterhin so eng mit der Päpstlichen Bibelkommission liiert wie in der Vergangenheit. So werden zum Beispiel alle an der Ecole erworbenen Titel eigens von der Kommission verliehen. Und die meisten Absolventen, die dort einen Titel erhalten, werden von der Kommission als Professoren an Priesterseminaren oder anderen katholischen Institutionen eingesetzt. Von den neunzehn heutigen offiziellen Beratern der Kommission bestimmen etliche mit darüber, was die Öffentlichkeit von den Schriftrollen vom Toten Meer erfährt. So ist beispielsweise Pater Jean-Luc Vesco, der gegenwärtige Leiter der Ecole Biblique und Mitherausgeber der *Revue biblique*, gleichzeitig Mitglied der Päpstlichen Bibelkommission. Das gilt auch für mindestens einen weiteren Herausgeber der Zeitschrift, nämlich José Loza. Des weiteren für den Jesuiten Joseph Fitzmyer, der durch seine Arbeiten über die Schriftrollen bekannt ist und der die offizielle Konkordanz für einen großen Teil des Qumranmaterials zusammengestellt hat.[3]

1956 erschien der Name Roland de Vaux, damals Leiter der Ecole Biblique, erstmals auf der Liste der Berater der Kommission.[4] Er war ein Jahr davor, also 1955, ernannt worden und arbeitete in dieser Funktion ununterbrochen bis zu seinem Tod 1971. Der Zeitpunkt von de Vaux' Ernennung ist von Interesse. Man muß sich in Erinnerung rufen, daß 1955 ein großer Teil des so wichtigen und kontroversen Sektenmaterials aus Höhle 4 immer noch käuflich erworben und gesammelt wurde. Im Dezember des Jahres stellte der Vatikan Geld für den Kauf einer Reihe wichtiger Fragmente zur Verfügung. 1955 wurde auch die Kupferrolle in Manchester unter John Allegros Aufsicht aufgeschnitten, und Allegro war gerade im Begriff, sich in spektakulärer Weise an die Öffentlichkeit zu wenden. Wohl zum ersten Mal wurde dem Vatikan damals bewußt, was für Probleme im Zusammenhang mit dem Qumranmaterial auf ihn zukommen könnten. Die Vertreter der Kirchenhierarchie begriffen mit Sicherheit, daß es nun notwendig war, eine Art Befehlshierarchie oder zumindest eine Hierarchie der Verantwortlichkeit einzurichten, über die man die Qumranforschung weitgehend kontrollieren konnte. Jedenfalls fällt auf – und es überrascht auch nicht weiter –, daß von 1956 an jeder Leiter der Ecole Biblique zugleich auch der Päpstlichen Bibelkommission angehört. Als de Vaux 1971 starb, wurde auf der Beraterliste der Kommission sein Name durch den von Pater Pierre Benoit, seinem Nachfolger an der Ecole, ersetzt.[5] Und als Benoit 1987 starb, wurde an seiner Stelle der neue Ecole-Leiter Jean-Luc Vesco als Berater in die Kommission berufen.[6]

Auch heute überwacht die Päpstliche Bibelkommission noch alle im Rahmen der katholischen Kirche durchgeführten Bibelstudien. Sie veröffentlicht offizielle Dekrete über »den richtigen Weg ... die Schrift zu lehren«.[7] Im Jahr 1907 wurde die Annahme dieser Dekrete durch Papst Pius X. als obligatorisch erklärt. So wurde zum Beispiel Moses von der Kommission per Dekret als Autor des Pentateuch »eingesetzt«. 1909 bekräftigte ein ähnliches Dekret, daß die ersten drei Genesiskapitel wörtlich zu nehmen und historisch richtig seien. Und am 21. April 1964, also vor noch nicht allzu langer Zeit, gab die Kommission ein Dekret heraus, in dem sie der Bibelforschung generell Vorschriften machte, insbesondere aber hinsichtlich der »historischen Wahrheit der Evangelien«. Das Dekret hielt ganz unzweideutig fest: »Der Interpret muß jederzeit vom Geist bereitwilligen Gehorsams gegenüber der Lehrautorität der Kirche erfüllt sein.«[8] Und es besagte weiterhin, daß alle für »Bibelgesellschaften« Verantwortlichen verpflichtet seien, »die bereits von der Päpstlichen Bibelkommission festgelegten Vorschriften als sakrosankt zu erachten«.[9] Jeder unter der Ägide der Kommission tätige Wissenschaftler – und dazu gehören natürlich die Mitglieder der Ecole Biblique – muß sich demnach an die Dekrete der Kommission halten. Zu welchen Schlüssen er auch kommt, welche Enthüllungen er aufgrund seiner Forschungen auch macht: er darf auf keinen Fall als Autor oder Lehrer der Lehrautorität der Kommission widersprechen.

Zur Zeit steht Kardinal Joseph Ratzinger an der Spitze der Päpstlichen Bibelkommission. Ratzinger ist außerdem Leiter einer weiteren katholischen Institution, der Kongregation für die Glaubenslehre. Diese Einrichtung gibt es erst seit 1965, und sie ist den meisten Laien vermutlich nicht bekannt. Aber sie hat einen altehrwürdigen Stammbaum. Sie kann auf eine einzigartig bewegte Geschichte zurückblicken, die ins dreizehnte Jahrhundert zurückreicht. 1542 bekam sie die offizielle Bezeichnung »Heiliges Offizium«. Davor hieß sie »Heilige Inquisition«. Ratzinger kann also wohl guten Gewissens als der kirchliche Großinquisitor von heute bezeichnet werden.

An der Spitze der Kongregation für die Glaubenslehre steht offiziell der jeweils amtierende Papst, die Exekutivgewalt der Kongregation übt aber der sogenannte Sekretär aus, der früher Großinquisitor genannt wurde. Von allen Offizien der Kurie hat die Kongregation für die Glaubenslehre die größte Macht. Von allen Kurienkardinälen steht Ratzinger dem Papst wahrscheinlich am nächsten. Die beiden haben manches gemeinsam. Beide wollen die Werte, die vor dem Zweiten Vatikanum galten, restaurieren. Beide haben etwas gegen Theologen. Ratzinger sieht in ihnen diejenigen, die die Kirche zerstörerischen weltlichen Einflüssen aussetzen. Als zutiefst pessimistischer Mensch sieht er den »Zusammenbruch« der Kirche kommen und ist der Meinung, einzig die Unterdrückung aller Abweichungen könne ihr Überleben als einiger Glaube sicherstellen. Wer seinen Pessimismus nicht teilt, den hält er für »blind oder verblendet«.[10]
Wie die Inquisition in der Vergangenheit, so ist auch die Glaubenskongregation in erster Linie ein Tribunal. Sie verfügt über eigene Richter, deren Vorsitzender den Titel Assessor führt. Dem Assessor stehen ein Kommissar und zwei Dominikaner zur Seite. Diese haben die Aufgabe, alle Untersuchungen, die die Kongregation ansetzt, vorzubereiten. Solche Untersuchungen finden im allgemeinen statt, wenn Kleriker von der Lehre abweichen oder wenn man die Einheit der Kirche anderweitig bedroht sieht. Und wie im Mittelalter werden alle Untersuchungen streng geheim durchgeführt.
Bis 1971 hielt man die Päpstliche Bibelkommission und die Kongregation für die Glaubenslehre für getrennte Organisationen. In Wirklichkeit bestand zwischen ihnen jedoch mehr eine nominelle als eine reale Trennung. Die beiden Organisationen überschnitten sich in mancherlei Hinsicht und waren, was ihre Funktionen, ihre Mitglieder und die Führungsgremien betrifft, sogar weitgehend identisch. So standen 1969 acht von zwölf Kardinälen gleichzeitig der Glaubenskongregation und der Kommission vor.[11] Mehrere

Persönlichkeiten hatten Beraterfunktion für beide Organisationen. Am 27. Juni 1971 vereinigte Papst Paul VI. schließlich im Rahmen einer Straffung der Verwaltung Kommission und Kongregation so weitgehend, daß sie sich wirklich nur noch dem Namen nach unterschieden. Beide waren in denselben Offizien untergebracht, hatten dieselbe Adresse: den Palast der Kongregation am Platz des Heiligen Offiziums in Rom. Beide unterstanden demselben leitenden Kardinal. Am 29. November 1981 übernahm Kardinal Ratzinger dieses Amt.

Zahlreichen zeitgenössischen Priestern, Predigern, Lehrern und Autoren hat die Institution, der Kardinal Ratzinger zur Zeit vorsitzt, einen Maulkorb verpaßt, sie ausgeschlossen oder ihrer Ämter enthoben. Zu den Opfern gehörten einige der angesehensten und intelligentesten Theologen der heutigen Kirche. Einer davon ist Edward Schillebeeckx von der Universität Nijmwegen. Mit den Thesen, die er in seiner 1974 veröffentlichten Abhandlung unter dem Titel *Jesus: Die Geschichte von einem Lebenden* vertrat, hat er in den Augen seiner Gegner die buchstäbliche Wahrheit einiger Dogmen in Frage gestellt, darunter die Auferstehung und die jungfräuliche Geburt. Im Dezember 1979 wurde Schillebeeckx vor das Tribunal der Kongregation für die Glaubenslehre geladen, wo ihn einer seiner Richter öffentlich der Häresie bezichtigte. Zwar überstand er diese Untersuchung des Tribunals, doch wurde er 1983 erneut vorgeladen; diesmal wegen einer weiteren Schrift.

Was hat Schillebeeckx sich zuschulden kommen lassen? Er hat sehr behutsam die Einstellung der Kirche zum Zölibat hinterfragt. Er hat außerdem mit den Argumenten, die für die Ordinierung von Frauen vorgebracht werden, sympathisiert. Vor allem aber hat man ihm seine Forderung, die Kirche müsse mit der Zeit gehen und dürfe nicht an unwandelbar feststehende Doktrinen gefesselt bleiben, verübelt.[12] Die Kirche, argumentierte er, müsse auf die Bedürfnisse der Gläubigen eingehen und sich mit diesen weiterentwickeln, anstatt ihnen drakonische Gesetze aufzuerlegen. Kurz, er plädiert für eine dynamische pastorale Betreuung, wodurch er mit der statischen, die Johannes Paul II. und Kardinal Ratzinger bevorzugen, in Kollision geriet. Doch auch diesmal überstand Schillebeeckx Untersuchung und Befragung durch die Glaubenskongregation. Bis auf den heutigen Tag steht er jedoch unter scharfer Beobachtung, und jedes Wort, daß er mündlich oder schriftlich äußert, wird sorgfältig notiert. Man braucht wohl kaum darauf hinzuweisen, daß solch penetrante Überwachung sich äußerst hemmend auswirkt.

Noch aussagekräftiger ist der Fall des führenden Schweizer Theologen Hans Küng, ehemals Direktor des Theologischen Seminars der Universität Tübingen. Küng war allgemein als brillanter und einflußreicher katholischer Autor unserer Zeit anerkannt – als ein Mann, der im Geiste Papst Johannes XXIII. der Kirche eine neue Richtung, eine neue Humanität, Flexibilität und Anpassungsfähigkeit zu eröffnen schien. Doch war Küng auch streitbar. In seinem ersten Buch *Unfehlbar?*, das 1970 erschien, greift er die Lehre von der päpstlichen Unfehlbarkeit an – es ist daran zu erinnern, daß es dieses Dogma erst seit 1870 gibt: *»nemo infallibilis nisi Deus ipse«* [Niemand, außer Gott, ist unfehlbar].[13] Und Küng fährt fort: »Die traditionelle Lehre von der kirchlichen Unfehlbarkeit ... ruht auf Grundlagen, welche für die heutige Theologie und vielleicht schon damals nicht als sicher und unanfechtbar bezeichnet werden können.«[14]

Küng nimmt auch Bezug auf die Unterscheidung zwischen Theologie und Geschichte und den Hang der ersteren, sich als die letztere zu gerieren. Er greift die Sophismen kirchlicher »Wissenschaftler« vom Schlage Kardinal Jean Daniélous an, dessen 1957 erschienene Abhandlung *Les Manuscrits de la Mer Morte et les Origines du Christianisme* über die Schriftrollen vom Toten Meer und den Ursprung des Christentums nicht viel mehr als theologische Propaganda zu nennen sei. »Theologen wie Daniélou, die früher von der Inquisition verfolgt worden waren, sich aber nun selber als pseudowissenschaftlich agierende Großinquisitoren bewähren, werden zu Kardinälen der heiligen römischen Kirche ernannt und erfüllen deren Erwartungen.«[15]

Nach der Wahl Johannes Pauls II. kritisierte Küng die starre Haltung des neuen Pontifex in moralischen und dogmatischen Fragen. Ob es, so fragte er, dem katholischen Theologen erlaubt sein werde, kritische Fragen zu stellen.[16] Und er fragte weiter, ob Johannes Paul II. nicht jenem Personenkult huldige, von dem frühere Päpste besessen gewesen seien, und ob er nicht auf Kosten der »befreienden Botschaft Christi« zu sehr auf das Dogma setze.

> Können Papst und Kirche denn glaubwürdig den Menschen von heute ins Gewissen reden, wenn die Kirche und ihre Führung nicht gleichzeitig das eigene Gewissen selbstkritisch überprüfen ...[17]

Solcherart Freimütigkeit machte Küng natürlich zu einem unwiderstehlichen Ziel für das Inquisitionstribunal der Glaubenskongregation. Am 18. Dezember 1979 setzte der Papst auf formellen Antrag der Glaubenskongregation Küng von seinem Posten ab und entzog ihm die *missio canonica*, das heißt die kirchliche Lehrerlaubnis. Ihm wurde mitgeteilt, er dürfe sich nicht mehr als katholischer Theologe betrachten. Ihm wurde verboten, weiterhin zu schreiben oder zu veröffentlichen. Küng faßte, was ihm zugestoßen war, folgendermaßen zusammen: »Ich bin von einem Papst verurteilt worden, der meine Theologie verworfen hat, ohne jemals eines meiner Bücher gelesen zu haben, und der sich weigert, mich zu empfangen. In Wahrheit geht es Rom nicht um einen Dialog, sondern um Unterwerfung.«[18]
Unter dem Direktorat von Kardinal Ratzinger ist die Glaubenskongregation im Laufe der letzten Dekade immer mehr zu einem Bollwerk ausgebaut, intransigent und reaktionär geworden. Ratzinger steht allen Veränderungen in der Kirche seit dem Zweiten Vatikanischen Konzil (1962–1965) äußerst ablehnend gegenüber. Die Lehren der Kirche werden seiner Meinung nach durch Zweifeln und Hinterfragen »besudelt«. Nach Auffassung eines Kommentators strebt Ratzinger »eine Rückkehr zum katholischen Fundamentalismus an ... und behauptet die unanfechtbare Wahrheit des vom Papst ex cathedra verkündeten Dogmas«.[19] Auf dem Weg über die Kongregation für die Glaubenslehre bestimmt Ratzingers Einstellung auch die Haltung der Päpstlichen Bibelkommission, die er ja gleichfalls präsidiert. Und von dort gelangt seine Auffassung in die Ecole Biblique.
Im Verlauf des Jahres 1990 haben diese Auffassungen die Kongregation in die Schlagzeilen gebracht. Im Mai gab die Kongregation

einen Vorabdruck des neuen revidierten »allgemeinen Katechismus der katholischen Kirche« heraus – die offizielle Formulierung der Dogmen, an die alle Katholiken glauben müssen. Ohne jegliche Flexibilität verurteilt der neue Katechismus neben einem ganzen Katalog anderer Dinge ausdrücklich Ehescheidung, Homosexualität und Geschlechtsverkehr vor und außerhalb der Ehe. Er führt die Unfehlbarkeit des Papstes, die unbefleckte Empfängnis und die Aufnahme Mariens in den Himmel und auch die »allumfassende Autorität der katholischen Kirche« als Grunddogmen des katholischen Glaubens auf. In einer besonders dogmatisch formulierten Passage erklärt der neue Katechismus, daß »die Aufgabe einer authentischen Interpretation des Wortes Gottes ... dem jeweiligen Lehramtsvertreter der Kirche allein zusteht«.[20]

Im Juni erschien ein zweites Dokument, veröffentlicht von der Kongregation für die Glaubenslehre und von Kardinal Ratzinger selbst verfaßt. Dieses Dokument bezieht sich insbesondere auf die Aufgaben und Verpflichtungen des Theologen, ein Begriff, der auch den biblischen Historiker und Archäologen einbezieht. Nach diesem vom Papst gebilligten und abgesegneten Dokument steht den katholischen Theologen nicht das Recht zu, von der feststehenden Lehrmeinung der Kirche abzuweichen. Eine abweichende Meinung wird zur Sünde erhoben (oder herabgewürdigt): »Der Versuchung abweichender Meinung zu erliegen ... [bedeutet] dem Heiligen Geist zu entsagen ...«[21]

Ein Theologe, der die kirchliche Lehre hinterfragt, wird also durch psychologische Manipulation dazu gebracht, sich für unmoralisch zu halten. Jegliche Neigung dazu wird gegen den Fragenden gekehrt und in Schuld verwandelt – eine Taktik, mit der die Kirche immer schon gut gefahren ist.

Im gleichen Dokument erklärt Kardinal Ratzinger:

> Das verbriefte Recht auf Freiheit des Glaubens rechtfertigt nicht das Herleiten eines Rechts auf Abweichung. Das Recht auf Glaubensfreiheit hat nicht die Freiheit in bezug auf die Wahrheit zum Inhalt, sondern die freie Bestimmung eines Menschen, in Übereinstimmung mit seinen moralischen Verpflichtungen, die Wahrheit zu akzeptieren.[22]

Oder um es anders zu sagen: Man ist selbstverständlich völlig frei, die Lehren der Kirche zu akzeptieren, nicht aber sie zu hinterfragen oder abzulehnen. Freiheit kann nur in Unterwerfung bestehen oder zum Ausdruck kommen. Dies ist ein recht seltsames Verständnis von Freiheit. Es ist schlimm genug, wenn so ungeheuerliche Beschränkungen Katholiken auferlegt werden – ungeheuerlich, was den psychischen und emotionalen Schaden betrifft, den sie anrichten, die Schuldgefühle, die Intoleranz und Bigotterie, die sie nähren, den Horizont von Erkenntnis und Verständnis, den sie beschneiden. Wird aber lediglich eine Glaubensausrichtung auf diese Weise eingeengt, dann wirken sich die Beschränkungen nur auf jene aus, die sich freiwillig unterwerfen. In diesem Fall kann sich der nicht-katholische Teil der Weltbevölkerung die Freiheit nehmen, sie zu ignorieren. Die Schriftrollen vom Toten Meer sind nun aber keine Glaubensartikel, sondern historisch-archäologisch bedeutsame Dokumente, die nicht Eigentum der katholischen Kirche sind, sondern der Menschheit insgesamt gehören. Es ist erschreckend und tief beunruhigend, daß – solange es nach Kardinal Ratzinger geht – alles, was wir je über die Qumrantexte erfahren werden, durch die Zensur der Glaubenskongregation gegangen ist, das heißt, letztlich von der Inquisition gefiltert und mundgerecht aufbereitet worden ist.

In Anbetracht ihrer Verpflichtung der Glaubenskongregation gegenüber drängt sich unweigerlich die Frage auf, ob der Ecole Biblique zu trauen ist. Gesetzt den Fall, die israelische Regierung würde einschreiten und die sofortige Freigabe aller Qumrantexte anordnen: Könnten wir dann sicher sein, daß Texte, die die Kirche kompromittieren könnten, je ans Licht kommen würden? Als Autoren des vorliegenden Buches würden wir gerne folgende Fragen öffentlich an Pater Jean-Luc Vesco, den jetzigen Leiter der Ecole Biblique, stellen:

1. Wenn die Ecole Biblique der Päpstlichen Bibelkommission und der Kongregation für die Glaubenslehre rechenschaftspflichtig ist, welche Verpflichtung hat sie dann gegenüber der Wissenschaft?

2. Wie kann eine angesehene akademische Institution unter einem derartigen Druck vermutlich gespaltener, wenn nicht gar einander feindlich gegenüberstehenden Ansprüchen von Loyalität funktionieren?

3. Und was genau würde die Ecole Biblique unternehmen, wenn unter den unveröffentlichten oder vielleicht immer noch unentdeckten Qumrantexten etwas zum Vorschein käme, was im Widerspruch zur kirchlichen Lehre steht?

III
Die Schriftrollen vom Toten Meer

Das Dilemma der christlichen Orthodoxie

Unter allen betroffenen Parteien – mit Ausnahme natürlich der Mitglieder der internationalen Gruppe und der Ecole Biblique – herrscht praktisch Übereinstimmung darüber, daß die Geschichte der Qumranforschung ein Skandal par excellence und kaum daran zu zweifeln ist, daß hinter den Verzögerungen, Verschleppungen, Zweideutigkeiten und der Zurückhaltung von Material etwas stecken muß – etwas, was nach dem Gesetz vielleicht nicht angreifbar, aber doch auch moralisch oder akademisch nicht zu rechtfertigen ist. Bis zu einem gewissen Ausmaß mag die Situation gewiß ganz einfach von alltäglicher Korrumpierbarkeit bestimmt sein: von akademischen Eifersüchteleien und Rivalitäten und der Wahrung verhüllter Eigeninteressen. Wissenschaftliche Reputation scheint für manche dazu da zu sein, daß man sie für sich aufbaut oder daß sie ein anderer demontiert, und unter Akademikern steht nun einmal nichts höher im Kurs. Die Trauben hängen deshalb, mindestens für die, die dabei mitbieten wollen, hoch.
Und sie hängen überall dort besonders hoch, wo auf einem Gebiet zuverlässige Zeugnisse aus erster Hand fehlen und durch historisch-archäologische Forschungen ersetzt werden müssen. Ein solcher Fall wäre zum Beispiel auch dann gegeben, wenn unvermutet ein Corpus von Dokumenten über die Zeit der Artusrunde auftauchen würde. Könnte es in diesem Fall zu einer ähnlichen Unterdrückung von Material kommen wie bei den Schriftrollen vom Toten Meer? Würde sich im Hintergrund als oberster Richter das düstere Gespenst einer kirchlichen Institution ähnlich der Kongregation für die Glaubenslehre drohend emporrecken? Die Nag-Hammadi-Rollen bieten sich hier zum Vergleich an. Auch dieser Fall bot sicherlich reichlich Gelegenheit für den Einfluß korrupter Motive, und bis zu einem gewissen Grad mögen sie auch durchaus

zum Zug gekommen sein. Niemals jedoch gelang es der Kirche, über die Nag-Hammadi-Texte eine Kontrolle auszuüben, und trotz des möglichen Einflusses von wenig schmeichelhaften, persönlichen Motiven ist das gesamte Corpus doch der Öffentlichkeit rasch zugänglich gemacht worden.

Das große Engagement der Kirche in der Qumranforschung muß auf jeden Fall Verdacht erregen. Läßt sich überhaupt ein möglicher Zusammenhang zwischen diesem Engagement und dem Schlachtfeld, zu dem die Qumranforschung verkommen ist, noch übersehen? Nein, man kommt im Gegenteil nicht um die Frage herum – und viele, die mit der Materie vertraut sind, haben die Frage auch laut gestellt –, was für verhüllte Interessen dahinterstecken, und zwar wichtigere Interessen als die Reputation einzelner Wissenschaftler, Interessen vielmehr, die das Christentum und die christliche Lehre insgesamt betreffen, zumindest in der Form, wie Kirche und Tradition sie repräsentieren.

Seit der Entdeckung der Schriftrollen vom Toten Meer beschäftigte vor allem eine Frage die Phantasie, und sie schwebte wie eine dunkle Wolke über den Köpfen aller, die sich damit beschäftigten, löste Unruhe und sogar Ängste aus: Könnten diese Texte, die so nahe dem ursprünglichen Geschehen entstanden und im Gegensatz zum Neuen Testament weder bearbeitet oder gar verfälscht worden sind, nicht ein ganz neues Licht auf die Entstehung des Christentums, die sogenannte Urkirche in Jerusalem und möglicherweise auch auf Jesus, sein Leben und Wirken, selbst werfen? Könnten sich darin nicht Informationen befinden, die überlieferte Traditionen kompromittierten, in Frage stellten oder gar widerlegten?

In der offiziellen Interpretation beeilte man sich natürlich, dies in Abrede zu stellen. Indes lassen sich der internationalen Gruppe keine bewußten, systematischen Fälschungen unterstellen. Doch Pater de Vaux' Engagement war so tiefgreifend von seiner innersten Überzeugung getragen, daß sich dies fast irgendwie ausgewirkt haben *muß*. Für die Frage, welche Bedeutung die Rollen haben und ob eine entscheidende Beziehung zum Christentum besteht oder nicht, spielt zum Beispiel ihre Datierung eine Schlüsselrolle. Stammen sie aus vor- oder nachchristlicher Zeit? Wie eng sind sie mit Jesu Leben um 30 nach Christus verwoben? Mit den Reisen und Briefen des Paulus etwa zwischen 50 und 65 nach Christus? Mit der Abfassung der Evangelien zwischen 70 und 95 nach Christus? Jede Datierung kann zum Stein des Anstoßes für das Christentum werden, wenn auch von unterschiedlicher Größe. Falls die Rollen vor Christus datiert werden, sind Jesu Originalität und Einzigartigkeit direkt betroffen – was er ausgesagt und verkündet hat, wäre dann nicht ausschließlich von ihm selbst gekommen, sondern Ausfluß eines breiten Stromes von Gedanken, Lehren und Traditionen gewesen, der schon reichlich floß und wirkte. Sollten die Rollen in Jesu Lebenszeit oder die Zeit kurz danach zu datieren sein, wären die Folgen aber noch beunruhigender. Man könnte ihren Inhalt dann so auslegen, daß der darin erwähnte »Lehrer der Gerechtigkeit« Jesus selbst war und er somit von seinen Zeitgenossen nicht für göttlich gehalten wurde. Ja, die Rollen enthielten oder zumindest implizierten darüber hinaus Indizien, die den späteren Vorstellungen vom Wesen des Urchristentums widersprächen. So gibt es zum Beispiel Belege für einen militanten messianischen Nationalismus, der bislang nur mit den Zeloten in Verbindung gebracht wurde – während Jesus als unpolitisch gilt und dem »Kaiser gibt, was des Kaisers ist«. Es könnte sich gar herausstellen, daß Jesus nicht im Traum die Stiftung einer neuen Religion oder eine Aufhebung des judaischen Gesetzes im Sinn hatte.

Die Forschungsergebnisse lassen sich allerdings unterschiedlich interpretieren, und bei manchen Auslegungen wird das Christentum mehr, bei anderen weniger kompromittiert. Unter diesen Umständen überrascht es wohl kaum, daß de Vaux zu möglichst unkritischen Interpretationen neigte. Auch wenn dies nie ausdrücklich gesagt wurde, las oder interpretierte man die Beweisstücke stets auf dem Hintergrund bestimmter Grundprinzipien. So galt es zum Beispiel als ungeschriebenes Gesetz, daß die Schriftrollen und ihre Autoren möglichst nicht mit dem Urchristentum – wie es im Neuen Testament dargestellt ist – und der Hauptrichtung des Judaismus im ersten Jahrhundert, aus der das Urchristentum hervorging, in Verbindung gebracht werden durften. Im Einklang mit diesem und ähnlichen Dogmen entwickelte sich die orthodoxe

Auslegung der Texte, und so entstand auch der Consensus der Wissenschaftler. Die Schlußfolgerungen, die Pater de Vaux' Gruppe aufgrund dieser Voraussetzungen zog, lassen sich wie folgt zusammenfassen:

1. Die Qumrantexte werden in die Zeit weit vor Christus datiert.
2. Die Rollen werden als das Werk einer einzelnen abgeschiedenen Gemeinde aufgefaßt, einer unorthodoxen, an der Peripherie des Judaismus angesiedelten »Sekte«, die nichts mit den vorherrschenden sozialen, politischen und religiösen Strömungen der Epoche zu tun hatte, insbesondere nichts mit dem militanten, revolutionären und messianischen Nationalismus etwa der Verteidiger von Masada.
3. Die Gemeinde von Qumran muß während des allgemeinen Aufstandes in Judäa 66–73 n. Chr. zerstört worden sein. Ihre Dokumente haben ihre Mitglieder vorher aus Sicherheitsgründen in Höhlen der Umgebung versteckt.
4. Die Glaubengrundsätze der Gemeinde von Qumran werden grundsätzlich von den christlichen unterschieden. Der »Lehrer der Gerechtigkeit« kann nicht mit Jesus gleichgesetzt werden, da er nicht als göttlich dargestellt wird.
5. Da die Verbindungen zwischen Johannes dem Täufer und der Gemeinde von Qumran erwiesenermaßen sehr eng sind, wird er noch nicht als »richtiger« Christ, sondern erst als Vorläufer des Christentums eingestuft.

In vielen Punkten stimmen jedoch die Qumrantexte, und damit die Gemeinde, die sie verfaßte, mit urchristlichen Texten und der sogenannten Urkirche überein. Mehrere dieser Parallelen fallen sofort ins Auge.
Erstens praktizierte die Qumrangemeinde einen der Taufe – und damit einem der Hauptsakramente des Christentums – ähnlichen Ritus. Nach einem wichtigen Qumrantext, der sogenannten »Gemeinderegel«, wird der neue Anhänger des Glaubens »durch heiligmäßigen Geist für die Einung in Seiner Wahrheit ... gereinigt von all seinen Sünden ... Durch seine Unterwerfung unter alle Gesetze Gottes wird gereinigt sein Fleisch, so daß er sich bespren-

gen kann mit Reinigungswasser und sich heiligen mit Wasser der Reinheit.«[1]

Zweitens sollen die Mitglieder der Urkirche laut Darstellung in der Apostelgeschichte alles gemeinsam besessen haben: »Alle Gläubiggewordenen aber hatten alles miteinander gemeinsam. Sie verkauften ihren Besitz, ihre Habe und verteilten sie an alle, je nachdem einer bedürftig war. Täglich weilten sie einmütig im Tempel, brachen reihum in den Häusern das Brot und nahmen Speise zu sich in Fröhlichkeit und Schlichtheit des Herzens...«[2] Im Vergleich dazu lautet die erste Vorschrift in der Gemeinderegel von Qumran: »Und alle Willigen ... sollen all ihre Kenntnis und ihre Kraft und ihr Vermögen in die Gemeinschaft Gottes bringen...«[3] In einer anderen Vorschrift heißt es: »Sie sollen gemeinsam essen und gemeinsam preisen ...«[4] Und eine weitere sagt über den Neuaufgenommenen: »... schreibe man ihn ... ein für das, was ... die Vermehrung seiner Güter angeht; und er kann seine Meinung der Gemeinschaft geben und sein Urteil.«[5] Die Apostelgeschichte (5,1-11) berichtet von Ananias und seiner Frau Saphira, die einen Teil ihrer Besitztümer, die sie der Urkirche in Jerusalem hätten vermachen sollen, behalten hatten. Beide werden in diesem Bericht von der rächenden göttlichen Macht erschlagen. In Qumran war die Strafe für ein solches Vergehen nicht so streng; laut der Gemeinderegel bestand sie in sechs Monaten Buße.

Drittens: Nach der Apostelgeschichte bilden die zwölf Apostel die Führung der Urkirche. Dreien von ihnen, nämlich Jakobus (»der Bruder des Herrn«), Johannes und Petrus, kommt eine besondere Autorität zu. Dazu im Vergleich: Nach der Gemeinderegel wurde Qumran von einem zwölfköpfigen »Rat« regiert. Drei »Priester« werden auch dort herausgehoben. Der Text läßt allerdings offen, ob es drei von den zwölfen sind oder ob diese drei zu den anderen noch hinzukommen.[6]

Viertens – dies ist die wichtigste Parallele von allen: Sowohl die Gemeinde von Qumran als auch die Urchristen waren in besonderer Weise messianisch orientiert. Sie waren von der Vorstellung der unmittelbar bevorstehenden Ankunft mindestens eines neuen Messias beherrscht. Beide erwarteten eine charismatische Führerfigur, deren Persönlichkeit sie begeisterte und deren Lehren die Grundlage ihres Glaubens ausmachte. Im Urchristentum war diese Figur natürlich Jesus. In den Qumrantexten wird sie als »Lehrer der Gerechtigkeit« bezeichnet. Es gibt Stellen im Porträt dieses »Lehrers der Gerechtigkeit« in den Qumrantexten, in denen man Jesus zu erkennen glaubt. Auch mehrere Wissenschaftler sind in ihren Vermutungen so weit gegangen. Allerdings wird der »Lehrer der Gerechtigkeit« nicht als göttlich beschrieben – aber das wurde auch Jesus erst lange nach seinem Tod.

Den Qumrantexten und den Schriften des Urchristentums sind aber nicht nur etliche Ideen, Begriffe und Prinzipien gemeinsam, sie weisen darüber hinaus auch in ihren Bildern und in ihrer Wortwahl verblüffende Ähnlichkeiten auf. »Selig sind die Sanftmütigen«, sagt Jesus zum Beispiel in einem der berühmtesten Verse der Bergpredigt, »denn sie werden das Land besitzen« (Matth. 5,5). Diese Prophezeiung stammt aus Psalm 37, Vers 11: »Die Stillen aber werden besitzen das Land, und sie genießen die Fülle des Friedens.« Derselbe Psalm war auch für die Qumrangemeinde von großem Interesse. In den Schriftrollen vom Toten Meer befindet sich ein Kommentar über die Bedeutung dieses Verses: »Seine Deutung bezieht sich auf [alle die] Armen ...«[7] Als Gemeinschaft »der Armen« (oder der »Sanftmütigen«) bezeichnete sich (unter anderem) die Gemeinde von Qumran selbst. Dies ist aber nicht die einzige Parallele: »Selig die Armen im Geiste, denn ihrer ist das Himmelreich«, lehrt Jesus (Matth. 5,3). Und in der Kriegsrolle aus Höhle 1 heißt es: »Ja, mit den Armen ist deine [i.e. Gottes] mächtige Hand!«[8] Zudem enthält das ganze Matthäusevangelium, besonders Kapitel 10 und 18, Metaphern und Bezeichnungen, die denen der Gemeinderegel manchmal zum Verwechseln ähnlich sind. In Matthäus 5,48 äußert sich Jesus über den Begriff der Vollkommenheit: »Seid ihr also vollkommen, wie euer himmlischer Vater vollkommen ist.« Die Gemeinderegel spricht von jenen, »die auf vollkommenem Wege wandeln, wie Er befohlen ...«[9] Und der weitere Text bekräftigt: »Ich will ... mich all derer nicht erbarmen, die vom Weg abweichen, die Zerknirschten nicht trösten, bis ihr Wandel vollkommen ist.«[10] Und mit Berufung auf Jesaja 28,16 gibt Jesus in Matth. 21,42 den Psalm 118,22 aus dem Alten Testament und seine Rede vom »Eckstein« wieder, wenn er sagt: »Habt ihr nie in den Schriften gelesen: ›Der Stein, den die Bauleute verworfen haben, der ist zum Eckstein geworden‹?« Die Gemeinderegel beruft sich auf dieselbe Stelle, wenn sie festhält, »der Rat der Gemeinde« sei »die erprobte Mauer, der kostbare Eckstein«.[11]

Weisen die Qumranschriften und die Evangelien schon eine Menge Parallelen auf, so sind diese erst recht auffällig zwischen den Qumrantexten und den Paulus-Briefen sowie der Apostelgeschichte. Der Begriff der Heiligkeit, zum Beispiel, und vor allem das Wort »heilig« sind später im Christentum zwar gang und gäbe, im Kontext des Judaismus im ersten nachchristlichen Jahrhundert jedoch ganz ungewöhnlich. In der ersten Zeile der Gemeinderegel heißt es aber: »... damit er unterweise die Heiligen, auf daß sie leben nach der Gemeinschaft ...«[12] Paulus verwendet in seinem Brief an die Römer (15,25-27) denselben Ausdruck für die Urkirche: »Jetzt aber reise ich im Dienst der Heiligen nach Jerusalem.« Überhaupt verwendet Paulus Ausdrücke und Sprachbilder aus Qumran geradezu verschwenderisch. Ein Qumrantext spricht zum Beispiel von all jenen »im Hause Juda, die Gott erretten wird aus dem Hause des Gerichts um ihrer Mühsal und ihrer Treue willen zum Lehrer der Gerechtigkeit«.[13] Paulus schreibt dem Glauben an Jesus ähnlich erlösende Macht zu. Erlösung, sagt er in seinem Brief an die Römer (3,21-23), komme »aus dem Glauben an Jesus Christus«. Und an die Galater (2,16-17) schreibt er: »... daß kein Mensch gerechtfertigt wird auf Grund von Gesetzeswerken, sondern nur durch den Glauben an Jesus Christus.« Es besteht kein Zweifel, daß Paulus bestens mit den Metaphern, dem Stil, den Redewendungen und der Rhetorik vertraut ist, die die Gemeinde von Qumran bei ihrer Interpretation alttestamentarischer Texte verwendet. Wie wir noch sehen werden, nutzte er diese vertraute Sprache noch für einen ganz anderen Zweck.

In dem obigen Zitat aus dem Brief an die Galater mißt Paulus dem Gesetz keine überragende Bedeutung bei. In den Qumrantexten kommt dem Gesetz dagegen höchste Priorität zu. Die Gemeinderegel hebt an: »... damit er [der Meister] unterweise die Heiligen, auf daß sie leben nach der Gemeinschaft; um Gott zu suchen ... um das, was gut und recht ist vor ihm, zu tun gemäß dem, was Er vorgeschrieben hat durch Mose und durch alle seine Diener, die Propheten.«[14] Etwas später wird festgehalten, daß man jeden, der »irgendeinen Punkt des Gesetzes des Mose vorsätzlich oder aus Nachlässigkeit übertritt ... aus dem Rat der Gemeinschaft fortjagen«[15] solle, und daß das Gesetz »die ganze Zeit der Herrschaft Belials hindurch«[16] Bestand haben werde. In seiner rigorosen Forderung nach dem Befolgen des Gesetzes steht Jesus – das ist deutlich genug – den Qumrantexten viel näher als Paulus. In der Bergpredigt (5,17-19) legt Jesus seinen Standpunkt unzweideutig dar – einen Standpunkt, den Paulus später verriet:

> Meinet nicht, ich sei gekommen, das Gesetz oder die Propheten aufzulösen. Ich bin nicht gekommen aufzulösen, sondern zu erfüllen. Denn wahrlich, ich sage euch: bis Himmel und Erde vergehen, wird nicht ein Jota oder Häkchen vom Gesetze vergehen, bis alles geschehen ist. Wer also eines dieser geringsten Gebote aufhebt und die Menschen so lehrt, wird der Geringste heißen im Himmelreich, wer sie aber tut und lehrt, wird groß heißen im Himmelreich ...

Aber Jesus stimmt nicht nur in seiner Auffassung vom Gesetz mit der Gemeinde von Qumran überein, sondern feiert auch das Letzte Abendmahl zum selben Zeitpunkt. Jahrhundertelang haben offensichtliche Widersprüche in den Evangelien die Bibelkommentatoren irregemacht. Im Matthäusevangelium (26,17-19) wird das Letzte Abendmahl als Paschamahl beschrieben, und Jesus wird am Tag darauf gekreuzigt. Im Johannesevangelium (13,1 und 18,28) dagegen wird das Abendmahl *vor* dem Paschafest angesetzt. Einige Wissenschaftler haben den Widerspruch zu lösen versucht, indem sie das Abendmahl als Paschamahl aufgefaßt haben. Doch würde der Zeitpunkt des Paschafestes dann nach einem anderen Kalender berechnet. Nun lebte die Gemeinde von Qumran tatsächlich nach solch einem anderen Kalender – einem Sonnenkalender nämlich, im Unterschied zum Mondkalender, an dem sich die Priester des Tempels orientierten.[17] In den beiden Kalendern fällt das Paschafest auf einen anderen Tag. Jesus hat sich also ganz offensichtlich an demselben Kalender orientiert wie die Gemeinde

von Qumran. Es steht fest, daß die Gemeinde von Qumran ein Fest beging, dessen kennzeichnendes Element sehr stark an das Letzte Abendmahl, wie es in den Evangelien beschrieben wird, erinnert. In der Gemeinderegel heißt es: »Und sodann, wenn sie den Tisch zum Essen gerichtet ... strecke der Priester zuerst seine Hand aus, damit man den Segen spreche über die Erstlinge des Brots und Weins.«[18] Und in einem anderen Qumrantext, der sogenannten »Messianischen Regel«, heißt es ergänzend: »Sie sollen sich um den gemeinsamen Tisch versammeln, um zu essen und neuen Wein zu trinken ... niemanden seine Hand nach den Erstlingen von Brot und Wein ausstrecken lassen vor dem Priester ... danach soll der Messias von Israel seine Hand über das Brot ausstrecken.«[19]
Dieser Text vermochte sogar Rom zu überzeugen. Kardinal Jean Daniélou schrieb mit einem *nihil obstat* aus dem Vatikan: »Christus muß das Letzte Abendmahl am Osterabend nach dem essenischen Kalender gefeiert haben.«[20]

Man kann sich die Reaktion von Pater de Vaux und seinem Team ausmalen, als sie zum ersten Mal die auffälligen Parallelen zwischen den Qumrantexten und dem sogenannten Urchristentum bemerkten. Bisher hatte man Jesu Lehre für einzigartig gehalten. Jesus hatte sich zwar eingestandenermaßen auf alttestamentarische Quellen bezogen, aber diese Elemente doch in eine neue Botschaft eingewoben, in ein Evangelium, in die Verkündigung einer frohen Botschaft, wie sie die Welt vorher noch nicht gekannt hatte. Und nun kamen hier auffällige Parallelen zu dieser Botschaft und vielleicht sogar zu Jesu Leben und Sterben in einer Sammlung alter Pergamente ans Licht, die in der judäischen Wüste erhalten geblieben war.
Schon für einen agnostischen Historiker oder auch einen undogmatischen Christen wäre eine solche Entdeckung ohne Zweifel höchst aufregend gewesen. Auch sie hätten vermutlich dergleichen Dokumente aus den Tagen, da Jesus mit seinen Anhängern durch das alte Palästina zog, mit einer Art heiligem Schauer behandelt und sich Jesus selbst näher gefühlt. Es wäre möglich geworden, die bislang so lückenhafte Darstellung von Jesu Leben und Sterben und die Umgebung, in der er gewirkt hat, aus dem starren Bild heraus-

zulösen, in das sie während nahezu zweitausend Jahren eingeschlossen waren, sie hätte an Dichte, Konturen und Festigkeit gewonnen. Man hätte die Schriftrollen vom Toten Meer nicht als Quellen betrachtet, die eine zur Bibel kontroverse Hypothese verkünden, sondern vielmehr als Fundgrube von Belegen aus erster Hand; willkommen geheißen von einer stets wissensdurstigen Schar von Gelehrten des zwanzigsten Jahrhunderts ...

Aber selbst einem Ungläubigen hätten sich dabei Fragen nach der moralischen Verantwortlichkeit aufgedrängt. Selbst wenn man in Glaubenssachen noch so skeptischen Anschauungen anhing: Konnte, ja durfte man so weit gehen und mit einem Schlag einen Glauben untergraben, in dem Millionen Trost und Hoffnung finden? Bei de Vaux und seine Kollegen, Repräsentanten der römisch-katholischen Kirche, muß die Erkenntnis dessen, was sie da vor sich hatten, erst recht das Gefühl ausgelöst haben, spirituellen, religiösen Sprengstoff in Händen zu halten – etwas, was das ganze Gebäude der christlichen Lehre und des christlichen Glaubens zum Einsturz bringen konnte.

21 John Strugnell, John Allegro, Pater Skehan, Claus-Hanno Hunzinger und Pater Milik (von links nach rechts).

22 John Allegro bei der Arbeit am »Nahum-Kommentar« im »Rollensaal« des Rockefeller-Museums.

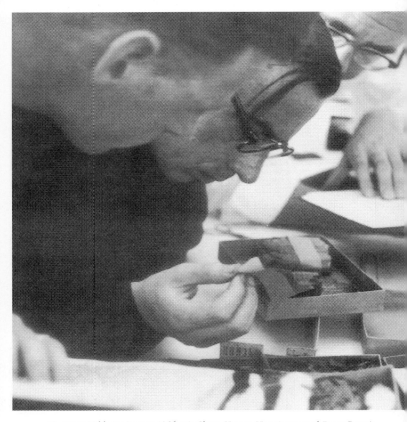

23 Pater Milik im Januar 1956 mit Claus-Hanno Hunzinger und Pater Benoit beim Entziffern neu erstandener Rollenfragmente. Diese Fragmente stammen wahrscheinlich aus Höhle 11.

24 Claus-Hanno Hunzinger 1956 mit der »Psalmen-Rolle« aus Höhle 11 in Qumran. Der Inhalt dieser Rolle wurde erst 1965 veröffentlicht.

25 In dieser Form überbrachten die Beduinen die Fragmente der Schriftrollen, die sie im Januar 1956 entdeckt hatten.

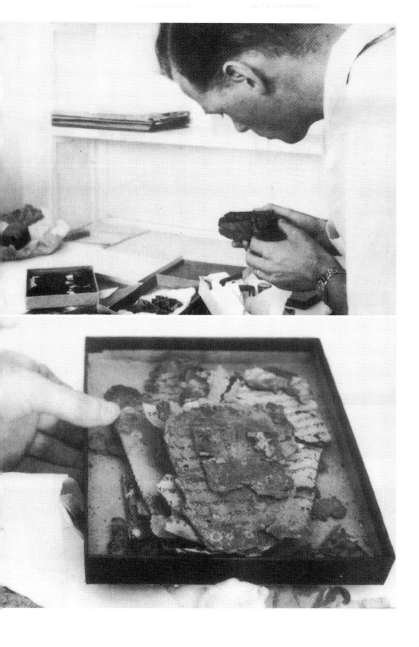

26 Die »Psalmen-Rolle« aus Höhle 11. Noch ist sie aufgerollt, wie sie gefunden wurde.

27 Dieses Siegel wurde in den Ruinen von Qumran gefunden. Merkwürdigerweise ist »Josephus«, der Name des Eigentümers, darauf in griechischen und nicht in aramäischen oder hebräischen Buchstaben eingeritzt.

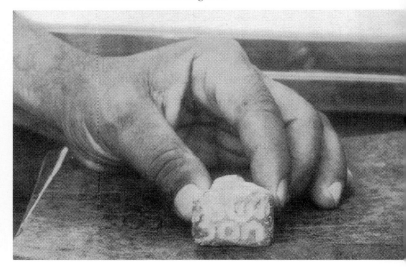

28 Blick auf die Mergelterrassen von Qumran. Das Foto wurde von den Ruinen aus aufgenommen, und zwar in Richtung Westen zu den Hügeln von Judäa. Ganz links sind Höhle 5 und direkt rechts daneben zwei Öffnungen von Höhle 4 zu sehen. Der Originaleingang zu Höhle 4 befindet sich oberhalb der künstlich angelegten Öffnung rechter Hand.

29 Die Ruinen von Qumran. Die Höhlen 4 und 5 sind am rechten Rand der erodierten Felsnasen erkennbar.

30 Im Innern von Höhle 4 in Qumran, in der 1952 die größte Anzahl von Rollen und Fragmenten gefunden wurde: Teile von bis zu 800 verschiedenen Schriftrollen.

31 Blick vom Verteidigungsturm auf die Ruinen von Qumran. Im Vordergrund die Fundamente der Waffenschmiede, zu deren Linken Teile des Wasserleitungssystems freigelegt wurden.

32 Überreste der Hauptwasserleitung für die Gemeinde vom Qumran. Innerhalb der Siedlung gab es ein verzweigtes Netz von Leitungen, das je nach Jahreszeit vom Regenwasser aus dem benachbarten Wadi gespeist wurde.

33 Eingang zu einem Wasserspeicher im Wüstenboden auf einer Felsterrasse in der Nähe der Ruinen von Qumran. Das Beschaffen und Sammeln von Wasservorräten war für das Überleben der Gemeinde in der Wüste von vorrangiger Wichtigkeit.

34 Eingang zum Haupttunnel im undurchlässigen Felsgestein, durch den die Gemeinde von Qumran mit Wasser versorgt wurde. Das Regenwasser wurde im Wadi gestaut und dann in diesen Tunnel geleitet.

35 Ausgang des Wassertunnels. Von hier floß das Wasser durch die Hauptleitung in die Siedlung.

36 Einige der rund 1200 mit Steinen gedeckten Gräber östlich der Ruinen von Qumran. Sie sind in Richtung Nord-Süd ausgerichtet, was nicht der üblichen judäischen Praxis entspricht. Es scheint, als habe es diese Art Gräber nur bei Gemeinden wie jener von Qumran gegeben. Eine kleine Anzahl von Gräbern wurde geöffnet, und man hat darin sterbliche Überreste von Frauen, Männern und Kindern gefunden.

37 Rund ein Dutzend Gräber derselben Art – also ebenfalls in Richtung Nord-Süd angelegt – wurden auch in En el-Ghuweir einige Kilometer südlich von Qumran gefunden. Auch hier gab es eine Siedlung, und es ist gut möglich, daß die Höhlen in den umliegenden Wadis ebenso als Aufbewahrungsorte für Schriftrollen dienten, wie sie in Qumran gefunden wurden.

38 Ruinen einer Siedlung in En el-Ghuweir, ganz in der Nähe der Gräber. Die Ruinen stammen wahrscheinlich aus der Zeit des Herodes.

39 Der pyramidenförmige Hügel in Gamala auf dem Golan, wo die letzte Festung stand. Hier fielen am 10. November des Jahres 67 nach Christus 4000 Zeloten im Kampf gegen die Römer. Weitere 5000 von ihnen stürzten sich vom Felsplateau und gingen so gemeinsam in den Tod. Die Schriftrollen vom Toten Meer geben Aufschluß über die Hintergründe dieser Massenselbstmorde.

40 Die Ruinen von Masada. Hier gingen am 15. April des Jahres 73 nach Christus 960 Zeloten – Frauen, Männer und Kinder – lieber gemeinsam in den Tod als in die Hände der Römer zu fallen.

Die einzelnen Schriftrollen

Sämtliche Texte, von denen man weiß, daß sie in Qumran gefunden, und die sogar übersetzt und publiziert wurden, in diesem Buch aufzuzählen, empfiehlt sich nicht, denn viele davon sind wirklich nur für Spezialisten von Interesse. Oftmals handelt es sich nur um kleine Bruchstücke, deren Kontext und Bedeutung man im Augenblick auch noch gar nicht abschätzen kann. Eine erkleckliche Anzahl dieser Fragmente sind Kommentare zu Büchern des Alten Testamentes und anderen jüdischen Schriften, den sogenannten Apokryphen und Pseudepigraphen. Doch es ist an der Zeit, ein paar ganz bestimmte Dokumente aus Qumran genauer vorzustellen, da sie inhaltlich besonders relevant sind. Vor allem zwei Rollen sind nicht nur sehr aufschlußreich, sondern enthalten eine Menge Zündstoff für Auseinandersetzungen über die herrschende Lehrmeinung.

Die Kupferrolle

Die in Höhle 3 gefundene Kupferrolle listet nüchtern und trocken ein Inventar auf. Es handelt sich um ein Verzeichnis von einundsechzig Orten, an denen Gold, Silber und wertvolle sakrale Gefäße verborgen worden sein sollen. Die meisten dieser Verstecke befinden sich in Jerusalem, einige unter dem Tempel oder in seiner Nähe. Andere liegen in der Umgebung, möglicherweise sogar bis nach Qumran. Wenn die Zahlen in der Rolle stimmen, beträgt das Gesamtgewicht des über die verschiedenen Verstecke verteilten Schatzes etwa fünfundsechzig Tonnen Silber und sechsundzwanzig Tonnen Gold, die heute etwa neunzig Millionen Mark wert wären. Das ist im Vergleich zu anderen Schätzen nicht unbedingt

eine schwindelerregende Summe. Eine versunkene spanische Galeone würde beispielsweise weit mehr erbringen. Dennoch würden viele Leute sich natürlich die Finger danach lecken. Zudem ist der religiöse und symbolische Wert eines solchen Schatzes mit Geld gar nicht aufzuwiegen: zwar wurde darüber Stillschweigen gewahrt, als man den Inhalt der Rolle publizierte, der Text läßt jedoch keinen Zweifel daran, daß es sich hier um einen Teil des Tempelschatzes handelt, den man – vermutlich vor den eindringenden römischen Soldaten – in Sicherheit bringen mußte. Daraus läßt sich schließen, daß die Kupferrolle aus der Zeit der römischen Invasion im Jahr 68 n. Chr. stammt. Wie schon bemerkt, halten mehrere Wissenschaftler der internationalen Gruppe, darunter auch Frank Cross und Milik, den Schatz nicht für real. Dagegen stimmen heute die meisten unabhängigen Wissenschaftler darin überein, daß es ihn wohl doch wirklich gegeben hat. Wie dem auch sei, es erwies sich als unmöglich, die Verstecke ausfindig zu machen. Die Angaben – Richtungen, Plätze und andere Orientierungspunkte – sind im Text mit Namen von Orten versehen, die es schon lange nicht mehr gibt oder die man nicht mehr zu deuten weiß. Die ganze Gegend hat sich im Verlauf von zweitausend Jahren Geschichte mit vielen Kriegen vollständig gewandelt.
1988 wurde jedoch nördlich der Höhle, in der man die Kupferrolle gefunden hatte, eine weitere Entdeckung gemacht: In einer anderen Höhle, etwa einen Meter unter der Erdoberfläche, wurde ein kleiner Krug aus der Zeit des Herodes und seiner unmittelbaren Nachfolger ausgegraben. Ganz offenbar hatte man seinerzeit den Krug für außerordentlich wertvoll gehalten. Jedenfalls war er mit größter Sorgfalt in Palmenwedel eingewickelt und versteckt worden. In diesem Krug befand sich ein dickflüssiges rotes Öl, das sich bei der chemischen Analyse als gänzlich verschieden von jedem heute bekannten Öl erwies. Es wird allgemein angenommen, daß es sich bei diesem Öl um Balsamöl handelt – ein höchst wertvolles Öl, das der Überlieferung nach ganz in der Nähe, nämlich in Jericho, hergestellt wurde und traditionell zur Salbung der rechtmäßigen Könige Israels diente.[1] Da der Balsambaum seit rund fünfzehnhundert Jahren ausgerottet ist, läßt sich allerdings kein definitiver Beweis für diese Hypothese erbringen.

Sollte es sich aber bei dem Öl wirklich um Balsamöl handeln, dann könnte es sehr wohl zu dem in der Kupferrolle aufgeführten Schatz gehören. Wie dem auch sei, es paßt schlecht zu einer Gemeinde von angeblich isoliert in der Wüste lebenden Asketen, daß sie solch kostbares Öl verwendet haben soll. Wie wir jedoch bereits erwähnt haben, besagt allein schon die Tatsache, daß die Kupferrolle in Qumran aufbewahrt wurde, daß Qumran eben alles andere als eine isolierte Enklave gewesen ist. Es scheinen im Gegenteil vielmehr enge Verbindungen zwischen der Gemeinde von Qumran und mit dem Tempel in Jerusalem assoziierten Gruppierungen bestanden zu haben.

Die Gemeinderegel

In Höhle 1 in Qumran wurde die sogenannte Gemeinderegel – auch Sektenkanon oder Rolle der Regel genannt – gefunden, in der die Riten und Regeln des Zusammenlebens der Wüstengemeinde festgehalten sind. Außerdem wird darin der hierarchische Aufbau der Gemeinde beschrieben, und es werden Anweisungen für den »Meister« und die ihm zur Seite stehenden Untergebenen aufgelistet. Des weiteren enthält sie Verhaltensregeln und den Sühnekanon für die Bestrafung von Verstößen gegen die Gemeindeordnung. So soll zum Beispiel »wer wissentlich lügt«, dafür »sechs Monate bestraft werden«.[2] Gleich am Anfang des Textes stehen die Grundsätze, auf denen die Gemeinde aufgebaut ist und durch die sie sich von anderen abgrenzt. So müssen alle Mitglieder »eintreten in den Bund vor Gott, zu tun entsprechend allem, was er befohlen hat.«[3] Wer auf ihn hört, wird »gereinigt von allen seinen Sünden«.[4] Gesetzestreue gehört zu den obersten Tugenden. Für die Mitglieder der Gemeinde finden sich Umschreibungen wie »Priester, die den Bund wahren und seinen Willen erforschen«,[5] und sie sollen »mit Eifer bedacht [sein] auf das Gesetz«.[6]
Zu den Ritualen gehören Reinigung und Läuterung durch die Taufe, aber nicht als einmaliges Ereignis, sondern als tägliche Übung. Täglich müssen auch in der Morgen- und Abenddämmerung bestimmte Gebete gesprochen werden. Dazu gehört auch das

Hersagen von Gesetzesvorschriften. Die Gemeinde läutert sich außerdem durch ein »Mahl aller Versammelten,«[7] ein Mahl, das auch nach dem Zeugnis anderer Rollen dem Letzten Abendmahl der sogenannten Urkirche sehr ähnlich ist.

Die Gemeinderegel erwähnt auch den »Rat« der Gemeinde, bestehend aus zwölf Männern und zeitweilig drei – möglicherweise – weiteren Priestern. Wir haben schon vom interessanten Gleichnis vom »Eckstein« und seiner Beziehung zum Rat der Gemeinde berichtet. In der Rolle wird weiterhin erwähnt, daß dieser »Rat der Gemeinde« da sein soll, »um Glauben zu bewahren im Lande mit festem Sinn und zerbrochenem Geist, Schuld zu sühnen, indem sie recht tun, und Drangsal der Läuterung [zu ertragen] ...«[8]

In ihren Bemühungen, die Gemeinde von Qumran von Jesus und seiner Gefolgschaft zu trennen, heben die Befürworter des Consensus der internationalen Gruppe jeweils hervor, in den Lehren von Qumran spielten Bußvorschriften keine Rolle – daß sich also Jesus gerade durch seine Lehre von der Buße vom »Lehrer der Gerechtigkeit« in Qumran unterscheide. Die Gemeinderegel zeigt jedoch, daß Bußvorschriften in Qumran dieselbe zentrale Bedeutung zukam, die sie für Jesus und seine Nachfolger in der sogenannten Urkirche hatten.

Und schließlich spricht die Gemeinderegel auch von einem Messias – oder möglicherweise von Messiassen. Die Mitglieder der Gemeinde, die »den Weg der Vollkommenheit wandeln«, werden zum Eifer für das Gesetz angehalten, »bis daß der Prophet und die Gesalbten Aarons und Israels kommen«.[9] Diese Stelle wird in der Regel so interpretiert, als handle es sich um zwei verschiedene Messiasse, um zwei ranggleiche, königliche Gestalten, von denen die eine aus dem Geschlecht Aarons, die andere von Israel abstammt, das heißt aus dem Stamm Davids und Salomons. Doch kann man sie auch so lesen, daß nur ein Messias gemeint ist, der in sich beide Häuser vereinigt. Im Kontext jener Zeit bedeutet Messias natürlich nicht dasselbe wie in der späteren christlichen Tradition. Es bedeutet einfach »der Gesalbte«, womit die Konsekration durch Öl gemeint ist. Nach israelischer Tradition wurden Könige und Priester – das heißt überhaupt Inhaber hoher Ämter – gesalbt.

Die Kriegsrolle

Exemplare der Kriegsrolle wurden sowohl in Höhle 1 als auch in Höhle 4 bei Qumran gefunden. Die Kriegsrolle ist zum einen ein detailliertes Handbuch über Strategie und Taktik mit Angaben für ganz bestimmte Umstände an einem bestimmten Ort zu einer bestimmten Zeit. So heißt es zum Beispiel: »Sieben Abteilungen von Reitern sollen sich noch zur rechten und zur linken Seite der Schlachtreihe aufstellen; ihre Abteilungen sollen zu beiden Seiten stehen ...«[10] Zum andern enthält der Text jedoch auch Ermahnungen und prophetische Propaganda, die gegen den einfallenden Feind, die »Kittim« oder Römer aufhetzen soll. Der oberste Führer Israels gegen die »Kittim« wird ganz eindeutig als Messias bezeichnet, wenn auch etliche Kommentatoren diese Bezeichnung dadurch zu vernebeln trachten, daß sie von ihm als »Deinem Gesalbten«[11] sprechen. Die Ankunft des Messias wird in Numeri 24,17 prophezeit, wo es heißt, »ein Stern geht auf aus Jakob, und ein Zepter erhebt sich aus Israel«. »Stern« ist hier nichts anderes als eine Umschreibung für den Messias, den königlichen Krieger und Priesterkönig, der die Streitmacht Israels zum Triumph führen wird.

Wie Robert Eisenman betont, taucht diese prophetische Verbindung der Messiasgestalt mit dem Bild des Sterns immer wieder in der Qumranliteratur auf und ist dort von zentraler Bedeutung. Dieselbe Prophezeiung zeigt sich genauso deutlich auch in Quellen, die sowohl von Qumran als auch vom Neuen Testament völlig unabhängig sind, nämlich bei den römischen Historikern und Geschichtsschreibern des ersten nachchristlichen Jahrhunderts, zum Beispiel Josephus, Tacitus und Sueton. Und auch Simeon Bar Kochba, der Anführer des zweiten Aufstandes gegen die Römer zwischen 132 und 135 nach Christus, hat sich als »Sohn des Sterns« bezeichnet.

Die Kriegsrolle verleiht dem Kampf gegen die »Kittim« eine metaphysische und theologische Dimension, indem sie ihn als eine Schlacht zwischen den »Söhnen des Lichts« und den »Söhnen der Finsternis« beschreibt. Noch wichtiger ist freilich, daß die Rolle selbst einen wichtigen Schlüssel für ihre Datierung und damit die zeitliche Einordnung enthält. Dort wo der Text von den »Kittim« spricht, bezieht er sich explizit auf ihren »König«. Die gemeinten »Kittim« können deswegen nicht die Truppen des republikanischen Rom sein, die 63 v. Chr. in Palästina einfielen und nicht von einem Monarchen befehligt wurden. Es muß sich also um Soldaten der Kaiserzeit handeln, die anläßlich der Erhebung von 66 n. Chr. einmarschierten – unabhängig davon, daß natürlich seit Einsetzung kaiserlich-römischer Präfekten oder Prokuratoren im Jahre 6 n. Chr. eine Besatzungsmacht in Palästina stationiert war. Daraus geht hervor, daß die Kriegsrolle sich nicht auf die Zeit vor Christus bezieht, sondern auf das erste nachchristliche Jahrhundert. Wie wir noch sehen werden, sind gleichbedeutende Hinweise auf den zeitlichen Ablauf – die die Anhänger des Consensus sich eifrig zu ignorieren bemühen – noch in einem anderen, ganz zentralen Qumrantext überzeugend enthalten, nämlich im Habakuk-Kommentar.

Die Tempelrolle

Die Tempelrolle soll in Höhle 11 in Qumran entdeckt worden sein, aber diese Tatsache hat niemals definitiv belegt werden können. Wie schon ihr Name sagt, handelt die Rolle – zumindest zum Teil – vom Tempel in Jerusalem, seiner Anlage, seiner Ausstattung und seinem Inventar. Die Rolle enthält auch einzelne Details von rituellen Handlungen, die im Tempel vollzogen wurden. Gleichzeitig gibt der Name, den Yigael Yadin der Rolle gegeben hat, aber auch zu Mißverständnissen Anlaß.
Die Tempelrolle ist nämlich eine Art Thora oder Gesetzeswerk, so etwas wie eine alternative Thora, die die Gemeinde von Qumran und Gruppierungen an anderen Orten in Palästina benutzt haben. Die offizielle Thora des Judaismus enthält die ersten fünf Bücher des Alten Testamentes: Genesis, Exodus, Leviticus, Numeri und Deuteronomium. Diese gelten als die Gesetzesbücher, die Moses auf dem Berg Sinai empfangen hat und deren Autor nach der Tradition Moses selbst sein soll. In gewissem Sinne ist die Tempelrolle ein sechstes Gesetzbuch.

Die darin enthaltenen Gesetze beschränken sich jedoch nicht auf Vorschriften hinsichtlich religiöser Verehrung und des Dienstes im Tempel. Manche Gesetze sind allgemeiner gehalten. So finden sich etwa Gebote über Reinigungszeremonien, Vorschriften über die Ehe und den Geschlechtsverkehr. Besonders wichtig und interessant sind aber die Gesetze, die das Königtum in Israel regeln – jene über den Charakter, die Haltung, das Betragen und die Pflichten des Königs. So darf zum Beispiel der König unter keinen Umständen ein Fremder sein. Der König darf nur eine Frau haben, und es ist ihm wie allen anderen Juden untersagt, seine Schwester, Tante, die Frau seines Bruders oder seine Nichte zu heiraten.[12]

An den meisten dieser Verbote und Gebote ist nichts neu oder überraschend. Sie stehen fast alle bereits im Buch Leviticus (18-20) des Alten Testamentes. Eines aber davon – das dem König die Ehe mit seiner Nichte untersagt – ist neu. Und es wird nur an einer einzigen anderen Stelle noch einmal erwähnt, und zwar ebenfalls in einer Schriftrolle vom Toten Meer, in der sogenannten Damaskusschrift. Eisenman hat darauf hingewiesen, daß diese Striktur (Verurteilung) ein wichtiger Schlüssel zur Datierung sowohl der Tempelrolle als auch der Damaskusschrift ist – und damit natürlich auch für die anderen Schriftrollen vom Toten Meer. Wie schon mehrmals erwähnt, hat sich das internationale Team darauf versteift, die Schriftrollen vom Toten Meer in die Zeit vor Christi Geburt, also in die Zeit der Herrschaft der Makkabäerkönige in Israel zu datieren. Doch es gibt keinerlei Beweise dafür, daß die Makkabäerkönige – oder andere israelische Könige vor ihnen – jemals ihre Nichten geheiratet oder aber diese Praxis kritisiert hätten.[13] Dieser Umstand scheint überhaupt keine Rolle gespielt zu haben. Entweder hat man also Nichtenheirat allgemein akzeptiert, oder aber sie wurde ohnehin nicht praktiziert. In beiden Fällen bedurfte es keines Verbotes.

Die Situation änderte sich allerdings grundlegend, als Herodes und seine Nachfolger die Herrschaft übernahmen. Zuerst einmal war Herodes nach den damaligen Geboten des Judaismus ein Fremder. Er war arabischer Herkunft, stammte aus Idumäa, dem Landstrich südlich von Judäa. Und zum zweiten – es war gang und gäbe, daß die Könige der herodianischen Dynastie ihre Nichten und hero-

dianische Prinzessinnen ihre Onkel heirateten. So ehelichte zum Beispiel Berenike, die Schwester von König Agrippas II. (48–53 n. Chr.), ihren Onkel. Herodias, die Schwester von Agrippa I. (37 bis 44), heiratete sogar zwei Onkel nacheinander. Das Verbot in der Tempelrolle ist also für einen ganz bestimmten Zeitabschnitt von besonderer Bedeutung und eine direkte Kritik an der herodianischen Dynastie – und überdies einer Dynastie fremdländischer Könige, die das kaiserliche Rom Israel mit Gewalt als Marionetten aufgezwängt hatte und deren Macht es aufrechthielt.
Alles in allem steht demnach die Beweislage aufgrund der Aussagen in der Tempelrolle dem Consensus der internationalen Gruppe in drei wichtigen Punkten entgegen:

1. Nach dem vereinbarten Consensus hatte die Gemeinde von Qumran weder Verbindung zum, noch Interesse am Tempel in Jerusalem und auch nicht zum offiziellen Judaismus der Zeit. Wie die Kupferrolle beweist aber auch die Tempelrolle, daß die Gemeinde von Qumran sich sehr wohl mit den Vorgängen im Tempel und der herrschenden Theokratie beschäftigte.
2. Nach dem vereinbarten Consensus bestand zwischen den Essenern von Qumran und Herodes ein freundliches Einvernehmen. Die Tempelrolle weist indes auf einen anderen Weg; sie enthält ganz besondere Strikturen – Strikturen, die dem Ziel dienen, Herodes samt seiner Dynastie zu verdammen.[14] In jedem anderen Kontext ergäben diese Gebote keinerlei Sinn.
3. Nach dem vereinbarten Consensus stammt die Tempelrolle wie auch alle anderen Qumrantexte aus vorchristlicher Zeit. Doch nach der inneren Logik einiger Punkte, die in der Rolle erwähnt werden, ergibt sich ein Sinn nur für die Zeit der herodianischen Herrschaft, das heißt also für die Zeit des ersten nachchristlichen Jahrhunderts.

Die Damaskusschrift

Die Damaskusschrift war der Welt schon längst vor der Entdeckung der Schriftrollen von Qumran bekannt. Da den Wissen-

schaftlern aber der Kontext fehlte, wußten sie nichts damit anzufangen. Gegen Ende des letzten Jahrhunderts fand man auf dem Dachboden einer alten Synagoge in Kairo eine sogenannte Genisa – eine Kammer in der Synagoge, in der aussortierte, beschädigte oder überzählige, religiöse Texte und Kultgegenstände aufbewahrt werden. Sie stammte aus dem neunten Jahrhundert nach Christus. 1896 wurden einzelne Fragmente aus dieser Genisa Salomon Schechter überlassen, einem Dozenten der Universität Cambridge, der sich damals in Kairo aufhielt. Eines der Fragmente stellte sich als hebräisches Original eines Textes heraus, den man tausend Jahre lang nur in Übersetzungen gekannt hatte. Dieser Umstand bewog Schechter zu weiteren Nachforschungen. Im Dezember 1896 brachte er den gesamten Inhalt der Genisa in seinen Besitz – es waren nicht weniger als hundertvierundsechzig Kisten mit hunderttausend Manuskripten – und ließ sie nach Cambridge überführen. In diesem Materialberg fanden sich zwei hebräische Fassungen der – später so genannten – Damaskusschrift. Die Fassungen aus der Kairoer Genisa waren offensichtlich später entstandene Kopien eines noch viel älteren Werkes. Die Texte waren unvollständig, viele Enden fehlten und vermutlich auch große Mittelstücke. Der Ablauf der Texte war völlig unzusammenhängend und der logische Aufbau der Themen konfus. Doch selbst in dieser chaotischen Form war der Inhalt der Damaskusschrift provokativ, ja sie enthielt sogar erheblichen Zündstoff. 1910 veröffentlichte Schechter sie zum ersten Mal, und 1913 ließ R. H. Charles sie in seiner Sammlung von Apokryphen und Pseudepigraphen des Alten Testaments erneut abdrucken.
Im Computerausdruck mit der Auflistung von allem Qumranmaterial, über welches die internationale Gruppe verfügt, den Eisenman 1988 in seine Hand bekam und an die *Biblical Archaeology Review* weiterleitete, befanden sich unter den angeführten Texten auch zwei zusätzliche Fassungen und/oder Fragmente der Damaskusschrift. Man hatte sie in Qumran gefunden. Sie waren offensichtlich erheblich älter als die aus der Genisa in Kairo und vermutlich auch vollständiger. Es waren genau jene Fassungen beziehungsweise Fragmente der Damaskusschrift, die Eisenman und Philip Davies seinerzeit in ihrem förmlichen Antrag an John

Strugnell zu sehen gewünscht hatten. Und daraus war damals die erbitterte und mit äußerster Feindseligkeit geführte Kontroverse von 1989 entstanden. Warum hatte dieses Dokument zu einem derartigen Zankapfel werden können?

Die Damaskusschrift erwähnt als erstes eine Gruppe von Juden, die im Unterschied zu ihren Glaubensgenossen treu zum Gesetz standen. Unter ihnen tritt ein »Lehrer der Gerechtigkeit« in Erscheinung. Wie Moses führte er die Glaubensbrüder in die Wildnis, an einen »Damaskus« genannten Ort, wo sie einen »neuen Bund« mit Gott schlossen. Aus zahlreichen Textstellen geht klar hervor, daß es sich bei diesem Bund um denselben handelt, von dem die Gemeinderegel in Qumran spricht. Auch ist deutlich ersichtlich – und kein Wissenschaftler bestreitet dies –, daß in dieser Schrift dieselbe Gemeinde gemeint ist wie in den Schriftrollen von Qumran. Doch wird als Name des Ortes, an dem sich die Gemeinde aufhält, Damaskus genannt.

Aus dem Kontext geht allerdings klar hervor, daß der darin Damaskus genannte Ort in der Wüste unmöglich die romanisierte Stadt in Syrien sein kann. Fast alle unabhängigen Wissenschaftler – und sogar die meisten Anhänger des Consensus – stimmen darin überein, daß der einzige in Frage kommende Ort für dieses Damaskus nur Qumran sein kann. Warum der Name von Qumran auf diese Weise getarnt wurde, ist nicht ersichtlich: aus reinem Selbstschutz aufgrund der Wirren im Gefolge des Aufstandes von 66 n. Chr. wäre als Erklärung durchaus zu akzeptieren, zumal Qumran zur damaligen Zeit keinen eigenen Namen hatte. Es kann jedenfalls kaum Zufall sein, daß – wie die Computerliste der internationalen Gruppe belegt – mindestens zehn Kopien beziehungsweise Fragmente der Damaskusschrift in den Höhlen um Qumran gefunden wurden.[15]

Wie in der Gemeinderegel findet sich auch in der Damaskusschrift eine Liste mit Vorschriften und Geboten. Einige davon sind mit den entsprechenden Vorschriften in der Gemeinderegel identisch, von den übrigen widerspricht keine den Lehren dieser Regel. Doch enthält die Damaskusschrift zusätzliche Vorschriften, von denen zwei nennenswert sind. Eine bezieht sich auf Heirat und Kinder, woraus hervorgeht, daß die Gemeinde von Qumran nicht, wie de

Vaux behauptet hat, nur aus zölibatär lebenden Essenern bestanden hat. Eine andere bezieht sich – wie nebenbei, als sei dies selbstverständlich und allgemein bekannt – auf über ganz Palästina verstreute, verwandte Gemeinden. Das heißt nichts anderes, als daß Qumran seinerzeit nicht so von aller Welt abgeschnitten war, wie de Vaux behauptet hat.

In der Damaskusschrift werden vor allem drei Vergehen angeprangert, die unter den Feinden des »Gerechten«, also jenen, die in den »neuen Bund vor Gott eingetreten« sind, grassiert haben sollen. Diese Vergehen sind Reichtum, weltliche Zweckentfremdung des Tempels (wogegen man sich auch in der Tempelrolle empört) und eine reichlich begrenzte Auffassung von Unzucht, nämlich die Tatsache, mehr als eine Frau zu haben oder seine Nichte zu ehelichen. Wie Eisenman zeigte, bestätigt die Damaskusschrift also die Forderungen der Tempelrolle, indem sie Punkte aufnimmt, die einzig für die Zeit der Herrschaft der Herodesdynastie relevant sind.[16] Sie bestätigt zudem, wie noch zu zeigen sein wird, eine Auseinandersetzung innerhalb der Gemeinde, die noch deutlicher in einer anderen Schriftrolle vom Toten Meer, dem sogenannten Habakuk-Kommentar, in Erscheinung tritt. In dieser Auseinandersetzung tritt eine als »der Lügenpriester« bezeichnete Person auf, die von der Gemeinde abfällt und ihr Feind wird. In der Damaskusschrift werden alle die verurteilt, »die in den neuen Bund im Lande Damaskus eingetreten sind, sich aber abgewandt und Verrat geübt haben«.[17] Kurz danach erwähnt das Dokument all jene, die »umgekehrt sind [m]it dem Mann der Lüge«.[18]

Die Damaskusschrift bestätigt auch Aussagen der Gemeinderegel und der Kriegsrolle, und zwar dort, wo sie von einer messianischen Gestalt – möglicherweise auch zwei solchen Gestalten – spricht, die nach Damaskus kommen wird: ein Prophet oder »Ausleger des Gesetzes«, genannt »der Stern«, und ein Königssohn aus dem Stamm Davids, genannt »Zepter«.[19] Und an fünf weiteren Stellen wird in den verschiedenen Abschriften der Damaskusschrift von einer einzigartigen Gestalt gesprochen: »dem Messias von Aaron und Israel«.[20]

Auf die Bedeutung dieser Messiasgestalt wird später zurückzukommen sein. An dieser Stelle drängt es sich auf, über die Implikationen nachzudenken, die zur Bezeichnung »Damaskus« für den Ort Qumran geführt haben. Den meisten Christen ist Damaskus natürlich aus dem neunten Kapitel der Apostelgeschichte bekannt, unter der Annahme, daß es sich dabei um die romanisierte Stadt in Syrien handle, die heutige Hauptstadt dieses Landes: Auf der Straße nach Damaskus wird bekanntlich Saulus von Tarsus zu Paulus bekehrt. Diese Stelle gehört zu den ganz bekannten und zentralen des Neuen Testamentes.[21]

Laut Apostelgeschichte 9 ist Saulus eine Art Inquisitor und Vollstrecker, den der Hohepriester des Tempels von Jerusalem gegen die in Damaskus lebende Gemeinde häretischer Juden – das heißt der »Urchristen« – ausgesandt hat. Die Tempelpriesterschaft kollaboriert geschlossen mit den Römern; Paulus ist einer ihrer Knechte. In Jerusalem soll er bereits aktiv an Angriffen gegen Angehörige der Urkirche teilgenommen haben. Wenn man der Apostelgeschichte Glauben schenken kann, ist er sogar persönlich in die Ereignisse um die tödliche Steinigung des Stephanus genannten Mannes verwickelt, der von der späteren Tradition als erster christlicher Märtyrer bezeichnet wird. Paulus gesteht außerdem selbst freimütig, er habe seine Opfer »zu Tode« gehetzt.

Erfüllt von solch glühendem Fanatismus, macht sich Saulus also auf den Weg nach Damaskus, um flüchtige Mitglieder der nun dort ansässigen Urkirche aufzuspüren. Er ist in Begleitung einer Gruppe von Männern, die vermutlich bewaffnet sind. Und er trägt die Haftbefehle, die vom Hohepriester in Jerusalem ausgestellt sind, bei sich.

Das heutige Syrien gehörte damals nicht zu Palästina, sondern war eine eigenständige römische Provinz, die von einem römischen Legaten regiert wurde und verwaltungsmäßig und politisch keinerlei Verbindungen zu Palästina unterhielt. Wie hätte unter diesen Umständen die Haftanordnung des Hohepriesters bis dorthin reichen sollen? Das Imperium Romanum würde wohl kaum geduldet haben, daß selbsternannte Schlägertrupps sich von einem Territorium in ein anderes innerhalb seines Herrschaftsgebietes aufgemacht, Verhaftungen vorgenommen, Hinrichtungen ausgeführt und die so sehr geschätzte Stabilität der zivilen Ordnung bedroht hätten. Entsprechend der offiziellen Politik war eine Religion

außerdem so lange zu tolerieren, wie sie nicht die weltliche Autorität oder das gesellschaftliche Gefüge bedrohte. Ein in Jerusalem ansässiger Schlägertrupp, der in Syrien operierte, würde in kürzester Zeit ziemlich schreckliche Vergeltungsmaßnahmen der römischen Administration ausgelöst haben – Maßnahmen, die kein Hoherpriester, dessen Stellung von der Gunst der Römer abhing, zu provozieren gewagt hätte. Wie also hätte unter diesen Voraussetzungen Saulus von Tarsus, ausgestattet mit den Haftbefehlen des Hohenpriesters, eine derartige Strafaktion gegen Damaskus unternehmen können – falls mit Damaskus hier wirklich die in Syrien gelegene Stadt gemeint gewesen sein sollte?
Sollte mit Damaskus an dieser Stelle aber Qumran gemeint sein, bekommt das Unternehmen von Saulus plötzlich einen historisch völlig einsichtigen Sinn. Anders als Syrien lag Qumran nämlich durchaus innerhalb des Territoriums, in dem die Vollmacht des Hohenpriesters Gültigkeit besaß. Es wäre dem Hohenpriester in Jerusalem durchaus möglich gewesen, seine Bevollmächtigten zur Ausrottung häretischer Juden nach Qumran zu entsenden, das nur etwa fünfunddreißig Kilometer entfernt in der Nähe von Jericho lag. Eine solche Aktion wäre zudem ganz im Sinn römischer Politik gewesen, die sich in rein interne Angelegenheiten gewöhnlich nicht direkt einmischte. Juden konnten also durchaus innerhalb ihres eigenen Machtbereichs andere Juden quälen und foltern, solange sie mit solchen Aktivitäten der römischen Verwaltung nicht ins Gehege kamen. Und da der Hohepriester eine römische Marionette war, wären seine Maßnahmen zur Ausrottung rebellischer Religionsgenossen nur um so willkommener gewesen.
Doch so plausibel diese Erklärung historisch klingt, wirft sie doch eine Reihe äußerst peinlicher Fragen auf. Gemäß dem Consensus der internationalen Gruppe bestand die Gemeinde von Qumran aus einer jüdischen Sekte, den sogenannten Essenern, einer pazifistischen Sekte von Asketen, die keinerlei Verbindung zum Urchristentum und zur Hauptrichtung des damaligen Judaismus unterhielt. Aber Saulus macht sich nach Aussage der Apostelgeschichte auf den Weg nach Damaskus, um flüchtige Mitglieder der Urkirche zu verfolgen. Hierin liegt daher eine provokative Herausforderung. Sie stellt sowohl die christliche Tradition in Frage

wie auch die Glaubwürdigkeit der Anhänger des Consensus, die diesen Zusammenhang geflissentlich übersehen haben. Entweder hatten nämlich Mitglieder der Urkirche in der Qumrangemeinde Unterschlupf gesucht, oder aber die Urkirche und die Gemeinde von Qumran waren ein und dasselbe. In beiden Fällen – so zeigt die Damaskusschrift – lassen sich die Schriftrollen vom Toten Meer deshalb nicht von den Anfängen des Christentums trennen.

Der Habakuk-Kommentar

Der in Höhle 1 bei Qumran gefundene »Habakuk-Pesher« oder Habakuk-Kommentar stellt innerhalb des gesamten Corpus der Schriftrollen vom Toten Meer die vielleicht weitestgehende Annäherung an den chronologischen Ablauf der Geschichte der Gemeinde oder jedenfalls sehr wichtiger Ereignisse ihrer Geschichte dar. Wie in der Damaskusschrift geht es auch hier um die oben erwähnte Auseinandersetzung. Diese Auseinandersetzung, der Anfang eines Schismas, scheint sich traumatisch auf das Leben der Gemeinde von Qumran ausgewirkt zu haben. Sie findet sich nicht nur in der Damaskusschrift und im Habakuk-Kommentar, sondern außerdem noch in vier anderen Qumrantexten. Und in weiteren vier Texten scheint es Anspielungen darauf zu geben.[22]

Wie die Damaskusschrift berichtet auch der Habakuk-Kommentar, daß einige Mitglieder der Gemeinde unter der frevelhaften Anstiftung einer als »Lügenpriester« genannten Person abfallen, den neuen Bund brechen und das Gesetz nicht länger befolgen. Dies beschwört einen Konflikt herauf zwischen ihnen und dem »Lehrer der Gerechtigkeit«, der der Gemeinde vorsteht. Es ist dort auch die Rede von einem niederträchtigen Gegner, der der »Frevelpriester« genannt wird. Die Anhänger des Consensus haben die Bezeichnungen »Lügenpriester« und »Frevelpriester« als zwei Charakterisierungen ein und derselben Person aufgefaßt. Erst kürzlich hat dagegen Eisenman überzeugend dargelegt, daß der »Lügenpriester« und der »Frevelpriester« zwei voneinander verschiedene Personen sind.[23] Nach seiner Folgerung wird klar, daß der »Lügenpriester« im Unterschied zum »Frevelpriester« aus der

Qumrangemeinde selbst hervorgeht. Nachdem ihn die Gemeinde aufgenommen und mehr oder weniger als vollwertiges Mitglied akzeptiert hat, fällt er von ihr ab. Er wird dadurch nicht nur zum Gegner, sondern auch zum Verräter. Dagegen ist der »Frevelpriester« ein Außenstehender, ein Repräsentant der etablierten Priesterschaft des Tempels. Wenn er auch ein Gegner ist, so ist er doch kein Verräter. Was ihn besonders interessant macht, ist die Tatsache, daß er einen Schlüssel für die Datierung der im Habakuk-Kommentar berichteten Ereignisse liefert. Wenn der »Frevelpriester« Mitglied der etablierten Tempelpriesterschaft ist, bedeutet dies, daß der Tempel noch immer steht und die Priesterschaft ebenfalls noch intakt ist. Was soviel heißt wie, daß die Aktivitäten des »Frevelpriesters« somit in die Zeit *vor* der Zerstörung des Tempels durch die Römer im Jahre 70 n.Chr fallen würden.

Und wie in der Kriegsrolle gibt es auch im Habakuk-Kommentar ganz deutliche Hinweise, die auf das kaiserliche und nicht das republikanische Rom hindeuten, also das Römische Reich im ersten nachchristlichen Jahrhundert. Der Habakuk-Kommentar spielt beispielsweise auf den Brauch an, daß siegreiche römische Truppen ihren Standarten Opfer darbrachten. Josephus bestätigt diesen Brauch für die Zeit der Zerstörung des Tempels im Jahre 70 n. Chr.[24] Dieser Brauch ergäbe für die republikanische Zeit auch keinerlei Sinn, da siegreiche Truppen damals noch ihren Göttern opferten. Erst nach Schaffung des Kaisertums, erst nachdem der Kaiser selbst göttlich geworden und oberster Gott seiner Untertanen war, pflegte man mit seinem Bild oder Zeichen oder Monogramm die Standarten seiner Truppen heraldisch zu schmücken. Der Habakuk-Kommentar weist also, ebenso wie die Kriegsrolle, die Tempelrolle und die Damaskusschrift, auf die Herrschaftszeit der herodianischen Dynastie hin.

Wissenschaft im Dienst des Glaubens

Die Mitglieder des internationalen Teams sind der Auffassung, die historischen Ereignisse, auf die in den Schriftrollen vom Toten Meer Bezug genommen wird, hätten sämtlich in der Zeit der Makkabäer stattgefunden – also zwischen der Mitte des zweiten und der Mitte des ersten vorchristlichen Jahrhunderts. Den »Frevelpriester«, der den »Lehrer der Gerechtigkeit« sucht, verfolgt und vielleicht tötet, identifizieren sie mit Jonathan Makkabäus oder aber seinem Bruder Simon, die beide in jener Zeit hervorragende Positionen innehatten. Die Invasion einer fremdländischen Armee wird als die der Römer unter Pompejus im Jahre 63 v. Chr. interpretiert.[1] Anhand dieser Anhaltspunkte und Festlegungen datieren sie die Schriftrollen in einen ungefährlichen vorchristlichen Zeitabschnitt, wo sie weder das Neue Testament noch die Tradition irgendwie in Frage stellen oder gar untergraben.
Es ist ein schwerwiegender Fehler – wenn nicht gar eine absichtliche Vernebelung der Tatsachen –, aus dem Umstand, daß einige der Schriftrollen sich zweifellos auf Ereignisse in vorchristlicher Zeit beziehen, zu schließen, daß dies für alle zutreffe. Pompejus, der 63 v. Chr. ins Heilige Land einmarschierte, war bekanntlich ein Zeitgenosse von Julius Caesar. Zu seiner und Caesars Zeit war Rom noch Republik. Erst im Jahre 27 v. Chr. wurde das Römische Reich durch die Einführung des Prinzipats Kaiserreich, nämlich unter Caesars Großneffen Oktavian, der den kaiserlichen Titel eines Augustus annahm. Falls die in den Rollen erwähnte römische Invasion die des Pompejus gewesen wäre, hätte es sich um Truppen des republikanischen Rom gehandelt. Die Kriegsrolle spricht aber von einem »König« oder »Monarchen« der Invasoren. Und der Habakuk-Kommentar verweist ausdrücklich darauf, daß die Invasoren ihren Standarten opferten. Daraus geht klar hervor, daß

es sich bei der fraglichen Invasion um eine des kaiserlichen Rom handelte, nämlich um die Invasion, die der Aufstand von 66 n. Chr. provozierte.

Godfrey Driver von der Universität Oxford hat zahlreiche Hinweise in den Texten der Rollen ausfindig gemacht, die als verläßliche Anhaltspunkte für die Datierung dienen. Vor allen Dingen anhand der Beschäftigung mit dem Habakuk-Kommentar kam er zum Schluß, die Invasoren könnten nur die »römischen Legionen zur Zeit des Aufstandes 66 n. Chr.« gewesen sein. Dieser Schluß, so fügte er hinzu, »ist zweifellos sichergestellt durch den Bericht, daß sie [die römischen Truppen] ihren Feldzeichen opferten«.[2] Damit löste er einen heftigen Angriff von de Vaux aus, der erkannt hatte, daß sich daraus als »historischer Hintergrund der Rollen folglich der Krieg gegen Rom«[3] ergeben mußte. Das konnte de Vaux natürlich unmöglich akzeptieren. Gleichzeitig war es ihm aber auch unmöglich, eine so präzise Beweisführung zu widerlegen. Daher entschloß er sich, den Beweis zu ignorieren und statt dessen Drivers Hauptthese zu attackieren: »Driver geht von der vorgefaßten Meinung aus, alle Rollen stammten aus der Zeit nach Christus, und diese Meinung beruht auf trügerischen Zeugnissen von Orthographie, Wortwahl und Sprachstil.«[4] Es liege, fuhr er fort, nun bei den Historikern von Profession, darüber zu befinden, »ob [Drivers] schillernde Geschichte durch die Texte genügend abgesichert«[5] sei. Interessant daran ist, daß de Vaux, der ja an der Ecole Biblique biblische Geschichte lehrte, sich plötzlich in das Gewand falscher Bescheidenheit hüllte und auf andere Historiker verwies – zumindest in seiner Antwort auf Driver –, indem er sich hinter den »Bollwerken« von Archäologie und Paläographie verschanzte.[6] Dabei stützen aber die archäologischen Anhaltspunkte in der Tat die Hinweise auf den zeitlichen Ablauf, wie ihn auch die innere Logik der Rollen nahelegt. Somit stimmen äußere Beweise mit den inneren überein – ein Umstand, gegen den die Anhänger des Consensus anscheinend die Augen auf ewig verschließen wollen. Und dies hat mehr als einmal zu einem peinlichen Fauxpas geführt.

Man rufe sich ins Gedächtnis, daß de Vaux 1951 in den Ruinen von Qumran eine Probegrabung vorgenommen hat. Die Funde reichten zur Planung eines gründlicheren Unternehmens aus. Doch dann setzte die bekannte Nachlässigkeit ein, so daß bis 1953 keine gründliche Ausgrabung unternommen wurde. Ab da erfolgten bis 1956 jährlich Ausgrabungen. 1958 wurde bei Ein Feshka, in nicht allzu weiter Entfernung, nämlich nur einen guten Kilometer weiter südlich, gleichfalls eine Grabung vorgenommen.

Bei seinen eifrigen Bemühungen, die Gemeinde von Qumran von jeglicher Verbindung zu den Urchristen fernzuhalten, ließ de Vaux seine Schlußfolgerung hinsichtlich der Datierung überstürzt in Druck gehen. In manchen Fällen wartete er gar nicht erst ab, ob die archäologischen Erkenntnisse seine Hypothese stützten. Schon 1954 hielt der Jesuitenprofessor Robert North fest, daß de Vaux in der Folge in mindestens vier Fällen gezwungen war, seine Datierung zurückzunehmen. North hielt es außerdem für geradezu sträflich, daß in so wichtigen Angelegenheiten keine »von de Vaux' Einfluß unabhängige«[7] Spezialisten beigezogen worden waren. Aber es war nicht de Vaux' Art, nach Ansichten Ausschau zu halten, die mit seinen eigenen kollidierten und das Material in einem anderen Licht erscheinen ließen. Er beeilte sich auch nicht sonderlich, zu seinen eigenen Irrtümern Stellung zu nehmen. Er war zwar sehr schnell, wenn es darum ging, Schlußfolgerungen, die seine Thesen stützten, zu publizieren, aber er ließ sich auffällig viel Zeit, wenn es darum ging, Erkenntnisse zurückzunehmen, wenn sie sich als irrig erwiesen hatten.

De Vaux ließ sich bei seinen Schlußfolgerungen vor allem vom Vorhandensein einer dicken Ascheschicht leiten, die das Gelände um die Ruinen überzog. Diese Ascheschicht zeugte eindeutig von einer Feuersbrunst, die beträchtliche Schäden verursacht, ja vermutlich sogar dazu geführt hatte, daß Qumran von einem Teil, wenn nicht sogar von allen Mitgliedern der Gemeinde für mehrere Jahre verlassen wurde. Die Untersuchung von Münzen, die gefunden wurden, hat ergeben, daß die Feuersbrunst etwa zur Zeit des Herrschaftsantritts von Herodes dem Großen ausgebrochen sein muß, der den Thron von 37 bis 4 vor Christus innehatte. Sie ergab weiterhin, daß mit dem Wiederaufbau unter der Herrschaft von Herodes' Sohn Archelaus begonnen wurde, der – nicht als König, sondern als Ethnarch – von 4 vor Christus bis 6 nach Christus herrschte. De Vaux vertrat die These, die Gemeinde von Qumran habe aus sanftmütigen, friedliebenden und asketischen Essenern bestanden, die mit Herodes ebenso in Frieden lebten wie mit allen anderen. Damit diese Annahme bestätigt wurde, durfte das Feuer, das die Niederlassung zerstörte und die Gemeindemitglieder vertrieb, nicht in böser Absicht gelegt worden sein – zum Beispiel während eines kriegerischen Ereignisses –, sondern mußte durch einen Unfall oder eine Naturkatastrophe ausgebrochen sein. Zum Glück für de Vaux wurde ein breiter Riß entdeckt, der sich quer durch eine Zisterne zog. Zwar fanden unabhängige Forscher keine Anzeichen dafür, daß sich der Riß noch weiterzog, aber de Vaux blieb bei seiner Behauptung, er habe Spuren davon durch sämtliche Überreste, also durch die gesamte Niederlassung der Gemeinde von Qumran verfolgen können.[8] Selbst wenn das zutreffen sollte, könnte man es nach Ansicht mehrerer Experten auch auf Erosionsvorgänge zurückführen.[9] Für de Vaux aber galt als sicher, daß der Riß die Folge eines Erdbebens oder mehrerer Erdbeben war, von denen die Region über die Jahrhunderte hinweg betroffen worden ist. Anstatt nach der Ursache für den Riß zu suchen, machte er sich in der Folge daran herauszufinden, ob es ein Erdbeben gegeben habe, auf das sich der Riß zurückführen ließ. Und er wurde fündig: Er entdeckte einen Bericht über ein mehr oder weniger »geeignetes« Erdbeben. Flavius Josephus erwähnt, ein solches habe sich im Jahre 31 v. Chr. ereignet, in der Anfangszeit also von Herodes' Herrschaft. Dies, so schloß de Vaux, habe das Feuer entzündet und die Gemeinde zum Verlassen gezwungen. Er hielt es nicht für nötig zu erklären, warum erst ein Vierteljahrhundert später, dann aber mit bemerkenswerter Eile, mit dem Wiederaufbau begonnen wurde.

Robert Eisenman weist dagegen auf eine verblüffende zeitliche Übereinstimmung hinsichtlich des Wiederaufbaus hin. Der Zeitpunkt, da die Arbeiten aufgenommen wurden, fällt genau mit dem Ende von Herodes' Herrschaft zusammen. Kaum war er gestorben, hatte man also den Wiederaufbau in die Hand genommen – und dabei überdies nicht nur insbesondere die Verteidigungstürme verstärkt, sondern auch neu eine Brustwehr errichtet. Aus diesen Gründen – die de Vaux zu ignorieren geruhte – scheint klar hervorzugehen, daß niemand sich an den Wiederaufbau von Qumran herangewagt hatte, solange Herodes noch auf dem Thron war. Aber warum dies alles, wenn doch die Gemeinde mit Herodes keinerlei Schwierigkeiten hatte, wie de Vaux behauptete, und wenn die Niederlassung von einem Erdbeben zerstört wurde? Es erscheint doch viel glaubwürdiger, daß die Niederlassung vorsätzlich zerstört wurde, und zwar auf Befehl von Herodes, und daß mit dem Wiederaufbau gar nicht vor seinem Tod begonnen werden konnte. Aber warum sollte Herodes bloß die Zerschlagung einer so sanftmütigen, so überall beliebten, sich aller politischen Betätigung enthaltenden Gemeinde befohlen haben?

Sei es nun absichtlich oder aufgrund von Schlampigkeit, jedenfalls verschloß sich de Vaux solchen Fragen. Nach und nach wurde jedoch die Logik, mit der er sich bemühte, seine Hypothese von der Zerstörung durch ein Erdbeben zu stützen, sogar in den Augen seines eifrigsten Anhängers, des damaligen Paters Milik, über Gebühr strapaziert. 1957 schrieb Milik über das Feuer und das angebliche Erdbeben:

> Die archäologische Beweislage in Qumran bezüglich dieser beiden Ereignisse ist nicht eindeutig ... die dicke Ascheschicht weist auf eine heftige Feuersbrunst hin, die man eher als Ergebnis eines vorsätzlichen Versuchs, den gesamten Gebäudekomplex niederzubrennen, auffassen sollte; die Asche könnte also durchaus beweisen, daß Qumran absichtlich zerstört worden ist.[10]

Ob der Brand nun durch ein Erdbeben oder aber eine vorsätzliche menschliche Handlung verursacht worden ist, läßt sich nicht mehr eindeutig klären. Die Beweislage spricht weniger für de Vaux als für Milik und Eisenman, die in diesem Fall ausnahmsweise einer Meinung sind. Trotzdem bemühen die meisten Anhänger des Consensus als Begründung immer noch das Erdbeben. Diese Version wird denn auch mit schöner Regelmäßigkeit in ihren diesbezüglichen Arbeiten wiederholt.

In einem anderen Punkt war de Vaux' Fehlinterpretation – oder, freundlicher ausgedrückt, sein Wunschdenken – noch viel fragwürdiger. Schon zu Beginn seiner Ausgrabungen fand er eine stark oxydierte Münze, auf der er – wie er sich ausdrückte – die Insignien der zehnten römischen Legion ausmachen zu können »glaubte«.[11] Mit Berufung auf Josephus erklärte er weiter, die zehnte Legion habe ja die etwa dreizehn Kilometer entfernte Stadt Jericho im Juni 68 n. Chr. erobert. Alles schien wunderbar zusammenzupassen. Gestützt auf diese Münze, behauptete de Vaux schließlich, daß Qumran im Jahre 68 n. Chr. von der zehnten römischen Legion zerstört worden sei. »Keine Handschrift aus den Höhlen«, erklärte er später, immer dogmatischer in der Datierungsfrage beharrend, »kann nach Juni 68 n. Chr. datiert werden.«[12]

De Vaux hat die Entdeckung der Münze erstmals 1954 in der *Revue biblique* bekanntgemacht. Fünf Jahre später, also 1959, wiederholte er seinen Bericht in derselben Zeitschrift.[13] Die »Tatsache«, daß es diese Münze gab und daß de Vaux durch nichts dazu zu bringen war, von einer Datierung auf dieser Grundlage abzurücken, sicherte »dieser Tatsache« im Schrein des etablierten Corpus von Beweisen, den die Anhänger des Consensus beharrlich ausschmückten, einen sicheren Platz. So schrieb zum Beispiel Frank Cross, die Münze mit den Insignien der zehnten Legion erbringe die »harte Bestätigung«,[14] daß dem eben so sei.

De Vaux waren jedoch zwei peinliche Irrtümer unterlaufen. Zum ersten hatte er es doch tatsächlich geschafft, Josephus falsch zu lesen, denn er schrieb ihm genau das Gegenteil dessen zu, was dieser tatsächlich geschrieben hat. Josephus hat nämlich gerade eben nicht behauptet, daß die zehnte Legion Jericho 68 n. Chr. eingenommen habe. Wie Cecil Roth dargelegt hat, war von den drei in dieser Gegend stationierten römischen Legionen ausgerechnet die zehnte an der Eroberung von Jericho nicht beteiligt.[15] Die zehnte Legion war im Gegenteil in beträchtlicher Entfernung nördlich von Jericho verblieben, wo sie das obere Jordantal bewachte. Zum zweiten stellte sich heraus, daß die von de Vaux gefundene Münze überhaupt nicht von der zehnten Legion – und auch von keiner anderen – stammte. Obwohl die Münze schwer beschädigt und oxydiert war, erwies sich bei der Untersuchung durch Experten, daß sie aus Aschkelon, und zwar aus dem Jahr 72 oder 73 n. Chr. stammte.

Das war ein Fehler, der sich nicht vertuschen ließ. De Vaux blieb keine andere Wahl, als eine förmliche Zurücknahme seiner Behauptung zu veröffentlichen. Sie erschien jedoch lediglich als Fußnote in seiner Abhandlung *L'archéologie et les manuscrits de la mer morte*, die 1961 in französischer Sprache und 1973 in englischer Übersetzung erschien. »Es war leider unklug, dies zu erwähnen«, konstatierte de Vaux lakonisch, »denn eine solche Münze gibt es nicht.«[16]

Insgesamt war es geradezu unverschämt, was sich de Vaux anhand von aufgefundenen Münzen für Schlußfolgerungen erlaubte. Fand er welche, die seine Theorien nicht stützten, ging er einfach darüber hinweg. So fand er beispielsweise eine Münze, die aus dem Zeitraum zwischen 138 und 161 nach Christus stammte. Er schlug jede weitere Vermutung über eine mögliche Bedeutung mit der Bemerkung in den Wind: »Die muß wohl ein Durchreisender verloren haben.«[17] Natürlich hätte so was auch auf eine früher datierte Münze zutreffen können, eine beispielsweise, auf die de Vaux seine Chronologie für Qumran stützte. Diese Möglichkeit scheint er jedoch gar nicht in Betracht gezogen zu haben.

Von den bei Qumran gefundenen archäologischen Beweisstücken haben Münzen für die internationale Gruppe und die Anhänger des Consensus stets eine besonders wichtige Rolle gespielt. Auf diese Beweise gestützt haben sie sogar die Lebensdauer der Gemeinde konstruiert. Und indem sie diese Beweisstücke auf ihre Weise interpretierten, haben sie die Rollen datiert und den chronologischen Ablauf festgelegt. Aber niemand hat sich mit diesen Fehlinterpretationen näher befaßt, bevor Robert Eisenman es in Angriff nahm. Roth und Driver versuchten – wie wir gesehen haben –, eine Chronologie auf der Grundlage der inhaltlichen Beweise der Schriftrollen zu erstellen. De Vaux und die internationale Gruppe konnten sie daraufhin durch den simplen Verweis auf die externen Beweise, die sie vor allen Dingen von den Münzen herleiteten, zum Schweigen bringen. Dabei blieb unbemerkt, daß sie diese Belege manchmal falsch ausgewertet hatten. Eisenman stellte fest, daß Roth und Driver mit ihrer Argumentation auf der Grundlage der inneren Logik der Schriften tatsächlich recht gehabt hatten. Doch damit er dies auch beweisen konnte, mußte er zuerst die falsche Auswertung der externen Beweise offenlegen. Zu diesem Zweck sortierte er die Münzen nach der Zeit ihrer Entstehung und bemerkte dabei, daß es im wesentlichen zwei Zeitabschnitte besonderer Aktivität gegeben habe.

Im Verlauf der Ausgrabungen waren in Qumran rund 450 Bronzemünzen gefunden worden. Sie decken eine Zeitspanne von etwa zweihundertfünfzig Jahren ab, nämlich die Zeit von 135 v. Chr. bis 136 n. Chr. In der folgenden Tabelle sind die Münzen den jeweiligen Regierungszeiten zugeordnet, in denen sie geprägt wurden:[18]

1 Münze	Zeitspanne:	135 – 104 v. Chr.
1 Münze	Zeitspanne:	104 v. Chr.
143 Münzen	Zeitspanne:	103 – 76 v. Chr.
1 Münze	Zeitspanne:	76 – 67 v. Chr.
5 Münzen	Zeitspanne:	67 – 40 v. Chr.
4 Münzen	Zeitspanne:	40 – 37 v. Chr.
10 Münzen	Zeitspanne:	37 – 4 v. Chr.
16 Münzen	Zeitspanne:	4 v. Chr – 6 n. Chr.
91 Münzen	Zeitspanne:	6 – 41 n. Chr. (Zeit der Prokuratoren)
78 Münzen	Zeitspanne:	37 – 44 n. Chr. (Regierung Agrippa I.)
2 röm. Münzen	Zeitspanne:	54 – 68 n. Chr.
83 Münzen	Zeitspanne:	67 n. Chr. (2. Jahr des Aufstandes)
5 Münzen	Zeitspanne:	68 n. Chr. (3. Jahr des Aufstandes)
6 Münzen	Zeitspanne:	Aufstand (so stark oxydiert, daß sie nicht genauer datiert werden können)
13 röm. Münzen	Zeitspanne:	67 – 68 n. Chr.
1 röm. Münze	Zeitspanne:	69 – 79 n. Chr.

2 Münzen	Zeitspanne:	72 – 73 n. Chr.
4 Münzen	Zeitspanne:	72 – 81 n. Chr.
1 röm. Münze	Zeitspanne:	87 n. Chr.
3 röm. Münzen	Zeitspanne:	98 – 117 n. Chr.
6 Münzen	Zeitspanne:	132 – 136 n. Chr.
	(Aufstand des Simeon Bar Kochba)	

Die Häufigkeit der Münzen in bezug auf die Zeitspanne, in der sie geprägt wurden, weist auf zwei Zeitabschnitte hin, in denen die Gemeinde von Qumran besonders aktiv war, nämlich zwischen 103 und 76 vor Christus und zwischen 6 und 67 nach Christus. Aus der ersten Periode hat man 143 Münzen, aus der zweiten insgesamt 254 Münzen gefunden. Den Anhängern des Consensus paßte das weniger gut in ihre theoretischen Konstruktionen, als ihnen lieb war. So wie sie die Handschriften interpretierten, war der sogenannte »Frevelpriester« höchstwahrscheinlich identisch mit dem Hohenpriester Jonathan, der zwischen 160 und 142 vor Christus lebte – damit also ein halbes Jahrhundert *vor* der ersten massiven Häufung der Münzen. Um seine Hypothese zu stützen, benötigte Pater de Vaux für die Gründung der Gemeinde von Qumran ein möglichst frühes Datum. Deshalb mußte er die einzige Münze aus dem Zeitraum zwischen 135 und 104 vor Christus als Stütze dafür heranziehen. Der gesunde Menschenverstand legt aber eher nahe, daß die Gemeinde aus der Zeit zwischen 103 und 76 vor Christus stammt, nämlich der Periode, aus der eine stattliche Ansammlung von 143 Münzen vorliegt. Die frühe Münze, auf der de Vaux seine Argumentation aufbaute, könnte, da sie die einzige ihrer Art ist, auch eine Münze sein, die noch Jahre nach ihrer Prägung in Umlauf war.

De Vaux hielt den Umstand, daß die judäischen Münzen nach dem Jahr 68 n. Chr. nicht mehr auftauchen und sich statt dessen unter den Münzen aus den folgenden Jahren achtzehn römische befanden, für besonders bedeutsam. Dies »beweist«, behauptete er, daß Qumran im Jahre 68 n. Chr. zerstört worden sei. Die römischen

Münzen würden darauf hinweisen, daß die Ruinen von einer Abteilung römischer Truppen »besetzt« worden seien. Auf diese Argumentation stützte er die definitive Festlegung des Zeitpunktes, zu dem die Schriftrollen deponiert worden seien. »Unsere Schlußfolgerung: Keine von den der Gemeinde zugehörigen Handschriften stammt aus späterer Zeit als die Ruine von Khirbet Qumran aus dem Jahre 68 n. Chr.«[19]

Die Fadenscheinigkeit dieser Konstruktion liegt auf der Hand. Zunächst einmal sind judäische Münzen gefunden worden, die aus der Zeit des Aufstandes unter Simeon Bar Kochba zwischen 132 und 136 nach Christus stammen. Zweitens beweisen die Münzen nur, daß sich Menschen in der Nähe von Qumran aufhielten, die die Münzen verloren haben. Sie geben keinerlei Auskunft über die Deponierung der Schriftrollen, die genausogut zu Bar Kochbas Zeit in Qumran vergraben worden sein können. Und schließlich überrascht es auch nicht weiter, daß es sich bei den Münzen aus der Zeit nach dem Jahr 68 um römische handelt. In den Jahren, die dem Aufstand folgten, waren römische Münzen nämlich die *einzige* Währung in Judäa. Und weil das so ist, müssen sie nicht unbedingt aus dem Eigentum von Römern stammen.

Eisenman beschäftigt sich ausdrücklich mit den Schlußfolgerungen, die aus de Vaux' archäologischen Untersuchungen zu ziehen sind. Wenn sie überhaupt etwas bewiesen, so konstatierte er, dann das genaue Gegenteil dessen, was de Vaux aus ihnen geschlossen habe, nämlich daß das spätestmögliche Datum für die Deponierung der Rollen in Qumran nicht 68 n. Chr., sondern 136 n. Chr. sei. Jede Zeit bis zu diesem Datum würde mit der archäologischen Beweislage übereinstimmen.[20] Außerdem, fügte Eisenman noch hinzu, gingen die Anhänger des Consensus auch darin falsch anzunehmen, daß mit der Zerstörung der Hauptgebäude in Qumran auch gleichzeitig die ganze übrige Siedlung zerstört worden sein müsse.[21] So gibt es in der Tat Hinweise darauf, daß in der Niederlassung zumindest vorübergehend oder provisorisch Wiederaufbauarbeiten in Angriff genommen wurden, dabei unter anderem die Anlage eines »primitiven Kanals« zur Versorgung der Zisternen mit Wasser. Es überzeugt nicht, wenn de Vaux diesen Kanal auf die römischen Besatzer zurückführt und behauptet, der

Münzenfund beweise ja, daß sie den Ort eingenommen hätten.[22] Driver konterte, indem er darauf aufmerksam machte, daß die Primitivität der Konstruktion die Römer als Erbauer ausschließe.[23] De Vaux ließ sich nicht von seiner Theorie abbringen und hielt dagegen, seine Hypothese, nach der Qumran im Jahre 68 n. Chr. zerstört worden sei, stehe in Übereinstimmung mit »*les données d'histoire*«, also »den anerkannten Gegebenheiten der Geschichte«. Dabei aber »vergaß er«, wie Professor Driver trocken feststellte, »daß gerade die historischen Quellen schlicht nichts von einer Zerstörung Qumrans im Jahre 68 n. Chr. durch die Römer« vermelden. Kurz, Driver schloß daraus, daß »diese ›*données d'histoire*‹ nichts als historische Erfindung«[24] seien.

Es gibt ein weiteres Kernstück archäologischer Beweise, das der Auslegung nach dem Consensus diametral zuwiderläuft. Mit Recht hat de Vaux selbst immer peinlich darauf geachtet, die Ruinen von Qumran nicht als Kloster zu bezeichnen. Er erklärte stets, daß er diesen Ausdruck in seinen Schriften über die Ausgrabungen von Qumran deshalb vermeide, weil die archäologischen Untersuchungen für sich genommen diesen Schluß nicht rechtfertigten.[25] Auf der anderen Seite ist jedoch klar, daß er Qumran dennoch für eine Art Kloster hielt. Dies geht schon aus dem zwanglosen Gebrauch von Wörtern wie »Skriptorium« und »Refektorium« zur Beschreibung bestimmter Räumlichkeiten hervor. Und hatte de Vaux selbst noch gewisse Bedenken, Qumran als Kloster zu bezeichnen, so teilten doch andere Vertreter des Consensus diese Bedenken nicht. So ließ sich zum Beispiel Kardinal Daniélou in seinem Buch über die Schriftrollen vom Toten Meer munter über die »Mönche von Qumran« aus. Ja, er ging sogar so weit zu behaupten, »die Ordensgemeinschaft von Qumran [könne] als Vorläufer christlicher Klostergemeinschaften betrachtet werden«.[26]

Was de Vaux, seine Kollegen und die Anhänger des Consensus jedoch immer wieder geflissentlich übersahen, ist der unmißverständlich militärische Charakter einiger Ruinen. Wer Qumran heutzutage aufsucht, dem fallen unweigerlich die Überreste eines mächtigen Verteidigungsturmes mit meterdicken Wänden auf, der nur durch einen Eingang im zweiten Stockwerk zu betreten ist. Nicht ganz so augenfällig liegt, dem Turm direkt gegenüber und nur durch einen schmalen Durchgang von ihm getrennt, ein weiterer Bau, dessen Funktion allerdings möglicherweise nicht sofort ersichtlich wird. Es handelt sich um die Überreste einer Schmiede – mit eigener Wasserversorgung zum Abkühlen der Werkzeuge und Waffen, die hier geschmiedet wurden. Nicht verwunderlich, daß diese Schmiede den Wissenschaftlern der internationalen Gruppe erhebliches Kopfzerbrechen bereitete, widerspricht sie doch ihrer Vorstellung von den sanften, pazifistischen Essenern, von der sie nicht ablassen wollen. De Vaux entfloh denn auch diesem Thema Hals über Kopf und so schnell ihn Gedanken und Feder trugen:

> Es gab dort eine Werkstatt mit Feuerstelle, oberhalb derer sich ein gepflasterter Bezirk mit einem Ablauf befand. Diese Einrichtung deutet darauf hin, daß zu der Arbeit, die dort verrichtet wurde, ein großes Feuer und eine größere Menge Wasser vonnöten waren. Ich wage ihren Zweck nicht genauer zu bestimmen.[27]

Daß er dies angesichts der Fundstelle nicht wagt, läßt sich in etwa vergleichen mit jemandem, der den Zweck von leeren Patronenhülsen in und um einen Schießstand nicht näher zu bestimmen wagt. Frank Cross, der zwar auf de Vaux' Fußspuren wandelt, aber zu dessen Verschleierungstaktik doch nicht fähig ist, bemerkte grollend, es könne »kaum etwas anderes als eine Schmiede gewesen sein«.[28]

Dabei wurden *innerhalb* der Ruinen von Qumran sogar Pfeile gefunden. Nun kann man natürlich argumentieren, diese hätten die angreifenden Römer zurückgelassen, genausogut aber mit Professor Driver sagen, daß sie »wahrscheinlich den Bewohnern [von Qumran] gehört«[29] haben – wenn nicht sogar sehr wahrscheinlich. Alles in allem betrachtet ist der militärische Charakter der Ruinen so auffällig, daß ein anderer unabhängiger Wissenschaftler, Professor Golb von der Universität von Chicago, sie sogar als eine *rein* militärische Einrichtung einstufte.[30] Nach Golbs

Theorie sind die Schriftrollen überhaupt nicht in Qumran verfaßt oder kopiert, sondern von Jerusalem dort hingebracht worden, weil sie dort sicher zu sein schienen. »Kein einziges Bruchstück von Pergament oder Papyrus«, so macht er geltend, »ist je im Gebäudeschutt gefunden worden ... geschweige denn irgendwelche Arbeitsutensilien von Kopisten ...«[31]

Außer den Münzen und den baulichen Überresten, den beiden Eckpfeilern der externen Beweise, die die internationale Gruppe zur Datierung der Schriftrollen vom Toten Meer bemüht, stützt sich ihre Beweisführung auch auf die heikle Wissenschaft der Paläographie. Dabei werden Mittel und Formen alter Handschriften vergleichend untersucht. In der Handschriftenkunde geht man von einem streng chronologischen, linearen Fortschritt in der Handschriftenentwicklung aus und versucht deshalb, anhand bestimmter Veränderungen der Buchstabenformen eine Zeittafel aufzustellen, mit deren Hilfe Handschriften zeitlich eingeordnet werden können. Wird also zum Beispiel irgendwo ein altes Manuskript gefunden, stellt man allein anhand der Schrift, also seiner äußeren Form – und nicht seines Inhalts – fest, daß es aus dem siebzehnten und nicht aus dem achtzehnten Jahrhundert stammt. Soweit würde wohl auch ein Amateur-Paläograph kommen. Aber es erübrigt sich, besonders darauf hinzuweisen, daß diese Art der Bestimmung, selbst wenn man sie mit größter Akribie durchführt, noch lange keine Beweiskraft erbringt. Auf die Texte von Qumran angewendet, gibt sie fast gar nichts her, ja manchmal wirkt ein solches Vorgehen geradezu lächerlich. Trotzdem betrachtete de Vaux die Paläographie als ein weiteres wichtiges Mittel externer Beweisführung, mit dem sich die Schlußfolgerungen von Roth und Driver widerlegen ließen, Schlußfolgerungen notabene, zu denen die beiden Wissenschaftler durch die innere Logik der Schriften gekommen waren. Deshalb lag es für Eisenman nahe, diese paläographischen Beweise für die mit Qumran in Zusammenhang stehenden Schriften als nächstes aufs Korn zu nehmen.

Laut Frank Cross vom internationalen Team ist die Paläographie übrigens »die vielleicht präziseste und objektivste Methode, um das Alter einer Handschrift zu bestimmen«. Im weiteren erklärte er:

Wir müssen die mit der historischen Interpretation unserer Texte verbundenen Probleme angehen, indem wir zuerst den Zeitabschnitt bestimmen, den die archäologischen Daten, die paläographischen Beweise sowie andere, objektivere Methoden nahelegen, bevor wir die subjektiveren Methoden inhaltlicher Textkritik anwenden.[32]

Warum die innere Logik notwendig subjektiver sein soll als Archäologie und Paläographie, geruhte Cross nicht näher zu erläutern. Statt dessen enthüllt diese Aussage ziemlich eindeutig, warum die Vertreter des Consensus die Paläographie für so wichtig halten: nämlich weil sich damit die innere Logik der Dokumente abschmettern läßt – eine Logik, die nur im Kontext des ersten nachchristlichen Jahrhunderts einen Sinn ergibt.
Die auffallendste paläographische Studie über die Schriftrollen vom Toten Meer erstellte Professor Solomon Birnbaum vom Institut für orientalische Studien an der Universität London. Birnbaums Bemühungen erhielten volle Rückendeckung durch Frank Cross, der sie lobend als »einen monumentalen Versuch, alle Perioden hebräischer Handschriften zu erforschen«,[33] bezeichnete. Um der von allen Seiten hagelnden Kritik an Birnbaums Auslegung die Spitze zu nehmen, betonte Cross, nicht zu vergessen, »daß die Studie von einem professionellen Paläographen verfaßt worden ist, der bis zur Grenze des Erträglichen von liliputanischen Angriffen von Nichtspezialisten gepiesackt wurde«.[34]
Auf ein derartiges Niveau kann sich also die Form akademischen Tadels versteigen, wenn es um die Frage der Beweiskraft von paläographischen Studien geht.
Dabei ist Birnbaums Methode, gelinde gesagt, grotesk. Sie hat wenig Ähnlichkeit mit modernen wissenschaftlichen Methoden, wie er sie anzuwenden vorgibt, sondern vielmehr, sagen wir, mit den Niederungen okkulter Numerologie. So geht Birnbaum zum Beispiel von der Voraussetzung aus – und das ganze nachfolgende Verfahren beruht einzig auf dieser unbegründeten Annahme –, daß die Entstehung aller bei Qumran gefundenen Texte sich exakt über den Zeitraum von 300 vor bis 68 nach Christus erstrecke. Dann nimmt er sich einen in Höhle 4 gefundenen Samuel-Text

vor. Er kämmt diesen Text methodisch durch und gibt als Ergebnis fünfundvierzig Schriftzeichen mit einer bestimmten kalligraphischen Form und elf weitere Zeichen mit einer anderen Form an. »Mit der Dummheit«, bekundete einst Schiller, »kämpfen Götter selbst vergebens.« Aus Gründen, vor deren Einfältigkeit also selbst Götter aufgeben müßten, stellt Birnbaum daraufhin folgende Gleichung auf: Das Verhältnis von 56 zu 11 ist gleich dem Verhältnis von 368 zu X (wobei 368 für die Anzahl der Jahre des von ihm angenommenen Zeitraumes steht und X für das Datum, das er für die Entstehung des fraglichen Textes zu ermitteln hofft). Als Wert für X – rein mathematisch ermittelt – ergibt sich natürlich 72. Diese Anzahl Jahre soll zu 300 v. Chr. – Birnbaums hypothetischem Ausgangspunkt – hinzugezählt werden. Nicht schwer zu erraten, daß man dadurch auf das Jahr 228 v. Chr. kommt. »Dieses Ergebnis«, triumphiert Birnbaum »ist so etwas wie das absolute Datum«[35] für die Entstehung der Samuel-Handschrift. Von »so etwas« wie einem »absoluten Datum« zu reden, heißt etwa gleichviel, wie von einem relativ absoluten Datum zu sprechen. Aber einmal abgesehen von solchen Sprachschnitzern ist Birnbaums Methode, um Eisenman zu zitieren, »natürlich absurd«.[36] Dennoch wandte Birnbaum genau dieses Verfahren auf sämtliche bei Qumran gefundenen Texte an, um dafür »absolute Entstehungsdaten« zu bestimmen. Am meisten schockiert jedoch der Umstand, daß alle Anhänger des Consensus diese »absoluten« Daten noch immer für unanfechtbar halten.

Philip Davies von der Universität Sheffield führt aus, daß »fast alle, die sich Zeit nehmen und sich mit dieser Materie befassen, zum Schluß kommen, daß die Anwendung der Paläographie in der Qumranforschung unwissenschaftlich ist«. Und er fügt hinzu, »es [fehle] nicht an Versuchen, die Texte genau zu datieren, aber sie [seien] lächerlich«.[37] Eisenman drückt sich noch schärfer aus und bezeichnet Birnbaums Versuche als etwas, »was auf jedem anderen Gebiet als pseudowissenschaftliche und infantile Methode gelten würde«.[38] Um dies etwas auszuführen, gibt er als Beispiel folgendes zu bedenken:

Nehmen wir einmal an, zwei Kopisten unterschiedlichen Alters schreiben gleichzeitig denselben Text ab. Der jüngere hat vor nicht

allzu langer Zeit eine moderne Kopistenschule besucht. Der ältere befleißigt sich absichtlich eines kalligraphischen Stils, den er in seiner Jugend erlernt hat. Oder aber, einer der zwei oder sogar alle beide bemühen sich, aus Hochachtung vor der Tradition oder weil sie es der besonders wichtigen Art ihrer Tätigkeit für angemessen halten, ganz bewußt um einen Stil vergangener Jahrhunderte – wie das ja auch heutzutage bei gewissen Dokumenten wie Diplomen, Zeugnissen oder anderen Urkunden der Fall ist. Wie sollte es möglich sein, nur anhand der Schriftformen diese Abschriften definitiv einem bestimmten Datum zuzuordnen?[39]
Bei seinen paläographischen Erwägungen hat Birnbaum wohl vor allem eine wichtige Tatsache übergangen. Wird ein Dokument nur zur Übermittlung von Informationen verfaßt und kopiert, dann werden dafür aller Wahrscheinlichkeit nach auch die neuesten Techniken verwendet. Das gilt ja zum Beispiel auch für die Art der modernen Zeitungsproduktion. Nun spricht aber alles dafür, daß die Schriftrollen vom Toten Meer nicht nur zum Übermitteln von Informationen verfaßt wurden. Vielmehr weist alles darauf hin, daß sie außerdem rituelle oder halbwegs rituelle Funktionen erfüllten und daß sie mit besonderer Sorgfalt geschrieben wurden, so als gelte es ein Stück Tradition zu bewahren. Es kann daher als höchst wahrscheinlich betrachtet werden, daß spätere Kopisten den Stil ihrer Vorgänger beizubehalten versuchten. In der Tat haben sich die ganze Geschichtsschreibung hindurch Kopisten stets eher konservativ verhalten. Man denke nur zum Beispiel an die illuminierten Handschriften des Mittelalters, deren kostbare Ausführung ein Element ehrwürdiger Tradition enthält und sich nicht neuer stilistischer Verfahren bediente. Sogar heute noch werden Bibelausgaben in »altmodischer« Schrift gedruckt. Und aus denselben Gründen erwartet man auch nicht, daß für eine jüdische Thora eine Schrift verwendet wird, in der man einen schwungvollen Werbespruch auf ein T-Shirt drucken würde.
Was nun die Kalligraphie in den Schriftrollen vom Toten Meer betrifft, kommt Eisenman zum Schluß: »Sie repräsentieren nichts anderes als eine Fülle unterschiedlicher Schreibstile von Leuten, die mehr oder weniger gleichzeitig innerhalb eines vorgegebenen Rahmens arbeiteten, und sagen deshalb über die Chronologie ihrer

Entstehung gar nichts aus.«[40] Cecil Roth von der Universität Oxford wurde – falls das überhaupt möglich ist – noch deutlicher: »Nimmt man sich zum Vergleich das Beispiel englischer Quellen vor, muß man sagen, daß es trotz der zahlreichen datierten Handschriften aus dem gesamten Mittelalter unmöglich ist, *allein auf der Basis der Paläographie* das genaue Datum eines [undatierten] Dokumentes näher als innerhalb der Zeitspanne einer Generation zu bestimmen.« Er warnte vor einem »neuen Dogmatismus«, wie er gerade auf dem Gebiet der Paläographie im Entstehen sei, und betonte warnend, es werde »bereits erwartet, daß wir eine genaue Datierung dieser bis dahin unbekannten hebräischen Texte als historisches Kriterium annehmen, ohne daß wir als Grundlage dafür einen festen Anhaltspunkt haben«. In seiner Erregung über die Selbstgefälligkeit und Intransigenz des internationalen Teams verwendete er im folgenden sogar die in der wissenschaftlichen Literatur verpönten Großbuchstaben:
ES GILT HIER EIN FÜR ALLEMAL FESTZUHALTEN, DASS DIE SOGENANNTEN PALÄOGRAPHISCHEN BEWEISE IN DIESER DISKUSSION ABSOLUT FEHL AM PLATZE SIND.[41]

Die Essener

Die Leser dürften mittlerweile vertraut sein mit der Art, wie die auf den Consensus eingeschworene internationale Gruppe sowie die Mitglieder der Ecole Biblique – denen als Sprachrohr die eigenen Zeitschriften dienen – zu ihren Schlußfolgerungen gelangen, und wissen, welcher Art diese Schlußfolgerungen sind. Es ist deshalb an der Zeit, sich wieder den schriftlichen Zeugnissen und Quellen zuzuwenden, und zu sehen, ob es auch möglich wäre, daraus andere Schlüsse zu ziehen. Dazu müssen folgende grundsätzliche Fragen erneut gestellt werden: Wer waren die mysteriösen Bewohner von Qumran? Wer gründete die Gemeinde? Wer schrieb ihre heiligen Texte ab und versteckte sie, um dann offensichtlich von der historischen Bildfläche zu verschwinden? Waren es wirklich Essener? Und wenn ja, was genau bedeutet diese Bezeichnung?
Die traditionelle Vorstellung, wer und wie die Essener gewesen sind, haben uns Plinius, Philo und Josephus übermittelt. Sie beschrieben sie als eine judaistische Sekte oder Splittergruppe des ersten Jahrhunderts.[1] Plinius bezeichnet die Essener, wie wir schon gesehen haben, als ein »Volk« zölibatär lebender Einsiedler, das »nur in Gesellschaft seiner Palmen« an einem Ort lebte, dessen Beschreibung durchaus auf Qumran zutreffen könnte. Josephus, dessen Aussagen sich mit denen von Philo decken, führt diese Kunde weiter aus. Auch er schreibt, sie hätten zölibatär gelebt, doch er fügt später als Nachtrag hinzu: »Außerdem gibt es nun noch einen zweiten Zweig der Essener, der in Lebensart, Sitten und Gebräuchen mit dem anderen ganz übereinstimmt, in der Ansicht der Ehe dagegen von ihm abweicht.«[2] Im weiteren wird überliefert, daß die Essener Annehmlichkeiten und Reichtum verachteten, alles gemeinsam besaßen, so daß wer sich ihnen anschließen wollte, dem Privateigentum entsagen mußte. Sie wählten ihre Führer aus

den eigenen Reihen. Sie unterhielten Niederlassungen in allen Städten von Palästina, lebten aber auch in abgeschlossenen Gemeinden. Selbst in städtischer Umgebung hielten sie zum Rest der Bevölkerung Distanz.

Josephus beschreibt die Essener wie Angehörige eines Mönchsordens oder wie Anhänger eines antiken Mysterienkultes. Wer sich ihnen anschließen will, muß eine dreijährige Probezeit bestehen, also eine Art Noviziat. Erst wenn der Kandidat das Noviziat mit Erfolg abgeschlossen hat, wird er offiziell aufgenommen. Vollgültige Mitglieder der Essenergemeinde beten vor Tagesanbruch und arbeiten dann fünf Stunden. Nach der Arbeit kleiden sie sich in ein sauberes Leinentuch und nehmen ein Bad. Dieses Reinigungsritual vollziehen sie jeden Tag. Wenn sie sich dergestalt gereinigt haben, versammeln sie sich im sogenannten »Gemeindesaal«, wo sie gemeinsam ein einfaches Mahl zu sich nehmen. Im Unterschied zu später falsch verbreiteten Auslegungen beschreibt Josephus die Essener nicht als Vegetarier. Sie nahmen offenbar vielmehr auch Fleisch zu sich.
Die Essener sind nach Josephus hervorragende Kenner der Bücher des Alten Testamentes und der Lehren der Propheten. Sie haben überdies selbst die Kunst der Weissagung erlernt und können durch das Studium von heiligen Texten und nach dem Befolgen gewisser Reinigungsriten die Zukunft voraussagen. Nach Josephus glauben sie, daß die Seele zwar unsterblich, aber im sterblichen und vergänglichen Leib gefangen ist. Im Tod wird die Seele frei und entschwebt frohlockend in die Höhe. Josephus vergleicht die essenische Lehre an einer Stelle mit jener der »jüngeren Hellenen«, an einer anderen, wo er etwas wissenschaftlicher verfährt, setzt er ihre Grundsätze in Vergleich zu den Prinzipien der Pythagoreer.[3]
Josephus schreibt auch, die Essener seien Anhänger des mosaischen Gesetzes: »Nächst Gott zollen sie die größte Verehrung dem Namen des Gesetzgebers: wer diesen lästert, wird mit dem Tode bestraft.«[4] Alles in allem werden die Essener als Pazifisten dargestellt, die mit den staatlichen Behörden in Frieden leben. Ja, sie sollen sich sogar der besonderen Gunst des Herodes erfreut haben, der »weiterhin alle Essener hochschätzte«[5]. »Herodes hielt diese

Essener in hohen Ehren und dachte von ihnen besser, als es sterblichen Wesen gebührt ...«[6] So zumindest berichtet Josephus. Aber es gibt eine Stelle, an der er sich widerspricht – oder verrät er sich unabsichtlich? Dort nämlich heißt es:

> Dabei läßt das schrecklichste Ungemach sie kalt, denn Schmerzen überwinden sie durch Seelenstärke, und einen ruhmvollen Tod ziehen sie dem längsten Leben vor. Diese ihre Gesinnung trat so recht im Kriege gegen die Römer zutage. Auf die Folter wurden sie gespannt, ihre Glieder gereckt, verbrannt, zerbrochen; mit allen erdenklichen Marterwerkzeugen quälte man sie, um sie zu Lästerung des Gesetzgebers oder zum Genuß einer ihnen verbotenen Speise zu zwingen ...[7]

An dieser einen Stelle, die von allem abweicht, was Josephus sonst sagt, haben die Essener verdächtig viel Ähnlichkeit mit den militanten Verteidigern der Festung Masada: den Zeloten oder Sikariern.
Von dieser einen Bemerkung einmal ausgenommen, war es vornehmlich Josephus' Bericht, der das gängige Bild von den Essenern für beinahe zweitausend Jahre prägte. Als man in der Epoche der Aufklärung im Zuge »freieren Denkens« auch die christliche Tradition einer neuerlichen Prüfung unterzog, wurden mehr und mehr Parallelen und Ähnlichkeiten zwischen dem überlieferten Bild der frühen Christen und Josephus' Bild von den Essenern entdeckt oder hergestellt. 1770 schrieb kein Geringerer als Friedrich der Große im Brustton der Überzeugung: »Jesus war eigentlich ein Essener; er war von der Moral der Essener eingenommen, die viel von der des Zenon übernommen hat.«[8] Solch geradezu skandalös anmutende Behauptungen kamen in der zweiten Hälfte des neunzehnten Jahrhunderts immer mehr in Umlauf. Schließlich veröffentlichte Renan 1863, wie bereits erwähnt, unter dem Titel *Vie de Jésus* (Das Leben Jesu) seine so erfolgreiche Beschreibung des Lebens Jesu, worin auch er unter anderem zu dem Schluß kam, das Christentum sei »ein Essenertum, das weitgehend geglückt ist«.[9]

Gegen Ende des neunzehnten Jahrhunderts wurde durch das neu auflebende Interesse an esoterischem Gedankengut der Zusammenhang von Christentum und Essenern noch stärker betont. Die Theosophie, vor allem in Gestalt der Lehren von H. P. Blavatsky, begriff Jesus als Magier oder Adepten, der Elemente der essenischen Lehre und der Gnosis in sich vereinigte. Anna Kingsford, eine Schülerin von Blavatsky, entwickelte die Lehre vom »esoterischen Christentum«, deren Wurzeln stark alchimistisch verbrämt waren, und präsentierte Jesus als einen gnostischen Wundertäter (Thaumaturg), der vor Antritt seiner öffentlichen Mission bei den Essenern gelebt und gelernt habe. 1889 griffen derlei Theorien auch auf das übrige Europa über, verbreitet vor allem durch das Buch *Les grands initiées* (Die großen Eingeweihten) des französischen Theosophen Edouard Schuré. Gestützt auf ihre mystische, geheimnisumwobene Umgebung wurden die Essener nun in die Nähe von Heilern mit besonderen medizinischen Fähigkeiten gerückt, als eine Art judäisches Pendant zu den griechischen Therapeuten dargestellt. Ein anderes einflußreiches Werk, das Ende des neunzehnten Jahrhunderts in deutscher und um 1907 in englischer Sprache unter dem Titel *Crucification by an Eye-Witness* erschien, wurde als echter, von einem Essener verfaßter antiker Text ausgegeben. Darin ist Jesus als Sohn von Maria und einem nicht näher bezeichneten essenischen Lehrer dargestellt, dem es gelang, aufgrund seines geheimen essenisch-medizinischen Wissens die Kreuzigung zu überleben und seinen Jüngern zu erscheinen, als wäre er »vom Tod auferstanden«. George Moore bezog sich zweifellos auf diese Schrift, als er 1916 mit seinem Buch *The Brook Kerith* die christliche Leserschaft der gesamten englischsprachigen Welt vor den Kopf stieß. Auch er läßt Jesus darin als Zögling essenischer Denkart auftreten, der die Kreuzigung überlebt und sich in eine Essenergemeinde in der Nähe von Qumran zurückzieht. Dort erhält er Jahre später Besuch von einem Fanatiker namens Paulus, der ahnungslos ein Konglomerat von Mythos und Wirklichkeit über Jesu Vergangenheit verbreitet hat und diesen in der Folge zur Gottheit erhöht.

Die Essener sind darin in den Grundzügen nach dem »Stereotyp« beschrieben, wie es durch die Schriften von Plinius, Josephus und

Philo vermittelt wurde, haben aber zusätzlich ein mystisch angehauchtes Wesen erhalten, was sie den esoterisch orientierten Schriftstellern des ausgehenden neunzehnten und beginnenden zwanzigsten Jahrhunderts besonders lieb und teuer machte. Wenn gebildete Leser damals überhaupt jemals etwas über die Essener gehört hatten, dann war es dieses Bild von ihnen. Und etwas von diesem Bild hat sich selbst bei kritischen Kommentatoren wie Robert Ranke-Graves gehalten, der ansonsten eher bemüht war, die Ursprünge des Christentums zu entmystifizieren.

Als die Schriftrollen vom Toten Meer ans Licht kamen, schienen sie – wenigstens bei oberflächlicher Betrachtung – nichts zu enthalten, was dem vorherrschenden Bild der Essener widersprach. Daher war es nicht anders zu erwarten, als daß man die gängigen Vorstellungen auch auf diese Texte übertrug.

Schon als Sukenik 1947 die ersten Qumrantexte zu Gesicht bekam, vermutete er, daß sie von essenischen Autoren stammten. Und auch Pater de Vaux und seine Gruppe bemühten das traditionelle Bild der Essener. Wie wir bereits dargelegt haben, identifizierte de Vaux Qumran ohne Umschweife mit der von Plinius erwähnten Siedlung der Essener. Und auch Cross schloß sich diesem Urteil an: »Die Gemeinde von Qumran war eine Essenersiedlung.«[10] So betrachtete man es schon bald als anerkannte und erwiesene *Tatsache*, daß die Schriftrollen vom Toten Meer im wesentlichen von Essenern verfaßt worden seien und daß es sich dabei um Essener des bekannten Typus gehandelt habe, nämlich um Pazifisten, Asketen und Zölibatäre, die abgeschieden von der Öffentlichkeit lebten und sich vor allem jeglicher politischer Aktivitäten enthielten.

Die Gemeinde von Qumran gründete sich nach Ansicht der Anhänger des Consensus auf den viel älteren Überresten einer verlassenen israelitischen Festung aus dem sechsten Jahrhundert vor Christus. Die Autoren der Rollen ließen sich um 134 v. Chr. an diesem Ort nieder. Die Hauptgebäude wurden um 100 v. Chr. und noch später errichtet – das ist eine ungefährliche und unumstritten vorchristliche Chronologie. Sie wird folgendermaßen fortgeführt: Die Gemeinde wuchs und gedieh, bis sie im Jahre 31 v. Chr. durch ein Erdbeben, das einen verheerenden Brand auslöste, dezimiert wurde. Unter der Herrschaft von Herodes dem Großen (37 – 4 v. Chr.) wurde Qumran aufgegeben und verlassen. Später, unter der Herrschaft von Herodes' Nachfolger, wurden die Ruinen wieder in Besitz und der Wiederaufbau in Angriff genommen. Immer noch nach der Auffassung der Anhänger des Consensus blühte Qumran in der Folgezeit als kontemplative, politisch neutrale und auch desinteressierte Enklave, bis es die Römer 68 n. Chr. zerstörten, und zwar im Verlauf jenes Krieges, der auch die Zerstörung Jerusalems mit sich brachte. Danach wurde an diesem Ort eine römische Militärgarnison einquartiert, die bis zum Ende des ersten Jahrhunderts dort verblieb.

Als sich Palästina unter Bar Kochba zwischen 132 und 135 nach Christus erneut erhob, war Qumran von rebellierenden »Siedlern« bewohnt.[11] Dies war ein hübsches, gefällig formuliertes Szenario, welches im Endeffekt die Schriftrollen vom Toten Meer jedes nur denkbaren Zündstoffes beraubte. Doch bei näherem Hinsehen stellt sich heraus, daß man immer dann, wenn es der christlichen Theologie in den Kram paßte, wichtige Beweise gezielt übersehen zu haben scheint.

So enthält, einmal ganz abgesehen von geographischen Fragen, de Vaux' Behauptung, die bereits zitierte Textstelle bei Plinius beziehe sich auf Qumran, einen Hinweis, der seiner Datierung der Rollen widerspricht. Plinius bezieht sich an dieser Stelle auf die Situation *nach* der Zerstörung von Jerusalem. Was er schreibt, weist darauf hin, daß En Gedi gleichfalls zerstört war – und das entspricht den Tatsachen. Dagegen wird die Essenergemeinde als noch intakt beschrieben, ja, Plinius sagt, man habe dort eine »Menge Flüchtlinge« aufgenommen. Doch sogar de Vaux hat nicht bestritten, daß Qumran wie Jerusalem und En Gedi im Verlauf des Aufstandes von 66 bis 73 nach Christus zerstört wurde. Das macht es noch unwahrscheinlicher, daß die von Plinius erwähnte Essenergemeinde tatsächlich jene von Qumran gewesen ist. Im übrigen halten sich in der Gemeinde, die Plinius beschreibt, keine Frauen auf. Doch in Qumran finden sich auch Gräber von Frauen. Natürlich ist es trotzdem möglich, daß die Bewohner von Qumran Essener waren, dann aber doch wohl nicht die bei Plinius erwähnte Gemeinde, sondern eine andere. Sollte dies der Fall sein, dürfte der weitere genaue Inhalt der Schriftrollen vom Toten Meer enthüllen, wie schlecht Plinius über die Essener informiert war.

Die Bezeichnung »Essener« ist griechisch. Sie taucht nur bei den klassischen Schriftstellern Josephus, Philo und Plinius auf, und zwar in den griechischen Formen »Essenoi« oder »Essaioi«. Falls also die Bewohner von Qumran tatsächlich Essener gewesen sind, wäre zu erwarten, daß »Essener« die griechische Übersetzung oder Anverwandlung eines ursprünglich hebräischen oder aramäischen Wortes ist, mit dem die Gemeinde von Qumran sich selbst bezeichnet hat.

Die Berichte der klassischen Schriftsteller über die Essener stimmen nicht mit Leben und Lehre der Gemeinde in Qumran überein, wie sie die äußerlichen Beweise der Archäologie oder die innere Logik der Texte selbst aufgedeckt haben. Josephus, Philo und Plinius zeichnen ein Bild von den Essenern, das oft ganz und gar nicht mit dem Zeugnis der Ruinen von Qumran und auch der Schriftrollen vom Toten Meer übereinstimmt. Einige dieser Widersprüche sind bereits aufgeführt worden, doch ist es sinnvoll, die wichtigsten davon noch einmal im Überblick zu betrachten.

1. Josephus spricht von einem »zweiten Zweig« von Essenern, die im Unterschied zu den anderen die Ehe eingehen, deutet allerdings an, daß dies untypisch war.[12] Im allgemeinen, sagt Josephus – und das wird auch bei Philo und Plinius erwähnt –, hätten die Essener zölibatär gelebt. Aber in Qumran wurden auch Frauen- und Kindergräber gefunden. Zudem enthält die Gemeinderegel Vorschriften über die Ehe und die Erziehung der Kinder.

2. Keiner der klassischen Schriftsteller weist jemals darauf hin, daß die Essener sich nach einem besonderen Kalender richteten. Die Gemeinde von Qumran orientierte sich jedoch nach einem einzigartigen Sonnenkalender, nicht nach dem üblichen judäischen Kalender, der nach dem Mond geht. Hätte die Gemeinde von Qumran tatsächlich aus Essenern bestanden, würde sich für ein solch auffälliges Merkmal doch sicherlich irgendein Anhaltspunkt finden.

3. Nach Philo unterschieden sich die Essener von anderen Richtungen des damaligen Judaismus dadurch, daß sie keine Tiere opferten.[13] Dagegen finden sich in der Tempelrolle genaue Vorschriften für solche Opfer. Zudem wurden in den Ruinen von Qumran sorgfältig in Töpfen aufgehobene oder von Töpfen bedeckte, eingegrabene und mit einer dünnen Erdschicht überzogene Tierknochen gefunden.[14] De Vaux hielt diese Knochen für Überreste ritueller Mahlzeiten. Das kann durchaus stimmen. Es kann sich aber auch genausogut um die Überreste von Tieropfern handeln, was die Tempelrolle eigentlich nahelegt.

4. Die klassischen Schriftsteller verwenden die Bezeichnung »Essener« zur Benennung einer bedeutenden Strömung des Judaismus, und zwar in einem Atemzug mit den Pharisäern und Sadduzäern. Aber in den Schriftrollen vom Toten Meer taucht der Ausdruck »Essener« nirgendwo auf.

5. Nach Josephus standen die Essener mit Herodes dem Großen auf gutem Fuß; er soll – wie Josephus ausführt – sie »hoch in Ehren« gehalten und »von ihnen besser [gedacht haben], als es sterblichen Wesen gebührt«.[15] Im Gegensatz dazu enthält die Qumranliteratur Hinweise auf eine militante Feindseligkeit gegenüber nichtjüdischen Autoritäten insgesamt und gegenüber Herodes und seiner Dynastie ganz besonders. Außerdem scheint Qumran gerade deshalb verlassen worden und über Jahre hinweg unbewohnt gewesen zu sein, weil Herodes die Mitglieder der Gemeinde verfolgte.

6. Nach Aussage der klassischen Schriftsteller waren die Essener Pazifisten. Philo betont eigens, daß sich in ihren Reihen keine Waffenschmiede befanden.[16] Und Josephus unterscheidet ausdrücklich zwischen den gewaltlosen Essenern und den militant messianisch und nationalistisch eingestellten Zeloten. Aber zu den Ruinen von Qumran gehört auch ein Verteidigungsturm unverkennbar militärischen Charakters und eine Einrichtung, die »kaum etwas anderes als eine Schmiede sein kann«.[17] Die Qumranliteratur gibt sich außerdem des öfteren äußerst martialisch, zum Beispiel in der Kriegsrolle. Der kriegerische Charakter solcher Texte scheint weniger gemeinsam

zu haben mit dem, was Josephus von den Essenern sagt, als mit dem, was er und andere über die sogenannten Zeloten berichteten – aus denen sich die Gemeinde von Qumran nach den Erkenntnissen von Roth und Driver auch zusammensetzte – eine Ansicht, mit der sie allerdings den Zorn von de Vaux und dem Rest der internationalen Gruppe heraufbeschworen.

Die Gemeinde von Qumran schrieb in der Regel nicht griechisch, sondern aramäisch und hebräisch. Bis heute hat man im Aramäischen und Hebräischen keine allgemein anerkannte etymologische Erkärung des Wortes Essener gefunden. Auch den klassischen Schriftstellern war seine Herkunft nicht klar, und sie mystifizierten das Wort daher. So leitet Philo die Bezeichnung vom griechischen Wort für heilig *(hosios)* her; die Essener wären für ihn demnach die »Heiligen«.[18]

Der folgenden Hypothese wird in jüngerer Zeit unter manchen Wissenschaftlern eine gewisse Berechtigung zugesprochen. Laut Geza Vermes von der Universität Oxford leitet sich die Bezeichnung »Essener« vom aramäischen Ausdruck *assayya* her, was Heiler bedeutet.[19] Diese Parallele hat nun bei einigen Forschern die Vorstellung genährt, die Essener seien Ärzte gewesen, eine Art jüdisches Pendant zu den als Therapeuten bekannten Asketen von Alexandria. Aber das Wort *assayya* kommt im gesamten Corpus der Qumranliteratur überhaupt nicht vor. Dort findet sich auch keinerlei Hinweis auf das Heilen im besonderen, auf medizinische Tätigkeiten oder therapeutische Arbeit der Essener. Essener von *assayya* herzuleiten ist daher reine Spekulation, und man brauchte eine derartige Möglichkeit höchstens dann in Erwägung zu ziehen, wenn es absolut keine andere gäbe.

Nun *gibt* es aber noch eine andere Option – und zwar ist sie nicht nur möglich, sondern sogar wahrscheinlich. Die Gemeinde von Qumran verwendet für sich selbst nie die Bezeichnung Essener oder *assayya*, dafür aber andere, hebräische und aramäische Ausdrücke. Daraus geht klar hervor, daß es für sie keinen bestimmten, allen bekannten und gebräuchlichen Namen gab. Trotzdem hatte sie unzweifelhaft ein sehr differenziertes und ausgeprägtes Selbstverständnis, das sich in dieser Anzahl von Benennungen und Bezeichnungen Ausdruck verschaffte.²⁰ Dieses Selbstverständnis gründet sich letztlich auf den alles entscheidenden »Bund«, den die Mitglieder durch einen Eid bekräftigten, in dem sie auf ewig absoluten Gehorsam gegenüber dem mosaischen Gesetz gelobten. So bezeichnen sich die Autoren der Schriftrollen vom Toten Meer zum Beispiel als »Wahrer des Bundes«. Als Synonyme für »Bund« und »Gesetz« verwenden sie zudem oft Ausdrücke, wie sie auch im Taoismus eine große Rolle spielen: »Weg«, »Werk« oder »Werke« (auf hebräisch *ma'asim* genannt). Sie sprechen etwa vom »vollkommenen Weg« oder von »dem Weg vollkommener Gerechtigkeit«²¹, wobei »Weg« soviel bedeutet wie »Werke/Taten des Gesetzes« oder »der Weg, auf dem das Gesetz einherschreitet« oder »der Weg, auf dem das Gesetz wirkt«. Diese und ähnliche Formulierungen durchziehen wie ein Leitmotiv in zahlreichen Varianten die Schriften vom Toten Meer und sind so eine Art Kennzeichen der Gemeinde von Qumran und ihrer Mitglieder.

Dieser Spur folgend, fand Eisenman im Habakuk-Kommentar eine besonders aufschlußreiche Variante, nämlich den Ausdruck *Osei ha-Torah*, was so viel bedeutet wie »Befolger des Gesetzes«.²² Hierbei könnte es sich um den Ursprung für das Wort Essener handeln, denn die Mehrzahlform davon ist *Osim*. Als Kollektiv hätten die Mitglieder der Gemeinde sich demnach *Osim* genannt. Unter diesem Namen scheinen sie auch tatsächlich bekannt gewesen zu sein. Der frühchristliche Autor Epiphanios von Salamis erwähnt eine angeblich »häretische« judäische Sekte, die einst im Gebiet um das Tote Meer ansässig war. Die Angehörigen dieser Sekte seien, so behauptet er, als »Ossenes« bezeichnet worden.²³ Die Folgerung daraus, daß die »Essener« mit den »Ossenes« des Epiphanios und den *Osim* der Gemeinde von Qumran identisch waren, ist nicht so ohne weiteres von der Hand zu weisen.

Man kann also durchaus annehmen, daß die Verfasser der Schriftrollen vom Toten Meer Essener waren. Das heißt aber noch lange nicht, daß sie von der Art waren, wie sie Josephus, Plinius und Philo beschreiben. Die Berichte dieser klassischen drei Geschichtsschreiber erweisen sich insgesamt als zu einschränkend. Mit den Vorstellungen, die sie überliefert haben, haben sie überdies viele moderne Wissenschaftler daran gehindert, die nötigen Querverbindungen herzustellen – vielleicht in einigen Fällen sogar, weil ihnen dies damals nicht wünschenswert erschien. Stellt man die Verbindungen aber tatsächlich her, dann ergibt sich ein ganz anderes, umfassenderes Bild – ein Bild, demzufolge Bezeichnungen wie »Essener« und »die Gemeinde von Qumran« sich als gegen andere austauschbar erweisen. Eisenman faßt die Situation folgendermaßen zusammen:

> Entgegen den Prämissen der modernen Wissenschaft erweisen sich Bezeichnungen wie: Ebionim, Nozrim, Chassidim, Zaddikim ... als Variationen ein und desselben Themas. Daß sie nicht in der Lage war, diese austauschbaren Metaphern miteinander in Verbindung zu bringen ... ist ein klares Versagen der wissenschaftlichen Kritik.[24]

Und mit solchen austauschbaren Metaphern haben wir es hier zu tun – mit einer Anzahl verschiedener Bezeichnungen, die auf dieselben Leute oder Gruppierungen gemünzt sind. Dies hat schon 1969 Matthew Black von der schottischen Universität St. Andrews, ein anerkannter Experte auf diesem Gebiet, erkannt. Man könne die Bezeichnung Essener durchaus gelten lassen, schrieb Professor Black:

> ...vorausgesetzt, wir fassen den Begriff Essener nicht zu eng, indem wir ihn zum Beispiel ausschließlich auf die Gruppe vom Toten Meer beschränken, sondern als allgemeine Beschreibung einer weitläufigen, nonkonformistischen gegen Jerusalem und die Pharisäer gerichteten Bewegung jener Zeit auffassen. Aus dem so verstandenen essenischen Typ des Judaismus ist das Christentum hervorgegangen.[25]

Blacks Aussage findet Unterstützung im Werk des frühchristlichen Schriftstellers Epiphanios, der schon die »Ossenes« erwähnte. Epiphanios berichtet, die »Christen« in Judäa, die ganz allgemein »Nazoräer« (zum Beispiel in der Apostelgeschichte) genannt würden, seien als »Essäer« bekannt gewesen. Diese »Christen« oder »Essäer« nun würden gut zu Blacks Formulierung »weitläufige, nonkonformistische, gegen Jerusalem und die Pharisäer gerichtete Bewegung« passen. Aber es gibt sogar eine noch wichtigere Querverbindung.

Eine der Umschreibungen, mit denen sich die Gemeinde von Qumran selbst bezeichnete, hieß »Wahrer des Bundes«, hebräisch *Nozrei ha-Brit*. Von diesem Ausdruck leitet sich das Wort *Nozrim* her, welches eine der frühesten hebräischen Bezeichnungen für die später als Christen bekanntgewordene Sekte ist.[26] Vom selben Ursprung leitet sich auch das moderne arabische Wort für die Christen, nämlich *Nasrani*, her. Und natürlich auch »Nazoräer« oder »Nazarener«, wie sowohl in den Evangelien als auch der Apostelgeschichte die Urchristen genannt werden. Ganz im Gegensatz zu der später Tradition gewordenen Annahme hat dieser Name nicht das geringste mit der angeblich in Nazareth verbrachten Jugendzeit Jesu zu tun, einem Ort, den es – wie die Belege (oder vielmehr jegliches Fehlen von Belegen) nahelegen – damals noch gar nicht gab. Es sieht vielmehr so aus, als hätten die frühen Bibelkommentatoren mit dem ungebräuchlichen Ausdruck »Nazoräer« so gar nichts anzufangen gewußt, daß sie kurzerhand den Schluß daraus zogen, Jesu Familie habe aus Nazareth gestammt, einem Ort, der in der Zwischenzeit zu einer bekannten geographischen Größe geworden war.

Zusammenfassend kann festgehalten werden, daß die »Essener« der klassisch-antiken Texte, die von Epiphanios erwähnten »Ossenes« und die *Osim* der Gemeinde von Qumran miteinander identisch waren und daß mit den »Essäern«, wie Epiphanios die Urchristen nennt, den *Nozrei ha-Brit*, den *Nozrim*, den *Nasrani* sowie den »Nazoräern« die gleiche Personengruppe gemeint ist. In Anbetracht dieser etymologischen Zusammenhänge wird vollends klar, daß wir es in der Tat mit der von Matthew Black postulierten »weitläufigen Bewegung« zu tun haben, die, wie Eisenman sagt, gekennzeichnet ist durch verschiedene, sich verschiebende Metaphern, durch eine Mehrzahl leicht voneinander abweichender Bezeichnungen, die für ein und denselben Personenkreis verwendet wurden und deren Formen sich durch vielfache Einflüsse im Laufe der Zeit verschoben haben – so wie das Wort *caesar* einmal zu »Kaiser« und andernorts zu »Zar« sich gewandelt hat.

Es sieht also ganz so aus, als wäre die Gemeinde von Qumran mit der Urkirche in Jerusalem gleichzusetzen, also den »Nazoräern«, die sich um Jakobus, »den Bruder des Herrn«,[27] scharten. Und tatsächlich steht denn auch im Habakuk-Kommentar, die Führung von Qumran, der sogenannte »Rat der Gemeinde«, habe zu jener Zeit ihren Sitz in Jerusalem gehabt.[28] Zudem werden in der Apostelgeschichte 9,2 die Mitglieder der Urkirche als »Anhänger des Weges« bezeichnet, ein Ausdruck, der dem Sprachgebrauch von Qumran genau entspricht.

Die Apostelgeschichte

Nach den Evangelien ist die Apostelgeschichte das bedeutendste Buch des Neuen Testaments. Für Historiker ist sie vielleicht sogar von noch größerem Gewicht. Wie alle historischen Dokumente, die Partei ergreifen, muß ihr Inhalt natürlich mit besonderer Vorsicht und Skepsis betrachtet werden. Man muß sich darüber im klaren sein, wer den Text verfaßt und wem er gedient hat, wem er nützt und zu welchem Zweck er geschrieben ist. Nun hat aber die Apostelgeschichte bis heute in weit größerem Maß als die Evangelien das abschließende Bild der ersten Jahre der Urkirche geprägt. Sie enthält auch unbestreitbar mehr grundsätzliche Information, als sie zu diesem Thema sonst irgendwo zu finden ist. In dieser Hinsicht ist die Apostelgeschichte *der* grundlegende Text.

Die Unzuverlässigkeit der Evangelien als historische Dokumente ist unbestritten. Das erste Evangelium, das Markusevangelium, wurde nicht vor dem Aufstand von 66 n. Chr. verfaßt, sondern, vermutlich kurze Zeit, später. Alle vier Evangelien beleuchten einen Zeitabschnitt, der lange vor dem Zeitpunkt ihrer Abfassung liegt – möglicherweise bis zu sechzig oder siebzig Jahren. Sie streifen den historischen Ablauf der Ereignisse nur flüchtig und konzentrieren sich wesentlich auf die stark mythologisierte Person Jesu und auf seine Lehren. Sie sind zudem im höchsten Grad dichterische und erbauliche Schriften und wollen auch keine Geschichtsschreibung sein.

Die Apostelgeschichte ist von ganz anderem Zuschnitt. Auch sie ist natürlich mitnichten reine Geschichtsschreibung, sondern im Gegenteil sehr tendenziös. Lukas, der Autor des Textes, hat sich ganz offensichtlich auf verschiedene Quellen gestützt und dabei das Material so bearbeitet und umgeschrieben, bis es seinen Zwecken dienlich war. Er versucht kaum, die Lehrsätze oder den literarischen Stil zu vereinheitlichen. Selbst konservative Kirchengeschichtler räumen ein, daß die chronologischen Abläufe nicht stimmen, weil der Autor viele Ereignisse, über die er schreibt, nicht selbst erlebt hat und ihnen daher sein eigenes Ordnungsschema aufzwingt. So verschmelzen manchmal verschiedene Ereignisse zu einem einzigen, und ein einzelnes Vorkommnis wird aufgeteilt in mehrere. Diese Probleme zeigen sich vor allem in Textpassagen, die sich auf Ereignisse vor dem Auftreten von Paulus beziehen. Des weiteren ist anzumerken, daß die Apostelgeschichte ebenso wie die Evangelien selektiv zusammengestellt und von späteren Herausgebern stark verfälscht worden ist.

Trotzdem ist die Apostelgeschichte im Unterschied zu den Evangelien aber klar als eine Art kontinuierliche Chronik über einen bestimmten Zeitabschnitt angelegt. Im Unterschied zu den Evangelien stellt sie den Versuch dar, historische Aufzeichnungen zu bewahren und, zumindest in einigen Passagen, Zeugnisse zu liefern von jemandem, der die beschriebenen Ereignisse als unmittelbarer oder mittelbarer Augenzeuge erlebt hat. Zwar liegt eine Bearbeitung eindeutig vor, aber diese ist von einem so persönlichen Standpunkt diktiert und deshalb so augenfällig, daß es modernen Kommentatoren möglich ist, zwischen den Zeilen zu lesen.

Der in der Apostelgeschichte behandelte Zeitabschnitt beginnt kurz nach der Kreuzigung – man datiert sie im allgemeinen ins Jahr 30 nach Christus, aber auf keinen Fall später als 36 nach Christus – und endet zwischen 64 und 67 nach Christus. Es wird allgemein angenommen, daß die dargestellten Ereignisse zwischen 70 und 95 nach Christus zusammengestellt – oder umgeschrieben – worden sind. Grob gerechnet ist die Apostelgeschichte also in etwa zeitgleich wie einige oder sogar alle Evangelien. Sie kann allerdings früher als alle vier Evangelien abgefaßt worden sein. Ziemlich sicher wurde sie früher als das sogenannte Johannesevangelium geschrieben, zumindest in der Fassung, in der der Text uns überliefert ist.

Der Autor der Apostelgeschichte ist ein gebildeter Grieche, der sich Lukas nennt. Ob es derselbe Lukas ist, der im Brief an die Kolosser (4,14) als »Lukas, der geliebte Arzt« und enger Freund des Paulus Grüße übermittelt, ist nicht endgültig zu klären. Die meisten

Neutestamentler vertreten diese Meinung. Sie stimmen auch darin überein, daß dieser Lukas wohl ziemlich eindeutig mit dem Autor des Lukasevangeliums identisch zu sein scheint. Ja, die Apostelgeschichte wird zuweilen gar als »zweite Hälfte« des Lukasevangeliums bezeichnet. Die eine wie die andere Schrift ist an einen unbekannten Empfänger namens Theophilus gerichtet. Da beide Werke in griechischer Sprache abgefaßt sind, sind viele Wörter und Namen in diese Sprache übersetzt worden und weichen vermutlich in einigen Fällen, manchmal in Nuancen, manchmal aber sogar in ihrer Bedeutung von den hebräischen oder aramäischen Originalformen ab. Auf jeden Fall wurden sowohl die Apostelgeschichte als auch das Lukasevangelium eigens für ein griechisches Publikum verfaßt – für ein ganz anderes Publikum also als jenes, an das sich die Qumranschriften wenden.

Die Apostelgeschichte stellt Paulus in den Mittelpunkt, und um ihn geht es im zweiten Teil sogar ausschließlich. Sie enthält unter anderem Informationen über die Beziehung zwischen Paulus und der Gemeinde in Jerusalem, die sich aus den Jüngern Jesu unter der Führung des Jakobus, »des Bruders des Herrn«, zusammensetzte – also jener Enklave oder Parteiung, die man erst später die ersten Christen genannt hat und die man heute als Früh- oder Urkirche bezeichnet. In ihrer Darstellung dieser Beziehung zwischen Paulus und der Urgemeinde berichtet die Apostelgeschichte nur aus der Perspektive von Paulus. Sie ist daher im wesentlichen ein Dokument des paulinischen Christentums – das heute als normsetzend aufgefaßt wird. Oder etwas anders formuliert: Der »Held« der Geschichte ist immer Paulus. Wer immer sich ihm widersetzt, seien es nun staatliche Autoritäten oder eben Jakobus, ist von vornherein als Bösewicht gebrandmarkt.

Die Apostelgeschichte setzt kurze Zeit nachdem Jesus – »der Nazarener« (griechisch *Nazoraion*) genannt – von der Bildfläche verschwunden ist ein. Im folgenden wird über die Organisation und die Entwicklung der Gemeinde oder Urkirche in Jerusalem und ihre zunehmenden Reibungen mit den staatlichen Autoritäten berichtet. Die Gemeinde wird in Apostelgeschichte 2,44-46 anschaulich beschrieben: »Alle Gläubiggewordenen aber hatten alles miteinander gemeinsam. Sie verkauften ihren Besitz, ihre Habe und verteilten sie an alle, je nachdem einer bedürftig war. Täglich weilten sie einmütig im Tempel, brachen reihum in den Häusern das Brot ...« (In diesem Zusammenhang beachte man das ungebrochene Verhältnis zum Tempel. Jesus und seine direkten Nachfolger werden nämlich gewöhnlich als Gegner des Tempels dargestellt, wo nach den Evangelien Jesus die Tische der Wechsler umstürzte und auf diese Weise das äußerste Mißfallen der Priesterschaft erregte.)

In Apostelgeschichte 6,8 wird von Stephanus, dem ersten offiziell anerkannten »christlichen Märtyrer«, berichtet, den man gefangengenommen und zum Tod durch Steinigen verurteilt hat. In seiner Verteidigungsrede weist Stephanus auf den Mord an jenen hin, die die Ankunft des »Gerechten« erwarten. Diese Bezeichnung stammt eindeutig und ausschließlich aus dem Vokabular der Qumranschriften. Der »Gerechte« tritt in den Schriftrollen vom Toten Meer wiederholt als *Zaddik*[1] in Erscheinung, und die Bezeichnung »Lehrer der Gerechtigkeit« *(Moreh ha-Zedek)* in den Rollen leitet sich von derselben Wurzel her. Wenn der Historiker Josephus einen Lehrer erwähnt, der »Sadduc« oder »Zadok« genannt wird und Führer einer messianischen, antirömischen, judäischen Gefolgschaft ist, dann scheint es sich auch hier um eine verstümmelte griechische Wiedergabe der Bezeichnung »der Gerechte« zu handeln.[2] Stephanus, so wie ihn die Apostelgeschichte zeichnet, drückt sich also in Worten aus, wie sie eindeutig und ausschließlich von der Gemeinde in Qumran verwendet wurden.

Dies ist aber nicht das einzige Indiz in Stephanus' Rede, das auf die Gemeinde von Qumran hinweist. Bei seiner Verteidigung macht er außerdem seine Verfolger namhaft (Apostelgeschichte 7,53): »...ihr, die ihr das Gesetz durch Vermittlung von Engeln empfangen, aber nicht gehalten habt.« So wie ihn die Apostelgeschichte darstellt, besteht Stephanus demnach darauf, daß das Gesetz unbedingt befolgt werden müsse. Und hier zeigt sich erneut ein Konflikt mit der heute orthodoxen, allgemein akzeptierten Überlieferung: Nach der späteren christlichen Tradition waren es nämlich die Juden jener Zeit, die das Gesetz zum finsteren puritanischen Fetisch gemacht hatten. Dagegen werden die Urchristen, mindestens gemessen an dieser strikten Gesetzestreue, als »Außenseiter« oder »Renegaten« beschrieben, die eine neue Freiheit und Flexibilität proklamierten und dem Brauch und Herkommen trotzten. Und hier macht sich nun Stephanus, der erste christliche Märtyrer, zum Anwalt des Gesetzes und bezichtigt seine Verfolger der Lauheit!

Daß Stephanus, der sich selbst streng gesetzestreu nennt, durch stammesverwandte Juden, die auf dasselbe Gesetz schwören, ermordet worden sein soll, ergibt keinen rechten Sinn. Was aber wäre, wenn jene jüdischen Volksgenossen im Auftrag einer Priesterschaft tätig gewesen wären, die sich mit der römischen Staatsgewalt arrangiert hatte? Ja, die in Wirklichkeit sogar Kollaborateure waren, die ein möglichst ruhiges Leben führen wollten und befürchteten, das Wirken eines Agitators oder Widerstandskämpfers unter ihnen könnte Repressalien auch für sie zur Folge haben?[3] Die Urkirche, der Stephanus angehörte, betont unablässig ihre Rechtgläubigkeit, ihr Eifern für das Gesetz. Ihre Verfolger sind jene, die ein ungetrübtes Verhältnis zu Rom aufrechterhalten wollen und eben dadurch vom Gesetz abweichen oder – wie es in den Schriften von Qumran ausgedrückt ist – das Gesetz übertreten, das Gesetz verraten.[4] In diesem Kontext ergibt sich nun sehr wohl ein Sinn, und zwar sowohl daß Stephanus sie anklagt, als auch daß sie ihn ermorden. Wie wir noch sehen werden, wird später auch Jakobus – Jakobus, »der Gerechte«, der *Zaddik*, der »Bruder des Herrn«, der die rigorose Treue zum Gesetz am nachdrücklichsten repräsentiert – gemäß einer späteren Überlieferung genau dasselbe Schicksal erleiden wie Stephanus.

Nach der Apostelgeschichte betritt Paulus – damals noch als Saulus aus Tarsos – im Zusammenhang mit Stephanus' Tod die Bühne der Geschichte. Es heißt, er habe Wache gestanden, als die Mörder des Stephanus um seine Kleider würfelten, aber er kann durchaus auch eine aktive Rolle in der ganzen Angelegenheit gespielt haben. In Apostelgeschichte 8,1 erfahren wir, daß Saulus »seiner [Stephanus'] Ermordung zugestimmt« hat. Und in Apostelgeschichte 9,21 heißt es, Saulus habe eben diese Art von Attacke auf Mitglieder der Urkirche in die Wege geleitet, die in Stephanus' Tod gipfelte. Es ist eindeutig, daß Saulus in diesem Lebensabschnitt ein glühender, ja sogar fanatischer Feind der Urkirche war. Nach Apostelge-

schichte 8,3 suchte er »die Kirche zu vernichten. Er drang in die Häuser ein, schleppte Männer und Frauen weg und warf sie in den Kerker.« Zu jener Zeit handelt er natürlich als Günstling der prorömischen Priesterschaft.
Apostelgeschichte 9 berichtet dann von Saulus' Bekehrung. Schon bald nach Stephanus' Tod soll er sich auf den Weg nach Damaskus gemacht haben, um dort Mitglieder der Urkirche aufzuspüren. Er reist in Begleitung eines Stoßtrupps und trägt die Haftbefehle seines Vorgesetzten, des Hohenpriesters, mit sich. Wie bereits angemerkt, führte diese Expedition höchstwahrscheinlich nicht nach dem syrischen Damaskus, sondern nach jenem Damaskus, von dem in der sogenannten Damaskusschrift die Rede ist, das heißt nach Qumran.[5]
Auf dem Weg zu seinem Bestimmungsort ereignete sich jenes für Saulus so traumatische Erlebnis, das die Bibelkommentatoren als Sonnenstich, als epileptischen Anfall oder als mystische Vision interpretiert haben (Apostelgeschichte 9,1-19; 22,6-16): Ein »Licht vom Himmel« läßt ihn angeblich vom Pferd stürzen, und »eine Stimme«, deren Quelle nicht auszumachen ist, ruft ihm zu: »Saulus, Saulus, warum verfolgst du mich?« Saulus fordert die Stimme auf, sich zu enthüllen. »Ich bin Jesus«, antwortet die Stimme, »den du verfolgst.« Die Stimme bedeutet ihm weiter, nach Damaskus zu gehen, wo er erfahren werde, was er im weiteren zu tun habe. Als diese Vision verschwindet und Saulus wieder zu Bewußtsein kommt, stellt er fest, daß er erblindet ist. In Damaskus wird seine Blindheit durch ein Mitglied der Urkirche geheilt, und er läßt sich taufen.
Einem modernen Psychologen erscheint an Saulus' Abenteuer nichts sonderlich außergewöhnlich. Es kann tatsächlich durch einen Sonnenstich oder einen epileptischen Anfall ausgelöst worden sein. Es ließe sich aber genausogut als Halluzination, als hysterische oder psychotische Reaktion oder auch schlicht als die Reaktion eines schuldbewußten, sensiblen Menschen, dessen Hände von Blut befleckt sind, erklären. Saulus deutet es dagegen als eine echte Erscheinung Jesu, den er persönlich nie kennengelernt hat. Und auf diese Erscheinung hin erfolgt seine Bekehrung. Er ersetzt seinen früheren Namen durch »Paulus«. In der Folgezeit

verbreitet er die Lehren der Urkirche mit demselben Fanatismus, mit der er bis dahin ihre Mitglieder auszurotten versucht hatte. Er schließt sich der Gemeinde an und wird einer ihrer Lehrlinge oder Jünger. In seinem Brief an die Galater (Gal. 1,17-18) gibt er als Dauer für diese Lehrzeit drei Jahre an. Den größten Teil dieser Zeit hält er sich in Damaskus auf. Nachdem was wir aus den Schriftrollen vom Toten Meer wissen, betrug die Lehrzeit für einen in die Gemeinde von Qumran neu Eintretenden gleichfalls drei Jahre.[6]

Nach seinem dreijährigen Noviziat kehrt Paulus nach Jerusalem zurück, um sich den Führern der dortigen »Gemeinde« anzuschließen. Es ist nicht verwunderlich, daß ihm die meisten Mitglieder mißtrauen und von seiner Bekehrung nicht restlos überzeugt sind. Im Brief an die Galater 1,18-20 sagt Paulus, er habe nur Jakobus und Kephas zu Gesicht bekommen. Alle anderen, einschließlich der Apostel, scheinen ihm aus dem Weg gegangen zu sein. Er muß sich immer wieder bewähren, und erst danach findet er Bundesgenossen und darf predigen. Es kommt jedoch schon bald zu Auseinandersetzungen, und nach Apostelgeschichte 9,29 drohen ihm etliche Mitglieder der Jerusalemer Gemeinde. Um eine möglicherweise prekäre Situation zu entschärfen, entsenden ihn seine Getreuen nach Tarsos, seiner Geburtsstadt (in der heutigen Türkei). Man hat ihn also sozusagen nach Hause geschickt, damit er dort die Botschaft verkünde.

Dies war aber in Wirklichkeit gleichbedeutend mit dem Exil. Die Gemeinde in Jerusalem war, ebenso wie jene von Qumran, fast ausschließlich mit den Ereignissen in Palästina beschäftigt. Der Rest der Welt, darunter auch Rom, war nur insofern von Bedeutung, als sich ihre Vertreter in die lokalen Angelegenheiten einmischten. Daß Paulus nach Tarsos geschickt wurde, läßt sich daher in etwa vergleichen mit der Maßnahme eines IRA-Führers, der einen undisziplinierten und übereifrigen Rekruten aussendet, um unter den Mitgliedern des »Sendero Luminoso« in Peru um Unterstützung zu werben. Falls er, was unwahrscheinlich ist, tatsächlich Anhänger, Geld, Material oder sonst etwas Nützliches auftreibt, um so besser. Sollte er aber dabei draufgehen, würde man ihn nicht arg vermissen, da er ohnehin mehr geschadet als genützt hat.

So kommt es zur ersten der – nach der Apostelgeschichte – drei Auslandsreisen des Paulus. Unter anderem gelangt er nach Antiochien. Aus Apostelgeschichte 11,26 erfahren wir: »In Antiochia gab man den Jüngern zum ersten Mal den Namen Christen.« Die Kommentatoren verlegen diese Reise nach Antiochien etwa in das Jahr 43 n. Chr. Zu jener Zeit gab es dort schon eine Gemeinde der Frühkirche, die Verbindung zur Führung unter Jakobus in Jerusalem hielt.

Etwa fünf Jahre danach oder etwas später – Paulus lehrt noch immer in Antiochien – kommt es zu einer Auseinandersetzung über die Art und den Inhalt seiner Missionstätigkeit. In Apostelgeschichte 15 wird berichtet, daß Vertreter der Führung aus Jerusalem in Antiochien eintreffen, ja, Eisenman vermutet, daß sie möglicherweise eigens dorthin gereist sind, um Paulus' Aktivitäten zu überprüfen.[7] Sie legen besonderen Wert darauf, ihn zu ermahnen, wie wichtig es sei, daß die Gesetze strikt eingehalten würden, und werfen Paulus vor, er sei in dieser Beziehung lau. Er und sein Begleiter Barnabas werden zur persönlichen Rechtfertigung vor die Führung nach Jerusalem beordert. Von diesem Zeitpunkt an öffnet sich die Kluft zwischen Paulus und Jakobus, und sie wird immer breiter. Der Autor der Apostelgeschichte verhält sich, soweit es diesen Disput betrifft, als Paulus' Apologet.

Bei allen Wechselfällen, die in der Folge eintreten, muß man sich stets vergegenwärtigen, daß Paulus im Grunde der erste »christliche« Häretiker war und daß seine Lehren – die ja das Fundament für das spätere Christentum werden – eine entscheidende Abweichung von der »originären« oder »reinen« Form waren, die die Führung in Jerusalem lobpreisend hochhielt. Dies ist denn auch eine der grundlegenden Voraussetzungen für den Standpunkt, den Eisenman in seinen Schriften einnimmt und ausführlich darlegt. Ganz gleich, ob Jakobus, »der Bruder des Herrn«, nun ein Blutsverwandter von Jesus war oder nicht (und alles spricht dafür, daß er es war), er hat auf jeden Fall Jesus persönlich gekannt oder aber die später als Jesus in Erinnerung gebliebene Person. Das gilt auch für die meisten anderen Mitglieder der Gemeinde beziehungsweise der Urkirche in Jerusalem und natürlich auch für Petrus. Wenn sie etwas sagten, sprachen sie gewissermaßen mit der Autorität aus

erster Hand. Paulus hingegen konnte auf diese persönliche Bekanntschaft mit der Person, die er als seinen »Erlöser« anzusehen begonnen hatte, niemals wirklich zurückgreifen, sondern sich nur auf sein mystisches Erlebnis in der Wüste und die Worte der Geisterstimme berufen. Vor diesem Hintergrund für sich Autorität zu beanspruchen, erscheint deshalb, gelinde gesagt, anmaßend. Zudem hat er diese Grundlage dazu benutzt, Jesu Lehre im höchsten Maße zu verdrehen – er hat daraus nichts anderes gemacht, als seine persönliche, idiosynkratische Theologie formuliert und sie dadurch zu legitimieren versucht, daß er sie fälschlicherweise Jesus zuschrieb. Jesus, dem rigorosen Anhänger des jüdischen Gesetzes, wäre es als äußerste Gottlosigkeit erschienen, zuzulassen, daß ein menschliches Wesen – auch nicht er selbst – angebetet wird. Dies geht aus den Evangelien klar hervor: Er hält seine Jünger, Anhänger und Zuhörer unzweideutig dazu an, Gott anzuerkennen. So wird Jesus zum Beispiel in Johannes 10,33-35 der Gotteslästerung angeklagt, da er selbst den Anspruch erhebe, Gott zu sein. Darauf antwortet Jesus, indem er Psalm 82 zitiert: »Steht nicht in eurem Gesetz geschrieben: ›Ich [damit ist im Psalm Gott gemeint] habe gesagt: Götter seid ihr?‹ Wenn er die, an welche das Wort Gottes ergangen ist, Götter genannt hat – und die Schrift doch nicht ihre Geltung verlieren kann ...«
Paulus jedoch schiebt letztlich Gott beiseite und setzt an seine Stelle zum ersten Mal die Anbetung Jesu – Jesus als Gegenstück zu Adonis, Tammuz, Attis oder irgendeinen anderen all jener sterbenden und wieder auferstehenden Götter, die in jenen Tagen im Nahen Osten populär waren. Jesus sollte, um mit diesen seinen Rivalen fertig zu werden, sie Punkt für Punkt, Wunder für Wunder ausstechen. Auf dieser Stufe der Entwicklung wird Jesu Leben denn auch mit so vielen wundertätigen Geschehnissen in Verbindung gebracht. Aller Wahrscheinlichkeit gehört in diesen Umkreis auch seine angebliche Geburt aus einer Jungfrau und seine Auferstehung von den Toten. Sie sind im wesentlichen Erfindungen des Paulus, die oft der reinen Lehre, die Jakobus und die Gemeinde in Jerusalem verkündeten, eklatant widersprechen. Daher ist es nur allzu verständlich, daß Jakobus und seine Anhänger höchst irritiert verfolgten, was Paulus tat.

Aber Paulus wußte ganz genau, was er tat. Mit einem erstaunlich modern anmutenden Durchblick bediente er sich souverän der Mechanismen religiöser Propaganda.[8] Er wußte, was nötig ist, um einen Menschen in einen Gott zu verwandeln, und ging dabei klüger zu Werk als die Römer bei der Vergöttlichung ihrer Kaiser. Wie er selbst nachdrücklich gesteht, gab er keineswegs vor, den historischen Jesus zu verkündigen, den Menschen, den Jakobus, Petrus und Simeon persönlich gekannt hatten. Im Gegenteil, im Zweiten Korintherbrief 11,3-4 sagt er deutlich, daß die Gemeinde in Jerusalem »*einen anderen Jesus*« [Hervorh. vom Verf.] verkünde. Ihre Repräsentanten, so sagt er weiter unten, würden sich »Diener der Gerechtigkeit« nennen – ein typischer Ausdruck, wie ihn die Gemeinde von Qumran verwendete. Sie waren also mittlerweile in jeder Hinsicht Gegenspieler geworden.
Wie ihm befohlen ist, begibt sich Paulus also – wie im allgemeinen angenommen wird, etwa ums Jahr 48 oder 49 – von Antiochien nach Jerusalem, um sich mit der Führung der Gemeinde zu Beratungen zu treffen. Natürlich kommt es erneut zu Auseinandersetzungen. Kann man der Apostelgeschichte Glauben schenken, dann läßt sich Jakobus um des lieben Friedens willen auf einen Kompromiß ein, aufgrund dessen sich »Heiden« leichter der Glaubensgemeinschaft anschließen können. Und er stimmt auch, was allerdings recht unwahrscheinlich klingt, der Milderung einiger Gesetzesvorschriften zu. Auf anderen dagegen beharrt er eisern.
Paulus leistet der Führung Lippendienste. Noch braucht er ihre Rückendeckung – nicht etwa um seine Lehre zu legitimieren, sondern um die Gemeinden, die er in fremden Landen begründet hat, zu legitimieren und aufrechterhalten zu können. Er ist aber bereits entschlossen, seinen eigenen Weg zu gehen. Er begibt sich erneut auf Missionsreise. Sie wird ebenfalls durch einen Besuch in Jerusalem unterbrochen (Apostelgeschichte 18,21). Die meisten seiner Briefe stammen aus dieser Zeit: zwischen 50 und 58 nach Christus. Aus diesen Briefen geht klar hervor, daß er sich inzwischen von der Führung in Jerusalem und ihrer Gesetzestreue beinahe vollständig entfernt hat.[9] In seinem Sendschreiben an die Galater (um 57 n. Chr.) spricht er schneidend »von den maßgebenden Männern – welcherlei Leute sie auch immer waren, ist mir

gleichgültig« (Gal. 2,6). Seine theologische Position ist also unwiderruflich von der jener abgewichen, die treu zum Gesetz stehen. Im selben Brief an die Galater (2,16) schreibt er, daß »kein Mensch gerechtfertigt wird auf Grund von Gesetzeswerken, sondern nur durch den Glauben an Jesus Christus, und ... aus Gesetzeswerken wird kein Mensch gerechtfertigt werden«. Im Brief an die Philipper (3,9) schreibt er: »... und achte es für Dreck, auf daß ich Christum gewinne, und in ihm erfunden werde, daß ich nicht habe meine Gerechtigkeit, die aus dem Gesetz kommt, sondern die durch den Glauben an Christum kommt ...« Dies sind die provokativen und herausfordernden Äußerungen eines selbsternannten Renegaten. Das »Christentum«, wie es sich in der Folgezeit seit Paulus' Wirken entwickelte, hat damit praktisch jede Verbindung zu seinen Wurzeln verloren, ja, man kann im Grunde sogar sagen, daß es nichts mehr mit Jesus gemein hat, sondern vielmehr mit dem Bild von Jesus, das Paulus vermittelt hat.
Um 58 nach Christus begibt Paulus sich noch einmal nach Jerusalem, obwohl seine Anhänger, die ernsthafte Schwierigkeiten mit der Hierarchie befürchten, ihn dringend gebeten haben, nicht dorthin zu gehen. Auch diesmal trifft er sich mit Jakobus und den anderen Führern der Jerusalemer Gemeinde. In uns inzwischen vertrauten Formulierungen, wie sie in Qumran gebräuchlich waren, bringen sie ihre Sorgen zum Ausdruck, die sie mit anderen »Eiferern für das Gesetz« teilen: daß Paulus in seinen Predigten die in der Fremde lebenden Juden darin bestärke, das Gesetz des Moses aufzugeben.[10] Natürlich ist die Anklage berechtigt, das geht aus Paulus' Briefen klar hervor. Eine direkte Antwort auf diese Anschuldigungen ist in der Apostelgeschichte nicht verzeichnet. Man gewinnt aber den Eindruck, Paulus bestreite sie, verleugne sich selbst und weise die Anklage von sich. Als er aufgefordert wird, sich sieben Tage lang zur Buße zu reinigen – um damit die Unrichtigkeit der Anschuldigungen und seine fortgesetzte Treue zum Gesetz zu beweisen –, ist er sofort bereit, dies zu tun.
Aber schon wenige Tage später erregt Paulus erneut den Zorn jener »Eiferer für das Gesetz«, die noch strenger sind als Jakobus. Als man ihn im Tempel erblickt, wird er von einer Schar Frommer tätlich angegriffen. Sie schreien in ihrer Wut: »Das ist der Mensch,

der überall vor aller Welt gegen das Volk, das Gesetz und die Stätte eifert.« (Apostelgeschichte 21,28ff.) Daraufhin entsteht ein Aufruhr, und Paulus wird aus dem Tempel gezerrt; er schwebt in akuter Lebensgefahr. Und er wird im letzten Augenblick von einem römischen Offizier gerettet, den man von dem Aufruhr unterrichtet hat und der daraufhin mit einem Trupp Soldaten anrückt. Paulus wird gefangengesetzt und in Ketten gelegt, weil man zuerst offensichtlich annimmt, er sei ein Führer der Sikarier, des Terroristenkaders der Zeloten.

Von dieser Stelle an wird die Apostelgeschichte immer konfuser, und es drängt sich die Vermutung auf, daß sie teilweise verändert oder entschärft worden ist. Nach dem heute vorliegenden Text protestiert Paulus, noch bevor ihn die Römer abtransportieren, er sei ein Jude aus Tarsos, und bittet um die Erlaubnis, zu der Menge zu sprechen, die ihn soeben zu lynchen versucht hat. So seltsam es ist, die Römer gestatten es ihm. Paulus beginnt daraufhin zu berichten von seiner pharisäischen Lehrzeit unter Gamaliel – einem berühmten Lehrer jener Zeit –, von seiner anfänglichen Feindseligkeit gegenüber der Urkirche, von seiner Beteiligung an der Ermordung des Stephanus und seiner anschließenden Bekehrung. All dies – oder vielleicht auch nur ein Teil davon, was genau, läßt sich nicht sicher feststellen – entfacht den Zorn der Menge aufs neue. »Hinweg von der Erde mit einem solchen Menschen!« schreien sie. »Er darf nicht länger am Leben bleiben!« (Apostelgeschichte 22,22)

Die Römer achten nicht auf diese Hetzreden, schaffen vielmehr Paulus zur »Burg« – womit vermutlich die Antoniaburg, das militärische und administrative Hauptquartier der Römer, gemeint ist. Hier wollen sie ihn unter Anwendung der Folter verhören. Was wollen sie von Paulus wissen? Laut Apostelgeschichte wollen sie herausfinden, warum er eine derartige Haßreaktion ausgelöst hat. Aber er hat seine Geschichte ja bereits öffentlich dargelegt – es sei denn, seine Rede habe Elemente enthalten, die die Römer – in welcher Weise geht aus dem Text nicht hervor – für gefährlich oder subversiv halten mußten. Wie dem auch sei, nach römischem Gesetz konnte niemand der Folter unterzogen werden, der offiziell das volle römische Bürgerrecht besaß – und darauf konnte Paulus sich als Sohn einer reichen Familie in Tarsos zu seinem Glück berufen. Er macht also seine Immunität geltend, entgeht zwar der Folter, bleibt aber weiterhin in Haft.

Mittlerweile hat sich eine Gruppe wutentbrannter Juden – es mögen etwa vierzig gewesen sein – heimlich versammelt. Sie schwören, nicht eher wieder zu essen oder zu trinken, bis sie Paulus umgebracht haben. Allein schon das Ausmaß an Intensität und die Grenzenlosigkeit, die sich in dieser Antipathie äußern, sind von höchstem Interesse. Eine derartige Feindseligkeit – um nicht zu sagen, Entschlossenheit zu gewaltsamen Aktionen – erwartet man nicht von »gewöhnlichen Pharisäern und Sadduzäern«. Wer sich so verhält, gehört ganz offensichtlich zu den »Eiferern für das Gesetz«. Nun waren aber die einzigen in dieser Weise fanatischen Anhänger des Gesetzes zu jener Zeit in Palästina jene, deren heilige Texte später in Qumran ans Licht kommen sollten. Und sie hatten ihre eigenen Vorstellungen, wie man mit »Abtrünnigen« umgeht. So macht beispielsweise Eisenman auf eine Schlüsselstelle in der Damaskusschrift aufmerksam, wo von einem Mann gesagt wird: »Und sobald er sich erst einmal verpflichtet hat, sich dem Gesetz des Mose aus ganzem Herzen und aus ganzer Seele zuzuwenden, wie furchtbar wird es dann für ihn sein, wenn er dazu kommen sollte, [es] zu ver[ra]ten.«[11]

Wie kann man die gewaltsame Aktion gegen Paulus mit der später verbreiteten Vorstellung, die auch die Anhänger des Consensus unterstützen, von sanftmütigen, asketischen und kontemplativen Essenern in Einklang bringen? Die heimliche Versammlung, der glühende Schwur, Paulus auszulöschen: dies charakterisiert eher militante Zeloten und ihre speziellen Todesschwadronen, die gefürchteten Sikarier. Man kann sich einmal mehr des Verdachts nicht erwehren, die Zeloten und die »Eiferer für das Gesetz« in Qumran seien ein und dieselben Leute gewesen.

Wer immer sie auch waren, nach der Apostelgeschichte werden die potentiellen Meuchelmörder durch die plötzliche Ankunft eines bis dahin nicht erwähnten Neffen von Paulus, der von ihrem Vorhaben gehört hat, an der Durchführung gehindert. Dieser Verwandte, von dem weiter nichts bekannt ist, informiert Paulus *und* die Römer. Noch in derselben Nacht wird Paulus zu seiner eigenen

Sicherheit aus Jerusalem weggebracht. Dabei wird er begleitet von einer Eskorte, die 470 Soldaten – zweihundert Fußsoldaten unter dem Kommando zweier Zenturionen, zweihundert Lanzenträger und siebzig Berittene – umfaßt![12] Sie bringen ihn nach Caesarea, der römischen Hauptstadt von Judäa, wo er Agrippa, dem Gouverneur und Marionettenkönig Roms, vorgeführt wird. Als römischer Bürger hat Paulus aber das Recht, seinen Fall in Rom zu Gehör zu bringen, und von diesem Recht macht er auch Gebrauch. Daraufhin wird er auf die Reise nach Rom geschickt, wo ihm der Prozeß gemacht werden soll. Wofür er sich verantworten soll, wird nirgends gesagt.

Mit der Beschreibung der Gefahren und Abenteuer, die Paulus auf dieser Reise erlebt – dazu gehört auch ein Schiffbruch –, endet die die Apostelgeschichte. Oder vielmehr: sie bricht ab, als wäre der Autor bei seiner Arbeit unterbrochen worden oder als hätte jemand den ursprünglichen Schluß entfernt und ihn durch einen nichtssagenden ersetzt. Es gibt natürlich zahlreiche spätere Überlieferungen: Paulus sei ins Gefängnis gebracht worden, man habe ihm eine persönliche Audienz beim Kaiser gewährt, man habe ihn befreit und nach Spanien gebracht, Nero habe seine Hinrichtung angeordnet, er sei in Rom (beziehungsweise dort im Gefängnis) Petrus begegnet, und er und Petrus hätten gemeinsam den Märtyrertod erlitten.

Aber es lassen sich weder in der Apostelgeschichte noch in einem anderen verläßlichen Dokument für all diese Geschichten glaubwürdige Anhaltspunkte finden.

Vielleicht wurde der ursprüngliche Schluß der Apostelgeschichte tatsächlich beseitigt oder abgeändert. Vielleicht wußte der Autor Lukas auch einfach nicht, wie die Geschichte ausgegangen ist, und hat es, da ihm nichts an ästhetischem Gleichmaß gelegen war, bei einem nichtssagenden Schluß bewenden lassen. Oder aber – das ist die Annahme, die Eisenman vertritt, und wir werden diese Möglichkeit später noch erörtern –, Lukas wußte sehr wohl Bescheid und brach seine Geschichte gerade deswegen absichtlich so abrupt ab, nämlich um zu verhehlen, was er wußte. Oder aber sie wurde aus demselben Grund von späteren Bearbeitern in dieser abrupten Weise abgebrochen.

Die letzten Kapitel der Apostelgeschichte – angefangen bei dem Aufruhr im Tempel – sind also, wie schon erwähnt, zusammengeschustert, konfus und voller ungelöster Rätsel. Im Gegensatz dazu ist die Apostelgeschichte sonst recht einfach zu verstehen. Vordergründig spielt sich die Geschichte ab von Paulus' Bekehrung und seinen anschließenden Erlebnissen. Dahinter aber schimmert die Geschichte zunehmender Reibungen zwischen zwei Parteiungen innerhalb der ursprünglichen Jerusalemer Gemeinde, der Urkirche, durch.

Eine dieser Parteiungen bilden die »Unnachgiebigen«, die die Lehren der Qumrantexte vertreten und auf der rigorosen Befolgung des Gesetzes beharren. Die anderen, vertreten durch Paulus und seine engsten Anhänger, wollen das Gesetz aufweichen und – indem sie den Zugang zur Glaubensgemeinschaft erleichtern – die Anzahl der Neubekehrten erhöhen. Die »Unnachgiebigen« sind weniger an der Zahl der Mitglieder interessiert als an der Reinheit der Lehre und scheinen sich um die Vorgänge außerhalb Palästinas nicht sonderlich zu kümmern. Sie zeigen auch an einem Arrangement mit Rom kein Interesse. Paulus dagegen geht die Reinheit der Lehre nicht allem anderen vor. Ihm ist vor allem an der möglichst umfassenden Verbreitung seiner Botschaft gelegen. Er möchte möglichst viele Gläubige gewinnen. Um dieses Ziel zu erreichen, versucht er die Konfrontation mit den Autoritäten zu vermeiden und ist bereit, mit Rom einen Burgfrieden zu schließen, ja sich sogar bei den Römern einzuschmeicheln.

Nach dem zu urteilen, was über die Situation der Urkirche in der Apostelgeschichte zu lesen ist, stand diese klar vor einem Schisma, dessen Urheber Paulus war. Paulus' Hauptgegner war die rätselhafte Figur des Jakobus, des »Bruders des Herrn«. Jakobus erscheint unzweifelhaft als der anerkannte Anführer der Gemeinde in Jerusalem, die in der späteren Tradition als Urkirche bezeichnet wird.[13]

An den meisten Stellen erscheint Jakobus als »Unnachgiebiger«, wenn er auch – falls man der Apostelgeschichte Glauben schenken kann – in bestimmten Punkten Kompromißbereitschaft zeigt. Alles spricht jedoch dafür, daß sogar dieser Anflug von Nachgiebigkeit vermutlich auf das Konto des Autors der Apostelgeschichte geht. Es war offenbar unmöglich, Jakobus ganz aus der Geschichte zu tilgen, weil die Rolle, die er spielte, zu gut bekannt war. Also blieb nur noch die Möglichkeit, seine Bedeutung herunterzuspielen und ihn als versöhnlerische Gestalt darzustellen – als einen, der irgendwo zwischen Paulus und den extremen »Unnachgiebigen« anzusiedeln ist.

Auf jeden Fall drehen sich beim näherem Hinsehen also die Geschehnisse, die zwischen den Zeilen der Apostelgeschichte durchscheinen, um den Zusammenprall der beiden mächtigen Persönlichkeiten Jakobus und Paulus. Eisenman hat dargelegt, daß Jakobus als Wächter der ursprünglichen Lehre, als Vertreter der Reinheit der Lehre und der rigorosen Befolgung des Gesetzes in Erscheinung tritt. Eine »neue« Religion zu begründen wäre ihm im Traum nicht eingefallen.

Dies aber tut Paulus. Sein Jesus ist ein »ausgewachsener« Gott, dessen Wundertaten, eine nach der anderen, die Taten rivalisierender Gottheiten übertrumpfen müssen, mit denen er um den Marktanteil an Gläubigen ringt – schließlich verkaufen sich Götter nach denselben Marktprinzipien wie Seife oder Tierfutter.

Aber gemessen an den Grundsätzen eines Jakobus – ja, an denen eines jeden gläubigen Juden – ist dies reine Blasphemie und Apostase. Angesichts der Leidenschaften, die solche bedeutenden Themen zu erregen pflegen, kann die Kluft zwischen Jakobus und Paulus sich schwerlich – wie die Apostelgeschichte suggeriert – auf die Form einer zivilisiert geführten Debatte beschränkt haben. Vielmehr muß eben daraus jene mörderische Feindseligkeit entstanden sein, die gegen Ende der Geschichte so offen zutage tritt.

Mit dem Konflikt zwischen Jakobus und Paulus stand die Gründung und Entwicklung dessen, was wir Christentum nennen, an einem Kreuzweg. Hätte sich die Waagschale der Geschichte auf die Seite von Jakobus' Lehren geneigt, würde es kein Christentum geben, sondern nur eine Sonderform des Judaismus, die sich unter Umständen gegenüber anderen Richtungen durchgesetzt hätte – oder auch nicht. So wie die Zeichen standen, stellte sich die neue Bewegung im Laufe der ersten drei Jahrhunderte aber mehr und mehr hinter Paulus und seine Lehre, und es entstand – zweifellos zum postumen Entsetzen von Jakobus und seinen Anhängern – eine völlig neue Religion: eine Religion, die immer weniger mit ihrem angeblichen Stifter zu tun hatte.

Jakobus »der Gerechte«

Warum wissen wir so wenig von Jakobus, wenn er doch zu seiner Zeit eine so zentrale Rolle spielte? Warum ist er zu einer Schattenfigur im Hintergrund degradiert worden? Solche Fragen sind gar nicht so schwer zu beantworten. Eisenman weist darauf hin, daß Jakobus, selbst wenn er nicht der leibliche Bruder Jesu gewesen sein sollte, Jesus doch persönlich gekannt habe, Paulus dagegen nicht. In seinen Lehren stand er somit der »Quelle« sicherlich näher, als Paulus ihr je gekommen ist. Außerdem sind seine Ziele und Voraussetzungen in so manchen Fällen von denen des Paulus ganz verschieden, ja sie waren diesen manchmal sogar diametral entgegengesetzt. Folglich war Jakobus für Paulus ein ständiger Pfahl im Fleisch. Als das paulinische Christentum dann triumphierte, gab es nichts anderes, als daß die Bedeutung des Jakobus, konnte sie auch nicht vollständig getilgt werden, so doch wenigstens abgeschwächt werden mußte.
Im Unterschied zu anderen Personen, die im Neuen Testament vorkommen, scheint Jakobus eine Persönlichkeit von historischem Format gewesen zu sein und darüber hinaus eine, die eine weit überragendere Rolle in ihrer Zeit gespielt hat, als gemeinhin angenommen wird. Es gibt eine beträchtliche Literatur zu Jakobus, wenn auch zum überwiegenden Teil außerhalb der kanonischen Schriften des Neuen Testaments.
Im Neuen Testament wird Jakobus in den Evangelien als einer der Brüder Jesu erwähnt. Der Kontext ist jedoch im allgemeinen vage oder konfus und offensichtlich stark verfälscht. In der Apostelgeschichte tritt Jakobus, wie wir bereits erörtert haben, deutlicher profiliert in Erscheinung. Doch erst im zweiten Teil der Apostelgeschichte gewinnt sein Bild allmählich klare Konturen. In Paulus' Brief an die Galater ist er dann deutlich als Führer der Urkirche zu

erkennen, der in Jerusalem residiert und von einem Ältestenrat unterstützt wird.[1] Abgesehen von seinen Handlungen, mit denen er Paulus in die Quere kommt, erfährt man jedoch kaum etwas über seine Aktivitäten und noch weniger über seine Persönlichkeit und sein Leben. In dieser Hinsicht ist auch der Jakobusbrief im Neuen Testament nicht sehr ergiebig. Es ist gut möglich, daß dieser Brief sich tatsächlich auf einen Text von Jakobus bezieht. Eisenman weist zum Beispiel stilistische, sprachliche und metaphorische Einflüsse von Qumran nach.[2] Der Jakobusbrief enthält unter anderem eine Anklage, deren außerordentliche Bedeutung schon bald klar wird – eine Anklage, die lautet: »Ihr habt den Gerechten verurteilt, ja hingemordet.«[3] Aber auch im Zusammenhang mit dieser Stelle gibt es keinerlei Information über seine Person.
Jakobus' Rolle, wie sie in der Schrift dargestellt wird, bietet also nichts Außergewöhnliches. Schaut man sich aber nach weiteren Quellen um, dann entsteht allmählich ein genaueres Bild von ihm. Und dieses zu erforschen, hat Eisenman sich in den letzten Jahren zur Aufgabe gemacht. Eine seiner Informationsquellen ist ein Text der Urkirche, die sogenannten »Erkenntnisse« des Clemens Romanus aus den ersten Jahren des dritten nachchristlichen Jahrhunderts. In dieser Schrift ist zu lesen, ein nicht namentlich genannter »Gegner« sei mit einer Gefolgschaft in den Tempel gestürmt, als Jakobus gerade dort predigte. Dieser »Gegner« verhöhnt die Zuhörer des Jakobus und übertönt dessen Worte mit lautem Lärm. Darauf fängt er an, die Menge »mit Schmähungen und Flüchen in Rage zu versetzen und wie ein Wahnsinniger zum Mord anzustacheln, indem er ihnen zuruft: ›Was tut ihr? ›Warum zögert ihr? Oh, ihr Schlappschwänze und Faulpelze, warum legen wir nicht Hand an sie an und reißen diese Kerle in Stücke?‹«[4] Der »Gegner« läßt es aber nicht bei diesen verbalen Attacken bewenden, sondern ergreift vielmehr ein brennendes Holzscheit und drischt damit auf die versammelten Andächtigen ein, und seine Getreuen tun es ihm nach. Daraufhin kommt es zu einem Aufruhr von noch größerem Ausmaß:

> Es fließt viel Blut. Dann setzt eine wilde Flucht ein, in deren Verlauf der Gegner Jakobus angreift und ihn kopfüber die

Treppe hinunterstürzt. Da er ihn für tot hält, wendet er keine weitere Gewalt gegen ihn an.⁵

Jakobus ist jedoch nicht tot. In den »Erkenntnissen« wird im weiteren berichtet, daß seine Anhänger ihn in sein Haus in Jerusalem bringen. Noch vor Tagesanbruch des folgenden Tages flieht der Verletzte mit seinen Gefolgsleuten aus der Stadt nach Jericho, wo sie sich eine Zeitlang aufhalten – vermutlich, bis Jakobus wieder gesund ist.⁶
Eisenman sieht in diesem Angriff auf Jakobus ein ganz zentrales Ereignis. Er weist auf Parallelen zwischen diesem und dem Angriff auf Stephanus hin, über den die Apostelgeschichte berichtet. Er hält es gar für möglich, daß Stephanus eine fingierte Person ist, um zu vertuschen, daß die Attacke in Wirklichkeit – dies hätte die Apostelgeschichte unmöglich zugeben können – Jakobus galt. Unter anderem weist er darauf hin, daß Jericho, wo Jakobus Zuflucht suchte, nur ein paar Kilometer von Qumran entfernt ist. Und diese Flucht nach Jericho, so argumentiert Eisenman, könnte sehr gut historischer Wahrheit entsprechen, denn sie gehört zu der Art von Details, die schwerlich erfunden und auf ein anderes Ereignis übertragen werden, weil ihnen keine bestimmte Absicht zugrunde liegt. Es ist nicht allzu schwer zu erraten, wer mit dem »Gegner« gemeint sein könnte; die »Erkenntnisse« des Clemens Romanus schließen mit den Worten:

> Dann kam nach drei Tagen einer der Brüder zu uns von Gamaliel ... mit der geheimen Nachricht, daß der Gegner von Kaiphas, dem Hohenpriester, den Auftrag erhalten habe, alle die festzunehmen, die an Jesus glaubten, und mit seinen Briefen nach Damaskus zu gehen ...«⁷

Was von Josephus' Werk *Jüdische Altertümer* erhalten ist, enthält nur einen einzigen Hinweis auf Jakobus, was eventuell auf spätere Textmanipulation zurückzuführen sein könnte. Josephus berichtet in seinem Geschichtswerk, der Sanhedrin, der oberste religiöse Gerichtshof, habe Jakobus vorgeladen, »den Bruder Jesu, der Christus genannt wurde«.⁸ Jakobus und seine Gefährten, so berich-

tet es weiter, sind angeklagt, gegen das Gesetz verstoßen zu haben
– was höchst unwahrscheinlich ist –, und sie werden, wie bei einem
solchen Vergehen üblich, zu Tode gesteinigt. Ganz gleich, ob
dieser Bericht der Wahrheit entspricht, gefälscht oder frei erfunden
ist, das Wichtigste daran ist das Datum, auf das er Bezug nimmt.
Josephus setzt die Ereignisse, die er beschreibt, in einem Interregnum *zwischen* zwei römischen Prokuratoren in Judäa an. Er berichtet, der regierende Prokurator sei kurz davor gestorben, und
sein Nachfolger, Lucceius Albinus, befinde sich noch auf dem Weg
von Rom nach Palästina. Während des Interregnums übte der
Hohepriester in Jerusalem faktisch die Herrschaft aus, in diesem
Fall ein unbeliebter Mann namens Ananas. Diese Angaben erlauben es, den Tod des Jakobus etwa um das Jahr 62 n. Chr. zu
datieren – also nur vier Jahre vor Ausbruch des Aufstandes von 66
nach Christus. Damit liegt aber zumindest ein chronologischer
Hinweis darauf vor, daß Jakobus' Tod etwas mit dem Krieg zu tun
gehabt haben könnte, der von 66 bis 73 im Heiligen Land tobte.
Um weitergehende Informationen darüber zu erhalten, muß man
sich allerdings mit den Schriften späterer Kirchenhistoriker befassen.

Wahrscheinlich die wichtigste Quelle ist Eusebius, im vierten nachchristlichen Jahrhundert Bischof von Caesarea – der römischen
Hauptstadt von Judäa – und Autor eines sehr wichtigen Geschichtswerks über die frühe Kirche. Nach der Gepflogenheit
seiner Zeit zitiert Eusebius ausführlich ältere Autoren, deren Werke nur ausnahmsweise auf uns gekommen sind. Dort wo er von
Jakobus spricht, greift er auf Clemens, Bischof von Alexandria (um
150–215), zurück. Bischof Clemens soll von Jakobus als von dem
»Gerechten« , hebräisch *Zaddik*, gesprochen haben.[9] Dieser Ausdruck ist uns natürlich längst aus den Schriften von Qumran
vertraut; von ihm hat die Gemeinde von Qumran die Bezeichnung
für ihren Führer, den »Lehrer der Gerechtigkeit«, abgeleitet. Unter
Berufung auf Clemens berichtet Eusebius, Jakobus sei von der
Tempelmauer herabgestürzt und dann mit einem Knüttel erschlagen worden.[10]

An einer späteren Stelle seiner Chronik zitiert Eusebius außerdem
ausführlich Hegesippus, einen Kirchenhistoriker des zweiten Jahr-

hunderts. Hegesippus' gesamtes Werk soll angeblich noch im sechzehnten oder siebzehnten Jahrhundert erhalten gewesen sein. Seit der Zeit aber ist es verschollen. Kann sein, daß Kopien davon vielleicht noch im Vatikan vorhanden sind oder auch in der Bibliothek des einen oder anderen Klosters – etwa in Spanien.[11] Zur Zeit ist aber von Hegesippus' Werk nichts anderes bekannt als die Auszüge, die Eusebius aus seinem Werk zitiert.
Danach soll Jakobus, »der Gerechte«, so schreibt Eusebius, »heilig gewesen sein von Geburt an«:

> Er trank keinen Wein ... aß kein Fleisch, schor niemals sein Haar; er salbte sich nicht mit Öl und badete sich niemals. Ihm allein war erlaubt, den Heiligen Ort [das Allerheiligste im Tempel] zu betreten, denn seine Kleidung war nicht aus Wolle, sondern aus Leinen [das heißt, es handelte sich um priesterliche Gewänder]. Er betrat das Heiligtum immer allein, und man sah ihn oft kniend um Vergebung für das Volk beten, so daß seine Knie hart wurden wie die eines Kamels ... Wegen seiner unübertrefflichen Gerechtigkeit nannte man ihn den Gerechten und ... »Bollwerk des Volkes« ...[12]

An dieser Stelle verlohnt es sich, die Lektüre des Textes zu unterbrechen, um sich einigen interessanten Details zuzuwenden. Jakobus soll also Kleider aus Leinen getragen haben, was soviel bedeutet wie priesterliche Gewänder. Dies war ein Vorrecht jener, die im Tempel dienten und einem Priestergeschlecht angehörten: nach der Tradition der sadduzäischen »Aristokratie«, die sich im Verlauf des ersten Jahrhunderts mit den Römern und den römischen Marionetten aus der herodianischen Dynastie arrangierte. Eisenman hat in diesem Zusammenhang auch bei dem Kirchenhistoriker Epiphanius eine Stelle gefunden. Dieser erwähnt, Jakobus habe die Mitra des Hohenpriesters getragen.[13] Damals durfte nur der Hohepriester das Allerheiligste betreten, den inneren heiligen Bezirk, den allerheiligsten Ort im Tempel. Was kann Jakobus dort gesucht haben – und zwar ohne daß die Kirchenhistoriker eine Erklärung dafür abgeben oder ihrer Verblüffung darüber Ausdruck verleihen, da sie anscheinend nichts Ungebührliches oder

Unerlaubtes in seinen Handlungen sehen? Könnte es sein, daß ihm das Recht, priesterliche Kleidung zu tragen und das Allerheiligste zu betreten, etwa von Geburt her zustand? Oder handelte er – was Eisenman nahelegt – in seiner Eigenschaft als »Gegen-Hoherpriester«, als ein Rebell, der sich gegen das Arrangement der etablierten Priesterschaft mit Rom aufgelehnt und die Funktion an sich gebracht hatte, die jene mißbrauchten?[14] Mit Sicherheit hat die etablierte Priesterschaft für Jakobus keine Sympathie gehegt. Laut Eusebius, der sich auch dabei auf Hegesippus bezieht, beschließen die »Schriftgelehrten und Pharisäer«, ihn zu beseitigen, damit das Volk »Angst bekommt und ihm nicht mehr glaubt«, und sie behaupten, »sogar der Gerechte [sei] vom rechten Pfade abgewichen«.[15] Dabei berufen sie sich auf eine Stelle im Alten Testament – in diesem Fall auf den Propheten Jesaia (Jes. 3,10) –, um ihre Aktionen zu rechtfertigen. Sie weisen darauf hin, daß Jesaia den Tod des »Gerechten« ja prophezeit habe. Jakobus umzubringen, würde also lediglich bedeuten, Jesaias Prophezeiung zu erfüllen. Die Art und Weise, in der sie sich auf Jesaia berufen, entspricht jener, die in den Schriftrollen vom Toten Meer und auch im Neuen Testament gepflegt wird. Eisenman weist darauf hin: Wie sie dieses Zitat heranziehen, um den Tod von Jakobus zu beschreiben, so benutzen die Mitglieder der Gemeinde von Qumran Passagen über die »Gerechtigkeit« aus dem Alten Testament, um den Tod des »Lehrers der Gerechtigkeit« zu beschreiben.[16] Eusebius fährt in seiner Beschreibung von der Ermordung des Jakobus folgendermaßen fort:

> Sie gingen also hinauf und warfen den Gerechten hinab. Sie sagten zueinander: »Laßt uns Jakobus, den Gerechten, steinigen«, und fingen an, ihn zu steinigen, da er trotz seines Sturzes noch am Leben war ... Während sie ihn mit Steinen bewarfen ... rief [ein Angehöriger eines bestimmten Priestergeschlechtes] aus: »Haltet ein! Was tut ihr da?« ... Daraufhin nahm einer von ihnen einen Knüppel, mit dem man sonst Kleider auszuklopfen pflegt, und ließ ihn auf das Haupt des Gerechten niederkrachen. So starb er den Märtyrertod ... Unmittelbar nachdem dies geschehen war, begann Vespasian sie zu belagern.[17]

Vespasian, der 69 n. Chr. Kaiser wurde, stand an der Spitze des Heeres, das den Aufstand von 66 n. Chr. in Judäa niederschlagen sollte. Erneut findet sich hier also eine zeitgeschichtliche Verbindung zwischen dem Tod des Jakobus und dem Aufstand. Doch Eusebius geht noch weiter. Für ihn besteht nicht nur ein zeitgeschichtlicher Zusammenhang. Die ganze »Belagerung von Jerusalem«, so sagt er und meint damit vermutlich den Aufstand in Judäa insgesamt, sei eine direkte Folge der Ermordung des Jakobus gewesen – »aus keinem anderen Grunde als wegen des verruchten Verbrechens, dem er zum Opfer gefallen ist«.[18]

Um diese in der Tat verblüffende Behauptung zu stützen, beruft sich Eusebius auf Josephus. Die Passage aus Josephus, die er zitiert, die aber in keiner der noch vorhandenen Ausgaben mehr auffindbar ist, war zweifellos Josephus eigentümlich, denn auch Origines, ein sehr früher, profilierter Kirchenvater, zitiert sie als solche. Im Zusammenhang mit dem Aufstand von 66 n. Chr. und der darauf folgenden Invasion der Römer schreibt Josephus, daß »dies geschah den Juden als Strafe für Jakobus den Gerechten, der ein Bruder Jesu war, der Christus genannt wird, denn obwohl er der Gerechteste unter der Menschen war, haben ihn die Juden umgebracht«.[19]

Aus diesen fragmentarischen Überlieferungen über Jakobus läßt sich folgender Ablauf der Ereignisse konstruieren: Jakobus, der anerkannte Führer der Urkirche in Jerusalem, steht für eine Parteiung von Juden, die wie die Gemeinde von Qumran »für das Gesetz eifern«. Aus verständlichen Gründen steht diese Parteiung der sadduzäischen Priesterschaft und dem Hohenpriester Ananas (der seine Ernennung Herodes zu verdanken hat[20]) feindselig gegenüber, denn diese haben ihr Land und ihre Religion verraten, indem sie sich mit der römischen Verwaltung und den herodianischen Marionettenkönigen einließen. In seiner Feindseligkeit geht Jakobus soweit, daß er die priesterlichen Funktionen, die Ananas kompromittiert hat, selbst an sich reißt.[21] Ananas' Anhänger beschließen daraufhin, Jakobus zu töten. Fast unmittelbar danach erhebt sich ganz Judäa in einem Aufstand, und eine der ersten Maßnahmen der Aufrührer besteht darin, Ananas als prorömischen Kollaborateur zu ermorden. Als der Aufstand größere Aus-

maße annimmt, sieht sich Rom gezwungen, darauf zu reagieren, und entsendet eine Streitmacht unter Vespasian, die die Lage erkunden soll. Daraus entsteht der Krieg, in dessen Verlauf Jerusalem dem Erdboden gleichgemacht und der Tempel zerstört wird. Er endet erst mit dem Fall von Masada im Jahre 73 n. Chr.
Die einzige größere Unsicherheit in diesem Szenario ist die Frage, welche Rolle der Tod des Jakobus bei all dem gespielt hat und in welchem Umfang er sich ausgewirkt hat. Liegt hier nur ein zeitliches Zusammentreffen vor? Oder handelt es sich, wie Josephus und Eusebius versichern, um die eigentliche Ursache? Die Wahrheit liegt wahrscheinlich in der Mitte: Der Aufstand hatte eine ganze Reihe von glaubwürdigen Ursachen, so daß die Geschichtsschreibung nicht auf Jakobus' Ermordung als einzige Erklärung dafür zurückgreifen mußte. Auf der anderen Seite spricht die Sachlage dafür, daß der Tod von Jakobus nicht bloß eine Randerscheinung gewesen ist. Er scheint zumindest mit dem Verlauf der politischen Ereignisse direkt zu tun gehabt zu haben.
Aus der Analyse von Eisenman geht jedenfalls zweifelsfrei hervor, daß Jakobus eine weit wichtigere Rolle im ersten Jahrhundert gespielt hat, als es die christliche Tradition bis auf den heutigen Tag wahrhaben will. Die Studie zeigt außerdem die Urkirche in einem ganz neuen Licht. Die Urchristen erscheinen nicht mehr als eine Versammlung von Frommen, die Politik und öffentliches Leben meiden, persönliche Erlösung anstreben und kein anderes Reich im Sinn haben als das himmlische. Im Gegenteil: Das Urchristentum erscheint als eine Manifestation des damaligen judaistischen Nationalismus in Form einer Gruppe von militanten Fanatikern, die das Gesetz aufrechterhalten, die korrupte sadduzäische Tempelpriesterschaft absetzen, die Dynastie illegitimer Marionettenkönige stürzen und die römischen Besatzer aus dem Heiligen Land hinausjagen wollen. Und in all diesen Zügen entsprechen sie dem landläufigen Bild der Zeloten.
Aber was hat denn nun dies alles mit Qumran und den Schriftrollen vom Toten Meer zu tun?
Die Apostelgeschichte, Josephus und die frühen Kirchenhistoriker zeichnen ein kohärentes, wenn auch höchst unvollständiges Bild von Jakobus, dem »Bruder des Herrn«. Er erscheint als Ausbund

der Gerechtigkeit – und zwar so sehr, daß er den Beinamen »der Gerechte« erhält – und ist der anerkannte Führer einer sektiererischen Religionsgemeinschaft, deren Mitglieder »Eiferer für das Gesetz« sind. Er muß sich gegen zwei voneinander unabhängige Gegner behaupten. Einer davon ist Paulus, ein Außenstehender, der anfangs die Gemeinde verfolgt, sich dann bekehrt und in die Gemeinschaft aufgenommen wird, schließlich aber zum Renegaten wird, Ausflüchte erfindet und mit seinen Vorgesetzten ständig im Streit liegt, das Bild von Jesus usurpiert und seine eigene Lehre zu verkünden beginnt – eine Lehre, die zwar von der Lehre der Urchristen ausgeht, sie aber entstellt. Jakobus' zweiter Gegner steht außerhalb der Gemeinde. Es ist der Hohepriester Ananas, das Haupt der sadduzäischen Priesterschaft. Ananas ist ein notorisch korrupter und überall verhaßter Mann. Auch er verrät Gott und das Volk Israel, indem er mit der römischen Administration und ihren herodianischen Marionettenkönigen kollaboriert. Jakobus fordert Ananas öffentlich heraus und erleidet schließlich durch die Hand der Schergen des Ananas den Tod. Ananas fällt jedoch kurz darauf seinerseits einem Mordanschlag zum Opfer. All dies findet statt vor dem Hintergrund wachsender sozialer und politischer Spannungen und der drohenden Invasion einer fremden Streitmacht.

Mit diesem Szenario im Blick nahm sich Eisenman die Schriftrollen vom Toten Meer vor, insbesondere den Habakuk-Kommentar. Als er die fragmentarischen Details in den Qumrantexten in einer zusammenhängenden Folge geordnet hatte, ergab sich eine außerordentliche Übereinstimmung mit der Chronik, wie sie die Apostelgeschichte, Josephus und die frühen Kirchenhistoriker darstellten. Die Schriftrollen erzählen eine eigene Geschichte, und im Zentrum dieser Geschichte steht als einziger Protagonist der »Lehrer der Gerechtigkeit« – eine Persönlichkeit, die mit den gleichen Tugenden ausgestattet ist, die mit Jakobus assoziiert werden. Wie Jakobus ist der »Lehrer der Gerechtigkeit« der anerkannte Führer einer sektiererischen Religionsgemeinschaft, deren Mitglieder »Eiferer für das Gesetz« sind. Und wie Jakobus muß sich auch der »Lehrer der Gerechtigkeit« mit zwei voneinander unabhängigen Gegnern herumschlagen.

Einer dieser Gegner wird als der »Lügenmann« – auch »Lügenpriester« oder »Mann der Lüge« – bezeichnet. Er ist ein Außenstehender, der in die Gemeinde aufgenommen worden ist, sich dann als Renegat erweist, mit dem »Lehrer der Gerechtigkeit« in Streit gerät, die Lehre der Gemeinde zum Teil usurpiert und etliche Gemeindemitglieder auf seine Seite hinüberzieht. Im Habakuk-Kommentar steht geschrieben: »Die Abtrünnigen mit dem Lügenmann ... hörten nicht auf die Worte des Lehrers der Gerechtigkeit aus dem Munde Gottes.«[22] Statt dessen habe er sich an »die Abtrünnigen vom Neuen Bund« gewandt, die »nicht an den Bund Gottes glauben und seinen heiligen Namen entweihen«.[23] Im Text ist ausdrücklich die Rede vom »Lügenmann, der verworfen hat das Gesetz inmitten ihrer ganzen Gemeinde«.[24] Und er spricht vom »Lügenprediger, der viele verleitete ... eine Gemeinde durch Lüge zu errichten«.[25]

Im weiteren heißt es von ihm, daß er viele »schwanger gehen ließ mit Werken der Lüge«.[26] Dies sind aber genau die Vergehen, deren Paulus in der Apostelgeschichte angeklagt wird. Und genau diese Vergehen führen am Ende der Apostelgeschichte zu einem Angriff auf sein Leben. Eisenman weist darauf hin, daß Paulus geradezu überempfindlich reagiert, wenn ihm Schwindel und Meineid vorgeworfen werden.[27] Im ersten Brief an Timotheus (2,7) sagt er so unwillig, als müßte er sich verteidigen: »Ich sage die Wahrheit, ich lüge nicht.« Im zweiten Brief an die Korinther (11,31) schwört er: »Der Gott und Vater des Herrn Jesus ... weiß, daß ich nicht lüge.« Dies sind nur zwei Beispiele von vielen. Paulus' Briefe enthüllen ein fast zwanghaftes Begehren, sich von der Anklage der Falschheit reinzuwaschen.

Laut den Schriftrollen vom Toten Meer ist der »Lügenmann« der Gegenspieler des »Lehrers der Gerechtigkeit«, also ein Gegner innerhalb der Gemeinde. Der zweite Gegner des Lehrers kommt von außen. Er wird der »Frevelpriester« genannt und als ein korrupter Vertreter der etablierten Priesterschaft dargestellt, die ihren Dienst und ihren Glauben verraten hat.[28] Er bildet eine Verschwörung, um die »Armen« zu vertilgen – die »Eiferer für das Gesetz« –, von denen gesagt wird, daß sie verstreut in Jerusalem und an anderen Orten leben. Er verfolgt den »Lehrer der Gerechtigkeit«, wo immer dieser Lehrer auch Zuflucht sucht. Durch die Schergen des »Frevelpriesters« erleidet der Lehrer ernsthafte Verletzungen und möglicherweise – hier ist der Text nur sehr vage – sogar den Tod. Als Folge davon wird der »Frevelpriester« seinerseits von den Anhängern des Lehrers ermordet, die ihm, nachdem sie ihn getötet haben, »Rachehandlungen an seinem Fleischesleib«[29] antun, das heißt, seinen Leichnam schänden. Die Parallelen zwischen dem »Frevelpriester« der Schriftrollen und der historischen Person des Hohenpriesters Ananas sind nicht zu übersehen. In seinem Buch über Jakobus geht Eisenman genauestens auf diese Parallelen ein – Jakobus, Paulus und Ananas auf der einen Seite, der »Lehrer der Gerechtigkeit«, der »Lügner« und der »Frevelpriester« auf der anderen Seite. Er geht den Habakuk-Kommentar und andere Texte Zeile für Zeile durch und vergleicht sie mit den Informationen in der Apostelgeschichte sowie in den Schriften des Josephus und der frühen Kirchenhistoriker. An dieser Stelle können wir unmöglich die erdrückende Last der Beweise, die er aufführt, im einzelnen würdigen. Aber der daraus folgende Schluß ist zwingend: Der Habakuk-Kommentar und einige andere Texte in den Schriftrollen vom Toten Meer beziehen sich auf ein und dieselben Ereignisse, die auch in der Apostelgeschichte, in den Schriften des Josephus und in den Werken der frühen Kirchenhistoriker beschrieben werden.

Diese Schlußfolgerung wird bestärkt durch die schlagende und überzeugende Übereinstimmung im Gedankengut, in Sprache und Stil der Qumranliteratur mit der Apostelgeschichte, dem Jakobusbrief und den zahlreichen paulinischen Briefen. Sie wird weiterhin gestützt durch die Entdeckung, daß der Ort, zu dem Paulus sich auf den Weg macht und an dem er nach seiner Bekehrung drei Jahre lang als Bewerber weilt, in Wirklichkeit Qumran ist und nicht die Stadt Damaskus in Syrien. Auch das einzige Versatzstück, das auf den ersten Blick nicht dazu zu passen scheint, nämlich der Umstand, daß die Verfolgung und der Tod des Jakobus ausdrücklich in Jerusalem stattfinden, während die Schriftrollen vom Toten Meer sich, wie man annimmt, auf das Zeitgeschehen in Qumran beziehen, läßt sich aus den Texten selbst erklären, hält doch der Habakuk-Kommentar ausdrücklich fest, daß sich die Führung der

Gemeinde zur fraglichen Zeit in »der Stadt ... Jerusalem« aufhielt.[30]

Es gibt noch einen anderen Aspekt, den Eisenman als besonders wichtig herausstreicht. Im Brief an die Römer (1,17) schreibt Paulus: »Wird doch in ihm Gottesgerechtigkeit aus Glauben in Glauben enthüllt, wie geschrieben steht: ›Der Gerechte wird aus dem Glauben leben.‹« Dasselbe findet sich auch im Brief an die Galater (3,11): »Daß aber durch das Gesetz niemand bei Gott gerechtfertigt wird, ist daraus ersichtlich, daß es heißt: ›Der Gerechte wird aus dem Glauben leben.‹«

Diese beiden Stellen sind nichts anderes als der »Ausgangspunkt der theologischen Konzeption des Glaubens«. Sie bilden letztlich, wie Eisenman sich ausdrückt, »den Grundstein der paulinischen Theologie«.[31] Sie ergeben das Fundament, auf dem Paulus seine Argumentation gegenüber Jakobus errichten kann – er hält den Supremat des Glaubens hoch, Jakobus dagegen den Supremat des Gesetzes.

Woher aber hat Paulus dieses Prinzip des Glaubenssupremates? Es war mit Sicherheit nicht Bestandteil der anerkannten judäischen Lehre jener Zeit. Eisenman hat herausgefunden, daß dieses Prinzip in Wirklichkeit aus dem ursprünglichen Buch Habakuk stammt, einem apokryphen alttestamentarischem Text, der aus der Mitte des siebten vorchristlichen Jahrhunderts stammen soll. Laut Kapitel 2, Vers 4 des Buches Habakuk »wird der rechtschaffene Mensch durch seinen Glauben leben«. Was Paulus nun in seinen Briefen sagt, ist eine eindeutige Anspielung auf diese Stelle, und das Buch Habakuk ist ebenso eindeutig die »Schrift«, auf die sich Paulus bezieht.

Noch wichtiger allerdings ist der Habakuk-Kommentar – der Glossen und exegetische Auslegungen von Teilen des Buches Habakuk enthält und der sich unter den Schriftrollen vom Toten Meer befand. Im Habakuk-Kommentar wird dieselbe Stelle aus dem Buch Habakuk zitiert und anschließend erläutert:

> »Aber der Gerechte soll leben durch seinen Glauben.« Seine Deutung bezieht sich auf alle Täter des Gesetzes im Hause Juda, die Gott erretten wird aus dem Hause des Gerichtes,

wegen ihrer Drangsal und wegen ihres Glaubens an den Lehrer der Gerechtigkeit.[32]

Diese außerordentliche Passage läßt deutlich eine Formulierung der Lehre der Urkirche anklingen. Diese besagt ausdrücklich, Drangsal und der Glaube an den »Lehrer der Gerechtigkeit« stelle den Weg dar zur Befreiung und Erlösung. Aus dieser Stelle in den Schriften vom Toten Meer muß Paulus das Fundament für seine Theologie abgeleitet haben. Aber in der fraglichen Stelle heißt es weiter und unmißverständlich, daß Drangsal und der Glaube an den »Lehrer der Gerechtigkeit« nur jene erretten werde, »die das Gesetz befolgen im Hause Juda«.[33] Aber gerade diese Betonung der Treue zum Gesetz geruhte Paulus zu ignorieren, und damit ist sein Streit mit Jakobus und den anderen Mitgliedern der Urkirche um die rechte Lehre vorprogrammiert.

Eifer für das Gesetz

Laut Eisenman ergibt sich aus den Schriftrollen vom Toten Meer ein völlig anderes Bild von der Bewegung, der die Gemeinde in Qumran angehörte, als es die bisher verbreiteten Vorstellungen von den Essenern vermitteln. Die Bewegung, um die es hier geht, hat nicht nur ein Zentrum in Qumran, sondern auch Ansiedlungen an etlichen anderen Orten, nicht zuletzt in Jerusalem. Sie übt beträchtlichen Einfluß aus, vereinigt in sich beträchtliche Macht und kann mit erheblicher Unterstützung rechnen. Sie vermag Paulus – und wohl auch viele andere – zur Rekrutierung neuer Mitglieder und Besorgung von Geldmitteln in fremde Länder zu entsenden. Sie ist in der Lage, Aufruhr und Störungen der öffentlichen Ordnung zu organisieren, und es ist ihr sogar möglich, einen eigenen, legitimen Gegenkandidaten für das Amt des Hohenpriesters im Tempel aufzustellen.
Es gelingt ihr, strategisch wichtige Festungen wie Masada einzunehmen und zu halten, ja sie kann – und dies ist besonders wichtig – die gesamte Bevölkerung Judäas aufstacheln und einen ausgewachsenen Aufstand gegen Rom ins Werk setzen – einen Aufstand, der zu einem sieben Jahre anhaltenden großen Krieg führt und der die Intervention nicht nur einiger Abteilungen, sondern eines ganzen römischen Heeres notwendig macht. In Anbetracht der Breite und Stoßkraft ihrer Aktivitäten muß das traditionelle Bild von den Essenern und der Urkirche kläglich unangemessen erscheinen.
Außerdem zeigt sich, daß von der Bewegung, die sich in der Gemeinde von Qumran und der Urkirche manifestierte, gleichzeitig auch andere Gruppen, die man bisher gemeinhin als ganz eigenständig betrachtet hat, durchdrungen waren: die »Zadokiter« nämlich, das heißt, die Zeloten und Sikarier.

Eisenmans Nachforschungen haben enthüllt, daß die bisher für so kompliziert gehaltene zeitgeschichtliche Situation im Grunde ganz einfach ist. Wie er darlegt, erweisen sich »Bezeichnungen wie *Ebionim, Nozrim, Hassidim, Zaddikim* (das sind Ebioniter, palästinische Christen, Essener und Zadokiter) als Variationen eines Themas«[1], während »die unterschiedlichen Ausdrücke, mit denen die Mitglieder der Gemeinde von Qumran sich selbst benannten, zum Beispiel ›Söhne des Lichts‹ ... nicht jeweils als Bezeichnungen verschiedener Gruppen dienten, sondern als austauschbare Metaphern aufzufassen sind«.[2]

Es wird sich erweisen, daß die militanten Zeloten und Sikarier in ähnlicher Weise nur Variationen eines Themas, Manifestationen ein und derselben Bewegung sind. Diese Bewegung ist in ihrem Wesen militant, nationalistisch, revolutionär und messianisch. Sie hat ihre Wurzeln im Alten Testament, und ihre einzelnen Strömungen vereinigten sich unter der Herrschaft der Makkabäer im zweiten vorchristlichen Jahrhundert. Doch die Ereignisse im ersten Jahrhundert der christlichen Ära entfachten die Bewegung mit neuer und besonders wilder Glut. Im Grunde ging es ihren Anhängern in erster Linie um die Frage der dynastischen Legitimität – der Legitimität nicht nur des herrschenden Hauses, sondern auch der Inhaber des Priesteramtes. Ja zu Beginn stand die Frage der legitimen Abkunft des Priestertums sogar eindeutig im Vordergrund. Die legitime Abkunft des Priestertums hatte in der Zeit des Alten Testaments zentrale Bedeutung erlangt. Angeblich ließ sich das Priestertum über den Stamm Levi bis auf Aaron zurückführen. Daher war es durch das ganze Alte Testament hindurch ausschließliches Vorrecht der Leviten, das Priesteramt zu besetzen. Die levitischen Hohenpriester unter David und Salomon werden als »Zadok« bezeichnet – es ist allerdings nicht klar, ob es sich hierbei um einen Eigennamen oder einen erblichen Titel handelt.[3] Salomon wird von (einem) »Zadok« gesalbt und auf diese Weise zum »Gesalbten«, zum »Messias« – hebräisch *ha-mashi'ah*. Doch waren auch die Hohenpriester Gesalbte und folglich auch sie »Messiasse«. Das bedeutet, daß das Volk Israel zur Zeit des Alten Testaments im Grunde parallel von zwei Geschlechtern von »Messiassen« oder »Gesalbten« regiert wurde. Eines der beiden war für die geistlichen Belange zuständig; es leitete sich über den Stamm Levi von Aaron her. Das andere, das Königtum, war für die weltlichen Belange verantwortlich und leitete sich über David vom Stamm Juda (oder wie der Stamm Juda auch genannt wurde: Stamm Israel) her. Dies erklärt ganz natürlich die Verweise in den Schriftrollen vom Toten Meer auf »den (die) Messias(se) von Aaron und von Israel« beziehungsweise »Aaron und David«. Dieses Prinzip ist im übrigen gar nicht so verschieden von dem, das im mittelalterlichen Europa herrschte: Papst und Kaiser standen gemeinsam an der Spitze des Heiligen Römischen Reiches.

Die priesterliche Linie, die sich von Aaron herleitete, behauptete ihren Status bis zur Invasion der Babylonier im Jahre 587 v. Chr. Nach dem Ende der babylonischen Gefangenschaft im Jahre 538 v. Chr. reorganisierte sich das Priestertum recht schnell und bestand wieder auf der Abstammung – im übertragenen, wenn auch nicht im wörtlichen Sinn – von Aaron. Im Jahre 333 v. Chr. durchzogen die Heere Alexanders des Großen auch das Heilige Land. In den darauffolgenden etwas mehr als anderthalb Jahrhunderten wurde Palästina von hellenistischen oder griechisch orientierten Dynastien regiert. Während dieser Zeit brachte die Priesterschaft eine verwirrende Anzahl von Anwärtern hervor, die zum großen Teil hellenistische Sitten, Lebensformen, Werte und Verhaltensweisen annahmen. Und wie so oft bildete sich gegen diese allgemeinen Liberalisierungstendenzen eine konservative Reaktion von »Unnachgiebigen«. Es entstand eine Bewegung, die die erschlaffte, heterodoxe und »freizügige« Atmosphäre, die Gleichgültigkeit gegenüber den alten Traditionen, die Beschmutzung und Besudelung der alten »Reinheit« und die Mißachtung des geheiligten Gesetzes anprangerte. Diese Bewegung setzte sich zum Ziel, Palästina von hellenisierten Kollaborateuren und Libertinisten zu befreien, die – so empfand man die herrschende Lage – schon durch ihre bloße Anwesenheit den Tempel entweihten.

Wie im ersten Makkabäerbuch zu lesen ist, trat diese Bewegung erstmals um 167 v. Chr. als solche in Erscheinung, als Mattathias Makkabäus, ein Priester vom Lande, nach Jerusalem kam und einen Juden an einem heidnischen Altar im Tempel opfern sah. Beim Anblick derartiger Blasphemie erschlug Mattathias, der »vor

Eifer für das Gesetz« brannte (1 Makk. 2,26), den Gotteslästerer und gleich auch noch einen griechischen Soldaten, der zufällig dabei war. Das machte Mattathias, wie Eisenman darlegt, zum ersten eigentlichen »Zeloten«.[4] Unmittelbar nach dieser Aktion im Tempel rief er zum Aufstand auf: »Wer noch für das Gesetz eifert und treu zum Bunde steht, der folge mir nach« (1 Makk. 2,27). Anschließend durchzog er das Land mit seinen Söhnen Judas, Simon, Jonathan und zwei weiteren in Begleitung der sogenannten »Asidäer«, das waren »tapfere Männer aus Israel, ein jeder dem Gesetz treu ergeben« (1 Makk. 2,42). Und als Mattathias etwa ein Jahr später auf dem Sterbebett lag, ermahnte er seine Söhne und Getreuen: »Jetzt, Kinder, kämpft für das Gesetz, gebt euer Leben für den Bund der Väter hin!« (1 Makk. 2,50)

Nach Mattathias' Tod ging die Führung der Bewegung an seinen Sohn Judas über. Dieser »zog sich in die Wüste zurück. Mit seinen Leuten lebte er in den Bergen wie die wilden Tiere. Sie nährten sich die ganze Zeit nur von Kräutern, um sich von der Befleckung freizuhalten« (2 Makk. 5,27). Dies wird schließlich zu einem bedeutenden Prinzip und Ritual – Selbstreinigung durch Rückzug in die Wildnis und eine Art Initiation durch Leben in Abgeschiedenheit für eine bestimmte Zeitspanne. Hier liegt nach Eisenman auch der Ursprung solch abgelegener Gemeinden wie Qumran, deren Gründung in makkabäische Zeit zurückreicht.[5] Es gibt in der Tat diese Art »Rückzug« auch in unserer Zeit. Im Neuen Testament ist das leuchtende Vorbild für eine solche Selbstreinigung in abgeschiedener Einsamkeit natürlich Johannes der Täufer, der »in der Wüste predigte« und »Heuschrecken und Honig« aß. Und es ist daran zu erinnern, daß auch Jesus sich vor seinem öffentlichen Auftreten einer solchen Prüfung unterzieht.

Von den Orten des Fastens, an die sie sich zurückgezogen hatten, machten sich Judas Makkabäus, seine Brüder und seine Anhänger zu einem langwierigen Kleinkrieg auf. Die Aktion weitete sich zu einem regelrechten Aufstand aus, an dem sich das ganze Volk beteiligte. Um 152 v. Chr. hatten die Makkabäer die Kontrolle über das Heilige Land errungen, befriedeten das Land und inthronisierten sich selbst als Herrscher. Nach Einnahme des Tempels war ihre erste Amtshandlung die Reinigung des Tempels von allem heidnischen Zierat. Es fällt auf, daß die Makkabäer, die gleichzeitig Könige *und* Priester waren, das Priesteramt über das weltliche Herrscheramt stellten. Sie beeilten sich, ihren Status in der Priesterschaft zu verankern und sich zu Wächtern des Gesetzes aufzuwerfen. Dagegen nannten sie sich erst in der vierten Generation ihrer Dynastie, nämlich zwischen 103 und 76 v. Chr., auch Könige. Von ihrer priesterlichen Bastion aus verkündeten die Makkabäer das Gesetz mit fundamentalistischer Glut. Dabei beriefen sie sich mit Vorliebe auf die alttestamentarische Legende vom »Bund des Pinchas«, der im Buch Numeri eine Rolle spielt.[6] Pinchas soll Priester und ein Enkel Aarons gewesen sein, der aktiv wurde, nachdem Moses die Israeliten aus Ägypten geführt hatte und diese sich in Palästina niedergelassen hatten. Bald darauf lichtete die Pest die Reihen der Israeliten. Da wandte sich Pinchas gegen einen Mann, der eine heidnische Fremde zur Frau genommen hatte, und streckte die beiden mit seinem Speer augenblicklich nieder. Zu dieser Tat soll Gott erklärt haben, Pinchas sei der einzige Mensch, der »denselben Eifer hat wie ich«, und mit ihm einen Bund geschlossen haben als Belohnung »für sein Eifern« (1 Makk. 2,54).

Zu dieser Gestalt nun blickte die makkabäische Priesterschaft als zu einem mustergültigen Vorbild auf. Wie Pinchas verdammten sie jedwede Beziehung zu Heiden und Fremden. Wie Pinchas beharrten sie auf dem »Eifer für das Gesetz« und trachteten selbst nach dessen Verwirklichung. Diese »xenophobe Feindseligkeit gegen fremde Sitten, fremde Ehepartner und so weiter« wurde von da an wie ein Erbe weitergegeben und »scheint für die Orientierung der Zeloten und Zadokiter insgesamt geradezu charakteristisch geworden zu sein«.[7]

Ob die Makkabäer ihren Stammbaum tatsächlich auf Aaron und David zurückführen konnten, ist ungewiß. Wahrscheinlich nicht. Aber durch ihren »Eifer für das Gesetz« vermochten sie sich offenbar hinreichend zu legitimieren. Und so konnte Israel, solange ihre Herrschaft währte, also ein Priestertum und Königtum vorweisen, das mehr oder weniger den strengen Kriterien, wie sie das Alte Testament forderte, genügte.

Doch all dies kam mit Herodes' Herrschaftsantritt 37 v. Chr. zu einem Ende. Ihn hatten die Römer, die Palästina fast dreißig Jahre zuvor erobert hatten, als ihre Marionette eingesetzt. Solange Herodes' Stellung noch nicht gefestigt war, quälten auch ihn Legitimierungssorgen. Er versuchte sie beispielsweise durch die Heirat mit einer makkabäischen Prinzessin loszuwerden. Seine Stellung war aber erst gesichert, nachdem er seine Frau und ihren Bruder ermordet und somit das Geschlecht der Makkabäer endgültig ausgelöscht hatte. Er beseitigte oder zerschlug auch das höhere Kader der Priesterhierarchie und ersetzte es durch seine eigenen Favoriten und Günstlinge. Dies waren die »Sadduzäer«, die uns aus den biblischen Quellen und von Josephus her bekannt sind. Eisenman vermutet, daß die Bezeichnung »Sadduzäer« ursprünglich eine Variante oder Verfallsform von »Zadok« oder *Zaddikim* gewesen sein könnte, dem hebräischen Ausdruck für »die Gerechten«, womit fraglos die makkabäische Priesterschaft gemeint war.[8] Mit diesen haben die von Herodes eingesetzten Sadduzäer allerdings nichts zu tun. Sie standen treu zu dem usurpierenden König und führten das angenehme Leben einer angesehenen, privilegierten Oberschicht. Sie übten ein lukratives Monopol aus über den Tempel und alles, was mit dem Tempel zu tun hatte. Und sie hatten absolut keinen besonderen »Eifer für das Gesetz« im Sinn. So sah sich also Israel von einem korrupten, illegitimen Königtum und einer korrupten, illegitimen Priesterschaft unterjocht, die beide letztlich Instrumente des heidnischen Rom waren.

Und wie in den Tagen des Mattathias Makkabäus schrie diese Situation geradezu nach einer Reaktion. Während die von Herodes eingesetzten Marionettenpriester als »Sadduzäer« in die Geschichte eingingen, wurden ihre Gegner – die »Puristen«, die weiterhin »Eifer für das Gesetz« zeigten – unter verschiedenen Namen bekannt.[9] In einem bestimmten Kontext, etwa der Qumranliteratur, werden diese Gegner »Zadokiter« oder »Söhne Zadoks« genannt, im Neuen Testament heißen sie »Nazarener« und später »Urchristen«. Bei Josephus werden sie »Zeloten« und »Sikarier« genannt. Für die Römer sind sie natürlich »Terroristen«, »Gesetzlose« und »Räuber«. Heute würde man sie wohl als »messianisch-revolutionäre Fundamentalisten« bezeichnen.[10]

Aber welche Bezeichnung man auch wählt, sicher ist, daß die religiöse und politische Situation in Judäa zu Beginn des ersten

Jahrhunderts nach Christus gekennzeichnet war durch eine breite Opposition gegen die herodianische Regierung und gegen die Priesterschaft sowie gegen die Administration des Römischen Reiches, welche hinter den beiden Institutionen stand und ihre Herrschaft aufrechterhielt. Im ersten nachchristlichen Jahrhundert gab es somit zwei rivalisierende und einander bekämpfende Parteiungen von »Sadduzäern«. Auf der einen Seite gab es die aus dem Neuen Testament und den Werken von Josephus bekannten Sadduzäer, die »herodianischen Sadduzäer« oder »Sadduzäer von Herodes' Gnaden«, auf der anderen Seite die »echte« oder »reine« sadduzäische Bewegung, die jede Art von Kollaboration verwarf und den drei traditionell leitenden Prinzipien unverbrüchlich die Treue hielt: einem Priestertum oder priesterlichen Messias, die von Aaron abstammten, einem königlichen Messias aus dem Hause David und allem voran dem »Eifer für das Gesetz«.[11]

Inzwischen dürfte dem Leser klargeworden sein, daß »Eifer für das Gesetz« keineswegs als leere Worthülse verwendet wird. Im Gegenteil, der Ausdruck wird genau in dem Sinne verwendet wie etwa die Umschreibung »Brüder der Loge« von den Freimaurern, und dort, wo er oder eine Variante davon auftaucht, bekommt die Forschung einen wichtigen Schlüssel in die Hand, der auf eine bestimmte Gruppe von Menschen oder eine Bewegung hindeutet. Akzeptiert man dies als Tatsache, hört es sich gequält und einfallslos an, wenn man – mit den Vertretern des Consensus – darauf beharrt, daß zwischen der Gemeinde von Qumran, die den »Eifer für das Gesetz« rühmt, und den Zeloten der landläufigen Tradition ein Unterschied gemacht werden müsse.

Die historische Bewegung der Zeloten soll nach der gängigen Vorstellung in den frühen Anfängen des christlichen Zeitalters von einem gewissen Judas von Galiläa oder Judas von Gamala gegründet worden sein. Dieser Judas rief unmittelbar nach dem Tod von Herodes dem Großen im Jahre 4 v. Chr. zum Aufstand auf. Josephus beleuchtet einen besonders aufschlußreichen Ausschnitt dieser Erhebung näher. Sobald die Trauerzeit für Herodes vorüber gewesen sei, habe eine aufgestachelte Öffentlichkeit gefordert, daß der amtierende herodianische Hohepriester abgesetzt werde und ein anderer »von größerer Frömmigkeit und Reinheit« an seine Stelle trete.¹² In Begleitung eines unter der Bezeichnung »Sadduk« bekannten Priesters – offensichtlich eine griechische Abwandlung von »Zadok« oder, wie Eisenman nahelegt *Zaddik* (dem hebräischen Ausdruck für »der Gerechte«) – stürmten Judas und seine Anhänger das königliche Waffenarsenal der galiläischen Stadt Sepphoris und brachten Waffen und Kriegsgerät an sich. Etwa zur selben Zeit – kurz vorher oder nachher – wurde Herodes' Palast in Jericho nahe bei Qumran angegriffen und niedergebrannt.¹³ Auf diese Ereignisse folgten ein fünfundsiebzig Jahre dauernder Kleinkrieg und unablässige Terrorakte, die in den großangelegten militärischen Operationen der Jahre 66–73 n. Chr. ihren Höhepunkt erreichten.

In seinem Werk *Der Jüdische Krieg*, das relativ kurze Zeit nach dem Aufstand entstanden ist, schreibt Josephus, Judas von Galiläa habe »selbst eine eigentümliche Sekte«¹⁴ gegründet. Josephus' zweites großes Werk, *Jüdische Altertümer*, entstand rund zwanzig Jahre danach. Da hatte sich die Situation entspannt, und wohl aus diesem Grund konnte Josephus darin deutlicher werden.¹⁵ Er schreibt nämlich, Judas und der Sadduk seien »Eiferer« geworden, was mit einer Bekehrung gleichzusetzen ist, und zwar einer Bekehrung zu einer Einstellung oder Gesinnung, die damals allgemein bekannt war.

Ihre Bewegung, sagt Josephus, habe »das vierte Kapitel der jüdischen Philosophie« geschrieben, und die Jugend Israels »eifere dafür«.¹⁶ Von Anfang an sei die Bewegung durch messianische Hoffnung gekennzeichnet gewesen. Sadduk habe den priesterlichen Messias aus dem Stamme Aaron verkörpert. Judas habe ein ehrgeiziges Verlangen nach der Königswürde gezeigt – also nach dem Status des königlichen Messias aus dem Hause David.¹⁷

Judas scheint schon recht bald im Kampf gefallen zu sein. Seine Führungsgewalt ging auf seine drei Söhne über. Zwei davon, Jakob und Simon, waren bekannt als Führer der Zeloten. Sie wurden von den Römern zwischen 46 und 48 nach Christus gefangengenommen und gekreuzigt. Menachem, der dritte Sohn – möglicherweise auch ein Enkel –, war einer der Anführer des Aufstandes von 66. Als der Aufstand zu Beginn sich noch verheißungsvoll entwickelte,

soll Menachem triumphal in Jerusalem Einzug gehalten haben, »wie ein König« heißt es. Dies ist eine weitere Manifestation von messianisch-dynastischen Ambitionen.[18] Im gleichen Jahr nahm Menachem die Festung Masada ein. Auch der letzte Befehlshaber der Bastion, historisch als Eleazar bekannt, soll ein Abkömmling von Judas von Galiläa gewesen sein, aber der Grad dieser Verwandtschaft ist nicht geklärt.
Der kollektive Selbstmord der zelotischen Verteidiger von Masada ist zu einem allgemein bekannten historischen Ereignis geworden, war Thema mindestens zweier Romane, eines Spielfilms und einer Fernsehserie. Wir haben auch in diesem Buch schon darauf hingewiesen, und wir werden bald noch eingehender darauf zu sprechen kommen. Aber nicht nur in Masada hat sich ein solcher kollektiver Selbstmord ereignet, sondern auch in der Stadt Gamala in Galiläa. Dorthin, in die Heimat des Judas und seiner Familie, marschierte als Reaktion auf die Erhebung der Bevölkerung im Heiligen Land 67 n. Chr. ein römisches Heer. Der Versuch, die Stadt zu verteidigen, kostete viertausend Juden das Leben. Als ihre Anstrengungen sich als fruchtlos erwiesen, begingen fünftausend Menschen gemeinsam Selbstmord. Darin zeigt sich weit mehr als nur politische Opposition. Ein solches Verhalten legt Zeugnis ab für einen intensivsten religiösen Fanatismus. Sein Ausmaß deutet Josephus an, wenn er über die Zeloten ausführt: »Sie ... fürchten den Tod in keiner Form, noch kann irgend etwas sie so einschüchtern, daß sie einen Menschen Herrn nennen ...«[19] Einen römischen Kaiser als Gott anzuerkennen, was Rom ja verlangte, hätte für die Zeloten eine undenkbare Gotteslästerung bedeutet.[20] Einem solchen Verstoß gegen das Gesetz hätten sie mit Sicherheit den Tod vorgezogen.
Der »Eifer für das Gesetz« schlägt eine Brücke zwischen den Zeloten – die im allgemeinen mehr oder weniger als profane Freiheitskämpfer betrachtet werden – und den glühend religiösen Mitgliedern der Gemeinde von Qumran. Wie schon oben bemerkt, sind »Qumrantexte« in den Ruinen von Masada gefunden worden. Der »Eifer für das Gesetz« stellt die Zeloten auch in eine Reihe mit der sogenannten Urkirche, für deren Anhänger derselbe Eifer immer wieder bezeugt wird. Die in den Evangelien als »Simon

Zelotes« oder »Simon der Zelot« bezeichnete Figur belegt, daß sich in Jesu nächster Umgebung mindestens ein Zelot aufgehalten hat. Und Judas Ischariot, dessen Name möglicherweise von der Bezeichnung Sikarier abgeleitet ist, könnte durchaus ein weiterer Zelot gewesen sein. Besonders aufschlußreich ist aber die ursprüngliche griechische Bezeichnung für die Mitglieder der Urkirche. Sie werden explizit »*zelotai* des Gesetzes«, das heißt »Zeloten« genannt.[21] Es bildet sich also im Palästina des ersten nachchristlichen Jahrhunderts eine Art fundamentalistisch eingestellte, dynastische Priesterschaft, die sich genealogisch oder symbolisch von Aaron herleitet und erfüllt ist von der Hoffnung auf die bevorstehende Ankunft eines davidischen, das heißt königlichen Messias.[22] Diese Priesterschaft befindet sich in einem andauernden, selbsterklärten Kriegszustand mit der herodianischen Dynastie, deren Marionettenpriestern und den römischen Besatzern. Je nachdem, was ihre Vertreter zu einem bestimmten Zeitpunkt gerade unternehmen und wer von ihnen spricht, werden sie mitsamt ihren Anhängern abwechselnd als »Zeloten«, »Essener«, »Zadokiter«, »Nazoräer« und mit einer Reihe von anderen Namen bezeichnet. Zu diesen anderen Namen gehören auch die, die ihre Feinde für sie haben, darunter »Räuber« und »Gesetzlose«. Diese Menschen sind auf keinen Fall passive Eremiten und Mystiker. Im Gegenteil, ihre Vision ist, um mit Eisenman zu sprechen, »gewaltig apokalyptisch«. Sie stellt das theologische Pendant zu den gewaltsamen Aktionen dar, mit denen man üblicherweise die Zeloten in Verbindung bringt.[23] Diese theologisch wie politisch gewaltsame Orientierung findet sich auch in der Laufbahn von Johannes dem Täufer – er wurde laut Matthäus- und Markusevangelium hingerichtet, weil er die Heirat des Herodes Antipas mit seiner Nichte verurteilte mit der Begründung, »weil das Gesetz dir nicht erlaubt, sie zu haben«. Eisenman vermutet denn auch, daß Johannes der Täufer jener mysteriöse »Sadduk« gewesen sein könnte, der zur Zeit der Geburt Jesu Judas von Galiläa, den Führer der Zeloten, begleitete.[24]

Fassen wir noch einmal zusammen: Aus dem verwirrenden Durcheinander von Namen und Bezeichnungen schält sich allmählich das

Bild einer breiten Bewegung heraus, in der die Essener, Zadokiter, Nazoräer, Zeloten und andere vergleichbare Parteiungen ineinander übergehen. All diese Namen erweisen sich als bloß leicht voneinander abweichende Bezeichnungen – oder sogar höchstens unterschiedliche Manifestationen – für ein und dieselbe religiöse und politische Triebfeder. Diese Bewegung weitete sich vom zweiten vorchristlichen Jahrhundert an überall im Heiligen Land aus. Die getrennt in Erscheinung tretenden Parteiungen wären einander als mindestens so ähnlich zu betrachten wie zum Beispiel die verschiedenen Einzelpersonen, Gruppen und Interessengemeinschaften, die in der französischen Résistance während des Zweiten Weltkriegs alle dasselbe Ziel verfolgten. Mindestens. Robert Eisenman ist sogar überzeugt, daß es allerhöchstens graduelle Unterscheidungen zwischen ihnen geben kann; für ihn sind diese Gruppierungen alle nur Variationen eines Themas. Und selbst wenn zwischen ihnen graduelle Unterschiede bestanden haben sollten, wären sie dennoch aufgegangen in ihrem gemeinsamen Engagement für eine einzige, ehrgeizige Sache: die Befreiung des Landes von der römischen Besatzung und die Wiedereinsetzung der alten, legitimen, judäischen Monarchie und ihres rechtmäßigen Priestertums.

Dieses große Ziel wurde natürlich nicht mit der Zerstörung von Jerusalem und Qumran zwischen 68 und 70 n. Chr. und auch nicht mit dem Fall von Masada im Jahre 73 n. Chr. aufgegeben. In der Zeit unmittelbar nach dem Debakel flohen die Zeloten und Sikarier scharenweise ins Ausland, an Orte, die bereits beträchtliche jüdische Bevölkerungsanteile aufwiesen, wie zum Beispiel Persien und Ägypten, und dort insbesondere Alexandria. In Alexandria versuchten sie die dort ansässigen Juden erneut zum Aufstand gegen Rom zu bewegen. Sie rotteten sich mit geringem Erfolg zusammen; etwa sechshundert wurden festgenommen und den Behörden übergeben. Männer, Frauen und Kinder versuchte man unter der Folter dazu zu zwingen, den Kaiser als Gott anzuerkennen. Nach Josephus »wurde nicht ein einziger von ihnen schwach, und keiner sprach das geforderte Wort«. Josephus fährt fort:

> Am meisten Bewunderung zollten die Zuschauer den Kindern, von denen sich keines bewegen ließ, den Kaiser als seinen Herrn zu bezeichnen, in solchem Maße war ihre Kühnheit Herr über ihren schwachen Körper.[25]

Hier tritt erneut jener Zug von fanatischer Ergebenheit in Erscheinung – eines Fanatismus, der niemals politischer, sondern nur religiöser Natur sein kann.
Gut sechzig Jahre nach dem Krieg, der Jerusalem und den Tempel als Ruinen zurückließ, brach im Heiligen Land erneut ein Aufstand aus, den die charismatische, messianische Führerfigur Simeon Bar Kochba, der »Sohn des Sterns«, anführte. Eisenman meint, diese Bezeichnung lege die Vermutung nahe, daß Simeon tatsächlich direkt einer Linie von Zelotenführern des vorangegangenen Jahrhunderts entstammte.[26]
Jedenfalls spielte das Symbol des Sterns zu der Zeit, die mit dem ersten Aufstand ihren Höhepunkt fand, eine überragende Rolle.[27] Und wir haben ja bereits gesehen, daß dieses Symbol auch in den Schriftrollen vom Toten Meer immer wieder auftaucht. Es stammt ursprünglich aus einer Prophezeiung im Buch Numeri, die lautet (24,17): »Ein Stern geht auf aus Jakob, und ein Zepter erhebt sich aus Israel.« In der Kriegsrolle steht, unter Berufung auf diese Prophezeiung, der »Stern« oder der »Messias« werde gemeinsam mit den »Armen« oder den »Gerechten« die einfallenden Heere zurückschlagen. Eisenman hat diese Prophezeiung über den Stern noch an zwei weiteren wichtigen Stellen der Qumranliteratur aufgespürt.[28] Die eine findet sich in der Damaskusschrift und spricht eine besonders deutliche Sprache: »Und der Stern, das ist der Erforscher des Gesetzes, der nach Damaskus kommt, wie geschrieben steht ... das Zepter, das ist der Fürst der ganzen Gemeinde ...«[29]
Josephus und auch die römischen Historiker Sueton und Tacitus berichten, daß im ersten nachchristlichen Jahrhundert im Heiligen Land die Prophezeiung ging, von Judäa aus würden die Menschen die Weltherrschaft antreten.[30] Nach Josephus hat die Verbreitung dieser Prophezeiung beim Aufstand von 66 n. Chr. eine bedeutende Rolle gespielt. Es erübrigt sich im Grunde, darauf hinzuweisen,

daß dieselbe Prophezeiung des »Sterns« in die christliche Tradition als »Stern von Bethlehem« eingegangen ist, der Jesu Geburt ankündigt.[31] Als »Sohn des Sterns« kann also Simeon Bar Kochba einen illustren symbolischen Stammbaum vorweisen.
Im Unterschied zum Aufstand von 66 n. Chr. war Simeons Erhebung, die im Jahre 132 n. Chr. begann, kein schlecht organisierter Flächenbrand, der durch spontan gelegte Feuer ausbrach. Im Gegenteil, dem Unternehmen ging eine lange, sorgfältige Planung voraus. Jüdische Schmiede und Handwerker, die gezwungen waren, für die Römer zu arbeiten, produzierten zum Beispiel absichtlich Waffen, die dem üblichen Standard nicht entsprachen. Als die Römer sie zurückwiesen, wurden sie gesammelt und zum Gebrauch für die Rebellen gehortet. Aus dem Krieg des vorangegangenen Jahrhunderts hatte Simeon auch gelernt, daß es nichts brachte, Festungen wie Masada zu erobern und zu halten. Um die Römer zu besiegen, mußte der Kampf mit mobilen Einheiten geführt werden, mit denen man blitzschnell zuschlagen und genau so schnell wieder verschwinden konnte. Diese Strategie führte zum Ausbau eines umfangreichen, unterirdischen Netzes von Räumen, Korridoren und Tunnel. In der Zeit vor dem Aufstand benutzte Simeon dieses Netz zu Übungszwecken. Sobald dann die Feindseligkeiten begonnen hatten, dienten die unterirdischen Verbindungswege als Ausgangsbasen. Sie ermöglichten den Rebellen, blitzschnelle Überfälle zu machen und wieder zu verschwinden.[32]
Doch beschränkte sich Simeons Streitmacht nicht allein auf Guerillaoperationen. In seinem Heer befanden sich auch viele Freiwillige aus der Fremde, viele Söldner und Berufssoldaten, die über beträchtliche militärische Erfahrungen verfügten. Archäologische Funde haben bestätigt, daß Simeons Generalstab und seine Offiziere zum großen Teil nur griechisch gesprochen haben.[33] Eine derart wohlausgebildete Streitmacht konnte den Römern gelegentlich sogar in offener Feldschlacht entgegentreten.
Im ersten Jahr des Aufstandes hat Simeon mindestens eine römische Legion vollständig aufgerieben, möglicherweise sogar eine zweite.[34] Palästina war von römischen Truppen leer gefegt, Jerusalem wiedererobert und eine jüdische Verwaltung dort eingesetzt worden. Der Kampf wäre ums Haar auf der ganzen Linie erfolg-

reich gewesen, wäre Simeon nicht von den Verbündeten, auf die er sehnlichst wartete, im Stich gelassen worden. Nach seinem großangelegten Plan sollte ein Heer aus Persien seine Truppen unterstützen, denn in Persien lebten immer noch viele Juden, die die Sympathie und Gunst der regierenden Dynastie genossen. Doch gerade als Simeon diese Verstärkung am dringendsten benötigte, fielen im Norden Persiens marodierende Bergstämme ein, wodurch die persischen Reserven gebunden waren und Simeon der zugesagten Hilfe beraubt war.[35]

In Syrien, und damit in sicherer Entfernung von Palästina, reorganisierten sich die Römer unter der persönlichen Führung von Kaiser Hadrian und Julius Severus, dem ehemaligen Statthalter von Britannien, als seinem Stellvertreter. Es kam zu einer zweiten großangelegten Invasion von zwölf (!) Legionen, also etwa achtzigtausend Mann. In einer Zangenbewegung kämpften sie sich Schritt für Schritt voran durch das ganze Heilige Land. Schließlich wurde Simeon in die Enge getrieben. Seine letzte Zuflucht fand er in Battir, nur wenige Kilometer westlich von Jerusalem, wo er sein letztes Hauptquartier 135 n. Chr. aufschlug.

Während der gesamten Zeit des Aufstandes befand sich Qumran in der Hand von Simeons Truppen. Die in den Ruinen gefundenen Münzen beweisen allein dadurch, daß sie da lagen, daß Qumran von beträchtlicher strategischer Bedeutung gewesen sein muß. Trotz Pater de Vaux' Einwänden ist es daher sehr gut möglich, daß zumindest einige der Schriftrollen vom Toten Meer erst zur Zeit von Simeon Bar Kochba in Qumran deponiert wurden.

Zelotischer Selbstmord

Betrachtet man die breite messianische Bewegung im Palästina des ersten nachchristlichen Jahrhunderts in der richtigen Perspektive und erkennt man die verschiedenen Sekten als deren integrale Bestandteile, dann klären sich eine Reihe von bis heute unerklärlichen Einzelheiten und Widersprüchen von selbst. So wird zum Beispiel die apokalyptische, eschatologische Glut Johannes' des Täufers verständlich, ebenso sein Verhalten anläßlich der Ereignisse, über die in den Evangelien berichtet wird. Außerdem findet sich eine Erklärung für etliche theologisch knifflige Passagen und Vorfälle im Leben Jesu. Wie wir bereits erwähnt haben, hielten sich zum Beispiel in der Gefolgschaft Jesu zumindest ein Zelot, möglicherweise aber auch weitere auf.
Dann wird von der Gewaltsamkeit berichtet, mit der Jesus die Tische der Geldwechsler im Tempel umstürzt. Zu erwähnen ist weiterhin die Tatsache, daß Jesus nicht aufgrund jüdäischer, sondern aufgrund römischer Rechtsprechung exekutiert wurde, und zwar auf eine Art und Weise, die politisch motivierten Tätern vorbehalten war. Es gibt außerdem zahlreiche weitere Stellen, die in diesem Buch schon an anderer Stelle erörtert worden sind. Und schließlich sind da noch Jesu eigene Worte zu erwähnen (Matth. 10,34-35):

> Glaubet nicht, ich sei gekommen, Frieden auf die Erde zu bringen. Ich bin nicht gekommen, Frieden zu bringen, sondern das Schwert. Denn ich bin gekommen, den Menschen zu entzweien mit seinem Vater und die Tochter mit der Mutter ...

Und vielleicht noch aussagekräftiger ist folgende Stelle, die in typischer Qumranmanier formuliert ist (Matth. 5,17-19):

Meinet nicht, ich sei gekommen, das Gesetz oder die Propheten aufzulösen. Ich bin nicht gekommen, aufzulösen, sondern zu erfüllen. Denn wahrlich, ich sage euch: bis Himmel und Erde vergehen, wird nicht ein Jota oder Häkchen vom Gesetze vergehen, bis alles geschehen ist. Wer also eines dieser geringsten Gebote aufhebt und die Menschen so lehrt, wird der Geringste heißen im Himmelreich ...[1]

Es sieht in dieser Aussage fast so aus, als hätte Jesus Paulus' Ankunft geahnt. Eindrucksvoller hätte er jedenfalls davor kaum warnen können. Gemessen an Jesu Maßstab, kann Paulus' Platz im Himmelreich nicht viel bedeutender sein als der eben jenes »Geringsten«.
Auch die Festung Masada sowie Charakter und Mentalität ihrer zähen Verteidiger erscheinen unter der anfangs erwähnten Prämisse in einem ganz anderen Licht. Als sich das Heilige Land im Jahre 66 n. Chr. zum Aufstand erhob, wurde Masada als einer der ersten Stützpunkte besetzt, und zwar von Menachem, dem Sohn oder Enkel Judas' von Galiläa, des Stammvaters der Zeloten. Die Festung ist hoch auf einem Bergkegel am Rand eines schroffen Felsabsturzes knapp sechzig Kilometer südlich von Qumran gelegen, und man hat von dort oben die Südwestküste des Toten Meeres im Blickfeld. Masada wurde die Hauptbastion der Aufständischen und zugleich das höchste Symbol und die Verkörperung des judäischen Widerstandes. Noch lange nachdem der Widerstand überall sonst zusammengebrochen war, wurde Masada gehalten. Jerusalem wurde beispielsweise schon vier Jahre nach Ausbruch des Aufstandes eingenommen und dem Erdboden gleichgemacht. Masada dagegen erwies sich bis 73 n. Chr. als uneinnehmbar. Innerhalb der Festungsmauern widerstanden rund 960 Verteidiger wiederholten Angriffen einer großangelegten Belagerung durch ein römisches Heer von schätzungsweise fünfzehntausend Mann.
Trotz der Zähigkeit dieses Widerstandes war die Lage von Masada jedoch Mitte April des Jahres 73 hoffnungslos geworden. Von jeglicher Verstärkung abgeschnitten und von römischen Truppen rundherum eingekreist und abgeschnürt, bestand für die Besat-

zung keine Aussicht mehr, einen Generalangriff zu überstehen. Die belagernden Römer hatten, nachdem sie zuvor die Festung mit schwerem Geschütz beschossen hatten, eine gewaltige, an den Berg angelehnte Rampe errichtet und bereiteten in der Nacht des 15. April ihren letzten Angriff vor. Die Besatzung der Festung unter dem Befehl des Eleazar Ben Jair fällte daraufhin ihrerseits eine Entscheidung. Die Männer töteten ihre Frauen und Kinder. Dann wurden zehn Männer bestimmt, die ihre Kameraden töten mußten. Danach zogen sie Lose, und derjenige, auf den das Los fiel, mußte die übrigen neun Männer töten. Nachdem er dies getan hatte, setzte er, was noch an Gebäuden übrig war, in Brand und beging Selbstmord. Auf diese Weise gingen insgesamt 960 Männer, Frauen und Kinder gewaltsam in den Tod. Als die Römer am folgenden Morgen das Tor durchbrachen, fanden sie in den Ruinen nur noch Leichen.

Zwei Frauen und fünf Kinder entkamen dem Gemetzel, vermutlich weil sie sich, während die übrige Besatzung sich gegenseitig umbrachte, in einer Zisterne unter der Festung versteckt hielten. Josephus gibt Aussagen einer dieser Frauen wieder und beruft sich dabei auf eine Befragung durch römische Offiziere.[2] Laut Josephus muß ihr Bericht über die Ereignisse in der letzten Nacht der Belagerung sehr ausführlich gewesen sein. Falls man diesem Bericht Glauben schenken darf – und es gibt keinen Grund, der dagegen spricht –, dann hat Eleazar Ben Jair, der Befehlshaber der Festung, die ihm Untergebenen durch seine charismatische und überzeugend wirkende Überredungskunst in den kollektiven Selbstmord getrieben:

> Denn vom ersten Augenblick, da sich unser Bewußtsein regte, hatten für uns jene Lehren der Väter, jene Lehren aus göttlichem Ursprung Geltung, wie sie auch das Tun und Denken unserer Vorfahren bestätigten, daß nicht der Tod, sondern das Leben für die Menschen ein Unheil bedeutet. Der Tod nämlich schenkt den Seelen die Freiheit und läßt sie an einen reinen Ort gelangen, wo sie beheimatet sind und wo kein Schmerz mehr auf sie wartet. Solange sie aber an den sterblichen Körper gefesselt sind und an seinen Unzulänglichkeiten mitzutragen

haben, sind sie wahrhaftig im Zustand des Todes gefangen. Denn jede Gemeinschaft von Göttlichem und Sterblichem ist wider die Natur. Wohl vermag die Seele auch Gewaltiges, solange sie an den Körper gebunden ist, nämlich insofern sie ihn als fühlendes Werkzeug ihrer selbst gebraucht, wobei sie ihn unsichtbar bewegt und ihn durch entsprechende Taten über seine sterbliche Natur hinausführt. Doch erst wenn sie frei ist von jener Schwerkraft, die sie zur Erde zieht und an sie bindet, erst wenn sie in ihre Heimat gelangt ist, hat sie Anteil an jener beseligenden Kraft und allseits fessellosen Stärke, für immer unsichtbar dem menschlichen Auge wie Gott selbst. Freilich ist sie auch während ihres Aufenthalts im Körper unschaubar, denn unsichtbar tritt sie in ihn ein, und niemand vermag sie zu sehen, wenn sie ihn verläßt, und obgleich sie in ihrem Wesen unzerstörbar ist, so ist sie doch für den Körper die Ursache seiner Wandlung. Denn womit die Seele eine Bindung eingeht, das hat Leben und Wachstum, wovon sie sich löst, das verkümmert und stirbt ... so groß ist die Urgewalt ihrer Unsterblichkeit.[3]

Nach Josephus schließt Eleazar seine Rede mit den Worten: »Nicht unter der Knute der Feinde wollen wir sterben, in Freiheit wollen wir zusammen mit Kindern und Frauen aus dem Leben scheiden! So befiehlt es uns das Gesetz ...«[4].
Josephus ist zwar zuweilen unzuverlässig. Dort, wo dies der Fall ist, ist es jedoch klar erkennbar. Hier besteht kein Grund, an seinen Worten zu zweifeln. Auch scheinen die Ausgrabungen in Masada in den sechziger Jahren seine Version der Ereignisse zu stützen. Natürlich hat Josephus aller Wahrscheinlichkeit nach Eleazars Reden stilistisch ausgeschmückt, so daß sie flüssiger – und breiter angelegt – erscheinen mögen, als sie wohl gewesen sind. Doch dies mag man als dichterische Freiheit gelten lassen. Der allgemeine Tenor klingt echt und ist auch immer von den Historikern so akzeptiert worden. Besonders wichtig ist, daß Josephus die Denkweise, die hinter dem gewissermaßen verordneten kollektiven Selbstmord von Masada steht, in einzigartiger Weise und aus eigener unmittelbarer Erfahrung kannte. Zu Beginn des Aufstan-

des war er selbst unter dem Namen Josef Ben Mattathias Befehlshaber der Aufständischen in Galiläa gewesen. Im Jahre 67 n. Chr. belagerten die Römer unter Vespasian seine Truppen bei Jotapata, dem heutigen Jodefat in der Nähe von Sepphoris. Als die Stadt fiel, zogen viele der Verteidiger den Freitod der Kapitulation vor. Andere, darunter auch Josephus, flohen und versteckten sich in Höhlen. Seinem eigenen Bericht zufolge befand sich Josephus zusammen mit vierzig anderen Flüchtlingen in einer dieser Höhlen. Auch hier sollen, wie in Masada, Lose gezogen worden sein, um zu bestimmen, wer seine Kameraden töten mußte. Entweder »durch Zufall«, wie es Josephus überliefert, oder durch »göttliche Vorsehung«, vielleicht auch ganz einfach durch Betrug, der den einen oder anderen begünstigte, blieben er und ein weiterer Mann als einzige übrig. Nachdem er seinen Kameraden überredet hatte, sich zu ergeben, lief er selbst zu den Römern über.[5] Die ganze Sache zeigt Josephus natürlich nicht gerade in einem guten Licht. Aber selbst wenn er nicht vermochte, bis zum letzten nach den Grundsätzen der Zeloten zu leben und zu sterben, so war ihm ihre Haltung doch nicht fremd und auch nicht ihre Bereitschaft, sich im Namen des Gesetzes selbst zu opfern.
In Wirklichkeit gab es aber einen recht ausgeklügelten geistigen Hintergrund für diese Art Selbstopfer, der Josephus' Publikum – dem zeitgenössischen ebenso wie dem späteren – nicht von vornherein einsichtig sein konnte. Eisenman hat dargelegt, daß der kollektive Selbstmord in Masada, Gamala und anderen Orten letztlich mit der einzigartigen Theorie der Zeloten von der Auferstehung zusammenhing. Diese Theorie geht auf die beiden alttestamentarischen Propheten Daniel und Ezechiel zurück, deren Texte auch unter den Schriftrollen vom Toten Meer zu finden sind. Daniel (12,2) hat sie als erster entwickelt und zum Ausdruck gebracht mit den Worten: »Viele von denen, die im Staub der Erde schlafen, werden aufwachen, die einen zu ewigem Leben, die anderen zur Schmach, zu ewiger Schande.« Er spricht auch von einem künftigen »himmlischen Königreich«, vom »Ende der Zeit«, von einer »Gestalt wie ein Menschensohn ... Ihm wurde nun Macht und Herrlichkeit und die Königsherrschaft gegeben« (Dan.7,13 bis 14).

Bei Ezechiel steht an der entsprechenden Stelle die bekannte Vision eines Tales voller verdorrter Gebeine, die nach Gottes Verheißung alle wieder zum Leben erweckt werden. Und er verheißt dazu (Ezechiel, 37,12-14):

> Siehe, ich öffne eure Gräber und hole euch heraus aus euren Gräbern ... und bringe euch in das Land Israel, und ihr sollt erkennen, daß ich Jahwe bin, wenn ich eure Gräber öffne ... Ich lege meinen Odem in euch hinein, daß ihr lebendig werdet ...

Diese Stelle hielten die Verfasser der Schriftrollen für so bedeutend, daß sie eine Kopie davon unter dem Fußboden der Synagoge in Masada vergruben.[6] Die von Daniel und Ezechiel herrührende Vorstellung der Auferstehung von den Toten griffen die Makkabäer, die ersten »Eiferer für das Gesetz«, auf und machten sie sich zu eigen. Darauf gründet sich im zweiten Makkabäerbuch die Aufforderung, für die Sache des Gesetzes den Märtyrertod zu erdulden. In 2 Makkabäer 14,42 zieht ein Ältester von Jerusalem den Tod der Gefangenschaft und der Schande vor. In 2 Makkabäer 6,18ff. tötet sich ein Priester und Gesetzeslehrer, um ein Beispiel dafür zu geben, wie man »entsprechend den heiligen, von Gott gegebenen Gesetzen« gut stirbt. Dieses Ereignis und die Haltung des Protagonisten dabei ist, laut Eisenman, prototypisch für die spätere Ausbildung der zelotischen Mentalität. Am deutlichsten wird diese Einstellung in 2 Makkabäer 7 formuliert. Dort ziehen sieben Brüder den Martertod einem Verstoß gegen das Gesetz vor:

> Da er in den letzten Zügen lag, rief er: »Du Verbrecher! Du kannst uns das irdische Leben rauben. Aber der König des Weltalls wird uns zu einem ewigen Leben auferwecken, da wir für seine Gesetze sterben.«
> Nach ihm wurde der dritte gemartert. Da man die Zunge von ihm forderte, bot er sie bereitwillig dar und streckte mutig die Hand hin. Mutig sagte er: »Vom Himmel habe ich sie erhalten, und wegen seiner Gesetze achte ich sie gering. Von ihm hoffe ich sie wiederzuerlangen.«

Nach seinem Tode quälten und mißhandelten sie auf gleiche Weise den vierten. Als er dem Tode nahe war, sprach er folgendermaßen: »Trostreich ist es für uns, durch Menschenhand zu sterben, wenn wir die von Gott gegebene Hoffnung hegen dürfen, von ihm auferweckt zu werden. Für dich freilich gibt es keine Auferstehung zum Leben.«

Hier also, im vorchristlichen Makkabäerbuch, findet sich das Prinzip von der leiblichen Wiederauferstehung, das in der späteren christlichen Theologie von so großer Bedeutung sein wird. Es ist allerdings nur gültig – dies macht die dritte der oben zitierten Reden klar – für die Rechtschaffenen, für jene, die »eifrig sind für das Gesetz«. Doch die Stelle über den Tod der sieben Brüder enthält noch einen weiteren relevanten Gesichtspunkt. Im Augenblick, bevor der letzte von ihnen hingerichtet werden soll, wird seine Mutter zu ihm geführt. Man hat sie gedrängt, ihm zuzureden, er solle sich unterwerfen und sich dadurch selbst retten. Statt dessen sagt sie jedoch zu ihm: »Nimm den Tod an, damit ich dich zur Zeit des Erbarmens zusammen mit deinen Brüdern wiedergewinne« (2 Makk. 7,29). Denn am Ende der Zeiten werden die, die zusammen sterben, auch zusammen auferweckt.
Daher ermahnt Eleazar die Besatzung von Masada, »gemeinsam mit unseren Frauen und Kindern zu sterben. So gebietet es das Gesetz.« Damit ist aber nicht das Gesetz der sadduzäischen Führung oder des späteren Judaismus gemeint, sondern einzig das Gesetz der sogenannten Zeloten. Wären die Frauen und Kinder in der Festung am Leben geblieben, hätten sie die siegreichen Römer nicht liquidiert. Sie wären aber von ihren Männern und voneinander getrennt gewesen. Und viele von ihnen wären versklavt, geschändet, als Huren in römische Armeebordelle geschickt – und dadurch besudelt und ihrer vom Gesetz vorgeschriebenen Reinheit beraubt worden. In Masada fürchtete man Trennung und Besudelung mehr als den Tod, zumal der Tod für die Gerechten ein nur temporäres Ereignis darstellte. Inmitten der fanatischen Verteidiger von Masada wird also das Prinzip der leiblichen Wiedererweckung greifbar, das im Grunde identisch ist mit den Vorstellungen des späteren Christentums.

Die Besatzung, die Masada verteidigte, kann nun wirklich kaum mehr ernsthaft mit dem traditionellen Bild von sanftmütigen, friedliebenden Essenern in Einklang gebracht werden, die nach Auffasung der Verfechter des Consensus die Gemeinde in Qumran gebildet haben sollen. Wie wir bereits bemerkt haben, halten die Consensus-Verfechter auch weiterhin die Behauptung aufrecht, daß zwischen der Gemeinde von Qumran und den Verteidigern von Masada keine Verbindung bestanden habe, obwohl in Masada Texte entdeckt worden sind, die mit den in Qumran gefundenen inhaltlich übereinstimmen – die in Qumran und, abgesehen von zwei Fällen, sonst nirgendwo gefunden wurden! Und sie beharren weiterhin auf diesem Konstrukt, obwohl die Verteidiger von Masada denselben Kalender benutzt haben wie die Gemeinde von Qumran: nämlich einen einzigartigen Sonnenkalender. Die offizielle sadduzäische Führung und der spätere rabbinische Judaismus dagegen orientierten sich nach einem Mondkalender.

Auch hier stößt man wieder auf jene Erscheinung der damaligen Zeit, die Eisenman beschrieben hat: eine breite messianische, nationalistische Bewegung, in der mehrere Parteiungen auszumachen sind, die zu einer Bewegung verschmelzen, falls überhaupt je Unterschiede zwischen ihnen bestanden haben. Eine so geartete Bewegung erklärt jenes Durcheinander von Widersprüchen und Ungereimtheiten, dem man sich früher gegenübersah. Diese Bewegung ergibt auch einen Sinn für die Missionsreise, auf die Paulus von Jakobus und der Führung der sogenannten Urkirche – die »nazoräische« Enklave – in Jerusalem geschickt wurde. In biblischer Zeit – daran muß noch einmal erinnert werden – war »Israel« nicht bloß ein Territorium, nicht nur ein ganz bestimmter Landstrich, sondern galt vielmehr als ein Volk, ein Stamm, eine »Heerschar«. Als Paulus und andere »Verkünder der Frohen Botschaft« von der Jerusalemer Führung ausgesandt wurden, sollten sie die Menschen zum Gesetz bekehren, das heißt zu »Israel«. Was hätte das anderes bedeuten können als die Rekrutierung einer Armee. Seit den Zeiten des Alten Testaments und besonders seit der babylonischen Gefangenschaft lebte der Stamm Israel verstreut über die damalige mediterrane Welt und jenseits dieses Umkreises bis hin nach Persien, wo selbst zur Zeit des Aufstandes unter

Simeon Bar Kochba im Jahre 132 n. Chr. immer noch soviel Sympathie mit dem Judentum vorhanden war, daß man zumindest Hilfe versprach. Wurden die Emissäre der Jerusalemer Führung nicht vielleicht deshalb ausgesandt, um dieses ungeheure Reservoir an menschlicher Kraft zu erschließen – das verstreute Volk Israel zu den Fahnen zu rufen, damit es die römischen Invasoren aus ihrem Land jage und die Heimat befreie? In diesem Fall hätte Paulus, insofern er eine völlig neue Religion predigte, anstatt Rekruten anzuwerben, die Bewegung in Tat und Wahrheit entpolitisiert, entmilitarisiert und damit geschwächt.[7] Dies wäre natürlich eine noch viel tiefer greifende Angelegenheit gewesen als vom Dogma oder gewissen rituellen Vorschriften abzuweichen. Es wäre in der Tat Verrat gewesen. Denn die Erfüllung des Gesetzes, so wie es in den Schriftrollen vom Toten Meer erscheint, erschöpft sich nicht im Dogma und in rituellen Handlungen. Durch die Qumrantexte zieht sich wie ein roter Faden als heilige Pflicht die Aufgabe, einer legitimen messianischen Persönlichkeit den Weg zu ebnen – sei es eine königliche, priesterliche oder eine, die beide Funktionen in sich vereinigt, denn dies alles vorausgesetzt würde dazu führen, daß das alte Königtum und Priestertum wieder errichtet werden könnten, mit deren Hilfe die Eindringlinge vertrieben würden und das Heilige Land wieder in Besitz genommen, gereinigt und von dem Volk, das Gott auserwählt hat, bewohnt werden könnte. Oder um es mit den Worten in der Kriegsrolle zu sagen: »Die Herrschaft der Kittim wird aufhören ... die Söhne der Gerechtigkeit [werden] alle Enden der Welt erhellen, fortschreitend, bis alle Fristen der Finsternis vollendet sind.«[8]

Paulus – römischer Agent oder Informant?

Mit diesem großartigen Plan vor Augen, sollte man sich erneut die konfuse und lückenhafte Beschreibung der Ereignisse vornehmen, die sich am Ende der Apostelgeschichte zutragen. Es sei daran erinnert, daß Paulus einmal mehr von einer längeren Missionsreise, die ihn in die Fremde führt, von Jakobus und der erzürnten Führung nach Jerusalem zurückbeordert wird. Da seine ergebensten Gefolgsleute Schwierigkeiten befürchten, dringen sie auf jeder Station seiner Reise in ihn, dem Befehl um keinen Preis Folge zu leisten. Doch Paulus, der nie eine Konfrontation gescheut hat, läßt ihre beschwörenden Appelle von sich abprallen. Als er mit Jakobus und den anderen Führern der Gemeinde zusammentrifft, wird er erneut für seine Lauheit in der Befolgung des Gesetzes gegeißelt. Die Apostelgeschichte berichtet nicht direkt, was Paulus auf diese Vorwürfe antwortet. Aber aus dem, was später folgt, läßt sich schließen, daß er seine wahren Absichten nicht zugibt, sondern die Anklagen gegen sich als unzutreffend zurückweist, obwohl seine eigenen Briefe diese als gerechtfertigt erweisen.[1] Es sieht ganz so aus, als wäre er sich der Schwere seines Vergehens vollkommen bewußt. Und so heftig er auch seine Unschuld beteuert, wie fanatisch er sonst auch seine Loyalität zu »seinem« Bild von Jesus vertritt, scheint er doch offenbar einzusehen, daß er diesmal eine gewisse Kompromißbereitschaft zeigen muß. Als man ihn auffordert, sieben Tage lang sich reinigend Buße zu tun und auf diese Weise die Anschuldigungen gegen ihn öffentlich zu widerlegen, stimmt er deshalb diesem Begehren sofort zu. Eisenman vermutet, daß Jakobus die Situation klar durchschaut hat und Paulus sich wohl nur zähneknirschend dieser Reinigung unterzog. Hätte er aber das Reinigungsritual verweigert, wäre dies einem offenen Abschwören des Gesetzes gleichgekommen. Indem er sich ihm

jedoch unterzog, wurde er, mehr als jemals zuvor, zu dem »Lügenmann«, von dem im Habakuk-Kommentar die Rede ist. Das heißt: Zu welchem Verhalten er sich auch entschieden hätte, er hätte sich auf jeden Fall selbst gerichtet – und es ist nicht auszuschließen, daß genau dieses Ende der Sache Jakobus' Ziel war.[2]
Auf alle Fälle erregt Paulus trotz der reinigenden Buße für seine Schuld auch weiterhin die Feindschaft jener, die »eifrig sind für das Gesetz« – und sie greifen ihn ein paar Tage später im Tempel an: »Das ist der Mensch, der überall vor aller Welt gegen ... das Gesetz ... eifert« (Apostelgeschichte 21,28). Der dieser Anklage folgende Tumult weitet sich zu einem beträchtlichen Aufruhr aus:

> Die ganze Stadt geriet in Aufregung, und es entstand ein Volksauflauf. Paulus wurde ergriffen und aus dem Tempel geschleppt, und sofort schloß man die Tore. Als sie ihn zu töten suchten, wurde dem Obersten der Besatzung gemeldet, ganz Jerusalem sei in Aufruhr. (Apostelgeschichte 21,30-31)

Die gesamte Kohorte wird zusammengerufen – das sind immerhin sechshundert Mann –, und Paulus wird im letzten Augenblick gerettet, vermutlich um einem Volksaufstand noch größeren Ausmaßes vorzubeugen. Aus welchem anderen Grund hätte die Kohorte sich sonst um das Leben eines andersgläubigen Juden kümmern sollen, der den Zorn seiner Landsleute erregt hat? Allein das Ausmaß des Tumultes bezeugt, wie bekannt die Gemeinde der sogenannten Urkirche gewesen sein muß, wie groß ihr Einfluß und ihre Macht zu jener Zeit in Jerusalem waren – zumindest *unter den Juden*! Es ist ganz klar ersichtlich, daß es sich dabei um eine breite Bewegung innerhalb des Judaismus handelte, die beim überwiegenden Teil der Stadtbevölkerung Loyalität genoß.
Nachdem die Römer Paulus aus der Gewalt der aufgebrachten Menge befreit haben, setzen sie ihn fest. Bevor dieser aber ins Gefängnis abgeführt wird, bittet er um die Erlaubnis, eine Rede zu seiner Rechtfertigung halten zu dürfen. Unerklärlicherweise entsprechen die Römer diesem Wunsch, obwohl sie wissen müßten, daß die Ansprache die Menge nur noch mehr gegen ihn aufbringen wird. Paulus wird dann abgeführt, um unter der Folter verhört zu

werden. Aber worin soll denn nun sein Vergehen bestanden haben? Warum sollten die *Römer* einen Mann foltern und verhören, der wegen irgendwelcher Abweichungen von der orthodoxen Lehre und bei der Einhaltung von Ritualen seine Glaubensgenossen beleidigt hat? Daß sie ein derartiges Interesse an ihm haben, kann nur *eine* Erklärung haben: Sie vermuten, daß Paulus über Informationen politischer und/oder militärischer Natur verfügen könnte.

Die einzigen ernstzunehmenden politischen und/oder militärischen Gegner der Römer waren zu jener Zeit jedoch die Anhänger der nationalistischen Bewegung, die Zeloten der herkömmlichen Tradition. Und von diesen »Eiferern für das Gesetz« wurde Paulus, der Verkünder der Frohen Botschaft der Urkirche, bedroht – es waren ihrer vierzig oder noch mehr. Sie hatten beschlossen, ihn umzubringen, und geschworen, nicht eher wieder zu essen und zu trinken, bis sie dies Ziel erreicht hatten.

Nachdem Paulus dann diesem Schicksal durch das Eingreifen eines bisher unerwähnten Neffen entgangen ist, wird er gefesselt in Begleitung einer Eskorte von Jerusalem nach Caesarea geführt, wo er als römischer Bürger sein Recht geltend macht, an den Kaiser persönlich zu appellieren. Während seines Aufenthaltes in Caesarea verkehrt er freundschaftlich und geradezu intim mit dem römischen Prokurator Antonius Felix. Eisenman hat darauf hingewiesen, daß er außerdem auch vertrauten Umgang mit Herodes Agrippa II., dem Schwager des Prokurators, sowie der Schwester des Königs pflegte, die später die Geliebte des Titus war, jenes römischen Feldherrn, der Jerusalem zerstörte und schließlich Kaiser wurde.[3]

Dies ist aber nicht das einzige, was in der Biographie des Paulus verdächtig anmutet. Schon von Anfang an unterscheidet er sich von seinen Glaubensgenossen und anderen Mitgliedern der Urkirche. So ist er ganz offensichtlich wohlhabend, er besitzt das römische Bürgerrecht und pflegt vertrauten Umgang mit den etablierten Kreisen, ja er unterhält offenbar einflußreiche Beziehungen zur herrschenden Elite. Wie hätte ein so junger Mann sonst Günstling des Hohenpriesters werden können? In seinem Brief an die Römer (16,11) erwähnt er außerdem einen Gefährten mit dem bezeichnenden Namen Herodion – einem Namen also, der klar etwas mit der herrschenden Dynastie zu tun hat und für einen Verkünder der Frohen Botschaft recht außergewöhnlich ist. In Apostelgeschichte 13,1 wird zudem ein Gefährte des Paulus in Antiocha erwähnt, ein gewisser »Manaën, ein Jugendgefährte des Vierfürsten Herodes«. Auch hierin zeigt sich ein Hinweis auf eine verborgene Verbindung des Paulus zur Hocharistokratie.[4]

So verblüffend sich das auch anhören mag, so ist doch die Möglichkeit, daß Paulus ein römischer »Agent« gewesen ist, nicht auszuschließen. Verbindet und vergleicht man das in Qumran gefundene Material mit dem Inhalt der Apostelgeschichte und auch mit einigen dunklen Stellen in Paulus' Briefen, so wird ein solcher Schluß zu einer durchaus plausiblen Möglichkeit. Aber es gibt auch noch eine andere mögliche Schlußfolgerung, und sie ist nicht weniger verblüffend. Jene letzten wirren und rätselhaften Ereignisse in Jerusalem, das blitzschnelle Eingreifen der Römer, daß Paulus aus der Stadt in Begleitung einer aufwendigen Eskorte weggeführt wird, sein luxuriöser Aufenthalt in Caesarea, sein mysteriöses, spurloses Verschwinden von der historischen Bildfläche – all dies findet höchst interessante Parallelen in der heutigen Zeit: Es erinnert zum Beispiel an die Vergünstigungen, die Kronzeugen in manchen Staaten erhalten – was in den USA unter der Bezeichnung »Witness Protection Program« bekannt ist –, und es erinnert auch an das sogenannte »supergrass phenomenon« [»Gras über eine Sache wachsen lassen«, A. d. Ü.] in Nordirland. In beiden Fällen wird ein Mitglied einer illegalen Organisation – sei es eine, die sich dem organisierten Verbrechen, oder eine, die sich paramilitärischen Terroraktionen verschrieben hat – von den Behörden »umgedreht«. Ein solcher Kronzeuge verspricht, im Austausch gegen Straffreiheit, persönlichen Schutz, soziale Wiedereingliederung und Geld »auszupacken« und als Zeuge aufzutreten. Wie Paulus würde er dadurch die Rachsucht seiner ehemaligen Komplizen provozieren. Wie Paulus würde er unter unverhältnismäßig aufwendigen Schutz des Militärs oder auch der Polizei gestellt. Wie Paulus würde er unter diesem Schutz möglichst unauffällig außerhalb ihrer Reichweite gebracht. Hat er die gewünschte Zusammenarbeit mit den Behörden geleistet, würde er »eine neue

Identität« erhalten und mit seiner Familie irgendwo angesiedelt, wo seine verständlicherweise rachedurstigen Komplizen seiner möglichst nicht mehr habhaft werden können. Und für die Öffentlichkeit würde er – wie Paulus – von der Bildfläche verschwinden. Gehört Paulus also zu den »Geheimagenten« der Geschichte? Zu den Informanten und »Kronzeugen« der Geschichte? Solche Fragen wirft Robert Eisenman auf. Kein Zweifel besteht auf jeden Fall, daß Paulus mit seinem Erscheinen auf der historischen Bühne eine Kette von Ereignissen in Bewegung gesetzt hat, die nicht mehr aus der Welt zu schaffen sind. Was als lokale Bewegung, deren Einfluß nicht über die Grenzen des Heiligen Landes hinausreichte, im Rahmen des damals vorherrschenden Judaismus begann, wuchs sich aus zu etwas, dessen Größenordnung und Bedeutung seinerzeit niemand hätte voraussehen können. Die Bewegung, die in der sogenannten Urkirche und der Gemeinde von Qumran ihre Vertreter gefunden hatte, wurde usurpiert und zu etwas umgeformt, das mit den Vorstellungen derer, die sie hervorgebracht hatten, nicht mehr in Einklang zu bringen war. Mehr und mehr ergab sich daraus eine Denkrichtung, die zu Beginn ausgesprochen häretisch war, sich aber im Laufe der folgenden rund zweihundert Jahre zu einer neuen Religion entwickelte. Was im Rahmen des Judaismus Häresie gewesen war, wurde letztlich zur orthodoxen Glaubensgrundlage des Christentums. Nur wenige geschichtliche Ereignisse haben wohl ähnlich weitreichende Konsequenzen gezeitigt.

Nachwort

Die Geschichte der Schriftrollen vom Toten Meer ist natürlich noch längst nicht zu Ende. Sie entfaltet sich im Gegenteil stets weiter und nimmt immer wieder überraschende Wendungen. Bereits ist erneut eine Menge geschehen, seit dieses Buch im Mai 1991 in England erschienen ist. Bis zum Herbst steigerten sich die Ereignisse, und es kam es zu einem Höhepunkt: In Zeitungen wie der *Times* und anderen prangten auf der ersten Seite Schlagzeilen über die Schriftrollen, und sie waren Thema von Leitartikeln. Auch jetzt erscheinen ununterbrochen neue Bücher und Artikel. Es werden Konferenzen abgehalten, immer mehr Medien greifen das Thema verstärkt auf, und die verschiedenen Beteiligten geben neue Erklärungen dazu ab.

Im Mai sicherte das israelische Aufsichtskuratorium der Universität Oxford Fotografien von sämtlichen Schriftrollen zu, und unter der Leitung von Geza Vermes wurde ein Zentrum für die Erforschung der Rollen eingerichtet. Doch immer noch war der Zugang dazu streng beschränkt und allen unabhängigen Forschern verwehrt. Norman Golb von der Universität Chicago hat deshalb in einem Interview mit dem britischen Fernsehen den Zweck des Zentrums in Frage gestellt: Ob es, so meinte er, nicht einfach ein Zentrum der Frustration sei?

Am 5. September berichtete die amerikanische Presse, der Wissenschaftler Ben-Zion Wacholder und Martin G. Abegg, einer seiner Doktoranden, hätten »das Monopol« der Schriftrollen »durchbrochen«. Sie hatten die Konkordanz benutzt, die das internationale Team in den fünfziger Jahren erstellt hatte, und mit Hilfe eines Computers die Texte rekonstruiert. Die Ergebnisse, die zu achtzig Prozent richtig sein sollen, wurden von der Biblical Archaeological Society unter Hershel Shanks veröffentlicht. Wie vorauszusehen, reagierten die noch lebenden Mitglieder der internationalen Gruppe wutentbrannt. Cross ließ sich schimpfend über »Raubdrucke« aus, und der ausgebootete John Strugnell wurde noch deutlicher: »Wie anders könnte man so etwas bezeichnen, denn als Diebstahl?« Doch am 7. September erschien in der *Times* ein Leitartikel, der Wacholder und Abegg den Rücken stärkte:

> Es gibt offenbar einige Mitglieder im Aufsichtskuratorium, die geneigt sind, die Forscher von Cincinnati des Raubdrucks zu bezichtigen. Die Herren Wacholder und Abegg sind jedoch für ihre Arbeit vielmehr zu loben – und dafür, daß sie das Dunkel Schicht um Schicht durchleuchten. Das Gremium hat seine Glaubwürdigkeit mit seiner Geheimniskrämerei und seiner Dolchstoßpolitik sowohl bei Gelehrten wie auch bei der Justiz schon längst verspielt. Die beiden in Cincinnati scheinen zu wissen, was das Kuratorium vergessen hat: nämlich daß die Schriftrollen und was sie über die gemeinsamen Wurzeln des Christentums und des rabbinischen Judentums zu sagen haben, ein Teil unserer Kultur sind und nicht Eigentum einiger weltabgewandter Professoren.

Bald folgte dieser Enthüllung eine noch aufsehenerregendere. Am 22. September gab die Huntington Library in Kalifornien bekannt, sie besitze Fotografien von sämtlichem unveröffentlichtem Rollenmaterial. Sie seien ihr von Betty Bechtel von der Bechtel Corporation anvertraut worden, die sie ihrerseits um 1961 in Auftrag gegeben habe.

Als die internationale Gruppe von der Existenz dieses Fotomaterials erfahren habe, hätten einige Mitglieder die Fotos unverzüglich zurückverlangt. Die Huntington Library habe sich diesem Begehren entschieden widersetzt. Nun gab sie nicht nur bekannt, daß sie die Fotos besitzt, sondern kündigte gleichzeitig an, es bestehe die Absicht, sie allen Gelehrten zugänglich zu machen, die dies wünschten. Für nur zehn Dollar wurden Mikrofilme davon angeboten. »Indem man die Schriftrollen freigibt«, meinte Bibliotheksdirektor William A. Moffat, »gibt man den Gelehrten Freiheit.«

Natürlich reagierten mehrere Mitglieder des internationalen Teams umgehend mit Aufruhr, diesmal noch gereizter als davor. Erneut wurden Anklagen wegen »Diebstahls von wissenschaftlicher Arbeit« laut. Ein unabhängiger Professor hingegen erwiderte darauf, wohl die meisten Leute würden die Huntington Library »eher als Robin Hoods betrachten, die die akademisch Privilegierten beklauten, um denen zu geben, die nach ... Wissen hungern«. Amir Drori, der Leiter des israelischen Amts für Altertümer, warf der Huntington Library allerlei gesetzliche Übertretungen vor – dabei waren die Fotos lange vor der Zeit aufgenommen worden, da die Schriftrollen als Kriegsbeute in israelische Hände übergingen. Magen Broschi, der Leiter des Schreins des Buches, drohte vage mit rechtlichen Schritten. Doch die Huntington Library behauptete ihre Stellung. »Entweder gibt es freien Zugang oder nicht. Wir vertreten die Meinung, daß der Zugang uneingeschränkt sein sollte.« Zu der Zeit war die Herausgabe der Fotos bereits beschlossene Sache, so daß jeder Versuch, die Sache rückgängig zu machen, ohnehin nutzlos gewesen wäre. »Es ist zu spät«, ließ die Huntington Library verlauten. »Wir haben es getan.«

Am 25. September gab die israelische Regierung nach und distanzierte sich mit Bedacht von dem, was Drori und Broschi gesagt hatten. Die Statements der beiden wurden als Äußerungen »von zwei Einzelpersonen und nicht repräsentativ für die israelische Regierung« bezeichnet. Juval Ne'eman, inzwischen Wissenschaftsminister, sagte in einer Pressemitteilung, daß

> ... allen Gelehrten die Möglichkeit des freien Zugangs zu den Schriftrollen sowie der Veröffentlichung ihrer Ergebnisse geboten werden sollte. Es ist ein Glück, daß diese Gelegenheit durch die Veröffentlichung des fotografisch festgehaltenen Rollenmaterials von der Huntington Library nun gegeben ist.

Nach alledem, nämlich heute morgen um 11.05 Uhr, wurde Robert Eisenman als erster Forscher ins Register eingetragen, der offiziell um Zugang zum fotografischen Rollenmaterial der Huntington Library ersuchte und auch erhielt. Der Kampf um Zugang zu den Schriftrollen ist gewonnen! Noch bleibt jedoch die Aufgabe bestehen, Schicht um Schicht »die orthodoxe Interpretation« abzutragen, die das internationale Team innerhalb der vergangenen vierzig Jahre verbreitet hat.

Zu der Zeit, da die oben beschriebenen Ereignisse sich vorbereiteten und in die Schlagzeilen kamen, hatte Eisenman seinen Kampf bereits an anderen Fronten weitergeführt. Schon 1988 hat er darauf hingewiesen, daß die Ausgrabungen in Qumran keineswegs abgeschlossen sind und mitnichten erschöpfend durchgeführt wurden. Da das Terrain in der Umgebung sich ideal zur Erhaltung der Handschriften eignet, sind die Experten auf diesem Gebiet fast einhellig der Meinung, daß noch weitere Funde der Entdeckung harren. Es ist nicht nur möglich, sondern sogar wahrscheinlich, daß es noch weiteres Handschriftenmaterial gibt, begraben zum Beispiel unter Erdrutschen und Geröllfeldern.

Viele Höhlen warten noch darauf, fachgerecht ausgegraben zu werden, das heißt durch den Schutt eingestürzter Decken hindurch bis auf den Felsgrund. Andere Höhlen, die bisher nur von Beduinen erkundet worden sind, müssen erneut durchforscht werden, da die Beduinen des öfteren verborgene Dokumente übersehen und manche Fragmente auch zurücklassen. Außerdem haben die mit offiziellem Segen von den Beduinen durchgeführten Ausgrabungen mit dem Krieg von 1967 ein Ende gefunden. Zudem gibt es noch weitere Orte in der Umgebung von Qumran, die sorgfältig erforscht werden müssen. Fünfzehn Kilometer südlich von Qumran, zum Beispiel, hat ein israelischer Archäologe am Ufer des Toten Meeres an einem Ort namens En el-Ghuweir Gräber und Ruinen gefunden, die denen in Qumran sehr ähnlich – wenn auch von geringerer Größe – sind.[2] So liegt der Schluß nahe, daß in den umliegenden Wadis, in deren Höhlen man bisher noch keine Ausgrabungen vorgenommen hat, ebenfalls Schriftrollen deponiert worden sind.

Aufgrund all dieser Fakten entschloß sich Eisenman zu eigenen archäologischen Expeditionen. Natürlich suchte er vor allem nach weiteren Schriftrollen. Solche könnten durchaus – wie das bei der Tempelrolle der Fall war – völlig neue Texte ans Licht bringen. Und sollte es sich dabei um Material handeln, von dem sich Abschriften bereits in Händen der internationalen Gruppe befinden, würde wenigstens jedes weitere Zurückhalten von Texten gegenstandslos. Aber Eisenman bemühte sich, auch ohne weitere Handschriftenfunde zu einem möglichst vollständigen Bild von der Besiedlung der Region Qumran Richtung Süden bis Masada zu kommen. Deshalb ging er der Vermutung nach, daß es noch andere Gemeinden wie Qumran gegeben haben könnte, und suchte nach entsprechenden Anzeichen dafür, zum Beispiel nach Spuren von Wasserspeichern wie Terrassen, Aquädukten und Zisternen, die Ackerbau und Viehzucht ermöglicht hätten.

Bis jetzt hat Michael Baigent Robert Eisenman und seine Gruppe von Archäologen und freiwilligen Helfern auf zwei Expeditionen begleitet, und zwar im Januar 1989 und im Januar 1990. Bei der ersten Expedition konzentrierte sich die Gruppe auf die Ausgrabung einer Höhle, die etwa anderthalb Kilometer südlich von Qumran rund siebzig Meter hoch im Fels gelegen ist. Diese Höhle führte in eine Reihe von Kammern, von denen sich einige bis zu dreißig Meter tief in den Felsen hinein erstreckten. Der Boden im Innern war zum Teil mit einer Lehmschicht geglättet und mit Palmwedeln bedeckt. Man fand zwar keine Schriftrollen, dafür aber mehrere Überreste aus der Eisenzeit – einen Krug, eine Öllampe, einen Pfeilschaft und eine Pfeilspitze, Dinge, die über dreitausend Jahre vollständig erhalten geblieben sind und somit einen einzigartigen Fund darstellen. Diese Expedition bewies – zum ersten Mal –, daß zumindest einige der Höhlen in der Gegend von Qumran bewohnt waren, daß sie also nicht nur für kurze Zeiten der Gefahr als zeitweilige Zufluchtsorte dienten.

In der zweiten Expedition versuchte man, die Küste des Toten Meeres südlich von Qumran und den angrenzenden Felsabhang möglichst umfassend zu erschließen. Der Zweck dieses Unternehmens war die Zusammenstellung einer Liste von allen bisher nicht erforschten Höhlen, in denen sich eine anschließende umfassendere Ausgrabung zu lohnen schien. In kleinen Gruppen wurde der Felshang, der stellenweise bis zu vierhundert Meter aufragt, über eine Strecke von etwa zwanzig Kilometern durchforscht. Außer Höhlen fand man Überreste künstlich angelegter Terrassen und Mauern von Konstruktionen zur Wasserspeicherung und Bewässerung – alles Zeugen menschlicher Besiedlung und Kultivierung.

Insgesamt wurden 193 Höhlen gefunden und oberflächlich durchsucht. Zweiundsechzig von diesen Höhlen hält man einer systematischen Ausgrabung für wert. Darauf werden sich künftige archäologische Unternehmungen konzentrieren.

Bei all diesen Aktionen eröffnet ein neues hochtechnologisches Bodenradargerät mit der Bezeichnung SIR (Subsurface Interface Radar) bisher ungeahnte Möglichkeiten. Wir haben mit Eisenman erörtert, wie die Chancen stehen, daß es in der Umgebung von Qumran und entlang der Küste des Toten Meeres noch weitere Höhlen gibt, und ob sich unter den Ruinen von Qumran noch Höhlen, Räume, Keller, Durchgänge und/oder andere unterirdische Anlagen befinden könnten. De Vaux, der einzige, der dort überhaupt Ausgrabungen in Angriff nahm, hat nach so etwas niemals gesucht, hat niemals wirklich unter der Oberfläche nachgeforscht. Dabei ist es praktisch fast unmöglich, daß in einer Anlage wie den Ruinen von Qumran *keine* unterirdischen Kammern, Durchgänge, Verliese und Fluchttunnel vorhanden waren. Man geht deshalb allgemein davon aus, daß etwas dieser Art da sein muß. Um dies jedoch herauszufinden, wären beträchtliche Ausgrabungen vonnöten, und abgesehen von etlichen Fehlgrabungen müßte man auch damit rechnen, daß der Stätte dabei wahrscheinlich Schaden zugefügt würde.

Aus diesem Grunde schien die Vorstellung, unter Qumran fündig zu werden, a priori zum Scheitern verurteilt. Man befürchtete im Ernst, zu großen Schaden anzurichten. Im Herbst 1980 aber erfuhren wir durch einen Zeitungsartikel von einem »geheimen Grabgewölbe«, das möglicherweise für Shakespeareforscher von Bedeutung sein könne. Man hatte es unter einer Kirche in der Nähe von Stratford-on-Avon aufgespürt. Was uns an diesem Artikel interessierte, war die Tatsache, daß dieses Gewölbe offenbar mit Hilfe eines speziellen Radargerätes zum Aufspüren von unterirdischen Konstruktionen geortet worden war.

Die Möglichkeiten des tragbaren Geräts – das etwa einem Sonargerät zu Land vergleichbar ist – erwiesen sich in der Tat als aufregend. Führt man es mit konstanter Geschwindigkeit über den Erdboden, zeichnet es computergesteuert unterirdische Strukturen auf. Das Bild entsteht durch den Aufbau eines Profils aller Grenz-

flächen zu luftgefüllten Hohlräumen, die sich in der Erde oder im Fels oder einer anderen festen Materie befinden. Das Gerät eignet sich also hervorragend dazu, unterirdische Höhlen und Hohlräume zu lokalisieren, und es registriert solche Zwischenräume bis in eine Tiefe von mindestens hundert Metern unter der Erdoberfläche. Unter günstigen Bedingungen kann es sogar vierhundert Meter tief vordringen.
Der Manager der Firma, die das Gerät vertreibt, zeigte sich sehr hilfsbereit. Es stellte sich heraus, daß er unsere früheren Bücher mit Interesse gelesen hatte. Die Aussicht, sein Gerät in Qumran einsetzen zu können, faszinierte ihn. Er bot sich sogar an, uns auf der Expedition zu begleiten und den Apparat selbst zu bedienen. Aufgrund dieses Angebotes wurde während der Expedition im Januar 1990 eine Liste all der Orte erstellt, die für eine Erforschung mit Erdradar von besonderem Interesse schienen. Zur Zeit warten wir auf die Erlaubnis der israelischen Regierung, das Gerät ins Land bringen und in Qumran anwenden zu dürfen.

Die 1947 entdeckten Schriftrollen vom Toten Meer waren nicht die ersten alten Texte, die in der judäischen Wüste ans Licht kamen. Es gibt Berichte, daß ältere Texte dort bereits im dritten nachchristlichen Jahrhundert gefunden wurden. Origines, einer der frühen Kirchenväter, soll persönlich eine solche Entdeckung gemacht haben. Nach dem Zeugnis des frühen Kirchenhistorikers Eusebius hat Origines mehrere unterschiedliche Fassungen von alttestamentarischen Texten gefunden, von denen manche lange Zeit verschollen waren. Origines soll sie »in ihren Verstecken aufgestöbert und ans Licht gebracht«[3] haben. So soll zum Beispiel eine Fassung der Psalmen »in Jericho in einem Gefäß während der Regierungszeit des Antoninus, des Sohnes des Severus, gefunden worden« sein.[4] Diese Angaben ermöglichen die Datierung der entdeckten Handschrift zwischen 211 und 217 nach Christus.
Noch interessanter ist ein Brief, der aus der Zeit kurz vor 805 nach Christus stammt. Diesen Brief schrieb Timotheos, der Patriarch von Seleukia, an einen anderen Kirchenmann:

> Wir haben von glaubwürdigen Juden, die ... im christlichen Glauben unterwiesen worden sind, erfahren, daß vor zehn Jahren in der Nähe von Jericho in einer Höhle etliche Bücher gefunden wurden ... Der Hund eines arabischen Jägers verfolgte ein Tier bis in eine Höhle und kehrte nicht wieder zurück. Der Araber ging ihm nach und fand eine kleine Höhle, in der sich viele Bücher befanden. Der Araber ging nach Jerusalem und erzählte dies den Juden dort, die dann in Scharen hinauskamen und Bücher des Alten Testaments und andere Bücher in hebräischer Schrift fanden. Die Person, die mir diese Geschichte erzählt hat, ist ein gebildeter Mann ... Ich fragte ihn nach den zahlreichen Stellen im Neuen Testament, die sich auf das Alte Testament beziehen, darin aber nicht auffindbar sind ... Er antwortete: Es gibt sie. Man findet sie in den Büchern aus der Höhle ...[5]

Ähnliche Funde sind im Lauf der Jahrhunderte bis in die Neuzeit immer wieder gemacht worden. Einer der spektakulärsten ist die Entdeckung des Moses William Shapira, eines Antiquitätenhändlers in Jerusalem im letzten Drittel des neunzehnten Jahrhunderts.[6] 1878 hörte Shapira von zwei Arabern, die auf der Flucht vor den Behörden auf heutigem jordanischem Gebiet an der Ostküste des Toten Meeres Zuflucht gesucht hatten. Es hieß, sie hätten in einer Höhle im Wadi Mujib gegenüber von En Gedi am Toten Meer mehrere Lumpenbündel gefunden und sie in der Hoffnung aufgerissen, etwas Wertvolles darin zu finden. Sie fanden aber nur eine Reihe braunschwarzer Lederrollen. Einer der beiden nahm sie mit und erzählte später herum, sie hätten ihm Glück gebracht, und er wolle sie angeblich deshalb nicht verkaufen – vielleicht wollte er aber auch einfach den Preis in die Höhe treiben.

Für Shapira, der Antiquitäten an europäische Sammler und Museen verkaufte, hörte sich das sehr verlockend an. Über einen befreundeten Scheich als Mittelsmann soll es ihm gelungen sein, das gesamte Material in seinen Besitz zu bringen. Es bestand aus fünfzehn Pergamentstreifen von jeweils etwa zehn mal achtzehn Zentimetern. Nachdem Shapira sich mit seiner Neuerwerbung einige Wochen lang befaßt hatte, fand er heraus, daß es sich um

eine alte Fassung des Buches Deuteronomium handelte, die deutlich von dem kanonischen biblischen Text abwich.
Nach vielen Wechselfällen brachte Shapira auf Anraten von Experten 1883 seine Rollenfragmente nach London. Seiner Ankunft gingen aufgeregte und ausführliche Berichte in der Presse voraus. Britische Experten erklärten die Fragmente für echt, und in der *Times* erschienen Übersetzungen. Premierminister William Gladstone verhandelte mit Shapira über einen möglichen Erwerbspreis. Es soll angeblich die Rede von einer Million Pfund gewesen sein – eine wahrhaft schwindelerregende Summe für die damalige Zeit. Die französische Regierung sandte einen prominenten Wissenschaftler, gleichzeitig aber auch alten Feind Shapiras, über den Kanal, der die Fragmente prüfen und ein Gutachten anfertigen sollte. Doch Shapira verweigerte dem Franzosen eine genaue Einsicht der Fragmente; er durfte sie auch nicht in die Hand nehmen. Es war ihm nur ein flüchtiger Blick auf zwei oder drei Fragmente gestattet. Auf diese schroffe Abweisung hin blieb ihm nichts anderes übrig, als sich zwei Tage lang zwei weitere in einer Glasvitrine ausgestellte Fragmente inmitten des Gewühls anderer Museumsbesucher anzusehen. Aus lauter Frustration und weil er – verständlicherweise – sehr aufgebracht war, erklärte der Franzose schließlich, er halte die Fragmente für Fälschungen. Andere Wissenschaftler, die sich nicht einmal die Mühe machten, die Fragmente anzusehen, schlossen sich dieser Auffassung an, und bald traute der ganzen Sache niemand mehr. Shapira war ruiniert. Man stellte ihn als unglaubwürdig hin, und sein Ruf war dahin. Er erschoß sich am 9. März 1884 in einem Hotel in Rotterdam. Seine Rollenfragmente erwarb ein Londoner Antiquar für zehn Pfund und fünf Schilling. Seither sind sie verschollen – könnten aber jederzeit auf einem Dachboden oder im Nachlaß eines privaten Sammlers wieder auftauchen. Die letzten Spuren weisen nach Australien. Dorthin sollen sie mit anderen Habseligkeiten eines Antiquitätenhändlers gelangt sein.
Mehrere zeitgenössische Autoritäten – darunter Allegro, der eine eigene Studie über Shapira verfaßt hat – sind davon überzeugt, daß Shapiras Fragmente mit großer Wahrscheinlichkeit echt waren. Allegro behauptete sogar, sie hätten sich, wenn sie in diesem Jahr-

hundert und nicht im letzten entdeckt worden wären, aller Wahrscheinlichkeit nach als ebenso wertvoll erwiesen wie das in Qumran gefundene Material.[7] Aber im ausgehenden neunzehnten Jahrhundert spielten egoistische Motive, wissenschaftliche Reputation und eigensüchtige Interessen eine genauso große Rolle wie heute. Als Folge davon ist etwas von möglicherweise unschätzbarem Wert mit ziemlicher Sicherheit unwiederbringlich verlorengegangen.

Entdeckungen wie die von Shapira sind aber auch heute noch möglich. So rief uns zum Beispiel Ende der siebziger Jahre, als wir von den Schriftrollen vom Toten Meer und anderen derartigen Dokumenten noch kaum etwas wußten, ein befreundeter Antiquitätensammler aus Paris an. Er fragte, ohne daß wir wußten, worum es ging, ob wir uns mit ihm in einem Londoner Restaurant in der Nähe von Charing Cross treffen könnten. Vor allen Dingen wollte er Michael Baigent sehen, der über professionelle fotografische Erfahrung verfügt. Er solle eine Kamera mitbringen, sie aber nicht sehen lassen.

Baigent traf unseren Freund in Begleitung von drei weiteren Männern an – einem amerikanischen Sammler, einem Händler aus Palästina und einem Ingenieur aus Jordanien. Er ging mit ihnen zu einer Bank in der Nähe, wo man sie in einen kleinen abgeschiedenen Raum führte und ihnen zwei hölzerne Truhen zeigte, die mit Vorhängeschlössern gesichert waren. »Wir wissen nicht, was in diesen Truhen ist«, erklärte ein Bankangestellter betont. »Wir *wollen* auch nicht wissen, was darin ist.« Dann gingen die Bankangestellten hinaus und schlossen Baigent und seine vier Begleiter in dem Raum ein.

Als nächstes wurde mit Jerusalem telefoniert und so was wie eine Erlaubnis eingeholt. Danach zog der jordanische Ingenieur einen Schlüsselbund aus der Tasche und machte sich daran, die beiden Truhen zu öffnen. Die Truhen enthielten Hunderte von Blättern aus dünnem Pappkarton, an die jeweils – mit Tesafilm! – ein Dutzend oder mehr alte Pergament- und Papyrusfragmente geheftet waren. Die Fragmente stammten offenbar aus ganz verschiedenen Zeiten und Quellen; sie waren in mehreren Sprachen abgefaßt, darunter Aramäisch, Hebräisch, Griechisch und Arabisch. Wie es bei einer derartigen eher wahllosen Sammlung nicht anders sein kann, erwies sich bei näherem Hinsehen nicht alles als gleich wertvoll. Vieles stellte sich auch als wertlos heraus: Quittungen und Dokumente früherer Handelstransaktionen, die gerade so gut aus einem archaischen Abfalleimer hätten kommen können. Aber es befand sich auch anderes darunter.

Die Sammlung war über den Schwarzmarkt mit Schriftrollen, der in den fünfziger und sechziger Jahren in Jerusalem und Bethlehem blühte, nach London gelangt und dann während des 6-Tage-Krieges 1967 oder kurz danach außerhalb Israels gebracht worden. Sie sollte nun einer nicht genannten europäischen Regierung zum Kauf angeboten werden, angeblich für drei Millionen Pfund. Man bat Baigent, eine Reihe von Fotos zu machen, damit man dem potentiellen Kunden zeigen konnte, was zum Kauf stand. Baigent machte annähernd hundert Fotos, aber die Sammlung enthielt Hunderte von Blättern und alles in allem wohl an die zweitausend Fragmente, die zum großen Teil recht lang waren.

Seitdem sind mehr als zwölf Jahre vergangen, und wir haben bis heute nichts mehr von dieser Sammlung gehört. Sollte tatsächlich eine Transaktion zustande gekommen sein, dann wurde sie in aller Stille, ohne daß davon irgend etwas an die Öffentlichkeit drang, getätigt. Es ist aber auch gut möglich, daß das Ganze immer noch im Tresor jener Londoner Bank verborgen liegt, oder daß es sich an einem anderen sicheren Ort befindet, oder auch, daß es längst den Schätzen eines Privathändlers einverleibt wurde.

Transaktionen wie jene, in die wir am Rande Einblick gewinnen konnten, sind – wie wir inzwischen erfahren haben – aber nichts Außergewöhnliches. Im Verlauf der darauffolgenden zehn Jahre brachten uns unsere Nachforschungen in Kontakt mit einem ganzen Netz von Antiquitätenhändlern und -sammlern, die im Untergrund Rollen verschieben. Es ist international und genauso weitverzweigt, wie dies beim Handel von Gemälden oder Schmuck der Fall ist. Da können mir nichts, dir nichts Hunderttausende von Pfund hervorgezaubert werden und per Handschlag den Besitzer wechseln.

Zwei Faktoren haben den Rollenschwarzmarkt belebt. Der eine war das Vorgehen Yadins und des israelischen Militärs unmittelbar nach dem Krieg von 1967, als man den als Kando bekannten

Händler verhörte und zwang, die Existenz der sogenannten Tempelrolle zuzugeben. Verständlicherweise beeinträchtigte diese Art des Vorgehens den »Waffenstillstand« und leistete einem tiefgehenden Mißtrauen zwischen israelischen und arabischen Händlern Vorschub. Infolgedessen gelangt viel Material, das die Beduinen gefunden haben und das unter normalen Umständen in israelische Hände übergegangen wäre, illegal nach Amman, Damaskus oder an noch entfernter gelegene Orte. Von dort kommt es über die Türkei oder den Libanon in den Westen.

Zum andern erhielt der Schwarzhandel mit Rollenmaterial Auftrieb durch ein Gesetz, das auf eine Initiative der Unesco zurückgeht, demzufolge alle aus einem Land herausgeschmuggelten Altertümer an ihr Ursprungsland zurückgegeben werden müssen. Da dies Gesetz rückwirkend gültig ist, konnten Personen, die bereits große Summen für Rollenmaterial aufgewendet hatten oder aber noch große Summen dafür zu erhalten hofften, es sich nicht leisten, öffentlich über ihre Schätze Auskunft zu geben. Das Gesetz trieb also den heimlichen Handel mit Rollen noch tiefer in den Untergrund – und ließ die Preise natürlich enorm hochschnellen.

Wie funktioniert nun dieser Rollenhandel im Untergrund? Er wird zum größten Teil von einigen Familien kontrolliert, die in Händlerkreisen sehr wohl bekannt sind und die daneben auch viele andere Objekte ganz legal in Israel und im Ausland zum Verkauf anbieten. Im Verlauf des letzten halben Jahrhunderts haben diese Familien ihre eigenen wirksamen Netze aufgebaut, über die sie engen Kontakt mit den Beduinen halten und Gerüchte, Geflüster und Berichte über Funde, die für einen Antiquitätenhändler von Interesse sind, sofort erfahren. Sowie eine potentiell ergiebige Stelle geortet wird, wird das Land für ein Jahr gepachtet und darauf ein großes schwarzes Beduinenzelt aufgebaut – von außen von einer nomadischen Wohnstätte nicht zu unterscheiden. Nachts werden unter dem Schutz des Zeltes Ausgrabungen durchgeführt. Sobald alle wertvollen Objekte sichergestellt sind, wird das Zelt wieder abgebaut, und die Bewohner ziehen weiter. Ähnliches geschieht auch in Städten, insbesondere in Jerusalem, das sich als besonders ergiebiges Territorium herausgestellt hat. »Verdächtige« Grundstücke werden kurzzeitig gemietet oder im Notfall auch gekauft. Wenn nicht bereits ein Haus darauf steht, wird kurzerhand eins aufgestellt. Gegraben wird dann einfach vom Keller aus. Durch solche Machenschaften ist eine Menge Rollenmaterial in den Besitz privater Sammler und Investoren gelangt. Dieses Material läuft gänzlich an der offiziellen Archäologie und Bibelforschung vorbei. Ja, deren Vertreter wissen zumeist gar nichts von seiner Existenz. So wissen sie zum Beispiel nicht, daß zur Zeit eine Fülle von Qumranmaterial und diesem verwandten Handschriften von Sammlern zum Kauf angeboten wird. Wir selbst wissen zum Beispiel von zahlreichen Fragmenten, darunter einer guterhaltenen Kopie des »Jubiläenbuches«. Wir haben Kenntnis von mehreren Briefen des Simeon Bar Kochba. Und es besteht begründeter Anlaß zu der Annahme, daß es noch andere Dokumente gibt – Dokumente, deren Inhalt viel mehr Sprengkraft enthält und von denen die Wissenschaftler nicht einmal zu träumen wagen.

Im Lauf der nächsten zehn bis fünfundzwanzig Jahre sind von mindestens einer, wenn nicht von allen drei in dieser Sache besonders wichtigen Seiten bedeutende Entwicklungen zu erwarten. Am meisten dazu beitragen wird natürlich das Qumranmaterial selbst. Jetzt, da das gesamte Corpus frei zugänglich ist, können unabhängige Wissenschaftler sich endlich ohne Vorurteile und ohne eigennützigen Zwecken zu dienen oder monopolistische Interessen zu schützen, an die Arbeit machen. Bereits ist die »orthodoxe Interpretation« der internationalen Gruppe unter Beschuß geraten. Wie wir in diesem Buch gezeigt haben, wird die archäologische und paläographische Forschungsgrundlage, auf die ihre Mitglieder ihre Folgerungen stützen, einer genauen Analyse nicht standhalten. Als Folge davon ist eine umfassende Überarbeitung des Vorgehens zu erwarten, aufgrund dessen viele besonders wichtige Texte einer bestimmten Zeit zugeordnet wurden. Daraus werden sich auch neue Zusammenhänge und Interpretationen hinsichtlich bereits bekannter Texte ergeben. Zudem wird neues Material in einem neuen Licht erscheinen, das noch einige Jahre früher flüchtig und überheblich als unwesentlich abgetan worden wäre.

13. Oktober 1991

Dank

Wir möchten uns bei Robert Eisenman für die Großzügigkeit bedanken, mit der er uns seine Zeit, seine Energie und seine Erkenntnisse zur Verfügung gestellt hat. Ganz besonderer Dank gebührt ihm dafür, daß er uns die Zusammenhänge zwischen den Schriftrollen vom Toten Meer und dem Neuen Testament sowie die sozialen, politischen und religiösen Kräfte, die den historischen Hintergrund dazu bilden, ausgeleuchtet hat. Das Ausmaß dessen, was wir ihm zu verdanken haben, wird in diesem Buch nur zu deutlich. Unser Dank gilt auch Heather Eisenman.

Wir möchten uns auch bei Mrs. Joan Allegro bedanken, die uns das Material ihres Mannes zugänglich gemacht, für unser Vorhaben Sympathie gezeigt und es unterstützt hat.

Auch der Belegschaft des Verlags Jonathan Cape, insbesondere Tom Maschler, Tony Colwell, Jenny Cottom, Lynn Boulton und Helen Donlon, gilt unser Dank. Ebenso unserer Lektorin Alison Mansbridge für ihre Vorschläge und ihre Geduld, die sie selbst in den prekärsten Situationen aufgebracht hat.

Wir möchten uns auch bei Rod Collins bedanken; er ist ein Banker, wie ihn sich jeder Autor nur wünschen kann.

Auch bei unserer Agentin Barbara Levy möchten wir uns bedanken, denn sie hat ihre Hände über das Projekt gehalten; ebenso Ann Evans, die es mitangeregt hat und nun ihrer neuen Berufung als Medium des rastlos umherschweifenden Schattens von Jehan l'Ascuiz nachgeht.

Auch wollen wir nicht vergessen, den Angestellten im Lesesaal der British Library in Bloomsbury und der London Library zu danken. Und wie immer, aber das versteht sich von selbst, möchten wir beide unseren Frauen danken.

Die Autoren und Verleger möchten sich bei folgenden Personen und Institutionen für die Erlaubnis zum Abdruck der Fotografien bedanken:
Den Nachlaßverwaltern von John Allegro (3, 8–10, 14–15, 17, 19–27), Michael Baigent (28–38, 40), der Cambridge University Library (1), dem israelischen Amt für Altertümer (6–7, 11–13, 18), der Pressestelle der israelischen Regierung (39), William Reed (2), John L. Trever, mit freundlicher Genehmigung von »The Biblical Archaeologist« (5), Sabine Weiss/RAPHO (16) und Yigael Yadin (4).

Anmerkungen

Vorwort

[1] Eisenman, *Macabees, Zadokites and Qumran*, S. XVI.

Die Entdeckung der Schriftrollen

[1] Was sich in Wirklichkeit zugetragen hat, wird wohl nie mehr geklärt werden. Sämtliche Berichte widersprechen sich in mehr oder weniger Details. Bis in die sechziger Jahre wurden Kontroversen über die Abfolge der Ereignisse ausgetragen. Siehe dazu: Allegro, *The Dead Sea Scrolls*, S. 17ff; Brownlee, »Muhammad Ed-Debb's own Story of his Scroll Discovery«, S. 236ff; »Edh-Debb's Story of his Scroll Discovery, S. 483ff; »Some New Facts Concerning the Discovery of the Scrolls of 1Q«, S. 417ff; Harding, *The Times*, 9. August 1949, S. 5; Samuel, »The Purchase of the Jerusalem Scrolls«, S. 26ff; *Treasure of Qumran*, S. 142ff; Trever, »When Was Qumran Cave 1 Discovered?«, S. 135ff; *The Untold Story of Qumran*, S. 25ff; Wilson, *The Dead Sea Scrolls 1947-1969*, S. 3ff.
[2] Siehe unter anderen Brownlee, op. cit., S. 486 und Anm. 6; Allegro, op. cit., S. 20.
[3] Wilson, op. cit., S. 4.
[4] Van der Ploeg, *The Excavations at Qumran*, S. 9-13.
[5] Gespräche mit Miles Copeland am 1. und 10. Mai 1990. Die Suche nach den Fotos in den Archiven des CIA unter Berufung auf den Freedom of Information Act verlief erfolglos.
[6] Gespräch vom 21. Mai 1990.
[7] Yadin, *The Message of the Scrolls*, S. 15-24, zitiert nach Sukeniks persönlichen Aufzeichnungen.
[8] Ebda., S. 14.
[9] Trever, *The Untold Story of Qumran*, S. 85.
[10] *Time Magazine* vom 15. 4.1957, S. 39.
[11] Allegro, op. cit., S. 38-39.
[12] Ebda., S. 41.
[13] Plinius, *Historia Naturalis*, V.
[14] De Vaux, *Archaeology and the Dead Sea Scrolls*, S. 134-135.
[15] Berichte über dieses Unternehmen in: de Vaux, »Exploration de la région de Qumran«, S. 540ff; Reed, »The Qumran Caves Expedition of March 1952,« S. 8ff.
[16] Ebda.
[17] Allegro, *The Treasure of the Copper Scroll*, S. 35.
[18] *Time Magazine*, op. cit., S. 38.
[19] Yadin, op. cit., S. 40.
[20] Ebda., S. 41-55.
[21] Sharon zu Eisenman am 16. Januar 1990.

Das internationale Team

[1] Pryce-Jones, »A New Chapter in the History of Christ?«, S. 12.
[2] Ebda., S. 14.
[3] Ebda.
[4] Pryce-Jones zu den Autoren am 11. Januar 1990.

⁵ Gespräch mit Magen Broschi am 12. November 1989.
⁶ Gespräch mit Frank Cross am 18. Mai 1990.
⁷ Vertrauliche Information.
⁸ Gespräch mit Abraham Biran am 4. Dezember 1989.
⁹ Gespräch mit James Robinson am 3. November 1989.
¹⁰ North, »Qumran and its Archaeology«, S. 429.
¹¹ Gespräch mit Norman Golb am 1. November 1989.
¹² Gespräch mit Schemariahu Talmon am 8. November 1989.
¹³ *Time Magazine* vom 14. August 1989, S. 44.
¹⁴ *Biblical Archaeology Review (BAR)*, Mai/Juni 1989, S. 57, und September/Oktober 1989, S. 20.
¹⁵ Gespräch mit James Robinson am 3. November 1989.
¹⁶ Siehe Robinson, »The Jung Codex: the Rise and Fall of a Monopoly«; siehe auch Robinson, »Getting the Nag Hammadi Library into English«.
¹⁷ Insgesamt wurden drei Bände der Reihe *Discoveries in the Judaean Desert*, die sich mit den Fragmenten aus der Höhle 4 befassen, termingerecht veröffentlicht. Nach dem vorgesehenen Plan verbleiben somit fünfzehn weitere Bände über die Funde in Höhle 4 sowie ein Band über Höhle 11.
¹⁸ *New York Times* vom 26. Juni 1989, S. B4.
¹⁹ *BAR*, September/Oktober 1985, S. 6.
²⁰ Ebda., S. 66. In der Zeitschrift steht weiter: »Klar, daß die Meinungen darüber, ob dem wirklich so ist, auseinandergehen und daß darüber disputiert wird.«
²¹ Ebda., S. 66.
²² *New York Times*, op. cit., S. B1, B4.
²³ *The Chronicle of Higher Education*, 5. Juli 1989, S. 7A.
²⁴ Cross, *The Ancient Library of Qumran*, S. 30.
²⁵ Allegro, *The Dead Sea Scrolls*, S. 50.
²⁶ Dieser Brief, wie auch zahlreiche folgende, befindet sich in der Ablage von John Allegros Privatkorrespondenz.

Der Skandal um die Rollen

¹ Wilson, *The Dead Sea Scrolls 1947-1969*, S. 77.
² Ebda., S. 97-98.
³ Ebda., S. 97.
⁴ Gespräch mit Philip Davies am 10. Oktober 1989.
⁵ Eine »vorschnelle« Aussage seitens Wilsons gab es allerdings wirklich, und sie muß aus der Welt geschafft werden. De Vaux erzählte Wilson eine Begebenheit, die sich im 6-Tage-Krieg abgespielt haben soll. Nach Wilsons Darstellung sollen israelische Truppen, als sie am 6. Juni 1967 auf den Grund und Boden der Ecole Biblique vordrangen, immer zwei Priester zusammen als Schutzschilde auf dem offenen Hof festgehalten haben mit der Drohung, sie würden unverzüglich erschossen, falls auch nur das kleinste Anzeichen von Heckenschützen in der Ecole oder im angrenzenden Gebäude des Klosters St. Stephan zu hören sein sollte. Siehe Wilson, op. cit., S. 259. Befragungen in Israel weisen darauf hin, daß dies nicht geschehen ist, sondern von de Vaux erfunden und Wilson als wahr berichtet wurde. Wilson hat diesen Bericht offenbar nie anhand israelischer Quellen geprüft.
⁶ Gespräch mit Schemariahu Talmon am 8. November 1989.
⁷ Der Académie des Inscriptions et Belles-Lettres am 26. Mai 1950 übergeben. Bericht darüber in *Le Monde* vom 28/29. Mai 1950, S. 4.
⁸ Brownlee, »The Servant of the Lord in the Qumran Scrolls I«, S. 9.
⁹ Allegro an Strugnell. Der Brief ist nicht datiert, wurde aber zwischen dem 14. und 31. Dezember 1955 geschrieben.
¹⁰ Ebda.
¹¹ Ebda.

[12] *New York Times* vom 5. Februar 1956, S. 2.
[13] Ebda.
[14] *The Times* vom 8. Februar 1956, S. 8.
[15] Allegro an de Vaux am 9. Februar 1956.
[16] Allegro an de Vaux am 20. Februar 1956.
[17] Ebda.
[18] Allegro an de Vaux am 7. März 1956.
[19] Ebda.
[20] Allegro an Cross am 6. März 1956.
[21] *The Times* vom 16. März 1956, S. 11.
[22] *The Times* vom 20. März 1956, S. 13.
[23] Ebda.
[24] Allegro an Strugnell am 8. März 1956.
[25] Smyth, »The Truth about the Dead Sea Scrolls«, S. 33.
[26] Ebda., S. 34.
[27] Allegro an Claus Hunzinger am 23. April 1956.
[28] Harding an Allegro am 28. Mai 1956.
[29] *The Times* vom 1. Juni 1956, S. 12.
[30] Allegro an Harding am 5. Juni 1956.
[31] Ebda.
[32] Ebda.
[33] Allegro an Cross am 5. August 1956.
[34] Allegro an de Vaux am 16. September 1956.
[35] Allegro an ein (ungenannt bleibendes) Mitglied des Teams am 14. September 1959.
[36] (Ungenannt bleibendes) Mitglied des Teams an Allegro am 21. Oktober 1959.
[37] Allegro an de Vaux am 16. September 1956.
[38] Ebda.
[39] *BAR*, März/April 1990, S. 24. Dieser Text ist unter der Nummer 4Q246 katalogisiert und gehört zum Material, das Milik unter sich hat.
[40] Allegro an Cross am 31. Oktober 1957.
[41] Ebda.
[42] Allegro an James Muilenburg am 31. Oktober 1957.
[43] Allegro an Muilenburg am 24. Dezember 1957.
[44] Ebda.
[45] Allegro an Awni Dajani am 10. Januar 1959.
[46] Ebda.
[47] *The Times* vom 23. Mai 1970, S. 22.
[48] *The Times* vom 19. Mai 1970, S. 2.
[49] *The Times* vom 26. Mai 1970, S. 9.
[50] *The Daily Telegraph* vom 18. Mai 1987, S. 11.
[51] *The Times* vom 5. Oktober 1970, S. 4.
[52] Wilson, op. cit., S. 125.
[53] Vermes, *The Dead Sea Scrolls: Qumran in Perspective*, S. 23-24.
[54] *Times Literary Supplement* vom 3. Mai 1985, S. 502.
[55] Ebda.
[56] Eisenman hat auf die Erwähnung der »Armen« in der Kriegsrolle aufmerksam gemacht; siehe Eisenman, op. cit., S. 43, Anm. 23 und S. 62, Anm. 105. Der Text besagt, der Messias werde die »Armen« zum Sieg gegen die Streitkräfte von Belial führen (Kriegsrolle, XI, 8 [Vermes, S. 116 – Vermes übersetzt Belial nach seiner Interpretation mit Satan]). Nähere Einzelheiten darüber siehe Eisenman, »Eschatological EA RainE Imagery in the War Scroll from Qumran and in the Letter of James«, S. 182.
[57] Gespräch mit Emile Puech am 7. November 1989.
[58] Dieses Fragment hat die Katalognummer 4Q246. Siehe *BAR* vom März/April 1990, S. 24. Es ist derselbe Text, auf den Allegro in seinem Brief vom 16. September 1956 Bezug nimmt (siehe oben).
[59] Ebda.

Wider den Consensus

[1] *The Times* vom 23. August 1949, S. 5.
[2] Ebda.
[3] Jean Carmignacs Rezension von Roth, »The Historical Background of the Dead Sea Scrolls«, in: *Revue de Qumran*, Nr. 3, 1959 (Bd. I, 1958-1958), S. 447.
[4] Diese Behauptung stellte de Vaux auf

in: »Fouilles au Khirbet Qumran«, *Revue biblique*, Bd. LXI (1956), S. 567, sowie in: »Les manuscrits de Qumran et l'archéologie«, *Revue biblique*, Bd. LXVI (1959), S. 100.

[5] Roth, »Did Vespasian Capture Qumran?«, in: *Palestine Exploration Quarterly*, Juli bis Dezember 1959, S. 122ff.

[6] Driver, *The Judaean Scrolls*, S. 3.

[7] De Vaux'Rezension von Driver, *The Judaean Scrolls*, in: *New Testament Studies*, Bd. XIII (1966-1967), S. 97.

[8] Ebda., S. 104.

[9] Albright, in: M. Black, Hrsg., *The Scrolls and Christianity*, S. 15.

[10] Eisenman zu den Autoren am 13. Juni 1990.

[11] Eisenman zu den Autoren am 27. September 1989.

[12] *BAR*, September/Oktober 1985, S. 66.

[13] Ebda., S. 70. Zum ersten Mal wurde in einer Ausgabe des *BAR* die Publikation von Fotgrafien der unveröffentlichten Texte im Mai 1985 gefordert.

[14] Benoit an Cross, Milik, Starcky und Puech, Strugnell, E. Ulrich, Avi (sic) Eitan am 15. September 1985.

[15] Eitan an Benoit am 26. Dezember 1985.

[16] Gespräch mit Juval Ne'eman am 16. Januar 1986.

[17] Ebda.

[18] Eisenman, *Maccabees, Zadokites, Christians and Qumran*, S. XVI.

[19] Eisenman zu den Autoren am 5. Juli 1990.

[20] So genannt nach den Anfangsbuchstaben der ersten drei hebräischen Wörter in der ersten Zeile: *Miqsat Ma'aseh ha-Torah*, was soviel heißt wie »Einige Regeln nach dem Gesetz«. Der Text gibt hauptsächlich die Haltung der Gemeinde von Qumran in bezug auf einige Regeln aus der Torah wieder.

[21] *Catalogue of the Dead Sea Scrolls*, 07/04/81.

[22] Eisenman zu den Autoren am 15. September 1990.

[23] Eine Kopie dieses Zeitplans wurde in der *BAR* veröffentlicht, und zwar in der Ausgabe Juli/August 1989, S. 20. Daß es sich dabei um den nämlichen Zeitplan handelt, von dem die Rede war, wurde uns von Ajala Sussman vom israelischen Amt für Altertümer bestätigt (Gespräch mit Ajala Sussman am 7. November 1989).

[24] Brief von Eisenman und Davies an Strugnell vom 16. März 1989.

[25] Brief von Eisenman und Davies an Drori am 2. Mai 1989.

[26] Ebda.

[27] Ebda.

[28] Brief von Strugnell an Eisenman vom 15. Mai 1989.

[29] *BAR*, September/Oktober 1989, S. 20.

[30] Brief von Strugnell an Eisenman vom 15. Mai 1989.

[31] Davies, »How not to do Archaeology: The Story of Qumran«, S. 203-204.

Akademische Winkelzüge und bürokratische Trägheit

[1] Das Referat ist später veröffentlicht worden, in: Eisenman, »Interpreting EA Abeit-GalutoE in the Habakkuk Pesher«, *Folia orientalia*, Bd. XXVII (1990).

[2] Florentino Garcia-Martinez zu Eisenman am 4. Oktober 1989.

[3] *New York Times* vom 9. Juli 1989, S. E26.

[4] *BAR*, Mai/Juni 1990, S. 67.

[5] *BAR*, Juli/August 1990, S. 44.

[6] *BAR*, Juli/August 1989, S. 18.

[7] *BAR*, November/Dezember 1989, S. 74.

[8] *BAR*, Juli/August 1989, S. 18.

[9] Ebda., S. 19.

[10] *Los Angeles Times* vom 1. Juli 1989, Teil II, S. 20-21.

[11] *International Herald Tribune* vom 16. November 1989, S. 2.

[12] *BAR*, Juli/August 1990, S. 47.

[13] *Time Magazine* vom 14. 8.1989, S. 44.
[14] *BAR*, März/April 1990, Umschlag.
[15] *BAR*, Juli/August 1990, S. 6
[16] Gespräch mit Ajala Sussman am 7. November 1989.
[17] Ebda.
[18] Ebda.
[19] Gespräch mit Schemariahu Talmon am 8. November 1989.
[20] Ebda.
[21] Ebda.
[22] Gespräch mit Schemariahu Talmon am 9. November 1989.
[23] Gespräch mit Jonas Greenfield am 9. November 1989.
[24] Telefongespräch mit Ajala Sussman am 10. November 1989.
[25] Ebda.
[26] Ebda.
[27] Gespräch mit Hilary Feldman am 4. Dezember 1989.
[28] Ebda.

Die Attacke auf die Wissenschaft

[1] Brief von Allegro an Muilenberg vom 24. Dezember 1957.
[2] Brief von Strugnell an Allegro vom 3. Januar 1956.
[3] Wilson, *The Dead Sea Scrolls 1947-1969*, S. 138.
[4] Allegros Verdacht gegen die internationale Gruppe erwachte insbesondere während des Sommers 1957, in dem er im Rollensaal tätig war. Er verstärkte sich durch das Debakel bei den Dreharbeiten zu seiner Fernsehsendung in Jerusalem, Qumran und Amman im Oktober 1957. Allegro faßte den Plan, das internationale Team zu sprengen und die Rollentexte allen dafür qualifizierten Wissenschaftlern zugänglich zu machen. Am 10. Januar 1959 schrieb er in einem Brief an Awni Dajani, dem Kurator des Archäologischen Museums von Palästina, er halte die Zeit für reif, das ganze Museum samt den Rollen zu übernehmen. Diesen Faden nahm er 1966 wieder auf und wandte sich am 13. September erneut an Awni Dajani, dem er seine Besorgnis über die herrschende Situation mitteilte und dringend riet, es sei Zeit für die jordanische Regierung zu handeln.
Durch einen Brief vom 16. September 1966 (an Joseph Saad) ist ersichtlich, daß Allegro über das Vorhaben, das Museum zum Jahresende zu verstaatlichen, informiert war. Daraufhin schrieb er mehrere Briefe, in denen er sich darüber ausließ, wie die Rollen vor dem Verfall geschützt werden sollten und auf welche Weise die nötigen Finanzmittel für die Forschung und Publikation aufgebracht werden könnten. Als Berater der jordanischen Regierung für Fragen, die die Schriftrollen betrafen, verfaßte er einen Bericht über den Stand der Dinge und die im weiteren geplante Forschung, den er am 21. September 1966 an König Hussein schickte. Am gleichen Tag sandte er auch eine Kopie davon an den jordanischen Ministerpräsidenten. Das Museum wurde von der jordanischen Regierung im November 1966 verstaatlicht.
[5] *BAR*, Juli/August 1990.
[6] Gespräch mit Philip Davies vom 10. Oktober 1989.
[7] Gespräch mit Norman Golb vom 1. November 1989.
[8] *Palestine Exploration Fund Quarterly Statement*, 1887, S. 16.
[9] De Rosa, *Gottes erste Diener*, S. 161.
[10] Ausführlich dargestellt in: A. B. Hasler, *Wie der Papst unfehlbar wurde: Macht und Ohnmacht eines Dogmas*, 1979.
[11] Ebda.
[12] Fogazzaro, *Der Heilige (Il Santo)*
[13] Schroeder, *Père Lagrange and Biblical Inspiration*, S. 13, Anm. 7.
[14] Ebda., S. 15.
[15] Brief von Allegro an Cross vom 5. August 1956.
[16] Murphy, *Lagrange and Biblical Renewal*, S. 60.

[17] Ebda.
[18] Ebda.
[19] Ebda.
[20] Ebda.
[21] Ebda.
[22] Brief von de Vaux an Golb vom 26. März 1970.
[23] Gespräch mit Norman Golb am 1. November 1989.
[24] *BAR*, Juli/August 1990, S. 45.
[25] *BAR*, Januar/Februar 1990, S. 10.
[26] *Jerusalem Post Magazine*, 29. September 1989, S. 11.

Die Inquisition heute

[1] *New Catholic Encyclopaedia*, Bd. XI, S. 551.
[2] Ebda.
[3] *Annuario pontificio*, 1989, S. 1187.
[4] *Annuario pontificio*, 1956, S. 978.
[5] *Annuario pontificio*, 1973, S. 1036.
[6] *Annuario pontificio*, 1988, S. 1139.
[7] *New Catholic Encyclopaedia*, Bd. XI, S. 551.
[8] Benjamin Wambacq, »The Historical Truth of the Gospels«, in: *The Tablet*, 30. Mai 1964, S. 619.
[9] Ebda.
[10] Hebblethwaite, *Synod Extraordinary*, S. 54. Laut Papst Johannes Paul II. hat »die Glaubenskongregation keinen anderen Zweck, als das höchste Gut, das ein Christ hat – die Echtheit und Unversehrtheit seines Glaubens –, vor jeglicher Gefahr zu bewahren«, zitiert in: Hebblethwaite, *Wie regiert der Papst*, S.111f.
[11] *Annuario pontificio*, 1969, S. 967 und 1080.
[12] Schillebeeckx hält fest, daß das »apostolische Recht« – die Rechte lokaler Führer von kirchlichen Gemeinden – »Vorrang vor der faktisch gewordenen Kirchenordnung« habe. In: *Das kirchliche Amt*, S. 67.
[13] Küng, *Unfehlbar? Eine Anfrage*, 1970, S. 195.
[14] Ebda., S. 100.
[15] Ebda., S. 18
[16] Küng, »The Fallibility of Pope John Paul II«, in: *Observer*, 23. Dezember 1979, S. 11.
[17] Ebda.
[18] *Sunday Times*, 2. Dezember 1984, S. 13.
[19] Ebda.
[20] *Observer*, 27. Mai 1990, S. 1.
[21] *Independent*, 27. Juni 1990.
[22] *The Times*, 27. Juni 1990.

Das Dilemma der christlichen Orthodoxie

[1] *Die Gemeinderegel*, III, 7ff. Es gibt mehrere Übertragungen der bekannten Qumrantexte ins Deutsche; siehe Bibliographie unter: Dupont-Sommer (Ü: Walter Müller), Maier/Schubert, Lohse. [A.d.Ü.]
[2] Apostelgeschichte, 2,44-46.
[3] *Die Gemeinderegel*, I, 11ff.
[4] Ebda., VI, 2-3.
[5] Ebda., VI, 22-23.
[6] Eisenman zeigt in *James the Just in the Habakkuk Pesher*, S. 32, Anm. 16., bedeutende Parallelen auf zwischen dem herrschenden Rat von Qumran und jenem der Urkirche unter Jakobus in Jerusalem.
[7] *Der Kommentar zu Psalm 37*. Siehe auch in: Eisenman, *Maccabees, Zadokites, Christians and Qumran*, S. 108 *(Ebion/Ebionim)*, und S. XIV, XVI und 62-63.
[8] *Die Kriegsrolle*, XIII, 13-14.
[9] *Die Gemeinderegel*, VIII, 21. Siehe auch in: Eisenman, *Maccabees, Zadokites, Christians and Qumran*, S. 42, Anm. 21; S. 89-90 und S. 109 unter dem Stichwort *Tamimei-Derech*.
[10] *Die Gemeinderegel*, X, 20-21.
[11] *Die Gemeinderegel*, VIII, 7. Siehe auch in: Eisenman, *Maccabees, Zadokites, Christians and Qumran*, S. 80.
[12] *Die Gemeinderegel*, I, 1.
[13] *Der Habakkuk-Kommentar*, VIII, 1-3.

Siehe auch in: Eisenman, *James the Just in the Habakkuk Pesher*, S. 37-40.
¹⁴ *Die Gemeinderegel*, I, 1-3.
¹⁵ *Die Gemeinderegel*, VIII, 21-22. Siehe auch in: Eisenman, *Maccabees, Zadokites, Christians and Qumran*, S. XII.
¹⁶ *Die Gemeinderegel*, II, 19.
¹⁷ Driver, *The Judaean Scrolls*, S. 316-330; Talmon, *The World of Qumran from Within*, S. 147-185.
¹⁸ *Die Gemeinderegel*, VI, 4-5.
¹⁹ *Die Messianische Regel*, II, 20-21.
²⁰ Daniélou, *Les Manuscrits de la Mer Morte et les origines du Christianisme (Qumran und der Ursprung des Christentums)*, zit. nach der engl. Ausgabe, S. 27.

Die einzelnen Schriftrollen

¹ *Newsweek*, 27. Februar 1989, S. 55.
² *Die Gemeinderegel*, VII, 3-4.
³ Ebda., I, 16-17.
⁴ Ebda., III, 7-8.
⁵ Ebda., V, 9.
⁶ Ebda., IX, 23.
⁷ Ebda., VI, 16ff Dies ist die Version von Vermes; in den deutschen Übertragungen steht statt dessen »Reinheit der Vielen« oder »Reinheit der Vollmitglieder«. [A.d.Ü.]
⁸ Ebda., VIII, 3-4. Siehe auch in: Eisenman, *Maccabees, Zadokites, Christians and Qumran*, S. 42, Anm. 21, sowie *James the Just in the Habakkuk Pesher*, S. 8.
⁹ *Die Gemeinderegel*, IX, 11.
¹⁰ *Die Kriegsrolle*, VI, 8.
¹¹ Ebda., XI, 7. Siehe auch in: Eisenman, »Eschatological EA RainE Imagery in the War Scroll from Qumran and in the Letter of James«, S. 180-182.
¹² *Die Tempelrolle*, LXVI, 10ff. Siehe auch Anhang zu: Eisenman, *James the Just in the Habakkuk Pesher*, unter »The EA Three Nets of BelialE in the Zadokite Document and EA balla/belaE in the Temple Scroll«, S. 87-94.
¹³ Eisenman, ebda., S. 89.
¹⁴ Ebda.
¹⁵ Teile von acht verschiedenen Abschriften der Damaskusschrift sind in Höhle 4 gefunden worden, Teile einer weiteren in Höhle 5 und noch eine in Höhle 6.
¹⁶ Eisenman, Anhang zu *James the Just in the Habakkuk Pesher*, unter »The EA Three Nets of BelialE in the Zadokite Document and EA balla/belaE in the Temple Scroll«, S. 87-94.
¹⁷ *Die Damaskusschrift*, VIII, 21 (Handschrift A) bzw. I, 33ff (Handschrift B, Zählung hier auch: XIX, 33ff).
¹⁸ Ebda., II bzw. XX, 14f (Handschrift B).
¹⁹ Ebda., VII, 18-20 (Handschrift A).
²⁰ Ebda., I bzw. XIX, 10f (Handschrift B), II bzw. XX, 1 (Handschrift B), XII, 23 (Handschrift A), XIII, 20 (Handschrift A), XIV, 19 (Handschrift A).
²¹ Siehe Eisenman, *Maccabees, Zadokites, Christians and Qumran*, S. 68, Anm. 120; S. 69, Anm. 122.
²² Ebda., S. 42, Anm. 19. Zusätzlich zu den erwähnten Textstellen gibt es Anspielungen auf den »Lügenpriester« und auf jene, die das Gesetz mißachten, auch im Kommentar zu Psalm 37 sowie in mehreren Hymnen.
²³ Ebda., S. XV.
²⁴ Josephus, *Der jüdische Krieg*, VI, VI. Siehe auch Driver, *The Judaean Scrolls*, S. 211-214, sowie Eisenman, *James the Just in the Habakkuk Pesher*, S. 27.

Wissenschaft im Dienst des Glaubens

¹ Siehe zum Beispiel in: Vermes, *The Dead Sea Scrolls in English*, S. 29 und 31; de Vaux, *Archaeology and the Dead Sea Scrolls*, S. 116-117.
² Driver, *The Judaean Scrolls*, S. 211.
³ De Vaux, in: *New Testament Studies*, Bd. XIII (1966-1967), S. 91.
⁴ Ebda., S. 93.
⁵ Ebda.
⁶ Eisenman legt in *Maccabees, Zadoki-*

tes, *Christians and Qumran* bloß, wie de Vaux mit Drivers These umgeht; siehe S. 47, Anm. 47; S. 56, Anm. 92; S. 57, Anm. 93; S. 72, Anm. 129, und S. 83 (Anm. 155).

[7] North, »Qumran and its Archaeology«, S. 434.

[8] Ein britischer Architekt, der sich auf dem Gebiet des Wiederaufbaus von durch Erdbeben beschädigten oder zerstörten Gebäuden auskannte, war im Auftrag der jordanischen Regierung vor dem 6-Tage-Krieg von 1967 mit der Rekonstruktion der Ruinen von Qumran beschäftigt. Er hielt fest, daß seiner Meinung nach nichts darauf hindeute, was als Beweis aufgefaßt werden könnte, daß Qumran durch ein Erdbeben zerstört worden sei. Er halte den Riß in der Zisterne vielmehr für die Folge von Wasserdruck, verbunden mit einer falschen Konstruktion beim Bau oder bei einer Reparatur der Zisterne. Siehe: Steckoll, »Marginal Notes on the Qumran Excavations«, S. 34.

[9] Callaway, *The History of the Qumran Community*, S. 45.

[10] Milik, *Dix ans de découvertes dans le désert de Juda*, zit. nach der engl. Ausgabe, S. 52.

[11] De Vaux, »Fouilles au Khirbet Qumran«. Der Artikel erschien 1954 in: *Revue biblique*, LXI (1954), S. 233ff.

[12] De Vaux, in: *New Testament Studies*, Bd. XIII (1966-1967), S. 104.

[13] De Vaux, »Les manuscrits de Qumran et l'archéologue«, in: *Revue biblique*, Bd. LXVI (1959), S. 100.

[14] Cross, *The Ancient Library of Qumran (Die antike Bibliothek von Qumran)*, zit. nach der engl. Ausgabe, S. 47.

[15] Roth, »Did Vespasian capture Qumran?«, in: *Palestine Exploration Quarterly* (Juli bis Dezember 1959), S. 124.

[16] De Vaux, *L'archéologie et les manuscrits de la mer morte*, S. 32, Anm. 1, bzw. *Archaeology and the Dead Sea Scrolls*, S. 40, Anm. 1. Zusätzlich sei die Bemerkung erlaubt, daß über allen Entdeckungen von Münzen de Vaux' ein Schleier von Zweifeln liegt, da bis jetzt das vollständige Ergebnis seiner Ausgrabungen nicht veröffentlicht ist. So bemerkte der israelische Numismatiker Ja'acov Meschorer gegenüber Robert Eisenman, weder er noch sonst jemand habe seines Wissens die Münzen von de Vaux je zu Gesicht bekommen. Eisenman, *Maccabees, Zadokites, Christians and Qumran*, S. 93, Anm. 173. Was insbesondere die sogenannte »Münze der zehnten Legion« betrifft, siehe auch: Ebda., S. 94, Anm. 175.

[17] De Vaux, *Archaeology and the Dead Sea Scrolls*, S. 67.

[18] Ebda., S. 19, 22, 34, 37, 44-45. Eine exakte Anzahl der entdeckten Münzen sowie deren Identifikation anzugeben ist schwierig, solange die immer wieder verschobene Veröffentlichung von de Vaux' abschließendem Bericht über die Ausgrabungen noch nicht erschienen ist. Was davon in der *Revue biblique* veröffentlicht ist, weist nach de Vaux' eigenem Eingeständnis hinsichtlich der Identifikation der Münzen Fehler auf. Siehe ebda., S. 19, Anm. 3.

[19] Ebda., S. 109.

[20] Eisenman, *Maccabees, Zadokites, Christians and Qumran*, S. 34.

[21] Ebda., S. 92 (Anm. 168).

[22] De Vaux, *Archaeology and the Dead Sea Scrolls*, S. 43.

[23] Driver, *The Judaean Scrolls*, S. 396.

[24] Ebda., S. 394.

[25] De Vaux, in: *New Testament Studies*, Bd. XIII (1966-1967), S. 99, Anm. 1.

[26] Daniélou, *Les Manuscrits de la Mer Morte et les origines du Christianisme (Qumran und der Ursprung des Christentums)*, zit. nach der engl. Ausgabe, S. 121-122.

[27] De Vaux, *Archaeology and the Dead Sea Scrolls*, S. 28. Siehe auch: Eisenman, *Maccabees, Zadokites, Christians and Qumran*, S. 94, Anm. 174.

[28] Cross, *The Ancient Library of Qumran (Die antike Bibliothek von Qumran)*, zit.

nach der engl. Ausgabe, S. 51.
²⁹ Driver, *The Judaean Scrolls*, S. 397.
³⁰ Golb, »The Dead Sea Scrolls«, S. 182. In: *Science Times*, 21. November 1989, S. C8, sagte Golb in bezug auf Qumran: »Es gibt nichts, was darauf hindeutet, daß es sich um etwas anderes als um eine Festung gehandelt hat.«
³¹ Golb, »The Problem of Origin and Identification of the Dead Sea Scrolls«, S. 5.
³² Cross, *The Ancient Library of Qumran (Die antike Bibliothek von Qumran)*, zit. nach der engl. Ausgabe, S. 86-87
³³ Cross, »The Development of the Jewish Scripts«, in: Wright, *The Bible and the Ancient Near East*, S. 135. Siehe auch Eisenman, *Maccabees, Zadokites, Christians and Qumran*, S. 28-31; S. 82, Anm. 155; S. 84, Anm. 156 und 157; S. 86, Anm. 158 und 159; S. 87, Anm. 161; S. 88, Anm. 163.
³⁴ Cross, ebda., S. 191, Anm. 20.
³⁵ Birnbaum, *The Hebrew Scripts*, S. 130. Darauf hat Eisenman als erster hingewiesen, in: *Maccabees, Zadokites, Christians and Qumran*, S. 85 (Anm. 157).
³⁶ Eisenman, ebda., S. 85 (Anm 157).
³⁷ Davies, »How Not to do Archaeology: the Story of Qumran«, S. 206.
³⁸ Eisenman, *Maccabees, Zadokites, Christians and Qumran*, S. 29.
³⁹ Ebda., S. 30.
⁴⁰ Eisenman zu den Autoren am 7. Juli 1990.
⁴¹ Roth, »The Zealots and Qumran: The Basic Issue«, S. 84.

Die Essener

¹ Die wichtigsten Textstellen über die Essener finden sich in: Flavius Josephus, *Geschichte des Jüdischen Krieges*, 2. Buch, 8. Kap., und *Jüdische Altertümer*, 18. Buch, 1. Kap.; Philo von Alexandrien, *Quod omnis probus liber sit*, XII-XIII; Plinius der Ältere, *Historia Naturalis*, 5. Buch.
² Josephus, *Geschichte des Jüdischen Krieges*, 2. Buch, 8. Kap.
³ Josephus, *Jüdische Altertümer*, 15. Buch, 10. Kap.
⁴ Josephus, *Geschichte des Jüdischen Krieges*, 18. Buch, 1. Kap. (Es wird auch die Ansicht vertreten, es könnte sich dabei statt um Moses um den Gründer der Sekte handeln.)
⁵ Josephus, *Jüdische Altertümer*, 15. Buch, 10. Kap.
⁶ Ebda. Mit dieser angeblich freundschaftlichen Basis zwischen den Essenern, wie Josephus sie beschreibt, und Herodes dem Großen beschäftigt sich Eisenman detailliert in: »Confusions of Pharisees and Essenes in Josephus«, einem Referat anläßlich der Tagung der Society of Biblical Literature 1981 in New York.
⁷ Josephus, *Geschichte des Jüdischen Krieges*, 2. Buch, 8. Kap.
⁸ Brief von Friedrich dem Großen an d'Alembert vom 17. Okt. 1770. [Deutsche Fassung zit. nach Dupont-Sommer (ü. v. Walter Müller), S. 15 (A. d. Ü.)]
⁹ Renan, *Das Leben Jesu*. [Deutsche Fassung zit. nach Dupont-Sommer (ü. v. Walter Müller), S. 16 (A. d. Ü.)].
¹⁰ Cross, *The Ancient Library of Qumran (Die antike Bibliothek von Qumran)*, zit. nach der engl. Ausgabe, S. 37-38.
¹¹ Dies ist die Standardversion, wie die Anhänger des Consensus die Chronologie der Ereignisse darstellen; siehe de Vaux, *Archaeology and the Dead Sea Scrolls*, S. 3-45.
¹² Josephus, *Geschichte des Jüdischen Krieges*, 2. Buch, 8. Kap.
¹³ Philo von Alexandrien, *Quod omnis probus liber sit*, XII.
¹⁴ De Vaux, *Archaeology and the Dead Sea Scrolls*, S. 12-14.
¹⁵ Josephus, *Jüdische Altertümer*, 15. Buch, 10. Kap. Siehe auch in: Eisenman, *James the Just in the Habakkuk Pesher*, S. 79.
¹⁶ Philo von Alexandrien, *Quod omnis probus liber sit*, XII.

[17] Cross, *The Ancient Library of Qumran (Die antike Bibliothek von Qumran)*, zit. nach der engl. Ausgabe, S. 51.
[18] Philo von Alexandrien, *Quod omnis probus liber sit*, XII.
[19] Vermes, »The Etymology of ›Essenes‹«, S. 439. Siehe auch in: Vermes, *The Dead Sea Scrolls: Qumran in Perspective*, S. 126.
[20] Eisenman, *Maccabees, Zadokites, Christians and Qumran*, S. 6.
[21] Ebda., S. 108 für *Derech* (»der Weg«) und *ma'aseh* (»Werke/Taten«). S. 109 für *Tamimei-Derech* (»der vollkommene Weg«) und *Tom-Derech* (»Vollkommenheit des Weges«). Siehe auch Ausführungen S. 41, Anm. 17.
[22] Ebda., S. 109.
[23] Epiphanios von Salamis (Constantia), *Adversus octoginta haereses*, I, 1, Haeres XX (nach: Migne, 41, Kol. 273).
[24] Eisenman, op. cit., S. 44, Anm. 30.
[25] Black, »The Dead Sea Scrolls and Christian Origins«, S. 99, in: Black *The Scrolls and Christianity*.
[26] Eisenman, *James the Just in the Habakkuk Pesher*, S. 99 für *Nozrei-ha-Brit*.
[27] Ebda., S. VIII-IX.
[28] *Der Habakuk-Kommentar*, XI, 16 bis XII, 9.

Die Apostelgeschichte

[1] Eisenman, *Maccabes, Zadokites, Christians and Qumran*, S. XIII, 4-6.
[2] Josephus, *Jüdische Altertümer*, 18. Buch, 1. Kap. Siehe auch in: Eisenman, op. cit., S. 59, Anm. 99.
[3] Eisenman, op. cit., S. 10-11 und 22-23. Argumente, die dafür sprechen, daß die Stephanus-Episode eine überarbeitete Fassung eines anderen Ereignisses, nämlich eines Angriffs auf Jakobus ist, wie dies in den *Recognitiones (Erkenntnissen)* des Clemens Romanus, I, 70 aufgezeichnet ist, siehe ebda., S. 76, Anm. 144, und auch in: Eisenman, *James the Just in the Habakkuk Pesher*, S. 4, Anm. 11, und S. 39.
[4] Eisenman, op. cit., S. 41, Anm. 17.
[5] Ebda., S. 68, Anm. 120, und S. 69, Anm. 122.
[6] *Die Gemeinderegel*, VI, 14-23. Der Sinn dieser Zeilen ist nicht ganz eindeutig: Die Dauer des Noviziats betrug entweder mindestens zwei Jahre und ein weiteres Jahr, das als erstes Jahr der Vollmitgliedschaft zählte, oder sie betrug drei Jahre, und das vierte zählte als erstes Jahr der Vollmitgliedschaft. Siehe dazu auch: Vermes, *The Dead Sea Scrolls in English*, S. 7.
[7] Eisenman, *James the Just in the Habakkuk Pesher*, S. 30-32.
[8] Eisenman weist auf die psychologisch motivierende Art hin, mit der Paulus im Ersten Korintherbrief unter anderem begründet, daß es notwendig ist, »zu gewinnen«: »Obgleich ich nämlich unabhängig von allen Menschen war, habe ich mich doch zum Knecht aller gemacht, um die Mehrzahl zu gewinnen. So bin ich den Juden wie ein Jude geworden, um Juden zu gewinnen ... den Gesetzlosen ward ich ein Gesetzloser ... Wißt ihr nicht, daß die Läufer in der Rennbahn zwar alle laufen, daß aber nur *einer* den Siegespreis empfängt? Laufet so, daß ihr ihn erringet.« (1. Kor. 9,19-24)
[9] Eisenman, *James the Just in the Habakkuk Pesher*, S. 30-32.
[10] Ebda., siehe auch S. 57, Anm. 39 (wo der Autor einen Überblick gibt über die Stellen, in denen Paulus die Führung der Jerusalemer Gemeinde »diffamiert«).
[11] *Die Damaskusschrift*, XVI, 12-13. [Laut Angaben in deutschen Übersetzungen ist diese Stelle im Original schwer lesbar und nicht ganz gesichert. A. d. Ü.]
[12] In der Apostelgeschichte (23,23) steht unmißverständlich, es seien als Eskorte »200 Kriegsknechte«, »200 Schützen« und »70 Reiter« mit Paulus geschickt worden.

[13] Eisenman, *James the Just in the Habakkuk Pesher*, S. 3.

Jakobus der Gerechte

[1] Zwar wird Jakobus in der Apostelgeschichte nirgends direkt als »Führer« der Urkirche bezeichnet, aber seine leitende Position ist aus Apostelgeschichte 15,13-32 und 21,18 doch klar ersichtlich. In der letztgenannten heißt es: »Am nächsten Tag ging Paulus mit uns zu Jakobus, bei dem sich alle Ältesten versammelten.« Daraus geht hervor, daß die »Ältesten« Jakobus untergeordnet waren. Und im Brief an die Galater (2,9) schreibt Paulus: »...Jakobus, Kephas und Johannes, die als Säulen gelten ...« Und etwas weiter unten (2,11-12) wird deutlich, daß Kephas (das ist Petrus) dem Rang nach unter Jakobus steht. Johannes wird in der Apostelgeschichte kaum erwähnt, nachdem Paulus erstmals aufgetreten ist. In den späteren Schriften der Kirchengeschichte wird Jakobus dann explizit als Führer der »Urkirche« bezeichnet.

[2] Zum Beispiel: Jakobus 2,10: »Wer nämlich das ganze Gesetz hält, aber in einem einzigen Punkt fehlt, der ist in allen (Punkten) schuldig geworden.« Siehe in: Eisenman, *James the Just in the Habakkuk Pesher,* S. 2, Anm. 6; S. 21, Anm. 1; S. 25 und S. 58 (Anm. 39).

[3] Jakobus, 5,6.

[4] *Erkenntnisse* des Clemens Romanus, I, 70.

[5] Ebda.

[6] Eisenman bemerkt zu diesem Ereignis in seiner Schrift, Petrus habe noch sechs Wochen später in Caesarea erwähnt, daß Jakobus als Folge seiner Verletzung hinke. Und Eisenman fügt hinzu: »Derartige Einzelheiten in einem Text sind höchst interessant. Sie sind so persönlich und detailliert, daß man ihnen Beachtung schenken und sie nicht einfach als Auswuchs künstlerischer Phantasie abtun sollte.« Siehe Eisenman, op. cit., S. 4, Anm. 11.

[7] *Erkenntnisse* des Clemens Romanus, I, 71.

[8] Josephus, *Jüdische Altertümer,* 20. Buch, 9. Kap.

[9] Eusebius von Caesarea, *Kirchengeschichte,* 2. Buch, 1. Kap., und 2. Buch, 23. Kap.

[10] Ebda.

[11] In manchen spanischen Klöstern wurden von der Gründung an alle erreichbaren Schriften gesammelt, und zwar orthodoxe wie häretische. Da diese Klöster niemals geplündert wurden, sind ihre Bibliotheken weitgehend unversehrt geblieben. Leider unterliegen sie sehr strengen Zulassungsbeschränkungen.

[12] Eusebius, op. cit., 2. Buch, 23. Kap.

[13] Eisenman, op. cit., S. 3.

[14] Ebda.

[15] Eusebius, op. cit., 2. Buch, 23. Kap.

[16] Eisenman, op. cit., S. 10.

[17] Eusebius, op. cit., 2.Buch, 23. Kap.

[18] Ebda.

[19] Ebda. Siehe auch Eisenman, in: op. cit., S. 38, Anm. 12, und S. 60, Anm. 40 (in bezug auf: Origenes, *Contra celsum,* 1.47 und 2.13).

[20] Herodes Agrippa II.

[21] Eisenman, op. cit., S. 63-65.

[22] *Der Habakuk-Kommentar,* II, 2-3.

[23] Ebda., II, 3-4.

[24] Ebda., V, 11-12.

[25] Ebda., X, 9-10.

[26] Ebda., X, 11-12.

[27] Einen zusammenfassenden Überblick darüber, wie empfindlich Paulus reagiert, wenn es um die Anklage der Lüge geht, gibt Eisenman in: op. cit., S. 39, Anm. 24.

[28] Eisenman, op. cit., S. VIII. An dieser Stelle weist Eisenman darauf hin, wie wichtig die Unterscheidung ist zwischen dem »Lügenmann« und dem »Frevelpriester«. Ohne sie ist es unmöglich, einen kontinuierlichen historischen Sinn in den Texten zu erkennen. Die Anhänger des Consensus vertreten jedoch die

Ansicht, die beiden seien ein und dieselbe Person. Siehe auch Vermes, *The Dead Sea Scrolls in English*, S. 30.
[29] *Der Habakkuk-Kommentar*, IX, 2-3. Siehe Eisenman, op. cit., S. 50-51, wo er erklärt, daß diese Angaben dem, was über den Tod des Ananas bekannt ist, nahekommen. Siehe auch Eisenman, »Interpreting ›Albeit-Galuto‹ in the Habakkuk Pesher«.
[30] *Der Habakuk-Kommentar*, XII, 7ff.
[31] Eisenman zu den Autoren am 22. August 1990.
[32] *Der Habakkuk-Kommentar*, VIII, 1ff. Zur Diskussion um den Begriff »Glauben« siehe auch Eisenman, op. cit., S. 37-39.
[33] Eisenman, ebda.

Eifer für das Gesetz

[1] Eisenman, *Maccabees, Zadokites, Christians and Qumran*, S. 44, Anm. 30.
[2] Ebda., S. 6.
[3] Ebda., S. 8, S. 45, Anm. 36 (Zitat Wernberg-Möller).
[4] Ebda., S. 12, S. 49, Anm. 58. Siehe auch S. 26.
[5] Ebda., S. 12.
[6] Ebda., S. 13, S. 49, Anm. 58. Siehe Numeri 25,7ff. Mattathias beruft sich auf dem Sterbebett in seinen letzten Worten auf diesen Bund (1 Makk. 2,54): »Pinchas, unser Ahnherr, erhielt für sein Eifern die Verheißung ewigen Priestertums.«
[7] Eisenman zu den Autoren am 29. August 1990.
[8] Eisenman, op. cit., S. 13-16 und S. 45, Anm. 36.
[9] Ebda., S. 44, Anm. 30.
[10] Ebda., S. 10.
[11] Ebda., S. 90, Anm. 164. Die Termini »reine« oder »puristische« und »herodianische« Sadduzäer hat Eisenman eingeführt. Die »puristischen« oder »reinen« Sadduzäer vertraten nach dem Jahre 4 v. Chr. eine messianische Ideologie. Eisenman verfeinerte daher seine Terminologie und spricht, wenn es um die Sadduzäer nach dem Jahre 4 v. Chr. geht, einerseits von den »messianischen« und statt von »herodianischen« von den »Boethusschen« Sadduzäern, letztere nach Simon Ben Boethus, den Herodes als Hohenpriester einsetzte. Wir verwenden nur die vereinfachten Formen »reine« oder »puristische« sowie »herodianische« Sadduzäer.
[12] Josephus, *Geschichte des Jüdischen Krieges*, 2. Buch, 1. Kap. Siehe in: Eisenman, op. cit., S. 25-26.
[13] Josephus, op. cit., 2. Buch, 4. Kap.
[14] Ebda., 2. Buch, 8. Kap.
[15] Eisenman, op. cit., S. 53, Anm. 79, und S. 75, Anm. 140.
[16] Josephus, *Jüdische Altertümer*, 18. Buch, 1. Kap.
[17] Ebda., 17. Buch, 10. Kap.
[18] Josephus, *Geschichte des Jüdischen Krieges*, 2. Buch, 17. Kap.
[19] Josephus, *Jüdische Altertümer*, 18. Buch, 1. Kap.
[20] Diese Ausführungen kamen schon früher an die Öffentlichkeit, und zwar in einem Vortrag unter dem Titel »Confusions of Pharisees and Essenes in Josephus« vor der Society of Biblical Literature anläßlich ihrer Tagung in New York 1981.
[21] Apostelgeschichte 21,20.
[22] Eisenman, op. cit., S. 5-9.
[23] Ebda., S. 58, Anm. 95.
[24] Ebda., S. 36-37, S. 90, Anm. 164, und S. 96 (Anm. 179).
[25] Josephus, *Geschichte des Jüdischen Krieges*, 7. Buch, 10. Kap.
[26] Eisenman, op. cit., S. 96, Anm. 180.
[27] Ebda., S. 25-26.
[28] Ebda., S. 73, Anm. 132. Er führt auf: *Die Damaskuschrift*, VII, 18-21, *Die Kriegsrolle*, XI, 5f, und *Testimonia (4Qtest)*, 9-13.
[29] *Die Damaskusschrift*, VII, 18-21.
[30] Tacitus, *Historiae*, 5. Buch 13. Kap., Sueton, Kaiserbiograph., Vespasian, 4.
[31] Eisenman, op. cit., S. 25.

[32] Gichon, »The Bar Kochba War«, S. 88.
[33] Ebda., S. 92.
[34] Ebda., S. 89-90.
[35] Gichon zu den Autoren am 12. 01. 90.

Zelotischer Selbstmord

[1] Der letzte Satz in diesem Zitat aus dem Matthäusevangelium ist reinster Stil von Qumran und steht den Lehren des »Lügenmannes« diametral entgegen.
[2] Josephus, *Geschichte des Jüdischen Krieges*, 7. Buch, 9. Kap.
[3] Ebda., 7. Buch, 8. Kap. (hier zitiert nach der Übersetzung von Hermann Endrös, Mnch. 1964/1980, S. 556-557).
[4] Ebda. (hier zitiert nach der Übersetzung von Hermann Endrös, S. 561).
[5] Ebda., 3. Buch, 8. Kap.
[6] Yadin, *Masada*, zit nach der engl. Fassung, S. 187-188.
[7] Siehe Eisenman, *Maccabees, Zadokites, Christians and Qumran*, S. 62, Anm. 105.
[8] *Die Kriegsrolle*, I, 6-8.

Paulus – römischer Agent oder Informant?

[1] Insbesondere in 1 Kor. 9,19-24. Siehe weiter oben in Kap. 12, Anm. 8.
[2] Eisenman zu den Autoren am 24. August 1990.
[3] Eisenman, *James the Just in the Habakkuk Pesher*, S. 16, Anm. 39, und S. 59, Anm. 39.
[4] Eisenman, *Maccabees, Zadokites, Christians and Qumran*, S. 62, Anm. 105. Eisenman sagt, daß »Paulus' ›Heidenmission‹, mit der er sich über die Forderungen des Gesetzes hinwegsetzt und die er ›gleichzeitig an Juden und an Heiden‹ richtet ... mit den Forderungen der herodianischen Politik auf einer Linie liegt«. Er hat sämtliche Belegstellen, die etwas über das Verhältnis des Paulus zu den Familien der regierenden Oberschicht aussagen, in einem bisher nicht veröffentlichten Aufsatz mit dem Titel »Paul as Herodian« zusammengestellt.

Nachwort

[1] *BAR*, Juli 1989, S. 21.
[2] Bar-Adon, »Another Settlement of the Judaean Desert Sect«.
[3] Eusebius von Caesarea, *Kirchengeschichte*, 6. Buch, 16. Kap.
[4] Ebda.
[5] Braun, »Ein Brief des Katholikos Timotheos I«; S. 305.
[6] Die ganze Affäre Shapira in: Allegro, *The Shapira Affair*.
[7] Ebda., S. 114-119.

Bibliograhie

Albright, W. F., *The Archeology of Palestine* (überarbeitete Neuauflage), Harmondsworth 1963

Allegro, J. M., *The Sacred Mushroom and the Cross*, London 1960

Ders., *The Dead Sea Scrolls: A Reappraisal* (2. Aufl.), Harmondsworth 1975

Ders., *The Dead Sea Scrolls and the Christian Myth*, Newton Abbot 1979

Annuario Pontificio, Jahresbulletin des Vatikans

Avigad, N., und Yadin, Y., *A Genesis Apocryphon*, Jerusalem 1956

Baillet, M., »Fragments du document de Damas, Qumran, grotte 6«, *Revue biblique*, Bd. LXIII (1956), Seiten 513ff

Bar-Adon, P, »Another Settlement of the Judean Desert Sect at En el-Ghuweir on the Shores of the Dead Sea«, *Bulletin of the American Schools of Oriental Research*, Nr. 227 (Okt. 1977), Seiten 1ff

Die Bibel. Die Heilige Schrift des Alten und Neuen Bundes, Grundlage: Herders Bibelkommentar in Abstimmung mit *La Sainte Bible, traduite sous la direction de l'Ecole Biblique de Jérusalem*, Paris 1956

Birnbaum, S. A., *The Hebrew Scripts*, Leiden 1971

Black, M., *The Scrolls and Christian Origins*, London 1961

Black, M. (Hrsg.), *The Scrolls and Christianity*, London 1969

Bonsirven, J., »Révolution dans l'histoire des origines chrétiennes?«, *Etudes*, Bd. CCLXVIII (Jan. bis März 1951)

Braun, O., »Ein Brief des Katholikos Timotheos I über biblische Studien des 9. Jahrhunderts«, *Oriens Christianus*, Bd. 1 (1901), Seiten 299ff

Brownlee, W. H., »A Comparison of the Coventanters of the Dead Sea Scrolls with Pre-Christian Jewish Sects«, *The Biblical Archaelogist*, Bd. XIII, Nr. 3 (Sept. 1950), Seiten 50ff

Ders., »The Servant of the Lord in the Qumran Scrolls I«, *Bulletin of the American Schools of Oriental Research*, Nr. 132 (Dezember 1953), Seiten 8ff

Ders., »Muhammad ed-Deeb's own Story of his Scroll Discovery«, *Journal of Near Eastern Studies*, Bd. XV (Jan. bis Okt. 1956), Seiten 236ff

Ders., »Ed-Deeb's Story of his Scroll Discovery«, *Revue de Qumran*, Nr. 12, Bd. III (1962), Seiten 483ff

Ders., »Some new facts concerning the discovery of the Scrolls of 1Q«, *Revue de Qumran*, Nr. 15, Bd. IV (1963), Seiten 417ff

Ders., *The Meaning of the Qumran Scrolls for the Bible*, Oxford 1964

Bruce, F. F., *Second Thoughts on the Dead Sea Scrolls*, London 1956

Burrows, M., *The Dead Sea Scrolls of St. Marks Monastery*, 2 Bände, New Haven 1950-1951

Ders., *The Dead Sea Scrolls*, London 1956. Dt. Ausgabe: *Die Schriftrollen vom Toten Meer*, München 1957

Callaway, P. R., *The History of the Qumran Community*, Sheffield 1988

Charles, R. H., *The Apocrypha and Pseudepigrapha of the Old Testament*, 2 Bände, Oxford 1913

Clemens Romanus, *Recognitiones.* Dt. Ausgabe: *Erkenntnisse des Clemens Romanus.*

Cross, F. M., *The Ancient Library of Qumran*, London 1958. Dt. Ausgabe: *Die antike Bibliothek von Qumran*, Neukirchen 1967

Cullmann, O., »The Significance of the Qumran Texts for Research into the Beginnings of Christianity«, *Journal of Biblical Literature*, Bd. LXXIV, 4. Teil (Dez. 1955), Seiten 213ff

Cupitt, D., *The Sea of Faith: Christianity in Change*, London 1984

Daniélou, J., *Les manuscrits de la Mer Morte et les origines du Christianisme*, Paris 1957. Dt. Ausgabe: *Qumran und der Ursprung des Christentums*, Mainz 1958. Engl. Ausgabe: *The Dead Sea Scrolls and Primitive Christianity*, Westport 1979

Davies, A. P., *The Meaning of the Dead Sea Scrolls*, New York 1956

Davies, P. R., *The Damascus Covenant*, Sheffield 1983

Ders., *Behind the Essenes*, Atlanta 1987

Ders., »How Not to do Archaeology: The Story of Qumran«, *Biblical Archaeologist* (Dezember 1988), Seiten 203ff

Discoveries in the Judean Desert (Reihe): –Band I, Milik, J. T., und Barthelemy, D. (1955)

–Band I, Benoit, P., Milik, J. T., und de Vaux, R. (1961)

–Band III, Baillet, M., Milik, J. T., und de Vaux, R. (1962)

–Band IV, Sanders, J. A.(1965)

–Band V, Allegro, J. M. (1968)

–Band VI, Milik, J. T. (1977)

–Band VII, Baillet, M. (1982)

–Band VIII, Tov, E. (1990)

Driver, G. R. *The Hebrew Scrolls*, Oxford 1951

Ders., *The Judean Scrolls*, Oxford 1965

Dunn, J. D. G., *Jesus, Paul and the Law*, London 1990

Dupont-Sommer, A., *The Dead Sea Scrolls: A Preliminary Survey*, Oxford 1952

Ders., *The Jewish Sect of Qumran and the Essenes*, London 1954

Ders., *Les écrits ésséniens découverts près de la Mer Morte*, Paris 1959. Dt. Ausgabe: *Die essenischen Schriften vom Toten Meer*, übersetzt von Walter Müller, Tübingen 1960.

Eisenman, R. H., *Macabees, Zadokites, Christians and Qunran*, Leiden 1983

Ders., *James the Just in the Habakkuk Pesher*, Leiden 1986

Ders., »The Historical Provenance of the ›Three Nets of Belial‹ Allusion in in the Zadokite Document and ›Balla/Bela‹ in the Temple Scroll«, *Folia orientalia*, Band XXV (1988), Seiten 51ff

Ders., »Eschatological ›Rain‹ Imagery in the War Scroll from Qumran and in the Letter of James«, *Journal of Near East Studies*, Band XLIX, Nr. 2 (April 1990)

Ders., »Interpreting ›Albeit-Galuto‹ in the Habakkuk Pesher«, *Folia orientalia*, Band XXVII (1990)

Epiphanios von Salamis (Constantia), *Adversus octoginta haereses, I, I, Haeres XX*, in: J.-P. Migne, *Patrologiae cursus completus, series graeca*, Band 41, Paris 1858

Epistle of Barnabas, in: *The Ante-Nicene Fathers*, Band I, hrsg. von A. C. Coxe, Grand Rapids 1985, Seiten 137ff

Eusebius von Caesarea, *Historia Ekklesiastike*. Dt. Ausgabe: *Die Kirchengeschichte*, München 1967.

Feldman, L. H., und Hata, G., *Josephus, Judaism and Christianity*, Detroit 1987

Dies., *Josephus, the Bible and History*, Detroit 1989

Fisk, R., *Pity the Nation*, London 90

Fitzmyer, J. A., »The Qumran Scrolls, the Ebionites and their Literature«, in: *The Scrolls and the New Testament*, hrsg. von K. Stendhal, London 1958, Seiten 208ff

Ders., *The Dead Sea Scrolls: Major Publications and Tools for Study* (2. Aufl.), Missoula 1977

Flavius Josephus, *De bello Judaico*, in 7 Büchern. Dt. Ausgabe: *Der Jüdische Krieg (Die Geschichte des Jüdischen Krieges)*, München 1980.

Ders., *Antiquitatis Iudaicae Libri*, in 20 Büchern. Dt. Ausgabe: *Jüdische Altertümer* (5. Auflage), Wiesbaden 1983

Fogazzaro, A., *Il Santo*, Dt. Ausgabe: *Der Heilige*, München und Leipzig 1908

Fritsch, C. Z., »Herod the Great and the Qumran Community«, in: *Journal of Biblical Literature*, Band LXXIV, 3. Teil (Sept. 1955), Seiten 173ff

Gallarati-Scotti, T. *La Vita di Antonio Fogazzaro*, Mailand 1920

Gaster, T. H., *The Dead Sea Scriptures*, New York 1956

Gichon, M. »The Bar-Kochba War: A Colonial Uprising against Imperial Rome (131/2-135, CE), *Revue internationale d'histoire militaire*, Nr. 42 (1979), Seiten 82ff

Ders., »Who were the Enemies of Rome on the Limes Palestinae«, *Studien zu den Militärgrenzen Roms*, III, Stuttgart 1986

Gilkes, A. N., *The Impact of the Dead Sea Scrolls*, London 1962

Golb, N., »The Problem of Origin and Identification of the Dead Sea Scrolls«, in: *Proceedings of the American Philosophical Society*, Band CXXIV, Nr. 1 (1980), Seiten 1ff

Ders., »The Dead Sea Scrolls«, in: *The American Scholar* (Spring 1989), S. 177ff

Graves, R. (das ist Ranke Graves, R.), *King Jesus* (4. Aufl.), London 1960. Dt. Ausgabe: *König Jesus*, Darmstadt 1954

Ders., *The White Goddess*, London 1977. Dt. Ausgabe: *Die weiße Göttin*, Berlin 1981

Hasler, A. B., *Wie der Papst unfehlbar wurde: Macht und Ohnmacht eines Dogmas*, München 1979

Hebblethwaite, P., *The Synod Extraordinary*, London 1986

Ders., *In the Vatican*, Oxford 1986. Dt. Ausgabe: *Wie regiert der Papst*, Zürich 1987

Kahle, P. E., *The Cairo Geniza*, London 1947.

Dt. Ausgabe: *Die Kairoer Genisa*, Berlin 1962

Kenyon, K., *Digging up Jericho*, London 1957

Knibb, M. A., *The Qumran Communitiy*, Cambridge 1987

Kuhn, K. G., »Les rouleaux de cuivre de Qumran«, in: *Revue biblique*, Bd. LXI (1954), Seiten 193ff

Küng, H., *Unfehlbar? Eine Anfrage*, Zürich und Köln 1970

Ladouceur, D. J., »Josephus and Masada«, in: *Josephus, Judaism and Christianity*, hrsg. von L. H. Feldman und G. Hata, Detroit 1987, Seiten 95ff

Leon-Dufour, X., *The Gospels and the Jesus of History*, übersetzt von J. McHugh, London 1968

Lloyd, S., *Foundations in the Dust*, überarbeitete Neuauflage, London 1980

Maier, J., und Schubert, K., *Die Qumran-Essener*, München 1973.

Maier, J., *Die Tempelrollen vom Toten Meer*, München und Basel 1978

Milik, J. T., *Dix ans de découvertes dans le désert de Juda*. Engl.Fassung: *Ten Years of Discovery in the Wilderness of Judaea*, übersetzt von J. Strugnell, London 1959

Murphy, R., *Lagrange and Biblical Research*, Chicago 1966

Negoitsa, L., »Did the Essenes Survive the 66-71 War?«,in: *Revue de Qumran*, Nr. 24, Band VI (1959), S.517ff

Nemoy L., »Al-Qirqisani's Account of the Jewish Sects and Christianity«, *Hebrew Union College Annual*, Band VII (1930), Seiten 317ff

Neusner, J., *Judaism in the Beginning of Christianity*, London 1984

New Catholic Encyclopedia, 14 Bände, New York 1967

North, R., »Qumran and its Archaeology«, in: *The Catholic Biblical Quarterly*, Band XVI, Nr. 4 (Okt. 1954), Seiten 426ff

The Oxford Dictionary of the Christian Church, hrsg. von F. L. Cross und E. A. Livingstone, 2. Auflage, Oxford 1983

Pearlman, M., *The Dead Sea Scrolls in the Shrine of the Book*, Jerusalem 1988

Philo von Alexandrien, *Quod omnis probus liber sit*.

Plinius der Ältere, *Historia Naturalis*, 5. Buch.

Ploeg, J. van der, *The Excavations at Qumran*, übersetzt von K. Smyth, London 1958

Pryce-Jones, D., »A New Chapter in the Story of Christ«, in: *Daily Telegraph Magazine*, 19. Juli 1968, Seiten 12ff

Pritz, R. A., *Nazarene Jewish Christianity*, Jerusalem und Leiden 1988

Rabin, C., *Qumran Studies*, Oxford 1957

Rabin, C. (Hrsg.), *The Zadokite Documents*, 2. überarbeitete Auflage, Oxford 1958

Reed, W. L., »The Qumran Caves Expeditions of March 1952«, in: *Bulletin of the American School of Oriental Research*, Nr. 135 (Okt. 1954), Seiten 8ff

Robinson, J. M., »The Jung Codex: The Rise and Fall of a Monopoly«, in: *Religious Studies Review*, Nr. 3 (Jan. 1973), Seiten 17ff

Ders., »Getting the Nag Hammadi Library into English«, *Biblical Archaeologist*, Bd. XLII (Herbst 1979), Seite 239.

Rosa, P. de, *Vicars of Christ*, London 1989

Roth, C., *The Historical Background of the Dead Sea Scrolls*, Oxford 1958

Ders., »The Zealots and Qumran: The Basic Issue«, in: *Revue de Qumran*, Nr. 5, Bd. 2 (1959), Seiten 81ff

Ders., »Did Vespasian Capture Qumran?«, in: *Palestine Exploration Quarterly* (Juli-Dezember 1959), Seiten 122ff

Ders., »Qumran and Masadah: A Final Clarification Regarding the Dead Sea Sect«, *Revue de Qumran*, Nr. 17, Bd. V (1964), Seiten 81ff

Rowley, H. H., »The Qumran Sect and Christian Origins«, in: *Bulletin of the John Rylands Library*, Bd. XLIV, Nr. 1 (Sept. 1961), Seiten 119ff

Samuel, A. Y., »The Purchase of the Jerusalem Scrolls«, in: *The Biblical Archaeologist*, Bd. XII, Nr. 2 (Mai 1949), Seiten 26ff – Ders., *Treasure of Qumran*, London 1968

Schillebeeckx, E., *Kerkeljik Ambt*, 2. Auflage, 1980. Dt. Ausgabe: *Das kirchliche Amt*, Düsseldorf 1981.

Schroeder, F. J., *Père Lagrange and Biblical Inspiration*, Washington 1954

Silberman, N. A., *Digging for God and Country*, New York 1982

Smith, M., »The Dead Sea Sect in Relation to Ancient Judaism«, in: *New Testament Studies*, Bd. VII (1960-61), Seiten 347ff

Smyth, K., »The Truth about the Dead Sea Scrolls«, in: *The Irish Digest* (Juni 1956), Seiten 31ff

Steckoll, S. H., »Preliminary Excavations Report in the Qumran Cemetery«, in: *Revue de Qumran*, Nr. 23, Bd. VI (1968), Seiten 323ff

Ders., »Marginal Notes on the Qumran Excavations«, in: *Revue de Qumran*, Nr. 25, Bd. VII (1969), Seiten 33ff

Stendhal, K. (Hrsg.), *The Scrolls and the New Testament*, London 1958

Stutchbury, H. E., und Nicholl, G. R., »Khirbet Mazin«, in: *Annual of the Department of Antiquities of Jordan*, Bde. VI-VII (1962), Seiten 96ff

Sueton, *De Vita XII caesarum libri XII*. Dt. Ausgabe: *Caesarenleben (Kaiserbiographien)*, Stuttgart 1986.

Sukenik, E. L., *The Dead Sea Scrolls of the Hebrew University*, Jerusalem 1955

Tacitus, *Historiae*, 5. Buch, 13. Kap.
Talmon, S., *The World of Qumran from Within*, Jerusalem 1989
Trever, J. »When Was Qumran Cave 1 Discovered?«, *Revue de Qumran*, Nr. 9, Bd. III (1961), Seiten 135ff
Ders., *The Untold Story of Qumran*, London 1966

Vaux, R. de, »A propos des manuscrits de la Mer Morte«, in: *Revue biblique*, Bd. LVII (1950), Seiten 417ff
Ders., »Exploration de la région de Qumran«, in: *Revue biblique*, Bd. LX (1953), Seiten 540ff
Ders., »Fouilles au Khirbet Qumran«, in: *Revue biblique*, Bd. LX (1953), Seiten 83ff
Ders., »Fouilles au Khirbet Qumran«, in: *Revue biblique*, Bd. LXI (1954), Seiten 206ff
Ders., »Fouilles au Khirbet Qumran«, in: *Revue biblique*, Bd. LXIII (1956), Seiten 533ff
Ders., »Les manuscrits de Qumran et l'archéologue«, in: *Revue biblique*, Bd. LXVI (1959), Seiten 87ff
Ders., *L'archéologie e les manuscrits de la Mer Morte*. Engl. Fassung: *Archaeology and the Dead Sea Scrolls*, überarbeitete Auflage, Oxford 1977.

Vermes, G., »The Etymology of the Essenes«, in: *Revue de Qumran* Nr. 7, Bd. II (1960), Seiten 427ff
Ders., *The Dead Sea Scrolls: Qumran in Perspective*, London 1977
Ders., *Jesus the Jew*, London 1977
Ders, »The Essenes and History«, in: *Journal of Jewish Studies*, Bd. XXXII, Nr. 1 (1981), Seiten 18ff
Ders., *Jesus and the World of Judaism*, London 1983
Ders., *The Dead Sea Scrolls in English*, 3. überarbeitete Auflage, Sheffield 1987

Webb, J., *The Flight from Reason*, London 1971
Ders., *The Harmonious Circle*, London 1980

Wilson, E., *The Scrolls from the Dead Sea*, London 1955
Ders., *The Dead Sea Scrolls (1947-1969)*, überarbeitete Auflage, Glasgow 1977
Wright, G. E. (Hrsg.), *The Bible and the Ancient Near East*, London 1961

Yadin, Y., *The Message of the Scrolls*, London 1957
Ders., »What the Temple Scroll Reveals«, in: *Daily Telegraph Magazine*(19. Juli 1968), Seiten 15ff
Ders., *Masada*, London 1966. Dt. Ausgabe: *Masada. Der letzte Kampf um die Festung des Herodes*, Zürich 1967.
Ders., *Bar-Kokhba*, London 1978. Dt. Ausgabe: *Bar-Kochba, Archäologen auf den Spuren des letzten Fürsten von Israel*, Hamburg 1971
Ders., *The Temple Scroll*, London 1985. Dt. Ausgabe: *Die Tempelrolle*, München 1985.

Register

ABC 121
Abendmahl, letztes 174, 180
Acta apostolicae sedis 148
Action Française 50
Agnostizismus 143
Albright, W.F. 35, 46, 101
Albright Institute 43, 51 f, 61, 106, 148
Alexandria 262
Allegro, J. 44, 52 f, 61, 64, 70 ff, 75 ff, 81 ff, 87 ff, 97, 102, 105, 133 f, 148, 155
Altes Testament 65, 97, 149, 183, 185, 210, 244, 253
Amman 38
AMS-Methode 113 f, 118
Amt für Altertümer 38 f, 120, 123 f, 126 f
Ananas, Hohepriester 171, 245, 247, 249
Antiochia 229, 278
Antisemitismus 89, 152
Antonia-Burg 233
Apokryphen 177, 185
apokryphe Genesis 29
Apostel, Zwölf 171
Apostelgeschichte 13 f, 68, 171, 188, 220, 222 ff, 246, 248 f, 275, 278
Ascheschicht 194
Aschkelon 197
Asidäer 255
assayya 217
Aufsichtskuratorium für die Schriftrollen 122 ff, 281

Babylon 141
Babylonier 254
babylonische Gefangenschaft 273
Baigent, M. 94, 122, 124 ff, 283, 288
Balsamöl 178 f
BAR s. *Biblical Arch...*
Barnabas-Evangelium 95
Baumgarten, J. 107, 118
BBC 83, 88
Bechtel, K. & E. 61
Benoit, Pater 58, 104, 106, 109, 120, 124, 156

Bergpredigt 15, 173 f
Bethlehem 33, 49, 68
Bibelforscher 148 f
Bibelkommission, päpstliche 144, 148, 154 ff, 162
Biblical Archaeology Review 59, 62, 84, 95, 102, 109, 113, 119 f, 123, 135, 185, 282
Biran, Prof. 49, 55
Birnbaum, S. 205 ff
Black, M. 219 f
Blavatsky, H.P. 212
Bodenradargerät 284
Broschi, M. 51, 107
Buch Daniel 31 f
Buch Habakuk 29, 36, 250
Buch Jesaia 32, 36
Burrows, M. 35

Caesar, J. 192
Caesarea 235, 242, 277 f
Carmignac, J. 99
Castaneda 90
Charles, R.H. 185
Chicago Tribune 114
Christentum 17, 65, 67, 71 ff, 90, 92, 97, 117, 121, 129, 142, 168, 170, 173, 190, 211, 229, 232, 237, 272, 279, 292
Christi Geburt 183
CIA 31 f, 61
Clemens, Bischof 242
Clemens Romanus 240
Copeland, M. 30 ff
Cross, F. 51, 53, 63 f, 75, 79, 82, 86, 103, 123, 128, 134, 151, 178, 197, 203 f

Dajan, M. 48
Dajani, A. 84 f, 88
Damaskus 30 f, 186 ff, 227
Damaskusschrift 183, 184 ff, 234
Daniel 270
Daniélou, J. 159, 175, 202
Darwin, Ch. 142 f
Das Leben Jesu 142, 211

Datierung 141, 151, 168 f, 183, 193, 214
Davies, Prof. Ph. 68, 107, 110, 115, 117, 119, 125, 137, 185, 206, 282
Deir Jasin 37
Der Gesalbte 180
Der Heilige 145
Der Jüdische Krieg 259
Der Name der Rose 19, 56
Deuteronomium 182
de Vaux, R. 38, 42 ff, 45, 48 ff, 52 ff, 57, 63 f, 73, 75, 78 ff, 84 ff, 88, 98, 101, 118, 124, 133 f, 148, 151, 155 f, 168 ff, 175 f, 187, 193 ff, 202 ff, 216 f, 265, 284
Die Abstammung des Menschen 143
Die Entstehung der Arten 142
Discoveries in the Judean Desert 50, 60 f, 64, 71, 105, 127
Dix Ans de Découvertes dans le Désert de Juda 57
Donnés d'histoires 202
Driver, G.R. 52, 70, 91, 98 ff, 105, 193, 198, 217
Drori, A. 109, 112 f, 120, 122, 126
Dupont-Sommer, A. 69 f, 72, 78

Eckstein 180
Eco, U. 19 f, 56
Ecole Biblique 30, 39, 43, 45, 50, 52, 59, 107, 116, 128, 133 ff, 146, 148 ff, 154 ff, 160, 162 f, 165, 193, 209, 281
Eilat 24
Ein Feshka 194
Eisenman, R. 17 f, 20, 42, 56, 62, 65, 77, 102 f, 105 ff, 116 ff, 125, 133, 181, 185, 195, 198, 201, 204, 206, 235, 237, 239 f, 244, 246 ff, 252, 255, 257, 261 ff, 270, 277, 279, 282 f, 292
Eleazar 260, 268, 272
Elisabeth 16
En el-Ghuweir 282
En Gedi 43, 214
Encyclopaedia Judaica 98
Epiphanios von Salamis 218 ff, 243
Erdbeben 195 f, 213
Essener 15, 97, 99 f, 184, 187, 195, 209 ff, 215 ff, 252
Ethnarch 194
Eusebius 242 ff, 246, 285
Evangelien 68
Exodus 182
Ezechiel 270 f

Felix, A. 277
Fitzmyer, J. 121, 155
Flaubert 138, 141

Flavius Josephus 97, 99, 195
Flinders Petrie, W.M. 140 f
Fogazzaro, A. 145
Freedman, N. 118, 121
Frevelpriester 190 f, 200, 248 f
Friedrich d. Gr. 211

Galiläa 13 f, 260, 267
Gamala 260, 270
Gaster, T.H. 121
Gemeinderegel 29, 179 f, 186
Genesis 182
Genisa 185
Georgi, D. 121
Glaubenskongregation s. Kongregation ...
Golb, N. 57, 118, 121, 137, 151, 203
Greenfield, J. 126

Ha aretz 128
Habakuk-Kommentar 182, 187, 190 f, 192 f, 221, 247 ff, 276
Hadrian 265
Haganah 33
Hammadi, N. 59
Handschriftenkunde s. Paläographie
Harding, G.L. 38 ff, 45, 81, 141
Hegesippus 242 ff
Heilige Inquisition 157
Heiliges Offizium 156
Heilige Schrift 13
Herculaneum 42
Herodes 178, 183, 194 ff, 210, 214, 216, 256 ff, 261
Herodion 278
Histoires des origines du christianisme 142
Histoire du peuple d'Israël 142
Historia Naturalis 42
Hohepriester 188 f, 227, 252, 258
Höhle (1) 60, 179, 181, 190
Höhle (3) 61, 78, 177
Höhle (4) 61, 64, 70, 86, 95, 105, 155, 181, 205
Höhle (11) 61, 182
Homer 138 f, 141
Homs 30
Hunzinger, C.-H. 52
Hussein, König 88
Huxley, A. 90
Huxley, Th. 143

Idumäa 183
Independent 129
Inquisition s. Heilige Inquisition
International Herald Tribune 121
Irgun 36

Isaiah, G. 27 ff
Islam 292
Israel 12, 47, 51, 58, 79
israelische Armee 25
israelische Regierung 103, 119 f, 128, 136

Jakobus 19, 171, 221, 224, 228 ff, 236, 239 ff, 251, 275 f
Jakobus-Brief 240
James the Just in the Habakkuk Pesher 106
Jericho 23, 26, 189, 197, 241, 259, 286
Jerusalem 23, 28 f, 33, 37, 48, 50, 55, 58, 70, 84, 94, 108, 116, 134, 148, 152, 182, 189, 214, 221, 228, 231, 235 f, 241 f, 245, 250, 262, 264, 275, 278
Jerusalem Post Magazine 152
Jesaia 244
Jesus Christus 73, 84, 89, 147, 169, 172 ff, 180, 212, 220, 224 f, 227, 229 ff, 246 f, 275
Jesus: Die Geschichte von einem Lebenden 158
Johannes 171, 230
Johannesevangelium 174
Johannes der Täufer 16, 170, 255, 261, 266
Johannes Paul II. 158 f
Johannes XXIII. 89, 159
Jonathan, Hohepriester 200
Jordanien 37
Jordantal 23
Josephus 191, 197, 209 ff, 215 f, 218, 246 f, 249, 258, 262 f, 268 ff
Jotapata 270
Judäa 13 f, 42, 170, 183, 201, 242, 245, 252, 257
Judaismus 65, 67, 90, 97, 170, 173, 182, 216, 237, 272, 279, 292
Judas 258 f
Judas Ischariot 261
Judentum 17, 67, 98, 117, 121, 129, 274
Jüdische Altertümer 241, 259

Kairo 185
Kalligraphie 207
Kando 27 ff, 40, 49, 290
Kapera, Z.J. 117, 121
Karbon-14-Methode 112, 114, 118
Kephas 228
King, Ph. 121
Kingsford, A. 212
Kirche 292
Kittim 181 f, 274
Knesset 104
Kochba, S. Bar 42, 100, 181, 201, 214, 263 f, 265, 274, 291
Koenen, L. 118
Koldewey, R. 141

Kongregaton für die Glaubenslehre 156 ff, 160
Kopistenschule 207
Koptisches Museum Kairo 60
Kreuzigung 212, 223
Kriegsrolle 52, 181 f, 216, 263
Küng, H. 159 f
Kupferrolle 78 ff, 155, 177 ff, 184

Lagrange, A. 146 ff, 154
Leary, T. 90
Lehrer der Gerechtigkeit 248 f
Leo XIII. 144, 146 f, 154
Leviten 253
Leviticus 182 f
Levi von Aaron 253 f
Lippens, Ph. 38 f
Loisy, A. 144, 148
Los Angeles Time 114, 120
Loza, J. 155
LSD 91
Lucceius Albinus 242
Lügenpriester 187, 190, 248
Lukas 222 ff, 235
Lukasevangelium 95, 224

Maccabees, Zadokites, Christians and Qumran 18, 105
Maclean's Magazine 114
Makkabäer(könige) 183, 253 ff, 257, 271
Makkabäus, J. 192, 255
Manchester 44
Mann der Lüge s. Lügenpriester
Markusevangelium 222
Martertod 271
Masada 16 f, 24, 99 f, 170, 211, 246, 252, 260, 262, 264, 267 ff, 283
 Selbstmord von 269 f
Matthäus-Evangelium 174, 261
Mayhew, Ch. 91
Menachem 260, 267
Messianische Regel 175
Messias 69, 84, 180 f, 187, 253, 258, 261
Milik, Pater J. 52, 56, 58 f, 63, 74 f, 81 f, 85 f, 96, 117 ff, 121, 123, 133, 151, 153, 178, 196
missio canonica 160
MMT-Dokument 108 f, 123
Moab, Berge von 23
Modernismus 144 f, 147, 154
Modernisten 144 f, 148
Mogilany-Resolution 118
Mondkalender 273
Moore, G. 212
Moses 182

Münzen 198 ff, 204
Münzenfund 197, 202
Murabba' at 42, 61
Murphy-O'Connor, J. 134
Mykene 139

Nablus-Straße 37
Nag-Hammadi-Rollen 59 f, 62, 118, 167 f
Nazarener 15, 220, 224, 257
Ne' eman, J. 103 ff
Nero 235
Neues Testament 68, 76, 84, 100, 147, 168 f, 181, 188, 192, 222, 239
Neusner, J. 121
New Catholic Encyclopaedia 154
New York 47, 55
New York Times 62 f, 72, 114, 116 f, 128, 136
Nichtenheirat 183
Nietzsche, F. 143
North, R. 56, 194
Numeri 182

Oktavian 192
Orlinsky, H. 47
Osim 218, 220
Ossenes 218 f
Oxford University Press 127, 281

Paläographie 101 f, 193, 204 ff
Palästina 12 ff, 28, 37, 51, 66, 140, 182, 188, 210, 214, 242, 254, 256, 261, 264
Paris 58
Paschamahl 174
Paulus 14, 142, 169, 173, 223, 226 ff, 239 f, 247 f, 250, 274, 275 ff
Paulus-Briefe 173, 248, 278
Paul VI. 158
Persien 265
Petrus 171, 229, 235
Pfeilfunde 203
Pharisäer 15, 216, 234
Philo 97, 209, 213, 215 f, 218
Pinchas 256
Pius IX. 143
Pius X. 144, 156
Pius XII. 150
Plinius 42 f, 209, 212, 214 f, 218
Pompejus 192
Pompeji 42
Priestertum 253
Pryce-Jones, D. 49, 51
Pseudepigraphen 177, 185
Puech, E. 94 f, 134
Pynchon, Th. 18

Qumran 24, 30 f, 40, 43, 60, 66, 68, 78, 80, 85 f, 91, 95, 97, 99 f, 101, 118, 151, 170 f, 174 f, 177 ff, 184 f, 193 f, 198 ff, 213 f, 227 f, 232, 249, 252, 262, 265, 273, 279, 283 ff
  Feuersbrunst 194 ff
  Wiederaufbau 195 f

Ranke-Graves, R. 213
Rat der Gemeinde 179 f, 221
Ratzinger, J. 156, 158, 160 f
Reed, W. 43 f
Renan, E. 142, 211
Revue Biblique 50, 134, 147 f, 154 f, 197
Revue de Qumran 116, 134
Robinson, J.M. 56, 60, 118
Rockefeller, J.D. 45
Rockefeller-Museum 28, 40, 45, 48 f, 51, 54 f, 70, 84, 88 f, 135 f
Rollensaal 53, 55 f, 71, 84, 89, 101
Römer 16, 99, 181, 188 f, 192, 201, 214, 233 f, 245, 252, 256 f, 264, 267 f, 277
Römisches Reich 192
Roth, C. 98 ff, 105, 197 f, 208, 217

Saad, J. 40 f
Sadduk 225, 259
Sadduzäer 15, 216, 234, 257 f
Salammbô 138, 141
Samuel, A.J. 28 ff, 32, 35 f, 47
Samuel-Text 205
Sanders, J.A. 61
Sanhedrin 241
Saulus 188, 226 f
Scharon, A. 48
Schechter, S. 185
Schillebeeckx, E. 158
Schliemann, H. 138 ff
Schmiede 203
Schopenhauer, A. 143
Schriftrollen 46, 51, 63, 66, 87, 93, 95, 97 f, 102, 114, 117, 122, 128, 134, 136, 150, 154, 162, 165 ff, 172, 176, 183, 190, 192, 207, 215, 218, 244, 246, 248, 251, 263, 274, 285
  Entdeckung 23 ff, 70, 117
Schriftrollen-Schwarzmarkt 289 f
Schuré, E. 212
Scientific American 128
Sechs-Tage-Krieg 46, 89, 136
Sektenkanon s. *Gemeinderegel*
Sektenmaterial 65, 114, 133
Sepphoris 270
Shanks, H. 62, 109, 119
Shapira, M.W. 286 ff

Sikarier 211, 233, 252 f, 257, 261
Simeon 231, 264 f
Skehan, Pater 52, 75, 133, 148 ff, 152
Smith, M. 102 ff, 121
Sonnenkalender 215, 273
Spencer, H. 143
St. Markus 28 f, 36
St. Stephan 147
Stamm Israel 273
Starcky, J. 52, 58, 75, 86, 134, 153
Stephanus 225 f
Stern 187
Stern-Bande 36
Stratigraphie 140
Striktur 183
Strugnell, J. 53, 57 ff, 63 f, 71, 74, 77, 79, 85 f, 103, 107 f, 110 ff, 119, 121, 123, 127 f, 134, 152, 186
Suez-Krise 60
Sukenik, E. 32 ff, 47 f, 213
Sussman, A. 122 ff
Syrien 30, 37, 186, 188, 249

Ta' amireh 40
Talmon, Sch. 58, 69, 124 ff
Tarsos 228, 234
Tel Aviv 37, 49, 103, 152
Tempelrolle 49, 182 ff, 187, 216
Tempelschatz von Jerusalem 45
Theophilos 224
Theosophie 212
The Brook Kerith 212
The Dead Sea Scrolls 71, 83, 93
The Historical Background of the Dead Sea Scrolls 99
The Judaean Scrolls 100
The Messianic Legacy 18
The New Yorker 66
The Sacred Mushroom and the Cross 89
The Scrolls from the Dead Sea 66
Thora 182, 207
Tiberias 24
Tieropfer 216
Time Magazine 58, 72, 114, 121
Times 36, 72, 75 f, 78, 83, 91 f, 98, 129, 148, 287
Times Literary Supplement 93
Timotheos 286

Totes Meer 24, 41, 282, 292
Schriftrollen 11 f, 19, 25, 46, 51, 63, 66, 87, 92, 95, 97 f, 102, 114, 117, 122, 128, 134, 136, 150, 154, 162, 165 ff, 172, 176, 183, 190, 192, 207, 215, 218, 244, 246, 248, 251, 263, 274, 285
Tov, E. 128
Transjordanien 25, 37
Trojanischer Krieg 139

Ulrich, Eu. 152
UNESCO 290
Unfehlbar? 159
Unfehlbarkeit des Papstes 143
Unnachgiebige 236 f
Urchristen(tum) 169, 172, 175, 194, 220, 257
Urkirche 168, 171, 180, 189 f, 221 f, 226, 228, 236, 245, 251 f, 260 f, 273, 276 f

VanderKamm, J. 119
Vaticanum, 1. 143
Vatikan 137, 150, 153, 155, 243
Vermes, G. 91, 93, 97 f, 105, 121, 217
Vesco, J.-L. 155 f, 162
Vespasian 244 ff
Victoria, Königin 140

Wadi Mujib 286
Wadi Murabba'at 41
Wall Street Journal 11, 47
Washington Post 114
Westjordanland 25
Wiederauferstehung 272
Wilson, Ch. 140
 E. 66 ff, 75, 78, 83, 92, 97, 135
Wright-Baker, H. 78 f

Yadin, Y. 46 ff, 49, 55, 94, 99, 182, 290
YMCA 34

Zaddik 225 f, 242, 259
Zadok 225, 257
Zeloten 15 ff, 99 f, 169, 211, 216, 233 f, 246, 252 f, 255, 257 ff, 267, 270
Zepter 187
Zölibat 158, 293